Schirner
Verlag

Kristine Weitzels

Schicksal mag Bestimmung sein

aber ...

ISBN 978-3-8434-1080-9

Kristine Weitzels:
Schicksal mag Bestimmung sein
aber ...
Copyright © 2012
Schirner Verlag, Darmstadt

Umschlag: Murat Karaçay, Schirner
unter Verwendung von # 1729972 (Peterfactors)
www.fotolia.de
Abbildung des Schmetterlings im Buch:
1729972 (Peterfactors), www.fotolia.de
Redaktion & Satz: Katja Hiller, Schirner
Printed by: OURDASdruckt!, Celle, Germany

www.schirner.com

1. Auflage August 2012

captatio benevolentiae

Inhalt

Vorwort

Schicksal mag Bestimmung sein, *aber* jeder kann selbst entschei-
♦♦♦ den, wie er mit seinem Schicksal umgeht: Akzeptiert er es so, wie
es ist, und fügt sich seinem Schicksal stillschweigend oder laut klagend?
Oder sucht er nach Lösungen, die sein Schicksal vielleicht sogar l(i)ebens-
wert machen? Vielleicht ist sein »Schicksal« aber auch Karma, und wenn
er sein Karma überwindet, überwindet er auch sein Schicksal, und ganz
neue Wege eröffnen sich? Oder jemand findet sein Glück nicht, weil er in
seinem Herkunftssystem einen Platz eingenommen hat, der eigentlich nicht
seiner ist, und er lebt genau genommen das Leben eines anderen. Dies sind
nur einige Anregungen, woran es liegen könnte, dass man sein Schicksal
scheinbar nicht überwinden kann. Und vielleicht hat ja etwas davon Ihre
Intuition angesprochen, eine Reaktion oder ein Gefühl in Ihnen hervorgerufen, das sich gut anfühlt oder das Sie neugierig macht.

Aber dies ist kein Buch mit einer Anleitung zum Glücklichsein oder Glücklichwerden. Denn Glück definiert sich für jeden Menschen anders. Und
so, wie ich der Meinung bin, dass *eine* Therapiemethode nicht für jeden
Menschen (oder jedes Anliegen) die richtige sein kann, vertrete ich auch
die Ansicht, dass eine Methode zum Glücklichsein oder -werden ebenfalls
nicht ausreicht. Was für den einen funktioniert, muss noch lange nicht für
alle Menschen funktionieren. Deshalb gebe ich lediglich ganz unterschiedliche Anregungen und spiele dabei auch ein wenig die Glücksmuse. *(Wobei
mir die Vorstellung, eine Glücksmuse zu sein, sehr behagt.)*

Jeder Leser wird bei der Lektüre dieses Buches selbst spüren, wo sich für
ihn Parallelen zeigen – mit welchen Themen er sich selbst identifizieren
kann. Und er wird wissen, wo für ihn Handlungsbedarf besteht. Ich gebe
lediglich Anregungen, wie diese Handlungen aussehen können. Selbst

wenn Sie fest davon überzeugt sind, dass Ihr Bauchgefühl nicht funktioniert oder dass Sie Ihrer Intuition nicht trauen können, wird es zumindest an einigen Stellen dieses Buches bei Ihnen »Klick« machen. Manches von dem, worüber ich schreibe, wird für Sie stimmig sein. Sie werden es für sich persönlich nachvollziehen können - oder eben auch nicht. Ich denke, dass Glück nur so funktionieren kann: Der Weg dahin muss passen. Viele dieser Anregungen habe ich aus meinen persönlichen Erfahrungen zusammengetragen, und andere stammen aus der Arbeit mit meinen Klienten, und deshalb enthält auch mein zweites Buch wieder viele interessante Fallstudien.

Allerdings schreibe ich nicht nur darüber, wie man es anstellen könnte, sein vermeintliches Schicksal zu überwinden oder das Leben liebens- oder lebenswert zu gestalten und damit das Glück selbst an die Hand zu nehmen. Vor allem berichte ich auch davon, warum es bei so vielen Menschen einfach nicht funktioniert hat und was die betreffenden Personen falsch gemacht haben! Denn auch wenn ich hier nur von Anregungen schreibe, wie man sein Glück selbst an die Hand nehmen kann, so gibt es doch für all diese Anregungen ein und dieselbe Spielregel bezüglich der Ehrlichkeit sich selbst gegenüber, und auch hiervon handelt dieses Buch.

Zudem biete ich einige Überlegungen an, wie man gewisse scheinbar unerklärliche oder gar mystisch anmutende Ereignisse ganz logisch und leicht nachvollziehbar erklären kann. Hierzu gibt es im Buch auch ein paar einfache praktische Übungen, die jeder von Ihnen selbst zu Hause ausprobieren kann. Und Sie werden dabei merken, dass es definitiv keiner speziellen übersinnlichen Begabung bedarf.

Kurzum: Ich habe es mir in diesem Buch zur Aufgabe gemacht, zu berichten, wie man sein Schicksal an die Hand nehmen kann - und dann sein Leben selbst bestimmt und glücklich wird! Und natürlich ist mir auch dieses Mal wieder sehr daran gelegen, Sie, meine Leser, - neben allem Wissenswerten, was dieses Buch beinhaltet, - auch bestmöglich zu unterhalten, denn ich finde, auch ein Sachbuch hat das Recht darauf, spannend zu sein.

Für die beste Karte –
oder, wie er sagen würde:
den Fels in der Brandung

Anstelle von Hokuspokus

... wie oft ist die Prophezeiung die Hauptursache
für das Eintreten des Prophezeiten?

1993 wurde mir von einer Wahrsagerin gesagt, dass ich nur noch
eine letzte Karte habe, die ich nicht verspielen sollte, weil ich
ansonsten meine Ziele nicht erreichen würde.

Damals lebte ich in Spanien und meine Ziele waren ganz klar definiert: der
Ausbau meiner Ladenkette für Damen- und Herrenoberbekleidung und
die Produktion meiner eigenen kleinen Modekollektion. An einer festen
Beziehung war ich damals nicht interessiert, oder sagen wir mal so: Ich
verschwendete zumindest keine Zeit mit der Suche nach dem geeigneten
Partner. Denn das war es, was die Wahrsagerin mit *letzter Karte* gemeint
hatte – einen Partner fürs Leben.

Die Costa Brava ist schön: Die Sonne scheint selbst im Winter oft, das
Essen ist ausgezeichnet und überall hängt ein Flair von Urlaub in der Luft.
Ich besaß eine wunderschöne Dachwohnung mit riesiger Terrasse, die einen direkten Blick auf das Mittelmeer bot, fuhr Cabrio und verbrachte die
langen Mittagspausen, die spanische Siesta, in der Regel am Strand. Außerdem hatte ich eine Freundin, Nadine, und an den Wochenenden gingen wir meist zusammen aus. Gewöhnlich nahmen wir dazu mein Cabrio.
Doch irgendwann im Herbst des Jahres 1993 erklärte Nadine, dass es im
Moment besser wäre, wenn wir für unsere gemeinsamen Spritztouren ihr
Auto nähmen. Als sie das große Fragezeichen in meinem Gesicht sah, fügte
sie hinzu, dass sie *wieder mal* bei ihrer Wahrsagerin gewesen sei. Nadine

wusste, wie ich darüber dachte, und deshalb erwähnte sie die Wahrsagerin mir gegenüber auch normalerweise gar nicht.

Dieses Mal hatte ihr die Wahrsagerin gesagt, sie würde in den nächsten Wochen einen Autounfall haben – nicht Schlimmes, nur einen erheblichen Blechschaden. Nadine selbst würde mit ein paar Prellungen davonkommen. Leider hatte ihr die Wahrsagerin weder sagen können, mit welchem PKW der Unfall geschähe, noch, ob Nadine selbst oder jemand anderes am Steuer säße. Jedenfalls wollte meine Freundin nun nicht, dass dieser Unfall ausgerechnet mit meinem Wagen geschah – zumal dieser noch ziemlich neu war, im Gegensatz zu ihrem alten Vehikel. »*Wenn es zu meinem Schicksal gehört, einen Unfall zu haben, dann schon lieber in meinem eigenen Wagen und wenn ich selbst fahre*«, erklärte Nadine dazu. So hatte sich meine Freundin vorgenommen, wenn sie den Unfall schon nicht verhindern könne, dann wollte sie jedenfalls selbst bestimmen, in welchem Auto er geschehen solle und *wer* bei dem Unfall am Steuer saß.

»*Hast du noch nie von selbst erfüllenden Prophezeiungen gehört?*«, fragte ich sie ärgerlich. »*Wenn du an den Unfall glaubst, beschwörst du ihn herauf, weil du nun jedes Mal, wenn du in ein Auto steigst, daran denkst und dementsprechend verkrampft und nervös sein wirst.*« Wodurch sich die Möglichkeit, in einen Unfall verwickelt zu werden, tatsächlich erhöht!

Gut eine Woche später hatte meine Freundin dann tatsächlich einen Unfall. Sie übersah an einer Kreuzung ein Fahrzeug, das Vorfahrt hatte. Danach war ihr Auto schrottreif. Aber abgesehen von einer leichten Kopfverletzung mit Gehirnerschütterung und einer Prellung durch den Sicherheitsgurt hatte Nadine den Unfall gut überstanden.

Allerdings löste der Unfall eine Diskussion zwischen uns aus. Worin lag für Nadine der Nutzen, zu dieser Wahrsagerin zu gehen? Was brachte es ihr, zu erfahren, dass sie einen Unfall haben würde, wenn die Wahrsagerin ihr nicht sagen konnte, wie sie diesen Unfall verhindern könnte?! Dadurch wurde dieses Wissen doch bloß zur Belastung. Nadine sagte dazu, dass die Wahrsagerin Ereignisse immer so voraussah, wie sie letztlich auch eintraten. »*Du kannst deinem Schicksal nicht entgehen*«, erklärte sie mir.

Ich hielt nichts davon, mir die Zukunft voraussagen zu lassen *(und tue es noch immer nicht)*. *Jeder ist selbst seines Glückes Schmied* – das war schon immer mein Lebensmotto. Was ich mir damals bloß noch nicht vorstellen konnte, war, dass man sein Glück selbst an die Hand nehmen kann, *obwohl* Schicksal Bestimmung sein kann. Das mag nun vielleicht für einige Leser paradox klingen, aber ich werde mein Bestes tun, Ihnen in diesem Buch leicht nachvollziehbar und in unterhaltender und erzählender (nicht erklärender) Weise davon zu berichten. Denn wenn es mir gelingt, mein Schicksal selbst zu bestimmen, dann kann es natürlich auch anderen Menschen gelingen. Und immer, wenn Sie während des Lesens einmal das Gefühl haben sollten, sich das Geschriebene nicht vorstellen zu können, denken Sie bitte daran, dass die meisten Menschen sich vor wenigen hundert Jahren auch noch nicht vorstellen konnten, dass die Erde keine Scheibe ist, sondern eine Kugel.

Es braucht logische und leicht nachvollziehbare Erklärungen, um sich etwas vorstellen zu können: Unseren Vorfahren fiel es schwer zu glauben, dass die Erde eine Kugel sei, weil sie sich nicht vorstellen konnten, dass auf der unteren Seite einer Kugel nicht automatisch alles hinunterfällt. Erst Sir Isaac Newton († 1727) gelang es, mit seinem Gravitationsgesetz eine logische und leicht nachvollziehbare Erklärung dafür zu liefern. Trotzdem finde ich es irgendwie bemerkenswert, dass wir alle längst überzeugt davon waren, nicht auf einer Scheibe zu leben, bevor die erste Rakete ins All flog und Fotos unserer runden Heimat machte, die für einen anscheinend eindeutigen und unwiderlegbaren Beweis sorgten. Natürlich immer vorausgesetzt, dass unsere Augen uns bei der Betrachtung der Erde aus dem All heraus keinen Streich spielen und uns nur das zu sehen erlauben, was zu sehen wir auch erwarten. Ich gehe sogar noch einen Schritt weiter, auch auf die Gefahr hin, Sie nun wieder zu verwirren: Wer sagt denn, dass eine Erklärung, nur weil sie logisch und nachvollziehbar ist, auch tatsächlich der Wirklichkeit entspricht? Vielleicht wird unsere Wirklichkeit ja bloß von der kollektiven Vorstellung einer möglichen Realität geprägt, die dem Glauben der Mehrheit der Bevölkerung dieses Planeten entspricht? Einer Realität, die auf ebendiesen scheinbar logischen und nachvollziehbaren Erklärungen beruht.

Nehmen wir das Beispiel der Gravitation, das es unseren Vorfahren ermöglichte, sich vorzustellen, dass die Erde eine Kugel sein könnte. Jedoch war Newton in seinen Berechnungen davon ausgegangen, dass das Gravitationsgesetz für die Gesamtheit des Universums Gültigkeit hätte, was Wissenschaftler wie Saul Perlmutter, Brian Schmidt und Adam Riess, die für ihre Forschungen im Jahr 2011 auch den Nobelpreis für Physik erhielten, jedoch widerlegt haben. Damit rückt zumindest auch die Theorien, dass wir unsere Realität selbst bestimmen, in logische und nachvollziehbare Sphären. Wir wählen dann scheinbar immer die Realität aus, die uns zum gegebenen Zeitpunkt am logischsten erscheint. Das Zauberwort dabei ist *wir*. Denn nicht ein Einzelner bestimmt, was Realität ist, sondern die Mehrheit der gesamten Weltbevölkerung als Kollektiv. Leider ist es sehr schwierig, sich als Einzelner der Macht der Vorstellung dieses Kollektivs zu widersetzen, ohne dadurch im schlimmsten Falle in der Klapsmühle zu landen. Vielleicht sind deshalb auch spontane Selbstheilung oder Fliegen ohne Flügel nicht möglich. Das kollektive Bewusstsein unserer momentanen Realität verhindert es. Aber vielleicht erklärt dies auch, warum es hin und wieder doch so etwas wie Wunder gibt, wenn jemand sich selbst heilt oder einen Sturz aus extremer Höhe überlebt: abhängig davon, wie stark Ihr eigener Glaube und Ihre eigene Vorstellung von Realität und Möglichkeiten sind. Oder anders ausgedrückt: Wie gut sind Sie darin, der Erwartungshaltung von Elektronen, auch denen Ihres eigenen Körpers, Ihre Wünsche und Erwartungen zu übermitteln?

Sie merken schon, in diesem Buch erwartet Sie so einiges, und ich versuche, dabei gleich mehrere Aspekte zu vereinen: Einerseits soll dieses Buch ein Ratgeber sein, ohne jedoch zu verallgemeinern, wie es in so vielen anderen Ratgebern der Fall ist. Denn obwohl viele Menschen von ähnlichen Themen getrieben werden, ist der Ursprung dieser Themen doch oft grundverschieden! Auf diese Unterschiede zielt auch dieses Buch ab. Oberflächlich betrachtet mögen sich viele Probleme, Störungen oder Symptome durchaus ähneln, aber eben *nur* an der Oberfläche. Ich werde versuchen, Ihnen nun diese tiefgründigeren Unterschiede näherzubringen, und Sie werden beim Lesen selbst spüren, wenn Sie etwas anspricht, weil Sie damit selbst »ein Thema haben«. Und damit Sie sich wirklich gut in die einzelnen Möglichkeiten, wie Sie dieses oder jenes Thema angehen könnten, hineinversetzen können, integriere ich in mein Buch auch immer wieder eigene Erfahrungen oder interessante Fallstudien aus meiner Praxis. Deshalb ist auch mein zweites Buch wieder teilweise biografisch geschrieben. Und natürlich werde ich auch Möglichkeiten anbieten, wie man gewisse scheinbar unerklärliche oder gar mystisch anmutende Ereignisse ganz logisch und leicht nachvollziehbar erklären könnte. *(Jetzt bin ich doch beim Erklären angekommen, verspreche aber, es auf ein absolutes Minimum zu reduzieren, zumal ich auch nicht für alles eine mögliche Erklärung anzubieten habe.)*

Hier und da habe ich ein paar Übungen eingearbeitet, die jeder von Ihnen selbst zu Hause ausprobieren kann. Teilweise handelt es sich dabei um Übungen, die Sie anwenden können, um Ihre Ziele besser zu erreichen oder um etwas über sich selbst zu erfahren. Andere Übungen könnten Ihnen in Zukunft beispielsweise dabei helfen, einfacher die richtigen Entscheidungen zu treffen. Wieder andere Übungen dienen nur dazu, ihr Bauchgefühl zu trainieren. *(Eine Bekannte von mir verwendete kürzlich hierfür den Begriff Bauchhirn, den ich sehr passend finde.)* Aber es wird in diesem Buch teilweise auch sehr unheimlich oder spannend werden, und einige Fallstudien werden Sie mitnehmen in andere Welten oder Zeiten. Lassen Sie sich beim Lesen einfach inspirieren, und nehmen Sie aus dem Buch das mit, was Ihnen gefällt. Das, was Sie nicht nachvollziehen können oder nicht Ihrer Logik oder Vorstellung entspricht, lassen Sie einfach hier im Buch zurück.

Nun aber wieder zurück ins sonnige Spanien der 1990er-Jahre. Wie gesagt, meine Ziele lagen damals ganz woanderes als heute. Aber ich habe immer schon daran geglaubt, dass es Dinge zwischen Himmel und Erde gibt, die mit dem normalen Verstand nicht zu erklären sind. Oder die ich mir zumindest mit meinem damaligen Wissen noch nicht erklären konnte – obwohl ich sie für möglich hielt.

Ich war immer schon aufgeschlossen für Neues, und bevor ich mir eine grundlegende Meinung über etwas oder jemanden bilde, probiere ich es selbst aus bzw. versuche, diese Person selbst kennenzulernen. In diesem

Fall führte meine Einstellung dazu, dass Nadine für mich einen Termin bei ihrer Wahrsagerin vereinbarte. Ich gebe zu, ich war skeptisch. *Was veranlasste einen Menschen, anderen Menschen etwas vorauszusagen, das eine Belastung für sie darstellte?* Nadine sprang sogleich für ihre Wahrsagerin in die Bresche und erklärte, dass sie einem ja nicht nur die negativen Dinge vorhersagte, sondern auch die guten Ereignisse. Nun, ich denke, *wenn das mit den sich selbst erfüllenden Prophezeiungen funktioniert – dann für alles: Glück und Unglück!* Als Nadine mir dann jedoch mitteilte, dass diese Frau für ihre Dienste kein Geld nahm, wurde die ganze Sache für mich immer unbegreiflicher.

Die Wahrsagerin war ungefähr im selben Alter wie Nadine und ich. Sie wohnte mit ihrer Mutter und zwei kleinen Kindern in einem ziemlich heruntergekommen Haus. Von Nadine erfuhr ich, dass ihr Mann krank gewesen und gestorben war. Seitdem lebte die Familie von der Hand in den Mund. Als ich der Frau dann in ihrer schäbigen Küche gegenübersaß, Nadine an meiner Seite, sagte die Frau mir als Erstes, dass sie meine Skepsis spüren könne. Na ja, *das* war wirklich nicht schwer zu erraten gewesen, denn wahrscheinlich stand mir mein Argwohn ins Gesicht geschrieben.

Nach einer kurzen Pause, in der es schien, als überlege sie, meinte die Wahrsagerin, ein naher Verwandter, der eigentlich gar nicht mit mir verwandt sei, sei vor Kurzem gestorben – aber es gehe ihm gut. Sie machte wieder eine Pause, und wieder hatte ich den Eindruck, als überlege die Frau, was sie als Nächstes sagen solle. Schließlich fuhr sie fort. »*Dir geht es finanziell zwar gut, trotzdem wirst du deine Ziele hier nicht erreichen. Du bist hier, weil du hier deiner letzten Karte begegnest.*«

Damit war die *Prophezeiung* beendet. Heute denke ich, dass die Frau in Trance gewesen war – was ich damals aber als Nachdenken oder Überlegen interpretierte. Was Nadine mir nicht gesagt hatte, war, dass die Frau in Rätseln sprach! Aber ich hatte alles mitgeschrieben: *ein verstorbener Verwandter, der aber eigentlich kein Verwandter war.* Es dauerte einen Moment, bis es mir dämmerte. Tatsächlich war bloß ein paar Wochen zuvor der Stiefvater meines Vaters verstorben. Zwar hatte er zur Familie gehört, aber ein richtiger (Bluts)verwandter war er natürlich nicht gewesen. Dass es ihm scheinbar gut ging, war schön zu hören, aber ehrlich gesagt, hatte ich kaum Kontakt zu ihm gehabt, und wir hatten uns auch nicht nahegestanden.

Was aber meinte die Frau damit, dass ich meine Ziele hier nicht erreichen würde? Gerade erst war ich ins Großhandelsgeschäft eingestiegen und hatte für zwei renommierte Fitness- und Sportbekleidungslabel die Generalvertretungen für Spanien übernommen. Als ich die Frau danach befragte, antwortete sie, dass dies nicht meine Ziele wären. Nadine, die neben mir saß, stupste mich an und murmelte hinter vorgehaltener Hand, ich solle mal fragen, was es mit dieser *letzten Karte* auf sich habe. Die Wahrsagerin erklärte dazu, es handele sich dabei um einen Mann – meinen Partner fürs Leben.

Ehrlich gesagt, hatte ich für diese Bemerkung nur ein müdes Lächeln übrig. Die Welt war voll von Männern – wie sollte da bloß nur noch ein einziger für mich übrig sein? »Ein Einziger für eine richtige Beziehung«, ergänzte die Frau. Nun, darüber ließ sich allerdings streiten: »*Gibt es überhaupt einen Mann, mit dem sich eine richtige Beziehung lohnt?*«, dachte ich so bei mir. Bislang war ich ganz gut ohne feste Beziehung ausgekommen und hatte eigentlich auch nicht die Absicht, daran etwas zu ändern. Etwas, was mir mehr bedeutete *(und immer noch bedeutet)* als alles andere, war meine Freiheit. Einen Partner zu finden, der mir diese Freiheit nicht nehmen würde, erschien mir zumindest damals als unmöglich.

»Frag Sie mal, ob du den Typen schon kennst«, flüsterte Nadine mir ins Ohr, und ich nickte. O.K. Wenn, dann wollte ich *das* auch noch wissen. »Ja«, antwortete die Wahrsagerin darauf, »du kennst ihn schon.« ...

Die letzte Karte

... man kann sein Glück selbst an die Hand nehmen, obwohl Schicksal Bestimmung sein mag. Denn jedes Schicksal hält verschiedene Möglichkeiten bereit, mit dem Leben umzugehen, wodurch sich das verändert, was sich daraus entwickelt. Und täglich grüßt das Murmeltier.

Wenn man so etwas gesagt bekommt, egal, was man von der Wahrsagerei hält, bleibt es nicht ohne Einfluss. Jedenfalls ging es mir so. Jeden Mann, den ich kannte, sah ich plötzlich mit anderen Augen – wenn auch belustigt, und Nadine und ich machten uns, ganz ehrlich, auch einen Spaß daraus. Denn unter allen Männern, die ich kannte, war definitiv keiner dabei, der für mich und eine feste Beziehung auch nur annähernd infrage gekommen wäre!

Aber vielleicht hätte ich die Wahrsagerin besser fragen sollen, in welcher *Form* ich diesen Mann schon kannte. Weil ich dies nicht getan hatte, ging ich automatisch von einer physischen Form aus.

Als sich meine Sitzung bei der Wahrsagerin dem Ende näherte, fragte ich, was sie für ihre Voraussage bekäme. Sie schüttelte den Kopf und meinte, dass sie selbst kein Geld nehmen dürfe, denn dies sei ihre Art der Wiedergutmachung – aber ich könnte ihr 1000 Peseten in den Topf da drüben legen. Mit dem Kopf wies sie zur Anrichte, und ich folgte ihrem Blick. Dort stand ein alter, verbeulter, silberner Kochtopf aus dünnem Blech mit einem Deckel. Das Geld sei für Not leidende Kinder, hörte ich die Frau sagen. Daraufhin wollte ich ihr mehr Geld in den Topf legen, doch Nadine hielt mich zurück und meinte, dass die Frau von jedem, ob reich oder arm, immer nur 1000 Peseten als Spende nahm. 1000 Peseten waren damals ungefähr 13 oder 15 DM.

Meine Geschäfte liefen jedenfalls gut, und als der Winter nahte, reiste Nadine wie jedes Jahr nach Thailand. Sie würde erst im nächsten Jahr zu Pfingsten wieder an die Costa Brava zurückkehren, und so dachte ich schon bald nach Nadines Abreise gar nicht mehr an die Prophezeiung und *die letzte Karte*.

Ein Bekannter hatte mir schon im Sommer des Jahres 1993 von einer Reise nach Holland den Katalog eines Sportbekleidungslabels mitgebracht. Sport- und Fitnessbekleidung war in Spanien damals noch sehr teuer, und außer den großen Labels und ihrem Basisangebot gab es kaum Alternativen. Weil ich selbst in einem Fitnessclub trainierte, kaufte ich meine persönliche Trainingsbekleidung immer in Deutschland, wenn ich dort zu Besuch war. Es gab da ein hanseatisches Fitnesslabel, deren Sachen mir besonders gut gefielen. Auch die Spanier in meinem Fitnessclub waren von der Bekleidung begeistert, sodass ich schließlich mit dem Hersteller des Labels Kontakt aufnahm. Wenig später hatte ich die Generalvertretung dieser Firma für Spanien in der Tasche. Durch den Verkauf von Sportbekleidung konnte ich auch den Umsatz meiner eigenen Läden steigern, gerade im Winter, wenn der Tourismus rückläufig war und ein Großteil meiner Kunden aus Spaniern bestand.

Leider hatte dieses hanseatische Label überwiegend Sachen für Frauen im Programm, und ich suchte noch nach der passenden Ergänzung für Männer. Dann kam im Sommer 1993 mein Bekannter mit dem Katalog aus Holland, und ich wusste, *das* war genau, was ich gesucht hatte! Noch am selben Tag nahm ich Kontakt mit der Firma in Holland auf und fragte, ob sie für ihr Label nicht eine Vertretung in Spanien suchten. Einen Monat später war alles geregelt, und ich verbrachte die nächsten Wochen damit, Kataloge der holländischen Firma an alle Fitnessclubs in Spanien zu schicken. Kataloge mit dem Foto meiner letzten Karte. Denn über dieses Label lernte ich Theo kennen.

Irgendwann einmal habe ich Theo vom Besuch bei dieser Wahrsagerin erzählt und auch von der letzten Karte. Seitdem zieht er mich natürlich hin und wieder damit auf. Trotzdem hat er die Geschichte nie als Humbug abgetan, und auch wenn er mich damit schon mal ärgert, nimmt er die »Prophezeiung« im Grunde doch sehr ernst. Denn das mit dieser »letzten Karte« gilt anscheinend für uns beide. Würden wir uns jemals trennen, würde ich sicherlich nicht noch einmal eine feste Partnerschaft eingehen – und Theo wohl auch nicht. Außerdem zeigt sich immer wieder, dass wir unsere Ziele scheinbar tatsächlich nur gemeinsam erreichen können, weil bei uns einer den anderen sehr präzise ergänzt und wir auch sehr ähnliche Ansichten und Gedanken haben. Allerdings gefällt mir die Bezeichnung »die letzte Karte« nicht so gut. Nach fast 20 Jahren Partnerschaft würde ich rückblickend »die beste Karte« als viel passender und zutreffender bezeichnen. Prophezeiungen sind halt in erster Linie auch immer Auslegungssache! Und natürlich beruht das mit der besten Karte dann auch wieder auf Gegenseitigkeit!

Nun denn. Seitdem sind jedenfalls viele Jahre vergangen. Bin ich glücklich? Ich glaube schon, auch wenn ich immer noch unter dem schlechten Wetter hier am Niederrhein leide, wo ich sicherlich nicht wohnen würde, wäre mir Theo nicht begegnet. *(Ein Umstand, den ich nur zu gern und möglichst oft LAUT beklage!)* War es Schicksal, dass Theo und ich uns begegneten? Ja, auch davon bin ich (sind wir beide) überzeugt, denn es fühlt sich *stimmig* an. Aber es war kein »Ergeben in ein Schicksal«, und Glück ist etwas, woran man (zum Glück) arbeiten kann und muss.

Für mich selbst habe ich dazu eine Erklärung gefunden, die mir logisch erscheint und die zugleich auch von meinem Bauchhirn akzeptiert wird:

Was wäre, wenn es tatsächlich unendlich viele Dimensionen gibt, die alle nebeneinander existieren und wo alle nur erdenklichen Variablen und Möglichkeiten, die das Leben für uns bereithält, tatsächlich zur Verfügung stehen? Und was wäre, wenn eine der nächstmöglichen Dimensionen, in der der einzige Unterschied darin besteht, dass Nadine 1993 ihr Auto zu Schrott fährt, so unermesslich nah an dieser Dimension existiert, dass allein die unerschütterliche Überzeugung von einem bevorstehenden Unfall ausreicht, um in die Dimension hinüberzuwechseln, in der dieser Unfall tatsächlich passieren wird? Denken Sie daran: Wenn dies funktioniert, funktioniert es für alles: für die negativen Dinge genauso wie für die positiven!

Dies würde bedeuten, dass Wünsche tatsächlich in Erfüllung gehen können, vorausgesetzt, man ist zu 100 % überzeugt davon! Aber es bedeutet auch, dass es irgendwo eine Dimension (oder wohl eher unvorstellbar viele Dimensionen) gibt, in der Theo und ich kein Paar sind und in der mein Ich immer noch in Spanien lebt und Klamotten verkauft. *(Oder in der Theo und ich ein Paar waren, es aber nun nicht mehr sind oder in der wir ein Paar sind, das sich die Köpfe einschlägt, oder, oder, oder.)* Vielleicht kommt es darauf an, sich im Laufe eines Lebens den richtigen Weg durch die verschiedensten Dimensionen (Möglichkeiten) zu bahnen, sodass man das, was man (oder die Seele) sich für dieses Leben vorgenommen hat, auch tatsächlich *mit Zufriedenheit* erreichen kann. Damit wären wir wieder beim Schicksal angelangt – und beim Glück. Denn wenn es mein Schicksal war, Theo zu begegnen und meine heutigen Tätigkeiten als Therapeutin und Buchautorin auszuüben und damit anderen Menschen zu helfen, damit auch sie ihren Weg finden, dann gibt es bestimmt auch hiervon mehrere (dimensionale) Varianten – zumindest die, in der der Unterschied darin besteht, ob ich dabei glücklich oder unglücklich, zufrieden oder unzufrieden, gesund oder krank bin!

> Aber dann müsste es auch »logischerweise« eine Dimension geben, in der alles so ist, wie es jetzt ist – mit dem einzigen Unterschied, dass es dort eine Variante des Niederrheins gibt, wo es weniger regnet ... Es wäre jedenfalls einen Versuch wert, mir einmal vorzustellen, unerschütterlich davon überzeugt zu sein, dass auch der Niederrhein ein Recht auf Sonne hat, um mich dann gedanklich auf den Weg dorthin zu begeben, ohne mich dabei gleich in das Thema zu verbeißen, wodurch ich den Wunsch nach mehr Sonne nämlich festhalten würde, und er sich nicht erfüllen kann.

Logisch für mich an diesem ganzen Konzept ist auch, dass die Dimensionen, in denen es nur geringfügige Abweichungen (wie einen Autounfall) gibt, sich immer ganz nah an der Dimension befinden, in der wir uns zurzeit aufhalten. Deshalb ist ein Wechsel in eine solche Dimension auch nicht sehr schwer, und allein die Überzeugung, dass etwas so sein kann oder so sein wird, reicht aus, um den Wechsel zu vollziehen. Laut der Theorie in der Quantenphysik existieren für jeden Moment unseres Lebens viele mögliche Möglichkeiten. Jede dieser Varianten ruht – so lange, bis wir sie durch eine von uns getroffene Entscheidung aufwecken! Mit anderen Worten: die Möglichkeit zur Wirklichkeit machen.

> Vielleicht ist es auch nicht so, dass man tatsächlich in diese Dimensionen hinüberwechselt. Vielleicht holt man sich dort nur das, was man gerade braucht: einen Autounfall, ein gebrochenes Bein, einen neuen Job mit mehr Geld, Glück, Liebe, Leid und Tod.

Noch etwas ist mir in diesem Zusammenhang aufgefallen: Scheinbar gelingt es uns viel einfacher, uns aus voller Überzeugung etwas Negatives vorzustellen – das dann auch prompt eintritt! Aber (und auch auf die Gefahr hin, dass ich mich wiederhole): Es funktioniert für die guten Dinge genauso wie für die schlechten.

Übung 1 – Loslassen und Festhalten

Scheinbar sind wir alle vom Vorhandensein unserer eigenen Defizite felsenfest überzeugt, frei nach dem Motto: Das kann ich eh nicht! Wenn wir dann versagen, bekommen wir nur die Bestätigung für etwas, von dem wir schon überzeugt waren! Selbst bei unseren Gaben und Talenten oder Dingen, für die wir teilweise lange haben lernen oder üben müssen, bleibt immer noch ein Quäntchen Skepsis, ob wir das auch wirklich schaffen – wodurch sich die Möglichkeit, darin zu versagen, gleich erhöht. Alles, was wir negativ besetzen, lässt sich scheinbar einfacher in die Realität umsetzen, weil unsere Überzeugung davon, etwas nicht zu können oder nicht zu erreichen, anscheinend von Natur aus größer ist als die Überzeugung, etwas zu können und durch dieses Können gewisse Wunschziele tatsächlich zu erreichen.

Alles, was wir positiv besetzen, zweifeln wir viel leichter an, wodurch es unter Umständen ebenfalls ins Negative abdriftet – und sich unsere Wünsche natürlich nicht erfüllen. Und diese Einstellung geht sehr oft Hand in Hand mit einer Geste.

Ein Beispiel: Vor einiger Zeit sah ich im Fernsehen eine Moderatorin, die sich beim Aussprechen eines komplizierten Fremdworts richtig verhedderte. Nachdem sie den Satz mit diesem Wort dann schließlich einigermaßen beendet hatte, sagte sie: »Ich habe genau gewusst, dass ich mit diesem Wort Probleme habe und mich mehrmals versprechen würde!« Damit hatte sie die Bestätigung dessen bekommen, wovon sie schon vorher felsenfest überzeugt gewesen war. Gleichzeit ging ihre Aussage, dass sie mit der Aussprache des Wortes ein Problem habe, auch einher mit einer Geste: Die Frau machte mit ihrer rechten Hand dabei eine Bewegung von ihrem Körper weg, so, als wolle sie etwas loswerden, was an ihrer Hand klebe. Tatsächlich hatte sie damit auch etwas losgelassen: die Überzeugung, das bestimmte Wort nicht aussprechen zu können. (Das Universum unterscheidet eben nicht zwischen positiv und negativ, denn letztlich ist beides relativ. Was für den einen gut und recht, ist für den anderen schlecht und billig.)

Die Moderatorin hatte nichts anderes getan, als einen Wunsch abzusenden und loszulassen – und er erfüllte sich prompt! Denn auch als sie im weiteren Verlauf des Interviews wieder das besagte Wort benutzen wollte, kam es ihr nicht ohne massive Schwierigkeiten über die Lippen!

Nun war in diesem Falle der abgesandte (losgelassene) Wunsch zumindest in den Augen der Moderatorin negativ besetzt. Wenn wir etwas positiv besetzen, also wenn es sich um etwas handelt, was wir uns beispielsweise von Herzen wünschen, dann geht auch diese Äußerung unseres Wunsches oft einher mit einer Geste: Wir ballen eine Hand so zur Faust, als würden wir damit etwas fest umschließen und ziehen die Faust dann ganz nah an unsere Brust und an unser Herz heran. Leider halten wir damit unseren Wunsch fest, womit er sich allerdings auch nicht erfüllen kann! Diese Geste ist ganz gut, wenn man in vergangenen Gefühlen und Erinnerungen schwelgt, die man für immer in sich aufnehmen möchte. Als Beitrag zur Erfüllung eines Wunsches ist diese Geste jedoch gänzlich ungeeignet! Streifen Sie in Zukunft Ihre Wünsche lieber ab, wie etwas Ekliges, das an Ihren Fingern klebt! Und darin besteht auch die erste Übung: Wünsche loszulassen, statt sie festzuhalten, und positiv besetzte Anliegen mit derselben felsenfesten Überzeugung zu betrachten wie negativ besetzte Anliegen. Wie das geht? Fangen Sie einfach an, in diesen Belangen achtsamer mit sich selbst zu werden.

Aber vielleicht ist das mit dem Wünschen ja auch absichtlich vom Universum etwas schwierig gestaltet worden, und vielleicht ist dies auch der Grund dafür, warum Glücklichsein oder Glücklichwerden ein Prozess ist, an dem man arbeiten muss. Der Weg von einer Existenz (Dimension), in der es uns nicht gut geht und in der wir unzufrieden und unglücklich sind, bis hin zu einer Existenz (Dimension), in der wir zufrieden und glücklich sind, ist in der Regel ja ein längerer Weg – eben durch mehrere Dimensionen. Wobei Länge auch wieder sehr relativ sein kann, genau wie Zeit.

Dies würde sogar erklären, warum Prophezeiungen von Hellsehern und Wahrsagern tatsächlich eintreffen können. Wichtig ist nämlich immer die Überzeugung! Oft fehlen jedoch der Glaube und das Vertrauen darin, dass die eigenen Wünsche wahr werden können. Hingegen sind die Überzeugung und der Glaube an das, was ein Wahrsager erzählt, oft unerschütterlich. Dadurch kann die Prophezeiung aber erst die Möglichkeit bekommen, überhaupt zur Realität zu werden. Glaube ich also nicht an das, was mir prophezeit wird, kann auch die Prophezeiung nicht eintreten. So gesehen habe ich – zumindest unbewusst – damals dieser Wahrsagerin geglaubt, als sie mir von der letzten Karte erzählte, auch wenn ich dies damals niemals zugegeben hätte!

Diese *Theorie* würde aber vor allem Hoffnung bedeuten: Denn alles, was wir demnach tun müssen, damit die eigenen Wünsche wahr werden, ist, felsenfest davon überzeugt zu sein, dass sie wahr werden! Wenn wir nur zweifelsfrei daran glauben, öffnen unsere Gedanken den Weg hinüber in eine andere Dimension, in der die gewünschte Variante existiert.

Möglich, dass ich irgendwann einmal, wenn ich neues Wissen hinzugelernt habe, meine Meinung über diese »Dimensionen der Möglichkeiten« noch einmal anpassen werde. Wichtig bei Meinungsänderungen ist für mich aber immer, dass neue Theorien oder Erklärungen auch von der Logik her einen Sinn ergeben. Es ist gut, auf seinen Bauch zu hören und die rechte Gehirnhälfte bei Entscheidungen einzubeziehen. Aber ich denke auch, man tut gut daran, die linke Gehirnhälfte und ihre Forderungen nach logischen Prozessen nicht zu ignorieren, denn sonst ist der Wahnsinn nicht mehr fern. Die Theorie von anderen Dimensionen (oder parallelen Universen) ist auch nicht neu und wird von vielen Quantenphysikern unterstützt. Und auch wenn sich die Existenz dieser anderen Dimensionen noch nicht zweifelsfrei nachweisen lässt, wie heißt es so schön? *Das Fehlen eines Beweises beweist nicht das Fehlen des Beweises.*

Man muss sich etwas vorstellen können, um es zu verstehen, und dazu braucht man eine gute (logische) Erklärung. Erinnern Sie sich an unsere Vorfahren, die sich nicht vorstellen konnten, dass die Erde eine Kugel ist, bis Newton ihnen eine logisch nachvollziehbare Erklärung lieferte, die zumindest bis heute Bestand hat? Doch nun gibt es berechtigte Zweifel an Newtons Berechnungen hinsichtlich der Gravitation. Bleibt die Frage: Was kommt als Nächstes? Vielleicht eine logisch nachvollziehbare und vorstellbare These, dass wir in einem mindestens vierdimensionalen Raum leben und dass es nicht die Gravitation ist, die uns am Fliegen hindert – sondern vielleicht nur das kollektive Bewusstsein?

Vielleicht brauchen wir die Gravitation gar nicht, damit sie uns davor bewahrt, von der Erde herunterzufallen oder davonzuschweben. Wer weiß schon, wo bei der Erde gerade unten und oben ist? Im unendlichen Kosmos wird diese Frage wohl kaum relevant sein. Vielleicht ist die Gravitation nur eine Kreation, die uns daran hindert, ungehindert in andere Dimensionen hinüberzuwechseln. Vielleicht wurde die Gravitation ja nur zu dem Zweck erdacht, uns in einer Realität zu halten.

Ich war nie wieder in einer eigenen Angelegenheit bei einer Wahrsagerin – nur einmal noch, allerdings bloß als Begleitung für Theo. Auch darüber schreibe ich im nächsten Kapitel, weil dieser Besuch möglicherweise doch Auswirkungen hatte, die auch mich betrafen.

Jedenfalls waren Theo und ich schon einige Wochen lang zusammen, als Nadine im Frühling des Jahres 1994 aus Thailand wiederkam. Als dann der Sommer nahte und es immer mehr danach aussah, als sei das mit mir und Theo etwas Ernstes, war es Nadine, die mich wieder an die *letzte Karte* erinnerte und daran, dass ich diesen Mann – laut Aussage der Wahrsagerin – zum Zeitpunkt der Prophezeiung ja schon gekannt haben sollte. *»Tja, scheinbar können auch die besten Wahrsager sich mal irren«,* dachte ich daraufhin so bei mir.

Irgendwann ist mir dann noch einmal dieser alte Katalog in die Hände gefallen – der Katalog, den mein Bekannter damals aus Holland mitgebracht hatte und von dem ich später selbst viele Exemplare an meine Kunden verschickte. In dem Katalog gab es ein kleines Foto von einem Mann mit riesiger Piloten-Sonnenbrille und einem XXL-Shirt. Dieser Mann war kein anderer als Theo. So gesehen hatte ich ihn also zum Zeitpunkt meines Besuches bei der Wahrsagerin tatsächlich schon gekannt – wenn auch nicht in physischer Form, sondern nur von einem Foto her. Zwar war ich *bewusst* eigentlich nie davon überzeugt gewesen, dass sich die Prophezeiung dieser Wahrsagerin bewahrheiten würde, aber ich hatte ihre Aussage auch nicht bewusst als Humbug abgetan. Ich hatte die ganze Angelegenheit eher ziemlich schnell vergessen – und dadurch *unbewusst losgelassen,* wodurch sich die Prophezeiung dann erfüllen konnte.

Drei Jahre später, im Jahr 1997, verließ ich Spanien und zog zu Theo in die Niederlande. Wiederum drei Jahre später übernahmen wir beide dann die Firma, die Theo bis dahin zusammen mit seinem Geschäftspartner geleitet hatte, und seitdem haben wir uns oft gefragt, ob dies wirklich die richtige Entscheidung gewesen ist und was gewesen wäre, wenn Theo sich hätte auskaufen lassen – wie es zuerst geplant gewesen war. Damals waren es reine Kopfentscheidungen, die im geschäftlichen Sinne auch durchaus logisch zu sein schienen, die uns dazu veranlassten, im letzten Moment die Firma selbst zu übernehmen. Wiederum sieben Jahre später, im Jahr 2007, trafen wir erneut eine Entscheidung, nämlich die, alles zu verkaufen! Dieses Mal aber beide aus einem ganz deutlichen und spontanen Bauchgefühl heraus, das für den Betrachter sicherlich unlogisch, unverantwortlich und ganz und gar nicht nachvollziehbar war. Aber für Theo und mich fühlte es sich absolut richtig und stimmig an. Mittlerweile sind wieder fünf Jahre vergangen und wie wir beide wissen, war die Entscheidung, alles zu verkaufen und noch einmal mit etwas Neuem anzufangen, für uns beide absolut richtig.

Seitdem machen wir beide nur noch das, was unser Bauch uns sagt; mit Liebe und Passion – auch wenn der Verstand dabei ab und zu den Kopf schüttelt ...

Irre Führung

*... man sollte wirklich nicht aus Angst, etwas falsch
zu machen, auf Zehenspitzen durchs Leben gehen.*

Im Jahr 2006, ungefähr zur selben Zeit als ich meine erste eigene Rückführung erlebte, beschloss Theo, einmal zu einer Wahrsagerin zu gehen. Ich muss dazu sagen, dass Holländer im Allgemeinen solchen Dingen viel aufgeschlossener gegenüberstehen als Deutsche. In Holland ist es nichts Besonderes, wenn jemand ganz offen zugibt, dass er regelmäßig die Dienste eines Wahrsagers oder Heilers in Anspruch nimmt, und die Gefahr, deshalb schief angesehen zu werden, ist ebenfalls viel geringer.[1]

Nun muss ich aber auch dazu sagen, dass Theo eigentlich kein typischer Holländer ist und Dingen wie Wahrsagen oder Hellsehen damals noch viel skeptischer gegenüberstand als ich. Zwar glaubt er ebenfalls daran, dass es Dinge zwischen Himmel und Erde gibt, die mit dem menschlichen Verstand nicht zu erklären sind, aber er ist noch schwerer zu beeindrucken als ich, und außerdem ist er von Natur aus eher erst einmal misstrauisch.

Letztlich überwiegt aber immer seine Neugierde, und nachdem wir uns eingehend bei Bekannten und im Internet informiert hatten, wo wir einen guten Wahrsager finden könnten, entschied sich Theo schließlich für eine Frau, die angeblich sehr zurückgezogen lebte und uns von mehreren Personen empfohlen worden war. So vereinbarte ich telefonisch einen Termin für Theo und fragte, ob es möglich wäre, dass ich ihn begleitete.

---

1 Genau wie im ersten Buch »Erzählende Seelen« verwende ich bei Verallgemeinerungen immer die männliche Anredeform, in diesem Fall also »Wahrsager« und »Heiler«, denn die Erwähnung beider Anreden führt immer zu sehr abstrusen Sätzen. Auch wenn ich also nur in der männlichen Form schreibe, soll es nicht heißen, dass ich die weibliche ausschließe.

Zwar hatte ich beschlossen, selbst nie wieder die Dienste eines Wahrsagers in Anspruch zu nehmen, aber ich wollte gern dabei sein, wenn Theo zu dieser Frau ging. Ich selbst habe eine tiefe Überzeugung hinsichtlich gewisser Grundaspekte meine Zukunft betreffend, die ich schon seit meiner Kindheit habe und die sich bislang auch immer bewahrheitet haben. Als Kind war es einfach nur die simple Vorstellung, dass alles gut wird – auch wenn es mal wieder danach aussah, dass mein Vater mich eher totprügelt. Vielleicht hat mich diese unerschütterliche, wenn auch absolut irrationale Vorstellung davon, dass *trotzdem* alles gut wird, damals tatsächlich davor bewahrt, zu sterben oder als Teenager auf die schiefe Bahn zu gelangen – wie es mir meine Eltern immer prophezeit hatten. Später wurde aus diesem simplen »Alles wird gut« eine konkretere und rationellere Form dessen, wie dieses »Alles wird gut« aussehen könnte, und so funktioniert das bei mir auch heute noch. Aber mich interessierten auch schon von jeher alle Themen, die etwas mit dem Übersinnlichen und auf den ersten Blick eher Unerklärlichen zu tun hatten – spätestens seit ich als Teenager einige Bücher von Shirley MacLaine gelesen hatte. Und ich wollte doch sooo gern wissen, wie man das mit dem Hellsehen machte! Konnte man das Wahrsagen oder Hellsehen lernen? Musste man dafür ein bestimmtes Talent haben? Wurde man dafür auserwählt – und wenn ja, von wem? Oder war es vielleicht doch etwas, was einem mit in die Wiege gelegt wurde?

Heute bin ich davon überzeugt, dass wir alle hellsichtig sind. Dies beweisen mir die Teilnehmer meiner Workshops jedes Mal aufs Neue! Wahrnehmungen über das Dritte Auge hat jeder, nur dass wir gern darüber hinwegsehen oder sich auch nicht jeder mit seinem sechsten Sinn auseinandersetzen möchte – was ich durchaus respektiere und verstehe. Aber lassen Sie sich bitte nicht einreden, dass nur auserwählte Menschen dazu fähig seien. Wir sind alle Auserwählte!

So geschah es jedenfalls, dass eines schönen Tages im Herbst des Jahres 2006 Theo und ich uns gemeinsam auf den Weg zu einer Wahrsagerin machten. Fast hätten wir das Haus dieser Frau nicht gefunden, denn es lag umzäunt und versteckt hinter meterhohen Hecken. Die Frau erwartete uns schon und führte uns durch einen engen dunklen Flur in ihr Arbeitszimmer, in dem es ebenfalls sehr dunkel und zudem eisig kalt war. *(Der Ausdruck »Grabeskälte« beschreibt es dabei wirklich am besten.)* Obwohl draußen die Herbstsonne noch wärmend schien, war davon im Arbeitszimmer der Frau nichts zu spüren. Das Rollo am Fenster war heruntergelassen, und der kleine Raum wurde nur spärlich durch ein paar Kerzen erhellt. Selbst Theo, der eigentlich nie friert, musste anschließend zugeben, dass ihm im Haus dieser Frau doch ziemlich kalt gewesen war.

Ohne Licht einzuschalten, bat die Frau Theo, auf dem einzigen Besucherstuhl Platz zu nehmen, der vor einem kleinen Schreibtisch stand. Ich setzte mich unaufgefordert auf eine Liege an der Wand. Die Frau ließ sich hinter dem Schreibtisch nieder und fragte Theo, was ihn zu ihr führe. Theo tat überrascht und sagte prompt, dass sie dies eigentlich wissen müsse – immerhin sei sie Hellseherin! Doch noch bevor die Frau etwas darauf hätte erwidern können, fügte er hinzu, dass er neugierig sei und wissen wolle, was sein Leben noch für ihn bereithielte.

Ohne zu sehr ins Detail gehen zu wollen, aber alles, was diese Frau Theo damals prophezeite, trat nicht ein – eher das Gegenteil davon. So prophezeite sie ihm beispielsweise, dass die Beziehung mit mir nicht mehr lange halten und sich Theo schon alsbald in eine kleine hübsche Frau aus Indonesien verlieben würde. Und sie sah eine nicht allzu rosige Zukunft für ihn als Gebrauchtwarenhändler voraus.

Das Gespräch dauerte ungefähr 20 Minuten. Die Bezahlung erfolgte nach eigenem Ermessen, und Theo gab ihr 20 Euro *für ihre Mühe.* Ich hatte die ganze Zeit über still auf der Liege gesessen und gefroren, wie ich es bei -40 Grad Celsius in Kanada noch nicht getan hatte! Auch was die Frau Theo in Bezug auf seine Person sagte, stimmte nicht oder klang eher wie schlecht geraten. Theo hatte ihr nur seinen ersten Vornamen *Theodorus* genannt, woraufhin die Frau dann meinte, sein zweiter Vorname laute Bernardus. Theo ist tatsächlich auf *Theodorus Bernardus* getauft. Allerdings hat er auch noch einen dritten Vornamen, den die Frau nicht wusste, und die Kombination *Theodorus Bernardus* ist in den Niederlanden, gerade bei Männern von Theos Generation, sehr gebräuchlich. Dann sagte die Frau ihm, dass er ein ernst zu nehmendes Rückenproblem habe, das er unbedingt ärztlich behandeln lassen müsse. Tatsächlich litt Theo damals noch manchmal unter den Folgen seiner Bandscheibenoperation, und gerade an diesem Tag war es wieder besonders schlimm. Auf dem Hof der Frau hatte er sich quasi aus seinem Auto gequält, und auch als er auf dem Stuhl in ihrem Arbeitszimmer Platz genommen hatte, waren seine Bewegungen steif und ungelenk gewesen. Als die Frau dann Theos Rückenprobleme erwähnte, antworte er deshalb auch, dass dies wohl kaum zu übersehen sei und man, um dies zu erkennen, nun wahrlich kein Hellseher sein müsse. Seine Rückenbeschwerden sind im Laufe der Zeit jedenfalls stetig besser geworden, dank Sport und einer veränderten Einstellung. Eine ärztliche Behandlung wurde ebenfalls nie wieder notwendig.

Aber es gab auch einen Punkt, in dem die Wahrsagerin nur haarscharf danebenlag. Nämlich als sie sagte, dass Theo mit Stoffen arbeitete. Sie bezog sich damit allerdings auf Stoffe zum Einrichten von Häusern wie Gardinen und Teppiche und nicht auf Bekleidung. Das Ganze glich mehr einem Rätselraten, und ich merkte natürlich auch, wie im Verlaufe dieses Gespräches Theos Verdruss stieg – trotzdem war etwas im Raum.

Hinter der Frau konnte ich rechts und links zwei schemenhafte Gestalten wahrnehmen, deren Umrisse im Schein der Kerzen flackerten. Die eine klein und dick, die andere groß und hager. Beide waren in rote lange Gewänder gekleidet und trugen rote Kopfbedeckungen, die wie Bischofsmützen aussahen. Mir schien es so, als ob die Frau ihre Botschaften von diesen *Gestalten* erhielte – auch wenn sie diese ganz offensichtlich größtenteils falsch interpretierte. Und auch wenn diese Gestalten nur schemenhaft zu sehen waren, wie durch einen Nebel, so war ich mir doch ganz sicher, dass Theo sie ebenfalls bemerkt hatte.

Als die Sitzung zu Ende war und Theo sich anschickte, der Frau etwas in ihr Sparschwein zu stecken, rutsche ich von der Liege, auf der ich bis dahin still gesessen hatte, und fragte die Frau, wie sie das mit dem Hellsehen oder Wahrsagen machen würde. Auch die Frau war aufgestanden und blickte nun zum ersten Mal in meine Richtung. Dann erwiderte sie knapp, dass schon ihre Großmutter diese Gabe besessen hätte, und ohne jegliche Vorwarnung oder ersichtlichen Grund fuhr sie mich an, dass sie geschützt würde. Wenn ich ihr jemals etwas antun würde, dann würde sie dafür sorgen, dass mich zuerst Feuer und dann Wasser heimsuchten. Dabei hob sie drohend ihren Finger und kam um ihren Schreibtisch herum auf mich zu.

Theo und ich sahen uns an, beide total überrascht von dem plötzlichen Ausbruch der Frau. Ich hätte gern gewusst, was die Frau damit meinte: »Wenn ich ihr etwas antun würde.« Theo fand jedoch, dass es besser wäre, uns zu verabschieden, und schob mich vor sich her zur Tür hinaus, während die Frau hinter uns her kam und zur Decke zeigte, wo überall Schutzsymbole angebracht waren.

Im Auto grübelten wir dann über das merkwürdige Benehmen dieser Frau, die scheinbar nicht ganz bei Sinnen war, und ich fragte Theo auch, ob er ebenfalls die beiden Gestalten hinter der Frau wahrgenommen habe. Theo schüttelte den Kopf. Er hatte direkt vor der Frau gesessen, wie hatte er da die auffallend rot gekleideten Gestalten nicht bemerken können!? Doch Theo blieb dabei, nichts gesehen zu haben – auch wenn er mich für meine Wahrnehmung nicht für verrückt erklärte oder meinte, das hätte ich mir nur eingebildet.

Als ich noch in Spanien lebte, sahen Theo und ich uns nur jedes zweite Wochenende, und deshalb telefonierten wir jeden Abend. Irgendwann merkte ich, dass, je länger wir telefonierten, ich ein immer klareres Bild von Theo bekam, das scheinbar über eine gewöhnliche Vorstellung hinausging. So konnte ich beispielsweise plötzlich sehen, was Theo anhatte. Das erste Mal als dies geschah, hatte Theo gleich im Anschluss an das Telefonat einen wichtigen Termin, und ich sagte ihm, dass er zu dem Treffen so aber nicht hingehen könne. Es war Hochsommer, und ich sah ihn in einem grellbunten T-Shirt und neongelben Sport-Shorts. Ich war damals total überrascht und auch ein wenig erschrocken von meiner Wahrnehmung, und selbst Theo war dabei ein wenig unheimlich zumute gewesen, denn er trug tatsächlich die beschriebene Kleidung. Jedenfalls hielt Theo mich seitdem nicht gleich für verrückt, nur weil ich etwas sah, was er nicht wahrnahm. Nur auseinandersetzen wollte er sich damals noch nicht damit.

Der Besuch bei dieser Wahrsagerin war für mich allerdings die erste Begebenheit, bei der ich solche Gestalten oder Kreaturen *bewusst* sah. Seitdem
ist es hin und wieder geschehen – und trug anfänglich sicher nicht dazu
bei, dass ich mich geistig gesund fühlte. Erst als ich zum Familienstellen
kam, lernte ich tatsächlich, mit diesen Wahrnehmungen umzugehen, und
hörte auf, mich ständig zu fragen, ob ich noch normal sei. Jedoch hatte ich
beim Familienstellen ein Mal ein Erlebnis, das mich ziemlich erschütterte,
sodass ich danach die Tür zu diesem Dritten Auge verschloss und auch
noch eine Weile mit beiden Händen zuhielt! Eine Bekannte erzählte mir
daraufhin von einer Freundin, die ebenfalls solche *Dinge* sehen konnte,
und empfahl mir ein Gespräch mit dieser Frau. Schon nach dem ersten
Telefonat mit ihr machte ich meine Tür zum Übersinnlichen wieder einen
Spalt breit auf – nur ein winziges Stücken mehr als früher. Was daraus
resultierte, dazu komme ich später, wenn ich über meine Begegnung mit
dem Werwolf berichte.

Beim Abendessen im Restaurant nach dem Besuch bei der Wahrsagerin
ließen Theo und ich jedenfalls noch einmal alles Revue passieren: Die Frau
lebte abgeschirmt von der Außenwelt in einem Haus, das von meterhohen
Hecken umgeben war. Dabei hatte sie sicherlich irgendwelche übersinnlichen Fähigkeiten (oder Kontakte) – nur schien sie anscheinend nicht zu
wissen, wie sie diese richtig anwenden oder deuten musste. Oder – sie wurde von diesen Kontakten bewusst in die Irre geführt!

Die Sache erinnerte mich an eine Frau, der ich vor vielen Jahren einmal die Hand
geschüttelt hatte. Dabei hatte ich die Vision, dass sich in ihrem Bauch ein schnell
wachsender Tumor befände, an dem die Frau bald sterben würde, wenn sie sich
nicht sofort in ärztliche Behandlung begäbe. Wie sich dann herausstellte, war diese
Frau jedoch »bloß« schwanger gewesen. Schwanger zu sein, ist aber etwas, was ich
mir selbst nie habe vorstellen können, und deshalb hatte ich den Embryo fälschlicherweise als schnell wachsenden Tumor interpretiert.

So ähnlich musste es sich auch mit Theos Wahrsagerin verhalten haben; ihre eigene Welt war wahrscheinlich zu begrenzt. Durch meterhohe Hecken schottete sie sich von ihrer Umwelt ab, und in ihrem Denken war sie nicht aufgeschlossen und (welt)erfahren genug, als dass sie die Botschaften, die sie empfing, richtig hätte interpretieren können. Und vielleicht hatte diese Frau einfach geahnt, dass ich genau dies herausfinden würde und mir deshalb gedroht. Theo hielt es für möglich, auch wenn er nicht daran glaubte, dass die Drohungen diese Frau sich bewahrheiten könnten.

> Es ist eine Kunst, sich vom eigenen Schubladendenken und von den eigenen Generalisierungen und Vorurteilen zu befreien und absichtslos zu handeln. In der Psychotherapie bezeichnet man diesen neutralen Raum als Meta-Ebene, obwohl er gerade für Therapeuten oft in unerreichbare Sphären zu rücken scheint. Das Erreichen dieses Raumes gleicht dem Aufstieg auf den Gipfel eines Achttausenders. Hat man es aber einmal geschafft, fühlt es sich einfach toll an, und man will immer wieder dahin – und dann wird es auch von Mal zu Mal einfacher.

Heute weiß ich etwas mehr über solche Dinge wie Hellsehen und Geister, und die berechtigte Frage, ob diese beiden rot gekleideten Gestalten damals *gute Geister* waren, tut sich auf. Gut möglich, dass diese Frau wirklich fehlgeleitet war: irre Führung. *Und* – es passiert mir auch heute noch ab und zu, dass ich manchen Menschen mit meinen Fragen auf die Zehen trete. Meistens unbeabsichtigt, so wie bei dieser Wahrsagerin, doch manchmal auch ganz bewusst! Ich halte nichts davon, auf Zehenspitzen durchs Leben zu gehen. Aber auch wenn meine Fragen manchem unbequem erscheinen, so bleibe ich doch immer sachlich, und so freue ich mich tatsächlich auch immer über kritische oder gar unbequem erscheinende Fragen, die mich betreffen – solange sie sachlich gestellt werden und man zum geeigneten Zeitpunkt sachlich darüber diskutieren kann. Für mich ist das die beste Möglichkeit, mich weiterzuentwickeln und auch um an meinen blinden Flecken zu arbeiten.

Ungefähr ein knappes halbes Jahr später ging in unserem Wohnzimmer eine große Metallschale mit Kerzen einfach so in Flammen auf. Zum Glück war Theo so geistesgegenwärtig, dass er die Schüssel samt brennenden Kerzen durch die geöffnete Terrassentür hinaus auf den Rasen warf. Außer einem Brandfleck auf dem Rasen, der sich von selbst regenerierte, einigen abwaschbaren Rußflecken im Wohnzimmer und einer Zimmerdecke, die einen teilweise neuen Anstrich brauchte, ging die Sache allerdings glimpflich aus. Aber wir hatten *unheimliches* Glück gehabt, denn normalerweise war die Wohnzimmertür immer geschlossen. Es war März, und Theo machte abends immer noch den Kamin an, wenn ich anfing, das Essen zuzubereiten. Denn dann ist es zum Essen im Wohnzimmer schön warm. Aus diesem Grund hielten wir auch die Tür geschlossen. Dieses Mal war ich aber ins Wohnzimmer gegangen, um den Tisch vorab zu decken, und hatte dabei auch schon die Kerzen angezündet. Danach war ich wieder in die Küche gegangen und hatte, weshalb auch immer, die Wohnzimmertür nicht wieder hinter mir geschlossen. Dann gerieten die Kerzen in Brand ,und zum Glück stand an diesem Abend, weshalb auch immer, Theos Bürotür ebenfalls offen, sodass er den Brandgeruch bemerkte und schnell reagierte. Normalerweise hielt Theo seine Bürotür auch immer geschlossen, schon deshalb, weil er die Angewohnheit hat, extrem laut zu telefonieren. Wir haben damals wirklich viel Glück gehabt, dass die Sache so glimpflich ausging. Unbegreiflich ist uns jedoch immer noch, wie eine Metallschüssel mit vier Kerzen, in der sich außer Kerzen und ein paar unentzündlichen Steinen nichts weiter befand, so in Flammen aufgehen konnte.

Wiederum ein halbes Jahr später brach in unserem Keller ein Wasserrohr. Und wieder hatten wir unbeschreibliches Glück, weil kaum Schaden entstand. Normalerweise gehe ich morgens immer erst in den Keller, nachdem ich geduscht habe, weil ich dann auch gleich die Schmutzwäsche vom Vortag mit nach unten nehme. Doch an diesem Tag bin ich gleich nach dem Aufstehen hinunter in den Keller, weil ich dachte, dass ich am Vortag vergessen hatte, meinen Lieblings-Mohair-Pullover aus der Waschmaschine zu nehmen. Unten angekommen, hörte ich plätscherndes Wasser und öffnete die Tür zum Vorratsraum. Der Rohrbruch konnte erst vor wenigen Sekunden passiert sein, denn viel Wasser war noch nicht aus der defekten Leitung an der Kellerdecke ausgetreten. Weil ich keine Ahnung hatte, wo sich die Hauptzufuhr für das Wasser befand, rief ich nach Theo. Während ich zwei Eimer unter das Leck stellte, drehte Theo den Haupthahn zu, und so ging auch diese Sache glimpflich aus. Hätte ich wie üblich bis nach dem Duschen gewartet, hätte der ganze Keller unter Wasser gestanden. Und natürlich hatte ich am Vortag auch nicht vergessen, meinen Lieblingspullover aus der Waschmaschine zu nehmen. Es war eher so, als ob mich etwas absichtlich und unter einem Vorwand in den Keller gelockt hatte.

Erst nach dem Wasserrohrbruch fiel mir die Drohung der Wahrsagerin wieder ein, und ich erinnerte Theo daran. Doch der meinte, es handele sich dabei bloß um Zufall. Über Zufälle kann man ja geteilter Meinung sein, und ich glaube eigentlich nicht an Zufälle. Andererseits habe ich dieser Wahrsagerin weder etwas getan, noch hatte ich dies jemals vorgehabt. Außer vielleicht, dass ich sie tatsächlich durchschaut habe. Aber selbst wenn Feuer und Wasser auf das Konto dieser Frau gingen – so schien ich selbst ebenfalls einen Schutz zu haben. Einen Schutz, der so stark war, dass ihre Verwünschungen erfolglos blieben …

Übersinnliches?

... ist es nicht oft so, dass wir gewisse Dinge bloß
wiederentdecken, statt sie zu entdecken und
ihnen dann nur andere Namen geben?

Seit dem Verkauf der Modefirma im Jahr 2007 lasse ich mich jedenfalls stärker von meinem Bauch leiten, genau wie Theo, und es scheint für uns beide der richtige Weg zu sein – auch wenn dies manchmal zu Handlungen oder Entscheidungen führt, die bei logischer Betrachtung durchaus dazu führen könnten, dass sich manch einer die Haare raufen würde.

Vieles von dem, was sich aus meiner anschließenden Arbeit als Rückführungsbegleiterin ergab (hiervon berichte ich in meinem ersten Buch »Erzählende Seelen«) war Neuland für mich, und gerade am Anfang fehlte mir oft jemand, mit dem ich einmal über das eine oder andere *Übersinnliche* hätte reden können. Zwar hatte ich Jan Erik Sigdell, der die Supervisionen bezüglich meiner Arbeit als Rückführungsbegleiterin machte, aber da waren noch so viele andere Sachen, die immer intensiver wurden, je mehr ich mich für sie öffnete.[2]

Bei meinem ersten Buch habe ich noch überlegt, wie weit ich gehen *(schreiben)* kann, ohne als Spinner zu erscheinen, und deshalb hatte ich damals die nun folgende Fallstudie bewusst weggelassen. Doch dann habe ich die Bücher von Dr. Richard Bartlett »Matrix Energetics« und »Die Phy-

---

2 Erst nach meiner Prüfung zur Heilpraktikerin auf dem Gebiet der Psychotherapie, im Jahr 2008, ging ich auch dazu über, mich Reinkarnationstherapeutin zu nennen. Zwar ist der Begriff Reinkarnationstherapeut nicht gesetzlich geschützt, aber therapieren darf nichtsdestotrotz nur derjenige mit einer entsprechenden Ausbildung und Zulassung. In diesem Fall die des Psychotherapeuten.

sik der Wunder« gelesen und darüber, wie ihm etwas erschien, was wie Superman aussah. Scheinbar hat ihm diese Äußerung nicht geschadet, und ich selbst habe bei Richard Bartlett auch nicht das Gefühl, als sei er ein Schwindler oder Spinner. Glaubwürdigkeit, Seriosität und Verantwortungsbewusstsein sind mir sowohl in meiner Arbeit als Therapeutin als auch in meinen Büchern sehr wichtig. Es gibt, zu Recht, viele Skeptiker, und ich selbst stelle vieles infrage und bin deshalb auch immer auf der Suche nach möglichst logischen Erklärungen für alles *(scheinbar)* Unerklärliche und Übersinnliche. Trotzdem habe ich mich nun doch dazu entschieden, die folgende Fallstudie in dieses Buch einzubinden. Erstens ist sie wunderschön und zweitens genauso wahr und ehrlich wie alles andere, über das ich schreibe.

FALLSTUDIE I

So kam im Jahr 2008 ein Mann zu mir, der seine Frau nur einen Monat zuvor an den Krebs verloren hatte. Wir hatten lange telefoniert, bevor ich ihm schließlich einen kurzfristigen Termin für eine Rückführung gab. Er befand sich noch in der Trauerphase, und in so einem Zustand muss ich als gewissenhafte Therapeutin sehr gut abwägen, welche Art von Therapie wirklich sinnvoll ist, und manchmal ist das Warten auch einfach die beste Therapie!

Dieser Mann war sehr verzweifelt. Am Telefon hatte er mir erzählt, dass seine Frau und er an die Wiedergeburt der Seele glaubten. Er hatte seine Frau bis zum Schluss zu Hause gepflegt und erklärte, er habe ihre Seele auch nach ihrem Tod immer noch ganz deutlich in seiner Nähe gespürt – bis zum Morgen des Begräbnisses. Seitdem sei die Seele seiner Frau fort, und er war nun fest entschlossen, den Grund dafür herauszufinden.

Hätte die Seele seiner Frau ihn nach der Beerdigung verlassen, hätte er es womöglich noch verstanden. Aber dass sie ihn ausgerechnet am Tage der Beerdigung im Stich ließ, wie er es formulierte, ging über seinen Verstand hinaus. Seitdem zerbrach er sich den Kopf, was wohl der Grund dafür gewesen sein könnte, und er machte sich auch Sorgen, ob es seiner Frau gut ging – da wo sie jetzt war. Weil er sich eigentlich nicht vorstellen konnte, dass sie ihn aus freien Stücken verlassen hatte, machte er sich in seiner Trauer nun auch noch große Sorgen um das Wohlergehen seiner Frau und ihrer Seele.

Er war fest entschlossen, mit der Seele seiner Frau Kontakt aufzunehmen. So wollte er herausfinden, wo ihre Seele nun war, wie es ihr dort ging und warum sie ihn ausgerechnet am Tage der Beerdigung verlassen hatte. Hätte ich diesen Mann abgewiesen oder ihn auch nur gebeten, ein paar Monate zu warten, hätte er sich mit seinem Anliegen an jemand anderen gewandt.

Der Mann hatte genug über Reinkarnation gelesen, um zu wissen, dass die Seelen nach dem Tod des menschlichen Körpers in ihre eigene Welt, die geistige Welt, zurückkehrten. Er und seine Frau hatten sich gerade in den letzten Monaten vor ihrem Tod eingehend mit diesen Themen beschäftigt. So wusste der Mann auch, dass gerade die älteren Seelen, die schon oft inkarniert hatten, auch gern noch eine Weile in der Nähe der Hinterbliebenen verbrachten und versuchten, diese in ihrer Trauer zu trösten, so wie es beispielsweise in den Büchern von Michael Newton beschrieben wird.

Das, was dieser Mann sich wünschte, war mit einer gewöhnlichen Rückführung allerdings nicht zu erreichen. Eine Rückführung führt in aller Regel in ein früheres Leben und hätte eventuell die karmische Verbindung zu seiner Frau erklärt oder sie als Mitglied seiner Seelenfamilie identifiziert. Was dieser Mann wollte, war viel mehr ein Channeling, um mit der Seele seiner Frau in direkten Kontakt zu treten. Deshalb erklärte ich ihm auch, dass dies eigentlich gar nicht mein Arbeitsbereich war.

Zugegeben, manchmal ergab sich ein Channeling während einer Rückführung von selbst, und dann stand ich dieser Entwicklung auch immer aufgeschlossen gegenüber. Dann gab ich meinen Klienten den Raum und die Möglichkeit, mit der oder den Seelen, die den Kontakt suchten, zu kommunizieren. Aber ich hatte noch nie eine Trance eingeleitet, mit dem bewussten und klar formulierten Ziel, dadurch eine ganz bestimmte Seele zu rufen. Auch dies teilte ich dem Mann mit, zumal ich ihm nicht garantieren konnte, dass die Seele seiner verstorbenen Frau überhaupt »erscheinen« würde.
»Das käme auf einen Versuch an«, antwortete der Mann fest entschlossen. Er hatte sich eingehend mit meiner Homepage auseinandergesetzt, und wie so vielen anderen Menschen auch gefiel ihm die Offenheit, mit der ich dort über mich, meine Arbeit und die Themen, die damit verknüpft sind, schreibe.

Nach einem äußerst langen Telefonat mit diesem Mann, bei dem wir letztlich auch einen Termin für das Channeling vereinbart hatten, ging ich wieder nach oben ins Gästezimmer. Unser Gästezimmer dient mir ebenfalls als Bügelraum, und zum Zeitpunkt des Anrufs dieses Mannes war ich gerade beim Bügeln gewesen. Als ich nun wieder nach oben kam, war etwas im Raum. Es schwebte unter der Zimmerdecke und beobachtet mich – kritisch und scheinbar ziemlich verärgert!

»Du leidest unter Einbildung«, dachte ich, ignorierte dieses Etwas unter der Decke und begann wieder zu bügeln. Doch dann schwebte das Etwas von der Ecke unter der Zimmerdecke herab und setzte sich auf den Stuhl, auf dem meine Bügelwäsche lag – so als ob es damit zum Ausdruck bringen wollte, dass Ignorieren nicht half!

Ich erklärte mich selbst für verrückt, fluchte, weil ich ganz offensichtlich gerade den Verstand verlor, und anstatt mich von dem Etwas abzuwenden, nun auch noch darauf einlassen wollte. Unser Hund Øsel, der auf dem Gästebett lag, hatte den Kopf auf die Pfoten gelegt. Doch sein Blick war nach oben gerichtet, sodass ich am unteren Rand seiner Pupillen das Weiß seiner sonst kohlschwarzen Augen erkennen konnte. Auch er schaute zu der Erscheinung auf dem Stuhl.

Ebenfalls ziemlich verärgert – allerdings über mich selbst, dass ich tatsächlich bereit war, mich darauf einzulassen, fragte ich die Erscheinung, was sie wolle. Zu fragen, wer sie war, war nicht nötig – das wusste ich auch so. Verschwommen, wie durch dicken Nebel, erkannte ich eine Frau mit blonden halblangen Haaren. Ihr war klar, dass ihr Mann nicht davon abzuhalten war, Kontakt mit ihr aufzunehmen. Sie war gekommen, um sich ein Bild von mir zu machen und um herauszufinden, ob ich dafür überhaupt die richtige Person sei. Ich hatte es hier mit einer sehr resoluten und äußerst dickköpfigen Seele zu tun, die sich nichts vormachen ließ und sich gern selbst eine Meinung bildete – nun, zumindest das hatten wir gemeinsam.

Weil sie eigentlich nicht wollte, dass ihr Mann sie durch ein Channeling rief, fragte ich sie, warum sie denn nicht selbst zu ihm gehe – immerhin saß sie jetzt ja auch hier bei mir und hielt mich von der Arbeit ab! Abgesehen davon, dass das, was ich hier tat, von meinem Verstand nicht gerade als geistig gesund eingestuft wurde, hatte ich nämlich genug zu tun. Doch die Seele dieser Frau wollte nicht mehr zu ihrem Mann zurückkehren, sie war überzeugt, dass er ihren Verlust dann nie überwinden würde. Sie sagte, dass er Gefahr lief, zum Gefangenen einer Welt zu werden, in der sie in ihrer geistigen Form eine Rolle spielte. Die einzige Rolle.

Als ihr dies klargeworden war, hatte sie sich kurz entschlossen und konsequent von ihrem Mann zurückgezogen. Ich spürte, wie zu ihrem Ärger über die Pläne ihres Mannes nun auch Verzweiflung hinzukam – und auch, dass es ihr sicherlich nicht leichtgefallen war, ihn so plötzlich zu verlassen. Scheinbar war am Abend vor ihrer Beerdigung etwas geschehen, etwas, was ihr Mann gesagt oder getan hatte, das sie zu diesem Entschluss gezwungen hatte. Sie erklärte mir, dass es wichtig wäre, dass er wach bliebe. Dafür müsse er sie aber gehen lassen.

Von der Seele dieser Frau erfuhr ich auch, dass es eine gemeinsame Tochter gab. Dort warteten noch Aufgaben auf ihren Mann, erklärte sie, denen er aber nur gerecht werden konnte, wenn es ihm gelang, seine Trauer über ihren Tod zu überwinden. Solange er ihre Seele aber noch spüren würde, würde er sich von allem anderen abwenden. Der Seele dieser Frau war es wichtig, dass ich verstand, was sie mir da sagte. Sie hatte Angst, dass, wenn sie sich bei einem Channeling zeigte, ihr Mann dann regelmäßig versuchen würde, auf diesem Weg Kontakt mit ihr aufzunehmen. Sie wollte aber, dass er sie losließ, und sie wollte, dass ich sie dabei unterstützte.

Mittlerweile saß ich auf dem Bettrand neben Øsel und wusste nicht, was ich darauf hätte antworten sollen. Alles, was die Seele dieser Frau mir mitteilte, empfing ich als Stimme in meinem Kopf, während eine andere Stimme, die meines Verstandes, rief, ich solle mich ins Auto setzen, in die nächste Irrenanstalt fahren und mich selbst einweisen! In ihrem früheren Leben musste diese Frau jedenfalls ziemlich willensstark und hartnäckig gewesen sein – gewohnt, zu bekommen, was sie sich einmal in den Kopf gesetzt hatte. Über diese Vorstellung musste ich lachen. Dann fragte ich sie nach ihrem Plan.

Sie antwortete, ich solle ihrem Mann von unserem Gespräch erzählen und dass es seine Pflicht sei, auf die gemeinsame Tochter zu achten. Er habe ihr das versprochen, und sie würde ihn beim Wort nehmen! Warum sie ihn ausgerechnet am Tag ihrer eigenen Beerdigung verließ, wollte ich wissen, und sie antwortete, dass es so am besten gewesen sei. Ihr ginge es jetzt gut, sie sei endlich wieder frei. Dasselbe wünschte sie sich für ihren Mann, und dafür war es notwendig, dass er sie losließ.

Ich stellte mir einen Augenblick vor, wie ich dem Mann von dem Gespräch zwischen mir und der Seele seiner verstorbenen Frau erzählte und wie er wütend und tief verletzt mein Haus verließ, weil er mich für einen absoluten Scharlatan hielt. Vage erkannte ich, wie die Seele seiner Frau in ihrer energetischen Erscheinung den Teil schüttelte, der aussah wie der Kopf ihrer verstorbenen menschlichen Hülle. Selbst dass sie einen hellblauen Pulli mit langen Armen und hellblaue Jeans trug, konnte ich schemenhaft erkennen. »Nein«, antwortet sie dann. Scheinbar hatte ihr Mann Vertrauen zu mir, und außerdem glaube er ja auch an solche Dinge – sonst hätte er sich wohl kaum an mich gewandt. Sie war sich sicher, dass er mir glauben würde, wenn ich ihm von meiner Begegnung und dem Gespräch mit ihr erzählen würde.

Gern hätte ich noch erfahren, ob sie denn vorhabe, überhaupt zu erscheinen, wenn ihr Mann zu mir käme, aber der Geist erachtete unser Gespräch wohl als beendet, und ganz plötzlich war die Erscheinung weg. Øsel rollte sich augenblicklich zusammen, schloss die Augen und war innerhalb von Sekunden eingeschlafen. Ich saß noch eine Zeit lang auf dem Bett und sortierte meine Gedanken.

Theo war an dem Tag nicht zu Hause gewesen, doch als er am Abend zurückkam, erzählte ich ihm von meiner Unterhaltung mit dem Geist. »Du kannst mich ruhig für verrückt erklären«, ermunterte ich ihn, doch das tat er nicht. Stattdessen meinte er, ich solle dem Mann ruhig von meinem Erlebnis mit der Seele seiner Frau erzählen und auch, was sie mir gesagt habe.

Ein paar Tage später kam der Mann dann zu mir, und ich machte mit ihm eine gewöhnliche Tranceeinleitung, wie ich es bei einer Rückführung auch tat. Anstatt ihm dann aber zu suggerieren, er würde nun in ein früheres Leben reisen, brachte ich ihn direkt auf die höchste geistige Ebene, die ein Mensch in seinem (Über)bewusstsein noch erreichen kann – die sogenannten Seelenebene. Dort begegnete der Mann seinem spirituellen Führer, und wir baten ihn, er möge uns doch dabei helfen, mit der Seele der verstorbenen Frau in Kontakt zu treten. Ich bin kein Medium, und auch wenn ich vieles von dem, was meine Klienten bei ihrer Rückführung wahrnehmen, mittlerweile ebenfalls »sehen« kann, so lege ich doch immer großen Wert darauf, dass meine Klienten ihre Rückführung oder den Kontakt mit anderen Seelen auch selbst erleben und wahrnehmen!

Doch statt dass die Seele der Frau erschien, brachte der spirituelle Führer meines Klienten uns in einen Bereich in der geistigen Welt, wo der Mann seiner Seelenfamilie gegenübertrat. Er sah seine Tochter und andere Seelen, die zu seiner Seelenfamilie gehörten. Doch all das interessierte ihn nur am Rande. Er suchte nach der Seele seiner Frau. Schließlich sah er sie. Sie stand ganz hinten und war kaum zu sehen. Als er sie wahrnahm, fing er an zu weinen und wollte zu ihr hin, doch die anderen Mitglieder seiner Seelenfamilie versperrten ihm den Weg. Also rief er ihr zu, warum sie ihn verlassen habe, und sie antwortete, weil sie endlich wieder frei sein wolle. Ihr ginge es gut, aber sie könne nicht bei ihm bleiben. Damit verschwand sie, und nur die anderen Seelen waren noch da. Mein Klient weinte noch immer. Ich legte ihm eine Hand auf die Schulter und ließ ihn gewähren. Dann erinnerte ich ihn daran, dass sein spiritueller Führer und die anderen Mitglieder seiner Seelenfamilie immer noch da waren, und fragte ihn, ob er in der Lage sei, sich noch einen Moment auf diese zu konzentrieren. Schließlich nickte er. Wie ich es in den Büchern von Michael Newton gelesen hatte, bat ich meinen Klienten nun, er möge die Mitglieder seiner Seelenfamilie bitten, sich im Uhrzeigersinn um ihn herum aufzustellen. Als Nächstes bat ich ihn, er möge alle Mitglieder zählen und danach schauen, welches Mitglied als Erstes vortreten wolle, um ihm persönlich etwas zu übermitteln.

Durch diese »Begegnung auf Seelenebene« innerhalb der geistigen Welt, wobei meine Klienten sich selbst in einer außerkörperlichen Form (auch OBE, out-of-body-experience, genannt) wahrnehmen, wurde meinem Klienten bewusst, dass nicht nur er einen geliebten Menschen verloren hatte. Auch die Seele seiner Tochter litt, nicht nur weil sie die Mutter verloren hatte, sondern auch, weil sie spürte, wie ihr Vater sich in seiner Trauer ebenfalls von ihr abwandte. Sie brauchte ihn als Vater, und schließlich verstand mein Klient die Botschaft.

Weise und gütig wie alle spirituellen Führer hatte der spirituelle Führer dieses Mannes die richtige Entscheidung getroffen. So hatte er seinem Schutzbefohlenen nicht nur ermöglicht, der Seele seiner verstorbenen Frau noch ein Mal zu begegnen, um sich davon zu überzeugen, dass es ihr gut ging, sondern er hatte ihm vor allem auch die Möglichkeit gegeben, zu sehen, dass nicht er allein litt und dass er auf der Erde noch gebraucht wurde! Auch der Wunsch der Seele seiner Frau war bei diesem Treffen berücksichtigt worden und ein direkter Kontakt, der für beide zu schmerzvoll gewesen wäre, war durch die anderen Seelen vermieden worden.

Nach diesem Channeling (auch wenn es wohl kein Channeling im herkömmlichen Sinne war), erzählte ich dem Mann dann von meiner Begegnung mit seiner Frau. Ich beschrieb ihm ihre Erscheinung und sagte, dass sie wohl eine sehr resolute und willensstarke Persönlichkeit gewesen sein musste. Meine Beschreibungen waren wohl ziemlich präzise, was nicht nur meine Glaubwürdigkeit er-höhte, sondern auch mir selbst die Sicherheit gab, dass ich mir dies alles nicht nur eingebildet hatte. Ich sagte dem Mann auch, dass ich selbst an meinem Verstand gezweifelt hätte, als seine Frau so plötzlich auf meiner Bügelwäsche saß und mich förmlich dazu zwang, mich mit ihr auseinanderzusetzen. Da muss-te mein Klient das erste Mal lachen und meinte, dass sei typisch für seine Frau.

Die Begegnung mit seiner Seelenfamilie, vor allen Dingen mit der Seele seiner Tochter, hatten ihn nun aber eines Besseren belehrt, und er schämte sich sogar dafür, dass er schon darüber nachgedacht hatte, einfach so alles hinter sich zu lassen. Er wusste jetzt, dass es seiner Frau gut ging und sie das einzig Richtige getan hatte. Er sinnierte eine Zeit lang vor sich hin, und schließlich meinte er, dass seine Frau ihn halt sehr gut kannte. Hätte sie sich nicht so konsequent von ihm zurückgezogen, hätte er sie nie gehen lassen.

Aber wie ist es möglich, dass man in der geistigen Welt nicht nur mit den Seelen von Verstorbenen Kontakt aufnehmen kann, sondern auch mit den Seelen von Personen, die selbst inkarniert sind, kommunizieren kann und dass sich das, was man auf Seelenebene mit den Seelen dieser Personen erarbeitet oder bespricht, auch tatsächlich auf die betreffenden Personen überträgt? Ich vermute, es könnte unter anderem damit zusammenhängen, dass wir nie mit 100 % unserer Seelenenergie inkarnieren und immer ein kleiner Teil der Seelenenergie in der geistigen Welt zurückbleibt, der aber natürlich immer noch mit dem inkarnierten Teil verbunden ist. Begebe ich mich nun beispielsweise durch eine Meditation auf die Seelenebene, wo es mir in meinem Überbewusstsein möglich ist, mich mit anderen Seelen auszutauschen, dann findet dieser »Gedankenaustausch« immer mit den Seelenanteilen statt, die sich dort auf der Seelenebene befinden. Bei bereits verstorbenen Personen ist dies in der Regel 100 % der Seelenenergie und bei noch lebenden Personen oder bereits neu inkarnierten Seelen immer der Anteil, der nicht mit inkarniert ist –, dennoch sind diese Begegnung qualitativ gesehen immer gleichwertig. Bei der Kontaktaufnahme zu noch inkarnierten Seelen überträgt sich das, was man auf der Seelenebene erarbeitet, auf die betreffende Person, weil der nichtinkarnierte Teil und der inkarnierte Teil immer miteinander verbunden sind. So denke ich auch, dass es für uns überhaupt erst dadurch möglich wird, auf die Seelenebene zu reisen, weil der inkarnierte und der nichtinkarnierte Seelenanteil immer miteinander in Verbindung stehen und diese Verbindung uns den Weg weist.

In meiner Vorstellung greift in der geistigen Welt alles ineinander: Dimensionen, Zeit, Raum, Relativität und Wahrnehmung. Deshalb können auch zwei Seelen oder zwei Personen dort ein und dasselbe auf ganz unterschiedliche Weise wahrnehmen und beschreiben. Alles ist linear, und Zeit ist sowohl Vergangenheit wie Gegenwart als auch Zukunft. (Was auch erklären würde, warum ich zu der Seele einer verstorbenen Person Kontakt aufnehmen kann, obwohl diese schon sehr lange tot und demzufolge wahrscheinlich längst schon wieder neu inkarniert ist.) Aber vielleicht ist diese Linearität auch der Grund dafür, warum »da oben« alles etwas durchlässiger oder transparenter wirkt – obwohl es auch dort so etwas wie feste Materie gibt. Allerdings nur in der Form von, wie ich es nenne, »Nanopartikeln«. Eine atmosphärische Dichte, wie wir sie hier auf der Erde kennen, gibt es jedoch nicht. Materie hat in der geistigen Welt eher die Konsistenz von Zuckerwatte. Aber dies ist wohlgemerkt nur meine Vorstellung und Wahrnehmung.

Seit dieser besonderen Rückführung ist viel Zeit vergangen, und seitdem sind mir hin und wieder solche Geister oder nicht inkarnierte Seelen erschienen, und manchmal begegnen mir auch noch ganz andere Wesen. Manchmal sehe ich Geister oder nicht inkarnierte Seelen so, wie sie in einer ihrer Inkarnationen ausgesehen haben, mit schemenhaft menschlichen Umrissen, wobei auch Haarfarbe und Kleidungsstücke zu erkennen sind. Manchmal erscheinen sie mir aber auch in einer anderen energetischen Form, wobei es auch hier Unterschiede gibt. Einige dieser *Energieformen* lassen sich am ehesten als feuchter Nebel beschreiben – feucht deshalb, weil man diese Energien tatsächlich (be)fühlen kann, oder anders ausgedrückt: Ich bin sicher, sie erzeugen eine Form von Materie, die, wenn auch nur sehr schwach (oder leicht), trotzdem eine messbare Dichte hat. Wieder andere dieser Geister, Seelen oder Wesen sehen eher aus wie große Wolken aus Zuckerwatte, und ihre Energie (oder Materie) zerfasert schneller – so als ob sie Schwierigkeiten hätten, ihre Energie oder Materie zusammenzuhalten. Und andere erscheinen tatsächlich als Licht ohne etwas, was sich als Materie interpretieren ließe, und ihre Energie ist am ehesten dadurch wahrzunehmen, dass sie Wärme oder Kälte erzeugt. *(Aber im Vergleich zu dem, was Øsel scheinbar alles wahrnehmen und sehen kann, bin ich wohl immer noch ein absoluter Grünschnabel.)*

Übung im Umgang mit solchen *Phänomenen* erhalte ich auch beim Familienstellen. Manchmal, wenn ich selbst als teilnehmende Beobachterin an einer Aufstellung dabei bin, suchen sich die Seelen von Verstorbenen auch gern mich als Sprachrohr aus. In solch einer *Rolle* bin ich dann tatsächlich eher ein Medium als ein Stellvertreter, weil diese Seelen regelrecht von mir Besitz ergreifen und durch mich sprechen. Aber nicht immer stelle ich mich dem zur Verfügung. Erstens ist es extrem anstrengend für mich und zweitens lasse ich solch eine *Inbesitznahme* meines Körpers nur zu, wenn ich weiß, dass die Aufstellung von einer Person geleitet wird, die ich kenne, der ich vertraue und von der ich weiß, dass sie mit der Situation ebenfalls umgehen kann.

Nichtsdestotrotz *(und auch auf die Gefahr hin, mich nun zu wiederholen)* bin ich absolut davon überzeugt, dass es sich bei all diesen Eigenschaften nicht um besondere oder außergewöhnliche Fähigkeiten handelt, mit denen nur besondere oder außergewöhnliche Menschen gesegnet werden. Ich glaube viel mehr, dass es sich bei all diesen übernatürlichen Eigenschaften um Fähigkeiten handelt, die jeder von uns in sich trägt, nur dass nicht jeder Gebrauch davon macht. Gerade das kollektive Bewusstsein unserer westlichen Gesellschaft sendet nämlich immer noch mehrheitlich die Auffassung aus, dass es so etwas nicht gibt und dass jemand, der meint, sogenannte übernatürliche oder übersinnliche Fähigkeiten zu besitzen, entweder ein Scharlatan oder ein Geisteskranker ist. Und solange diese Auffassung von der Mehrheit des Kollektivs unterstützt wird, ist diese Auffassung gleich einer Überzeugung. *Sie erinnern sich, was geschieht, wenn man nur felsenfest von etwas überzeugt ist ...?!*

Ich hingegen bin überzeugt, dass es sich bei allen übernatürlichen oder übersinnlichen Fähigkeiten lediglich um einen weiteren, in uns schlummernden (sechsten) Sinn handelt, wie Sehen, Hören, Riechen, Schmecken und Fühlen ...

Elementares

... steht man in seinem System nicht an seinem Platz, ist dies
so, als ob man mit einem Gewehr, bei dem Kimme und Korn
nicht richtig eingestellt sind, auf etwas zielt. Egal wie gut man
zielt, man verfehlt das Ziel doch zumindest immer um Haaresbreite!

M ein Beruf als Reinkarnationstherapeutin war für einige Zeit sehr er-
füllend. Doch schnell merkte ich, dass eine Rückführung auch nicht
immer eine gute Lösung für meine Klienten bedeutete, die sich aus ihren
Verstrickungen lösen oder gewisse Symptome ablegen wollen. Die Reinkarnationstherapie ist eben nur *eine* Methode in der Psychotherapie, auch
wenn sie im Allgemeinen als solche noch gar keine Anerkennung findet.
Und auch nicht alle Anliegen oder Symptome sind karmischen Ursprungs.
Das meiste von dem, was uns krank und unglücklich macht, ist viel eher
systemisch bedingt, und manchmal gibt es auch eine erstaunliche Verbindung zwischen Karma und System, die aber leider immer noch kaum Beachtung findet und auf die ich im weiteren Verlauf dieses Buches auch noch
ausführlich eingehen werde.

Mit dem Begriff System ist in diesem Falle das Herkunftssystem einer Person gemeint, also seine Geburtsfamilie. *(Oft wird hier auch der verallgemei-
nernde Begriff Familiensystem benutzt, wobei ich persönlich jedoch Folgendes
unterscheide: Das Herkunftssystem bezieht sich immer auf die Geburtsfamilie
einer Person und das Familiensystem immer auf die Familie, die eine Person
selbst als Erwachsener ggf. gründet.)*
    Und *nur* wenn ich bei einem Klienten in seinem Herkunftssystem keinen
möglichen Zusammenhang zu seinem Anliegen, Störungen oder Symp-

tomen finden kann, arbeite ich karmisch – also beispielsweise mit einer Rückführung oder einer Karmaaufstellung. (Die Ausnahmen sind, wenn der Klient selbst beispielsweise auf eine Rückführung besteht und dieser Wunsch für mich nachvollziehbar ist. Ich sage ihm dann eventuell, dass bei seinem Anliegen eine andere Art der Therapie sinnvoller wäre, weil der Ursprung seines Anliegens eher auf einer anderen Ebene als der karmischen Ebene zu suchen ist, respektiere aber sein Bedürfnis nach einer Rückführung. Voraussetzung hierfür ist jedoch, dass ich die Person als psychisch stabil einstufen kann. Ansonsten lehne ich eine Zusammenarbeit in Form einer Rückführung ab, auch wenn ich davon ausgehe, dass diese Person sich dann höchstwahrscheinlich an einen anderen Rückführungsbegleiter oder Reinkarnationstherapeuten wenden wird.)

Zu Beginn meiner Tätigkeit habe ich einer Rückführung mit solchen Personen dennoch zugestimmt, weil ich weiß, dass ich als Reinkarnationstherapeutin sehr gute Arbeit mache, und es mir wichtig war, die Klienten nicht irgendjemandem zu überlassen. Ich habe jedoch immer wieder festgestellt, dass die Rückführungen dann trotzdem nicht den gewünschten Erfolg brachten. Scheinbar gibt es in unserem Gehirn eine Art Sicherungsschalter, der das Überleben absichert und den Zugang zum Unterbewusstsein oder Überbewusstsein bei Bedarf einfach blockiert. Ehrlich gesagt, finde ich das auch sehr gut. Denn dieser Schalter verhindert, dass wir uns selbst maßlos überfordern. Bei Menschen die Anti-Depressiva oder auch Neuroleptika nehmen, ist dieser Schalter beispielsweise immer aktiviert. Ebenso bei Menschen, deren Gedanken einen Sturm in ihrem Kopf verursachen, der sie einfach nicht zur Ruhe kommen lässt. Jedoch gibt es Unterschiede darin, wie gut dieser Schalter überhaupt funktioniert, und deshalb ist es dennoch möglich, das Unter- oder Überbewusstsein von betroffenen Personen zu aktivieren. Jedoch ist der Erfolg, qualitativ gesehen, nichts im Vergleich zu dem, was psychisch stabile Menschen bei ihrer Rückführung erfahren. Zusätzlich zu den aktuellen Problemen der Betroffenen kommt dann auch noch die Enttäuschung, dass auch eine Rückführung sie nicht weitergebracht hat. Weil ich dies weiß und mit meiner Arbeit niemanden weiter in Richtung Frust und Resignation treiben möchte, lehne ich mittlerweile die Arbeit auf karmischer Ebene in Form von Rückführungen ab, wenn ich die betreffende Person als psychisch instabil einstufen muss. Ich weiß, dass eine Rückführung sie nicht weiterbringen würde, und dennoch mit ihnen zu arbeiten, wäre in meinen Augen pure Geldmacherei.

Es gibt nur wenige Ausnahmen, wo ich karmisch arbeiten würde, obwohl der Klient psychisch instabil wäre. Ehrlich gesagt, hatte ich bislang auch erst einen solchen Fall. Allerdings wählte ich damals auch nicht die Methode der Reinkarnationstherapie, in Form einer Rückführung, sondern ich arbeitete mit der Methode der Karmaaufstellung und mit der Technik der Seelenaufstellung. Dabei wird die Seele einer Person durch einen Stellvertreter repräsentiert.

Bei dem Klienten damals handelte es sich um einen 32-jährigen Mann mit schwerem Downsyndrom, und seine Eltern baten mich um eine Aufstellung, weil sie überzeugt waren, dass seine Ängste karmischen Ursprungs seien. Diese Ängste waren plötzlich, ca. ein halbes Jahr vor dem Termin, zum ersten Mal aufgetreten, ohne dass es dafür einen äußeren oder ersichtlichen Grund gab. Weil die Eltern noch das Sorgerecht für ihren Sohn hatten, erklärte ich mich schließlich dazu bereit, und wir konnten tatsächlich etwas auf karmischer Ebene finden, was die Angst hätte erklären können. Nachdem wir der Seele des jungen Mannes über den betreffenden Stellvertreter erklärt hatten, dass sie mittlerweile neu inkarniert war und zwar in eine Umgebung, in der die Auslöser für die Ängste keinen Bestand mehr hatten, beruhigte sich die Seele des Klienten. In ihrer letzten Inkarnation war der damalige Wirt, also der menschliche Körper dieser Seele, als erwachsener Mann schweren Misshandlungen ausgesetzt gewesen, die kriegsbedingt im Alter von ca. 30 Jahren angefangen hatten. Diese Misshandlungen beendeten damals auch das Leben der Person bzw. die Inkarnation dieser Seele. Dies erklärte auch, warum die Ängste in diesem Leben so plötzlich und ausgerechnet im Alter von Anfang 30 anfingen. Weil die Seele dieses jungen Mannes aber weiterhin einen irritierten Eindruck machte und ihr Stellvertreter dauernd wiederholte, er habe das Gefühl, als sei mit seinem heutigen Körper trotzdem etwas nicht in Ordnung, erzählten wir dieser Seele auch, dass ihr momentaner Wirt unter einer starken Oligophrenie, einer Intelligenzminderung, litt. Hierbei erweckte die Seele dann den Eindruck, als habe sie sich das ganz und gar nicht so für diese Inkarnation vorgenommen, und seither bin ich nur umso stärker davon überzeugt, dass wir uns unser Schicksal nicht definitiv immer so ausgesucht haben und dass auch ab und zu einmal etwas schiefgehen kann.

Leider muss ich auch zugeben, dass in solch einem Fall mein Leitspruch, dass jeder selbst seines Glückes Schmied ist, etwas Makabres hat. Das Glück dieses Mannes jedoch ist, dass er tolle Eltern hat, und ich gehe davon aus, dass er sich zumindest seine Eltern für diese Inkarnation ganz bewusst ausgesucht hat. Nach dieser Karmaaufstellung verschwanden die Angstsymptome bei ihm genauso plötzlich, wie sie aufgetreten waren. Natürlich hat er immer noch das Downsyndrom, aber ich glaube, er ist trotzdem glücklich und macht das Beste aus seinem Schicksal.

Bei der Suche nach den Ursachen für die Anliegen oder Störungen eines Menschen ist die Feststellung der geeigneten Therapiemethode jedoch von grundlegender und entscheidender Bedeutung! Hierzu muss ich als (Psycho)therapeut aber zuerst einmal herausfinden, auf welcher elementaren Ebene, oder ggf. auch Ebenen, mein Klient sozusagen »feststeckt«. In der herkömmlichen Psychotherapie differenziert man jedoch, wenn überhaupt, lediglich zwischen zwei Ebenen: der systemischen und der biografischen. Meiner Meinung nach gibt es aber neben der systemischen und biografischen Ebene auch mindestens eine geistige, eine seelische, eine karmische, eine geografische, eine kulturelle oder religiöse, eine materielle, eine genetische oder biologische und wahrscheinlich gleich mehrere zeitliche und spirituelle Ebenen.

> Und all diese verschiedenen Ebenen spielen bei der Therapie, bei der Wahl der richtigen Therapiemethode und innerhalb dieser Therapiemethode dann wieder bei der Wahl der richtigen Technik eine entscheidende Rolle – die auch maßgeblich den Erfolg der Therapie bestimmt!

Jammert ein Klient beispielsweise immer noch darüber, wie schlimm seine Kindheit für ihn war, oder verspürt er immer noch eine enorme Wut oder gar Hass auf seine Eltern oder auf einen Elternteil, wäre eine prozessorientierte Gesprächstherapie und darin enthalten vielleicht auch eine Aufstellung, allerdings ebenfalls als emotionale Prozessarbeit, sinnvoll. Die Ursachen und somit auch die Lösungen für die Probleme dieses Klienten wären eher auf seiner biografischen Ebene zu suchen. Prozessarbeit innerhalb einer psychotherapeutischen Methode bezieht sich immer auf die Lösung von Konflikten und den Umgang mit (negativen) Gefühlen und Emotionen, die sich aus der Biografie des Klienten ergeben. Dazu gehört es, festzustellen, wie der Klient über seine Vergangenheit denkt und mit welchen Augen er diese rückblickend betrachtet. Zugegeben ist die eindeutige Identifizierung, ob ein Klient nun biografisch oder systemisch »feststeckt«, manchmal auch gar nicht so einfach. Ich merke es meist daran, dass er unaufgefordert beginnt, aus seiner Kindheit zu erzählen, und dass er dies mit Bitterkeit tut. Oder daran, ob er viele Erinnerungen an seine Kindheit hat oder eher kaum welche. Oder ob ein Klient eher nur seinen momentanen Zustand beschreibt, vielleicht dabei auch bloß Symptome aufzählt. Wichtig ist für mich dabei auch, *wie* ein Klient etwas formuliert.

> Es macht z.B. einen gewaltigen Unterschied aus, ob jemand sagt, »Ich bin depressiv« oder »Ich habe Depressionen«. Ersteres heißt: Ich lasse mich von meinen Symptomen lenken. Sie haben die Macht und Kontrolle über mich. Ich habe keinen Abstand mehr zu den Symptomen. Letzteres hingegen heißt: Ich kann noch zwischen mir und den Symptomen unterscheiden, habe selbst die Kontrolle über mich und kontrolliere auch die Depression. Abstand oder Distanz sind vorhanden, und der Klient identifiziert sich nicht über seine Krankheit oder die Symptome. Diese Erkenntnis stammt allerdings nicht von mir, ich gebe sie hier bloß weiter.

Und meist ist es auch so, dass tatsächlich auf mehreren dieser elementaren Ebenen Aufarbeitungsbedarf besteht und es lediglich um die Frage geht, womit man anfängt.

Gelingt es einem Klienten beispielsweise nicht, sich von seinen ihn psychisch oder psychosomatisch krank machenden Eltern zu lösen oder abzuwenden, wäre eine systemische Arbeit, die aufzeigt, wo der Klient noch verstrickt ist, wahrscheinlich effektiver. Die nächste Frage wäre dann allerdings, *weshalb* sich dieser Klient nicht lösen kann! Vielleicht sind es Schuldgefühle darüber, die Eltern sich selbst zu überlassen, gerade wenn diese schon älter sind. Dann spielt vielleicht auch die kulturelle Ebene eine Rolle. Oder geht es dabei vorrangig um Anerkennung? Hofft der Klient vielleicht dadurch, dass er sich immer noch den Vorwürfen seiner Eltern aussetzt und trotz allem für sie sorgt, irgendwann doch noch eine Art Dank oder Achtung zu erfahren? Hier spielt auch immer die Frage eine Rolle: Warum haben die Eltern eine scheinbar so schlechte und vorgefertigte Meinung über ihr eigenes Kind? Was ist dieser Einstellung vorausgegangen? Hat der Klient in seiner Vergangenheit etwas getan, was diese Einstellung rechtfertigt? Oder ist er lediglich einer Falschidentifizierung erlegen? Eine Falschidentifizierung könnte man sehr gut mit einer klassischen systemischen Aufstellung lösen und so herausfinden, wen die Eltern oder ein Elternteil tatsächlich in ihrem Kind sehen? Zumeist ist es ein Geschwisterkind, das in der eigenen Kindheit eines Elternteiles immer bevorzugt wurde, oder ein anderer Ahne, also ein Verwandter aus dem Herkunftssystem des Klienten. Oder die Eltern verweilen in ihrer Liebe immer noch bei einem toten Geschwisterkind des Klienten, von dem sie sich nie haben lösen können. Solche Dinge lassen sich mit einer klassischen systemischen Aufstellung sehr gut sichtbar machen und oft auch lösen. Gerade bei einer Falschidentifizierung ist es wichtig, dass man in der Aufstellung das Herkunftssystem neu ordnet. Dadurch wird der Klient frei, den eigenen Platz in seinem System einzunehmen, wodurch sich zumeist auch die Sichtweise oder Einstellung der Eltern ändert. Sie betrachten ihr Kind nun mit anderen Augen – auch wenn sie bei der eigentlichen Aufstellung gar nicht zugegen waren und lediglich durch Stellvertreter repräsentiert wurden. Diese *Übertragungen* finden auf einer geistigen Ebene, der sogenannten Seelenebene, statt, und dies ist immer ein sehr spiritueller Vorgang. Wie oder wodurch solche Übertragungen meines Erachtens überhaupt erst möglich werden, habe ich schon im letzten Kapitel geschildert, in Verbindung mit der ersten Fallstudie. Aber ich werde im weiteren Verlauf dieses Buches auch noch einige Male auf dieses Thema zurückkommen.

Etwas möchte ich jedoch noch zu dem Thema Falschidentifizierungen anmerken: Steht jemand in seinem System nicht an seinem Platz, erreicht er auch seine Ziele im Leben nicht. Er schießt, um im Bild der Kapitelüberschrift zu bleiben, zumindest immer haarscharf daran vorbei. So als ob man mit einem Gewehr, bei dem Kimme und Korn nicht richtig eingestellt sind, auf etwas zielt. Aber egal wie gut man zielt, man verfehlt das Ziel doch zumindest immer um Haaresbreite! Dies kann z.B. zur Folge haben, dass man sich zwar den Wunsch, sich selbstständig zu machen, durchaus erfüllen kann, aber nach einiger Zeit schon pleite macht oder das Geschäft nie genug Profit abwirft.

Eine weitere Variante von Falschidentifizierung, der sehr viele Menschen erlegen sind, betrifft unseren Platz in der Reihenfolge unserer Geschwister. Hiervon können auch Einzelkinder betroffen sein und zwar dann, wenn es vor ihnen eine Abtreibung oder eine Fehlgeburt gab. Denn auch diese »Kinder« haben laut den Ordnungen von Bert Hellinger einen Platz im System, nur dass sie in Wirklichkeit oft vergessen werden. Dieses Vergessen sorgt bei den nachfolgenden Geschwistern schon einmal für psychische oder psychosomatische Beschwerden – *und* der Betreffende erreicht ebenfalls wieder seine Ziele im Leben nicht (zumindest nicht ohne das Gefühl, dafür zu viel zu »zahlen«). Denn wenn ich der Überzeugung bin, das älteste von beispielsweise drei Geschwistern zu sein, ich aber mein Brüderchen oder Schwesterchen, das vor mir nicht (lebend) zur Welt kam, vergesse, dann bin ich ebenfalls einer Falschidentifikation erlegen. Denn genaugenommen bin ich nicht die Älteste, also die Erste in der Geschwisterfolge, sondern nur die Zweite. Wenn ich dies verinnerlichen kann und dem toten Geschwisterkind dadurch seinen Platz bewusst zugestehe, verschiebt sich auch mein Platz im System, und *nur* wenn ich in meinem System am richtigen Platz stehe, kann ich auch meine Ziele im Leben »auf direktem Wege« erreichen.

Aus diesen Ausführungen ergibt sich Ihnen nun womöglich die Frage danach, wie Sie herausfinden können, ob Ihr Platz in der Reihenfolge Ihrer Geschwister überhaupt der Ihre ist, gerade dann, wenn die Eltern schon tot sind oder auch gewisse Aspekte verschweigen und über mögliche Geschwister nichts Offizielles mehr in Erfahrung zu bringen ist. Hierzu gibt es jedoch eine sehr schöne Übung, wie man seinen eigenen Platz zwischen den Geschwistern herausfinden kann. Weil ich Ihnen aber noch so viel mitzuteilen habe und der Rahmen eines Buches leider begrenzt ist, finden Sie diese etwas längere Übung, die mehrere Möglichkeiten zur Feststellung seines Platzes im Herkunftssystem enthält, nun auf meiner Homepage auf der Seite »Als Buchautorin ...« und dort unter dem Vermerk: »Übung: Mein Platz in der Geschwisterreihenfolge«.

Wichtig ist, dass man gerade den Geschwistern, die nicht kommen oder die nicht bleiben konnten und schon als Embryo oder Säugling wieder von uns gingen, auch einen Platz im Herzen gibt. Und natürlich ist bei der Erstellung der Geschwisterreihenfolge auch wichtig, alle verstorbenen Geschwister, die nach einem selbst zur Welt kamen, ebenfalls der Reihenfolge entsprechend zu ordnen. Es macht nämlich auch einen Unterschied, ob ich die Nummer Zwei von insgesamt drei oder vielleicht fünf Geschwistern bin. Auch hier hilft die Übung auf meiner Homepage weiter.

Wichtig ist auch, dass ich – gerade in der Funktion als Aufstellungsleiter – bei solchen *systemischen* Arbeiten mit den generellen Ordnungen des Herkunfts- oder Familiensystems vertraut bin. Bert Hellinger hat hierzu ganz klare Vorgaben herausgearbeitet, wonach jedes Mitglied einen festen Platz im System hat. Kenne ich diese Ordnungen nicht oder berücksichtige ich sie nicht, führe ich eine Aufstellung im wahrsten Sinne des Wortes ab absurdum – wie Sophie Hellinger es einmal so schön sagte. Die positive Ursprungsenergie oder das morphogenetische Feld, das ich mit der Aufstellung aufrufe oder kreiere, zerfällt dann. Übrig bleibt höchstens ein nicht allzu lang anhaltender Placeboeffekt für den Klienten und ein eitles, hübsch anzusehendes Lösungsbild.

Manchmal kann ein Klient sich auch nicht von seinen Eltern lösen, weil er immer noch finanziell von diesen abhängig ist. Hier müsste auch die materielle Ebene Berücksichtigung finden. Außerdem wäre die Frage sinnvoll, warum die Eltern ihr erwachsenes Kind überhaupt noch finanziell unterstützen. Oft ist es dann so, dass die Eltern sich dadurch von einer Schuld freikaufen wollen. Was ich damit aber vor allem deutlich machen möchte, ist Folgendes: *Eine Therapiemethode macht nicht für jeden Klienten Sinn, auch wenn die Anliegen sich womöglich sehr ähneln. Es kommt immer auf die Hintergründe (Ursachen) an.*

Und mindestens genauso wichtig wie die Feststellung, auf welcher Ebene die Lösungen für die Anliegen der Klienten zu finden sind, sind Kenntnisse von verschiedenen *Techniken* innerhalb einer Therapiemethode. Auf diese verschiedenen Techniken innerhalb einer Therapiemethode wie beispielsweise das Familienstellen werde ich im weiteren Verlauf noch ausführlich eingehen, denn auch dies erklärt, warum gewisse Therapiemethoden bei einigen Menschen so gute Erfolge erzielen und bei anderen Menschen – obwohl ihre Anliegen oder Symptome fast identisch sind – keine Wirkung zeigen. Die Methode war zwar dieselbe, aber die Technik in einigen Fällen nicht adäquat. Und gerade *weil* die Möglichkeit des Aufstellens so unendlich viele Chancen bietet, etwas über sich selbst und die eigene Beziehung zu anderen Personen zu erfahren, oder wegweisend oder (problem) lösend und manchmal sogar selbstheilend sein kann, werde ich in diesem Buch auch immer wieder auf Beispiele aus dem Aufstellen zurückgreifen, die zeigen, *wie man sein Schicksal selbst an die Hand nehmen kann.* Dennoch ist dies definitiv kein Buch, das sich ausschließlich oder überwiegend mit Aufstellungen oder dem Familienstellen beschäftigt. Eher handelt es von all den Möglichkeiten, sich morphogenetische Felder zunutze zu machen – auch wenn dies wieder beinhaltet, dass man dafür manchmal auf die Mithilfe anderer Personen zurückgreift.

Auch die geistige oder seelische Entwicklung spielt in der (Psycho)therapie eine entscheidende Rolle. Alte Seelen können schwere Schicksalsschläge oder schlimme Traumata viel besser und einfacher verarbeiten. Dies erklärt vielleicht auch, warum einige Menschen, obwohl sie Schlimmstes erlebt und nie eine Therapie in Anspruch genommen haben, dennoch geistig und körperlich gesund sind. Junge Seelen hingegen brauchen Stabilität und die Anbindung an ein System. Das Gefühl von Zugehörigkeit verleiht ihnen Sicherheit und Selbstbewusstsein, auch die Mitgliedschaft in Vereinen, wie Schützenvereinen, Fußballclubs oder politischen Parteien gehören dazu. Bestes Beispiel hierfür sind jedoch Jugend- oder Straßengangs. Jungen Seelen fällt es auch besonders schwer, sich von ihrem Herkunftssystem zu lösen. Zwar gibt es viele Erwachsene, die lautstark behaupten, dass sie mit ihren Eltern nichts mehr zu tun haben, oft klingt hier jedoch Verachtung mit und bei der kleinsten Kleinigkeit flüchten sie auch sofort zurück nach Hause. Je älter eine Seele ist, desto größer ist in der Regel auch ihre seelische und geistige Reife – umso mehr Authentizität strahlt sie aus und umso mehr Freiheit für Individualismus möchte sie für sich in Anspruch nehmen – und kann vor allem auch gut damit umgehen. Seelisches Alter hat aber nichts mit dem Alter generell zu tun. Ein junger Mensch kann eine sehr alte Seele in sich tragen und umgekehrt.

Noch eines möchte ich im Zusammenhang mit dem Lösen aus dem Herkunftssystem an dieser Stelle erwähnen, bevor ein falscher Eindruck entsteht: Nicht alle Eltern schaden ihren Kindern. Es gibt auch durchaus alte Seelen, die Kinder in die Welt setzen und wo es einfach nur schön ist anzusehen, wie gut diese Eltern sich mit ihren Kindern verstehen, auch noch wenn diese Kinder schon selbst lange Erwachsene sind und eigene Familiensysteme gegründet haben. Wir übernehmen auch nicht nur die schlechten Eigenschaften, wie Ängste, Phobien, Neurosen, usw., von unseren Eltern oder den Personen, die uns als Kinder wichtig waren oder von denen wir damals abhängig waren. Wenn wir trotz allem groß geworden sind – und dies gilt für alle, die zwar eine schlimme Kindheit hatten und dennoch ihr Leben heutzutage *irgendwie* meistern – dann muss es *notgedrungen* auch etwas Gutes in unserer Kindheit gegeben haben. Dieser Aspekt wird in der herkömmlichen Psychotherapie meiner Meinung nach ebenfalls viel zu wenig berücksichtigt. Ausgenommen von dieser Theorie sind nur diejenigen, die wirklich aufgrund ihrer psychischen Misshandlungen in ihrer Kindheit oder Jugend als Erwachsene in geschlossenen Anstalten leben müssen oder tatsächlich aufgrund ihrer schlimmen Kindheit irgendwann beschlossen haben, diesem Leben selbst ein Ende zu setzen.

Und natürlich ist es bitter, wenn man sein Leben bloß *irgendwie* und mehr schlecht als recht meistert, weil man sich eigentlich damit überfordert fühlt. Der Schritt aus diesem *irgendwie mehr schlecht als recht* hinaus in ein *so wie ich es mir wünsche* ist zugegebenermaßen oft auch größer, anstrengender und vor allem oft auch Furcht einflößender als der Schritt über die Klippe. Aber der erste Schritt ist tatsächlich der schwierigste – danach wird es mit jedem Schritt einfacher und mit der Entfernung kommt auch die Leichtigkeit.

Übung 2 – Austesten der verschiedenen elementaren Ebenen

Nehmen Sie sich hierfür bitte fünf einzelne Blätter mit mindestens DIN-A4-Größe. Sie sollten noch mit beiden Füßen auf dem Blatt stehen können. Dann schreiben Sie auf jedes Blatt die Bezeichnung einer der folgenden Ebenen: karmische Ebene, systemische Ebene, biografische Ebene, seelische Ebene und geistige Ebene. Diese fünf Blätter mischen Sie mit der Schrift nach unten so lange, bis Sie nicht mehr wissen, was auf welchem Blatt geschrieben steht. Dann legen Sie alle Zettel nebeneinander, natürlich mit der Schrift nach unten, auf den Boden. Dabei sollte der Abstand zwischen den Blättern jeweils ca. 20–30 cm betragen. Nun setzen Sie sich erst einmal wieder hin, z.B. auf einen Stuhl, und gehen Sie in sich: Wie fühlen Sie sich nun auf dem Stuhl sitzend? Auf einer Skala von Eins bis Zehn, wobei Eins für total miserabel und Zehn für super gut steht: Wie geht es Ihnen? Achten Sie dabei auch auf Ihren Herzschlag: Ist er etwas zu schnell oder gar rasend? Sind Sie eher aufgeregt? Oder fühlen Sie sich durchweg ruhig, und Ihr Herz schlägt gleichmäßig? Was fällt Ihnen sonst noch auf? Horchen Sie auf Ihren Körper. Was macht Ihr Kopf? Gibt es irgendwo einen Schmerz oder ein Stechen? Können Sie gut sehen? Haben Sie vielleicht ein Klingeln in den Ohren, oder ist alles still? Unabhängig von der Raumtemperatur ist Ihnen vielleicht zu warm, oder frieren Sie? Nehmen Sie so viel wie möglich von dem wahr, was Ihren Körper und Ihr Gemüt betrifft.

Erst nachdem Sie sich selbst und Ihr Befinden gründlich ausgetestet haben und definitiv darüber urteilen können, wie gut oder schlecht es Ihnen auf dem Stuhl sitzend geht, stehen Sie auf, und stellen Sie sich mit beiden Füßen auf das erste Blatt Papier – ohne jedoch zu wissen, welche Ebene sich darunter verbirgt. (Es ist nicht nötig, die Schuhe auszuziehen, aber wenn Ihr Gefühl Ihnen suggeriert, dass es ohne Schuhe oder gar barfuß besser ist, dann ist das vollkommen in Ordnung so.) Und dann gehen Sie erneut in sich. Horchen Sie in Ihren Körper und Ihren Geist hinein, und nehmen Sie wahr, wie es Ihnen nun stehend auf diesem Blatt Papier geht. Überprüfen Sie wieder all Ihre Sinne und Ihren Körper hinsichtlich des Befindens. Sie werden spüren, dass es Ihnen dort entweder besser, schlechter oder gleich gut bzw. gleich schlecht wie zuvor sitzend auf dem Stuhl ergeht.

Dann, wenn Sie sich selbst auf diesem Wege ausgetestet haben, treten Sie von dem Blatt herunter, und schreiben Sie eventuell auf, was Sie auf dem Blatt gefühlt oder erlebt haben. Oder wie gut oder schlecht auf der Skala von Eins bis Zehn es Ihnen auf diesem Blatt stehend erging. Danach setzen Sie sich wieder einen Moment lang auf den Stuhl. Er symbolisiert sozusagen ihre neutrale Zone, und es ist wichtig, sich immer erst wieder neu zu sammeln, bevor eine weitere Ebene ausgetestet wird. In Ihrem Falle wäre das dann das zweite Blatt Papier, auf das Sie sich stellen, um dort wieder in sich zu gehen und Ihre Gefühle wahrzunehmen.

(Das Austesten mithilfe von beschrifteten Blättern ist sicherlich nichts Neues, und theoretisch geht dies auch mit kleinen Zetteln, die man sich in die Hosentasche steckt. Aber ein großes Blatt Papier entfaltet durchaus mehr Energie, und gerade für Menschen, die mit dieser Art von Kinesiologie noch nicht so vertraut sind, funktioniert es oft besser, wenn sie sich tatsächlich auf die auszutestenden Möglichkeiten stellen können.)

In meinen Workshops habe ich immer wieder Teilnehmer, die durchaus mit dieser Technik vertraut sind, die aber behaupten, dass diese bei ihnen nicht funktioniert habe und dass sie keine wesentlichen Unterschiede bei den verschiedenen Möglichkeiten spürten. Austesten lässt sich auf diesem Wege natürlich alles, und ich werde Ihnen in weiteren Übungen auch noch einige Anregungen hierzu geben. Aber ganz unabhängig davon, was Sie nun mit diesem Test herausfinden möchten, beachten sollten Sie zwei Dinge: Erstens sollten Sie selbst nie beim Testen wissen, welcher Zettel welche Möglichkeit repräsentiert. Zweitens sollten Sie zwischen dem Austesten der einzelnen Möglichkeiten immer erst wieder in die neutrale Zone zurückkehren und nicht von Möglichkeit A zu Möglichkeit B wechseln, ohne dass Sie sich vorher wieder neu gesammelt haben ...

Neuland

... solange wir nicht wissen, was es ist, ist es ein Wunder.
Sobald wir wissen, was es ist, ist es Wissenschaft.

Auf der Suche nach anderen modernen Therapiemethoden als Ergänzung oder Alternative zur Reinkarnationstherapie stieß ich im Winter
des Jahres 2008 auf das Familienstellen. Diese Form der Psychotherapie
sagte mir ebenfalls sofort zu, und fortan besuchte ich regelmäßig, meist
einmal monatlich, ein Wochenendseminar in Familienstellen. Auch Theo
begleitete mich immer gern dorthin, wenn seine eigene Arbeit es ihm ermöglichte.

Familienstellen mit Worten zu erklären, finde ich jedoch äußerst schwierig.
Versuchen Sie einmal, einer Person, die kein Fahrrad fahren kann, mit
Worten zu erklären, wie man auf zwei Rädern das Gleichgewicht hält. Das
geht nicht. Man begreift (lernt) es nur in der praktischen Erfahrung, und
genauso verhält es sich auch mit dem Familienstellen. Vielleicht ist es aber
auch deshalb so schwierig, Familienstellen mit Worten zu erklären, weil
»viele Worte« bei Aufstellungen keine große Rolle (mehr) spielen. *Bilder sagen mehr als 1000 Worte!* Dies gilt auch für die Bilder (Szenen), die sich bei
einer Aufstellung ergeben, gerade bei den in letzter Zeit immer populärer
werdenden »stillen Aufstellungen«, bei denen tatsächlich nicht mehr oder
nur noch in Ausnahmefällen gesprochen wird.

Außerdem gibt es schon etliche gute Bücher zum Thema Familienstellen,
obwohl ich immer wieder feststelle, dass diese Bücher manchmal falsch
interpretiert werden, wenn sie von Menschen gelesen werden, die vorher

noch nie an einem *therapeutischen* und *professionell* geleiteten Aufstellungs-seminar teilgenommen haben. Genau wie die Reinkarnationstherapie ist auch das Familienstellen oder die Aufstellungsarbeit im Allgemeinen kein anerkannter Berufszweig mit gesetzlich geregelten Ausbildungskriterien, und jede Person, unabhängig von ihrem beruflichen Hintergrund oder ihrer geistigen Gesundheit, kann sich als Aufstellungsleiter oder Reinkarnationstherapeut bezeichnen und als solcher versuchen, Klienten anzuwerben – oft mit fatalen psychischen Konsequenzen für Letztere.

Aus *psychotherapeutischer* Sicht ist es für den Klienten jedenfalls möglich, durch eine therapeutische und professionell durchgeführte Aufstellung einen großen Schritt vorwärts, also in Richtung seiner Ziele, zu kommen. Für einen annähernd großen Schritt brauchte er mit einer herkömmlichen Gesprächstherapie wahrscheinlich Monate. Und es gibt auch Anliegen, die mit einer herkömmlichen Gesprächstherapie überhaupt nicht zu bewältigen sind oder an die man mit der Gesprächstherapie auch nicht herankommt. Aber was in die eine Richtung funktioniert, funktioniert natürlich auch immer in die andere Richtung, und deshalb gibt es auch Anliegen, die man besser mit einer Gesprächstherapie angehen sollte – auch wenn es sich im Verlauf einer Gesprächstherapie oft als sinnvoll erweist, ebenfalls eine Aufstellung einzugliedern. Auch hier ist es wieder wichtig, darauf zu achten, welche Form der Gesprächstherapie angewandt und welche Technik der Aufstellungsmethode gewählt wird, immer abhängig vom Anliegen und Befinden des Klienten. Mir persönlich ist es am allerliebsten, wenn jemand, der bei mir aufstellen möchte, erst einmal als teilnehmender Beobachter an einem meiner Aufstellungsseminare in Familienstellen dabei ist, also ohne eigene Aufstellung. Das ist besonders wichtig, wenn diese Person noch keine Erfahrung mit dieser Methode hat. Ich erlebe immer wieder, dass Teilnehmer ohne Erfahrung bei einer Aufstellung anfänglich das Gefühl haben, man würde bloß eine Art Theaterstück oder Drama inszenieren. Spätestens jedoch wenn die Betreffenden dann einmal selbst in einer Stellvertreterrolle gestanden haben, wissen sie, dass dem nicht so ist. *Dann* hat es »Klick« gemacht, und die Stützräder am Fahrrad sind nicht mehr notwendig. *Dann* kann ich mit dieser Person auch hervorragend arbeiten! *Denn dann* ist diese Person auch in der Lage, das, was sich in ihrer Aufstellung zeigt oder was sich daraus ergibt, anzunehmen und bestmöglich umzusetzen. Versteht der Aufsteller, also der Klient, jedoch nicht, was in seiner Aufstellung geschieht, und kann er es selbst nicht nachvollziehen oder begreifen, wird er es später auch nicht sinnvoll umsetzen – ganz im Gegenteil.

Außerdem lässt sich die Methode des Aufstellens nicht nur in der Gruppe anwenden, sondern auch in der Einzeltherapie, wo der Therapeut sich ggf. als Stellvertreter für eine für den Klienten relevante Person zur Verfügung stellt oder selbst in die Rolle des Klienten schlüpft. Auch kann der Therapeut sich dabei für das Anliegen des Klienten, dessen Krankheit usw. aufstellen. Hier sind den Möglichkeiten keine Grenzen gesetzt. Und gerade in der Einzeltherapie wird auch sehr viel mit Kinderspielfiguren, z.B. Playmobil, gearbeitet. Hierbei übernehmen dann die Figuren die Rollen der relevanten Personen und Dinge. In der Regel findet man mit der Methode des Aufstellens schneller und effizienter den berühmten Kern des Pudels oder die blinden Flecken in der Persönlichkeit. Vielleicht auch bloß deshalb, weil der Klient dabei oft einen Spiegel vorgehalten bekommt und es dadurch einfacher wird, anzuerkennen, was ist. Die Aufstellungsarbeit und auch die Reinkarnationstherapie könnten in vielen Fällen langjährige herkömmliche Therapien überflüssig machen und dadurch Kosten ersparen – aber vielleicht ist es ja auch gerade das, wovor viele Psychologen, Therapeuten und Krankenkassen Angst haben, denn alles hat natürlich auch einen wirtschaftlichen Faktor!

Aber auch der US-amerikanische Psychologe und Psychotherapeut Carl Rogers und seine Methode der klientzentrierten Therapie wurde lange Zeit verpönt, bevor man sie schließlich doch als tauglich einstufte. Es besteht also noch Hoffnung.

Kommen wir noch einmal zurück zum Aufstellen mit Figuren. Viele Therapeuten nehmen hierzu tatsächlich gern Playmobil-Figuren, so auch ich selbst, weil diese über Gesichter, Geschlechtsmerkmale und bestimmte Äußerlichkeiten oder Persönlichkeitsmerkmale verfügen. Weil aber gerade die Vorstellung vom Aufstellen mit Figuren diejenigen unter Ihnen, die mit dem Familienstellen oder mit Aufstellungen im Allgemeinen noch nicht so vertraut sind, besonders irritieren mag, möchte ich hierzu eine sehr passende Fallstudie einflechten:

FALLSTUDIE II

Ich hatte einmal eine Bekannte, die sich immer darüber beklagte, dass sie keinen geeigneten männlichen Partner finden konnte und dass ihre Beziehungen immer nach kurzer Zeit in die Brüche gingen. Weil ich ihren familiären Hintergrund und auch sie selbst ziemlich gut kannte, hatte ich so meine Vermutung, woran das Scheitern ihrer Beziehungen liegen könnte. Es bringt aber bei vielen Menschen nichts, wenn man ihnen auf den Kopf zusagt, woher ihre Probleme rühren. Meist ist es tatsächlich besser, wenn sie es selbst herausfinden und man ihnen bloß bei den Möglichkeiten dieser »Selbstfindung« hilft, so denn man dies überhaupt kann.

Im Falle dieser ehemaligen Bekannten ließ ich sie jedenfalls mit Playmobil-Figuren ihre Familie aufstellen: ihre drei Töchter mitsamt den Enkelkindern und eine Figur für sich selbst. Danach bat ich sie, nun auch eine Figur hinzustellen, die einen möglichen männlichen Partner darstellen sollte. Also kramte die Frau einen Feuerwehrmann aus meiner Kiste mit Figuren, doch als sie ihn aufstellen wollte, erkannte sie plötzlich, dass kein Platz mehr für diese Figur vorhanden war. Sie hatte nämlich ihre drei Töchter und die Enkel so dicht im Kreis um ihre eigene Figur herum platziert, dass zumindest in ihrer Nähe kein Platz mehr war. Der Weg von ihr zu dem möglichen Partner oder vom Partner zu ihr wurde überall durch ein Familienmitglied versperrt. Und genauso verhielt es sich auch in der Realität. Diese Frau war nicht in der Lage, ihre drei Töchter loszulassen, damit diese ihr eigenes Leben leben konnten. Ständig waren sie der Kontrolle und Bevormundung der Mutter ausgesetzt – womit zumindest zwei Kinder erhebliche Probleme hatten und sich mehr und mehr von der Mutter distanzierten. Trotzdem ließ ihre Mutter sich nicht davon abbringen, sich ständig in das Leben der Töchter einzumischen, wodurch es immer wieder zu heftigen Auseinandersetzungen kam. Diese Frau war so fokussiert auf ihre Töchter und Enkel, dass zumindest emotional gar kein Platz für einen Partner gewesen wäre.

Durch die Aufstellung mit den Playmobil-Figuren wurde dies der Frau von selbst bewusst. Zwar wollte sie die Figur des möglichen Partners gern direkt neben ihre eigene Figur stellen, doch alle Plätze in ihrer unmittelbaren Nähe waren durch die Familie besetzt. Eine der Figuren aus der Familie durch die des Partners auszutauschen, das wollte sie aber genauso wenig wie den Kreis um ihre eigene Figur etwas zu erweitern, sodass der mögliche Partner noch einen Platz in ihrer Nähe hätte finden können. Die Mitglieder ihrer Familie so nah wie möglich zu haben war ihr wichtiger. Die Frau befand sich in einem wahren Dilemma, denn abgesehen davon, dass sie erkannte, dass in ihrem Leben eigentlich kein Platz für einen männliches Partner vorhanden war – was die realen Partner natürlich immer wieder zu spüren bekamen und dann die Beziehung beendeten – merkte die Frau auch, dass sie nicht immer alle ihre Kinder und Enkelkinder im Fokus behalten konnte. Irgendjemand stand immer in ihrem Rücken, und so begann die Frau, ihre eigene Figur im Kreis zu drehen und so möglichst alles, was ihre Familie betraf, im Auge zu behalten. Die Figur des möglichen Partners stand im Abseits und war bald schon vergessen – alles drehte sich im wahrsten Sinne des Wortes wieder um die Familie. Dabei hatte das ständige Drehen der eigenen Figur für mich etwas sehr Beängstigendes, denn dies symbolisierte für mich sehr deutlich den Kontrollzwang und die Verlustangst dieser Frau.

Einige Zeit später habe ich selbst den Kontakt zu dieser Frau abgebrochen, weil mir ihre Gesellschaft nicht guttat. Sie fing an, auch mich kontrollieren zu wollen, war in der Lage, 20 Mal an einem Tag bei mir anzurufen, und hatte auch kein Verständnis dafür, wenn ich nicht gleich zurückrief oder nicht bereit war, meine (und Theos) Pläne zu ihren Gunsten zu ändern. Wenn wir uns trafen, redete sie nur von ihren familiären Problemen, wie es mir ging oder was ich so erlebte, interessierte sie von Mal zu Mal weniger. Mir wurde klar, dass dies keine Freundschaft war – jedenfalls nicht in dem Sinne, was ich darunter verstehe. Und weil die Frau schon seit vielen Jahren regelmäßig zu einem Psychotherapeuten ging, von dem sie sich auch bestens betreut fühlte, hatte ich überhaupt kein Problem damit, sie sich selbst zu überlassen.

Übung 3 – Aufstellen mit kleinen Figuren

Hierfür eignen sich neben Playmobil-Figuren auch unterschiedliche Gläser, die man notfalls mit einem aufgemalten Gesicht versieht, oder Schachbrettfiguren. (Wenn Sie kleine Kinder haben, erübrigt sich die Frage nach den adäquaten Figuren sowieso.) Versuchen Sie es einfach einmal selbst, und stellen Sie Ihr familiäres Umfeld auf. Sie brauchen kein Psychotherapeut zu sein oder eine Ausbildung in Familienstellen gemacht zu haben, damit Sie mit dieser Übung ein klareres Bild der Ist-Situation, also der aktuellen Situation, und der möglichen Ursache von Spannungsfeldern innerhalb Ihrer Familie bekommen. Vielleicht bestätigt sich dabei für Sie auch bloß das, was Sie schon wussten, oder aber Sie erhalten bislang unbekannte oder verborgene Einblicke in bekannte Spannungsfelder.

Nachdem Sie selbst Ihre Familie aufgestellt und betrachtet haben, wo Sie wen aufgestellt haben und wer wem zugewandt ist (deshalb ist es auch wichtig, dass die Figuren ein Gesicht oder zumindest eine Vorderseite haben), können Sie Ihren Partner oder Ihre Kinder die Figuren nach deren Vorstellungen aufstellen. Sie werden überrascht sein, wie anders Ihre Familienmitglieder manche Dinge vielleicht sehen und auch aufstellen. Wie schon gesagt: Bilder sagen oft mehr als Worte.

Und natürlich funktioniert das Ganze auch auf beruflicher Ebene. So kann man sein Arbeitsteam, die Kollegen oder den Chef ebenfalls aufstellen. Oder man bittet sein Kind, das Probleme in der Schule hat, einmal auf diese Weise seine Mitschüler und Lehrer aufzustellen. Ich habe das ein paar Mal erfolgreich mit meinen Klienten in der Einzeltherapie gemacht. Zwar vertrete ich die Ansicht, dass die Probleme von Kindern und Jugendlichen, auch die schulischen, ihren Ursprung fast immer bei den Eltern haben, und deshalb mache ich auch keine Aufstellungen mehr für Kinder, sondern nur noch für Eltern. Aber wenn ich meinen Klienten vorschlage, zu Hause einmal ihre Kinder zu bitten, ihr schulisches Umfeld mit Figuren aufzustellen, dies zu fotografieren und mir zur nächsten Sitzung mitzubringen, erfahren nicht nur ich, sondern vor allem auch meine Klienten eine

Menge über die tatsächliche Ist-Situation in der Schule ihrer Kinder. Denn auch wenn ich der Meinung bin, dass die Lösung von Problemen, die Kinder oder Jugendliche betreffen, meist bei den Eltern zu suchen und auch zu finden sind, so bin ich mir natürlich ebenfalls darüber im Klaren, dass hierzu auch noch sehr viele überforderte Lehrer kommen.

Trotzdem arbeite ich nie direkt mit Kindern, denn ich bin keine Kindertherapeutin. Aber wie sollen emotional unstabile oder unreife Eltern, die ihre eigenen Traumata noch nicht aufgearbeitet haben, ihren Kindern bei der Bewältigung von deren Problemen eine Hilfe sein? Kinder brauchen emotional gefestigte Eltern, damit sie sich sicher fühlen und selbst psychisch und physisch gesund groß werden können.

Wenn Sie jedenfalls Kinder mit Schwierigkeiten in der Schule haben, dann lassen Sie Ihre Kinder oder Ihr Kind doch einfach einmal mit Figuren die Klassenkameraden und die Lehrer aufstellen. Sie werden sehen, dass Sie völlig neue Einblicke in die schulischen Probleme Ihrer Kinder bekommen werden, und vieles wird dadurch für Sie verständlicher. Denn gerade Kinder sind oft noch nicht so gut in der Lage, Situationen und Ereignisse in Worte zu fassen. Spielerisch hingegen können sie dies sehr wohl ausdrücken, denn so verarbeiten Kinder ja auch das, was sie erleben.

Aber dennoch: *Es gibt keine Problemkinder, sondern nur Problemeltern.*

Das Familienstellen begeisterte mich jedenfalls, und bald stand für mich fest, dass ich diese Therapieform gern in meine eigene Arbeit integrieren wollte. Die Menschheit entwickelt sich, (Welt)anschauungen und die Gesellschaft – *der Lifestyle* – ändern sich. Vor 30 Jahren durfte ein Bundeskanzler sich noch mit Zigarette fotografieren lassen – das ist heute undenkbar! Ein Sozialtherapeut, der heutzutage beispielsweise mit Drogenabhängigen arbeitet und nicht deren »Sprache« spricht, wird von seinen Klienten gar nicht erst für voll genommen und wird wohl auch wenig bei ihnen ausrichten können. Was ich damit sagen will: Wir verändern uns, die Umwelt verändert sich, und auch unsere Probleme passen sich diesen Veränderungen an, die Fortschritt und Globalisierung mit sich bringen. *Wer hätte vor knapp 20 Jahren damit gerechnet, dass das sich gerade verbreitende Internet süchtig machen könnte?* Also ist es nur normal, wenn sich auch die Therapiemethoden diesen Entwicklungen anpassen. Die Aufstellungsarbeit und auch die Reinkarnationstherapie sind solche neuen Formen in der Therapie, die gut in das heutige Weltbild und zum heutigen *Lifestyle* passen.

Und so fing ich an, mich nach geeigneten Ausbildungsstätten umzusehen. Zwar wurde ich Mitglied einer Lerngruppe für das Familienstellen, aber Familienstellen oder die Aufstellungsarbeit im Allgemeinen ist eine sehr komplexe Wissenschaft. Ich wollte auch sehen und lernen, wie andere erfahrene Aufstellungsleiter (und Leiterinnen) arbeiteten – allen voran natürlich Bert Hellinger selbst. Aber bis zu meiner ersten Begegnung mit Bert Hellinger sollte noch etwas Zeit vergehen.

Ende des Jahres 2008 nahm ich, wie schon gesagt, das erste Mal als Beobachterin an einem Aufstellungsseminar teil. Mir wurde schnell klar, dass es gewisse Gesetze gibt – die sogenannten Ordnungen, die man als Aufstellungsleiter erstens (er)kennen und zweitens nicht ignorieren oder falsch interpretieren darf! So sollten bei einer (klassisch-systemischen) Familienaufstellung die älteren Generationen immer hinter der jetzigen Generation stehen. Bei einem (Ehe)paar steht der Stärkere, der Dominantere, der Ernährer oder auch der Partner mit dem schwereren Schicksal für den Betrachter immer auf der linken Seite. Diese Konstellationen ergeben sich meist ganz von selbst und mittlerweile gibt es mehrere wissenschaftliche Abhandlungen darüber, warum die meisten Menschen beispielsweise beim Spaziergang mit dem Partner eine Seite bevorzugen: Entweder sie gehen am liebsten rechts oder links neben dem Partner. Dies wiederholt sich, wenn man betrachtet, auf welcher Seite des Bettes *wer* schläft oder *wie* Paare im Restaurant einander zugewandt sitzen. In der Regel ist es so, dass der Stärkere aus der Position des Betrachters heraus sich auf der linken Seite am wohlsten fühlt und der Schwächere von beiden rechts daneben.

Übung 4 – Aufstellen von Beziehungen

Jeder von Ihnen, der einen Partner hat, kann dies ganz einfach überprüfen. Auf welcher Seite Ihres Partners fühlen Sie sich am wohlsten – rechts oder links? Und wie geht es Ihrem Partner dabei? Welche Seite ist für ihn stimmig? Wenn Sie sich allerdings nicht einig werden können, wer auf welcher Seite zu stehen hat, ist dies ein Zeichen für einen (wenn auch vielleicht stillen oder unterschwelligen) Machtkampf innerhalb Ihrer Beziehung. Wahrscheinlich sind Sie beide dann eher sehr dominant und lassen sich nur ungern das Zepter aus der Hand nehmen. Theo nennt dies immer: zwei Kapitäne auf einem Boot. In diesem Falle sollten Sie jedoch schauen, ob es möglich ist, sich auf einen Kompromiss zu einigen. Denn jeder Mensch hat gewisse Stärken und Schwächen, und es macht gar nichts, wenn man in einem Punkt, wo der Partner der Stärkere oder der Erfahrenere ist, diesem die Führung überlässt – jedenfalls solange man dieselben Ziele verfolgt.

Achten Sie auch einmal darauf, wie Sie Ihren Partner aufstellen würden. Dies geht wieder ganz gut mit den Spielfiguren: Stehen die Figuren wirklich Seite an Seite, also Schulter an Schulter, oder stehen sie sich gegenüber? Und wie groß ist die Entfernung zwischen beiden Figuren? Je näher sich die Figuren sind, desto näher sind sich auch in der Regel die realen Personen. Allzu nah sollten sie sich aber auch nicht sein, weil dies auch bedeuten könnte, dass zumindest einer von beiden vom anderen abhängig ist oder dass ein Partner den anderen ständig kontrollieren will – ihm die Luft zum Atmen nimmt. Deshalb ist es auch wichtig, dass beide Partner die Beziehung jeweils aus ihrer Sicht aufstellen. Im Idealfall stehen die Figuren nebeneinander und locker Schulter an Schulter. Stehen sie sich gegenüber, kann das bedeuten, dass Sie und Ihr Partner gerade einen Machtkampf ausfechten. Ist dabei der Abstand zwischen beiden Figuren sehr groß, sollten Sie überlegen, was sich zwischen Ihnen befinden könnte, das verhindert, dass Sie beide sich näherkommen. Dies kann ein Ereignis sein oder auch eine andere Person. Natürlich kann man diese Art von Übung nicht nur bei Lebenspartnern anwenden, sondern auch bei Freunden, Arbeitskollegen usw.

Es ist auch verblüffend zu sehen, welche Auswirkung die Taten und das Wirken unserer Ahnen anscheinend noch auf unser Leben haben können.

Deshalb sind die Ursachen für die Probleme von Kindern oder die Auslöser für ihre (Krankheits)symptome auch meist bei den Eltern zu finden und auch dort zu beheben bzw. zu therapieren! Meist stellt man dabei fest, dass auch schon die Eltern selbst vorbelastet sind durch etwas, was noch weiter zurückliegt und was seinen Ursprung schon im Leben der Großeltern oder Urgroßeltern hat. Innerhalb einer Aufstellung kann man mit diesen Urahnen an diesem Urtrauma arbeiten, obwohl die betreffenden Personen in Wirklichkeit schon lange, lange verstorben sind. Ihre Energien übertragen sich auf die jeweiligen Stellvertreter. Mit diesen löst man dann dieses Urtrauma, wodurch auch die Nachfahren frei werden. Dies kann bedeuten, dass deren Symptome oder Probleme tatsächlich verschwinden.

Bei einem solchen Urtrauma kann es sich um begangene Verbrechen z.B. aus Kriegen handeln. Dies muss aber nicht immer bedeuten, dass der betreffende Urahne ein Täter war. Genauso gut kann er ein Opfer gewesen sein, dessen Leid vertuscht oder zumindest nie betrauert wurde. Es kann sein, dass ein Ahne bei etwas übergangen, ungerecht behandelt oder verstoßen wurde. Wenn ein Ahne seine Pflichten nicht erfüllen konnte, egal ob er nun zu früh verstarb oder aus der Familie verstoßen wurde, nimmt sein Herkunftssystem oft einen der Nachkommen stellvertretend in die Pflicht. Diese Personen haben dann das Gefühl, nicht ihr eigenes Leben zu leben und sind zu Recht überzeugt davon, dass ihre Aufgaben eigentlich andere wären. Das Herkunftssystem unserer Familie kennt scheinbar kein Pardon. Hat ein Ahne beispielsweise durch ein begangenes Verbrechen Schuld auf sich geladen, so kann diese Tat seine Nachkommen ebenfalls energetisch belasten.

Hieraus und aus anderen Indizien, auf die ich noch näher eingehen werde, hat sich aber im Laufe meiner Arbeit eine für mich hochinteressante Frage ergeben, die ich im Jahr 2010 auch Bert Hellinger stellte: Wäre es nicht möglich, dass wir manchmal auch ganz bewusst in unser altes Herkunftssystem zurückinkarnieren, um die Aufgaben, die wir dort, aus welchen Gründen auch immer, nicht erledigt haben, zu Ende zu führen? Dies würde bedeuten, dass jemand, rein theoretisch, z.B. einmal seine eigene Tante oder der eigene Uropa gewesen ist, und außerdem wäre dies auch eine ganz besondere Art der Verbindung zwischen der karmischen und der systemischen Ebene einer Person.

Dadurch, dass man die Schicksale der Ahnen (oder die ihrer Opfer) mittels einer Aufstellung sichtbar macht, hebt sich der Schleier des Vergessens oder auch des Verdrängens. Die Unordnung im System kann durch Ordnung ersetzt werden (so denn der Aufstellungsleiter die »Gesetze der Ordnung« auch kennt und beherzigt). Klienten, die in ihrem Herkunftssystem stellvertretend für eine andere Person deren Platz übernommen haben, können sich durch eine Aufstellung oft aus dieser Falschidentifizierung lösen (oder befreien) und endlich anfangen, ihr eigenes Leben zu leben – so denn sie dies wollen.

> Vielleicht ist es auch so, dass uns der Zutritt zu gewissen Dimensionen nicht möglich ist, abhängig davon, was in unserem Herkunftssystem nicht in Ordnung ist. Indem Ordnung hergestellt wird, öffnen sich diese Dimensionen, oder vielleicht wird man durch die Herstellung der Ordnung auch in diese anderen möglichen Dimensionen hineingeschoben? Immer vorausgesetzt, man will es auch tatsächlich und erkennt das an, was die Aufstellung zeigt.

Eine Aufstellung sollte aber immer so ablaufen, dass der Aufstellungsleiter dabei nicht gezielt nach den Missetaten der Vorfahren seines Klienten, also des Aufstellers, sucht. Der Aufstellungsleiter stellt vielmehr lediglich den *Raum* und die *Möglichkeiten* zur Verfügung, um das Herkunfts- oder Familiensystem des Klienten sichtbar zu machen. Ähnlich wie bei einer Rückführung zeigt sich dann immer das, was für den Aufsteller und sein Anliegen am wichtigsten ist, und der Aufstellungsleiter selbst sollte sich dabei immer auf die schon erwähnte Meta-Ebene zurückziehen. Anders ausgedrückt: Ein (Psycho)therapeut sollte, egal bei welcher Art von Behandlung oder Therapie, nach Möglichkeit immer absichtslos sein und auch so handeln. Aber nicht immer lässt sich das, was sich dann zeigt, auch *in Ordnung* bringen, und manchmal ist der einzige Weg für den Aufsteller der, sich von seinem System abzuwenden und die aufgestoßene Tür ein für alle Mal zu verschließen.

Hier gehen die Meinungen unter den Aufstellern jedoch weit auseinander. Mittlerweile habe ich sehr viele Aufstellungen und unterschiedliche Techniken miterlebt, als Stellvertreterin, als teilnehmende Beobachterin oder aus der Position der Aufstellungsleiterin heraus. Eine Aufstellungsleiterin, die ich kenne und an deren Seminaren ich immer wieder gern teilnehme, verfügt beispielsweise über die Möglichkeit, den Raum, in dem ihre Aufstellungen stattfinden, mittels einer Schiebetür in zwei Teile zu trennen. Ab und zu symbolisiert die räumliche Unterteilung dann das Abwenden oder Loslassen des Aufstellers von seinem System oder zumindest von Teilen und bestimmten Personen. Bislang war es bei solchen Aufstellungen immer so, dass wider Erwarten danach auch in dem Teil des Systems (zu erkennen am Verhalten der betreffenden Stellvertreter), von dem der Aufsteller sich abgewandt hatte, Ruhe und Frieden einkehrte – wovon auch der Aufsteller letztlich energetisch profitierte. Trotzdem ist dieses Loslassen für die meisten Aufsteller enorm schwierig oder gar unmöglich. Gerade wenn es sich dabei um die eigenen Eltern oder um einen Elternteil handelt. Der Sinnspruch: »Lieber ich als du. Für dich sterbe ich gerne« ist hier leider oft treffend formuliert. Natürlich weiß der Aufsteller meist nur allzu gut, dass die Nähe zu Mutter und (oder) Vater ihm schadet und dass seine psychischen Probleme dort ihren Ursprung haben. Trotzdem vegetieren viele Menschen lieber in einem unerfüllten Leben dahin, als sich von der oder den Personen zu lösen, die sie ihrer (Lebens)kraft berauben. Man kann den Eltern nicht helfen, indem man etwas für sie trägt. Man kann ihnen nur helfen, indem man sie »ihre Päckchen« selbst tragen lässt. Solange man die Last stellvertretend für sie trägt, können die Eltern diese Last oft auch nicht spüren und fragen sich zu Recht, warum sie zur Therapie sollen – ihnen geht es ja gut, nur dem Kind oder den Kindern geht es schlecht. Bewusst oder unbewusst laden so jedenfalls viele Eltern ihre Probleme und unverarbeiteten Traumata – ihre »Päckchen«, wie ich dies gern nenne – bei ihren Kindern ab. Das fängt schon in der frühen Kindheit oder im Mutterleib an, und Kinder neigen nun einmal dazu, sich diese Päckchen nur allzu bereitwillig aufzuladen.

Nicht zuletzt weil sie auch oft glauben, selbst Verursacher dieser Päckchen zu sein, oder weil es für sie die einzige Möglichkeit ist, dem betreffenden Elternteil geistig und emotional nahe zu sein! Sie begeben sich sozusagen in das Traumafeld der Mutter oder des Vaters, um von ihren Eltern wahrgenommen zu werden – in der Hoffnung auf Liebe und Fürsorge. Dies gilt übrigens auch für Beziehungen zwischen erwachsenen Personen, zwischen Mann und Frau in der Partnerschaft, zwischen Geschwistern oder in engen Freundschaften. Aus Liebe, falscher Schuld oder aus Angst davor, verlassen zu werden, übernimmt einer die Päckchen des anderen, und weil dies die einzige Möglichkeit ist, dem anderen nahe zu sein. Dies würde auch die Entstehung des symbiotischen Wahns erklären oder warum in so vielen engen Beziehungen beide Partner kurz hintereinander beispielsweise an Krebs erkranken.

Mittlerweile gibt es einige gute Varianten des Familienstellens (oder des Aufstellens im Allgemeinen), wie z.B. die Technik von Prof. Dr. Franz Ruppert. Aber ich finde immer noch, dass eine Technik nicht generell für jedes Anliegen oder für jeden Aufsteller auch die richtige ist. Deshalb habe ich mir im Laufe der letzten drei Jahre auch die unterschiedlichsten Aufstellungsleiter und Aufstellungstechniken angesehen. Gerade das Familienstellen ist, wie Sie nun sicherlich schon herausgelesen haben, sehr komplex und vielschichtig, und die Möglichkeiten, die es bietet, sind meiner Meinung nach auch noch lange nicht ausgeschöpft – ganz abgesehen davon, dass die Aufstellungsarbeit sich rasant weiterentwickelt. Wer heute sagt, dass er vor fünf Jahren das Familienstellen erlernt und sich seitdem nicht mehr regelmäßig fortgebildet hat, arbeitet mit Handwerkszeug, das lange schon durch flexibleres und vielseitigeres Werkzeug ausgetauscht wurde. *Ich verwende hier ganz bewusst nicht den Begriff »besseres Handwerkszeug«.* Aber da, wo vor ein paar Jahren scheinbar noch keine Ordnungen im System des Aufstellers möglich waren, ist es heute durch andere Vorgehensweisen und weiterentwickelte Aufstellungstechniken viel eher möglich, diese Ordnung doch herzustellen.

Außerdem scheint es so, dass durch die vielen, vielen guten Aufstellungen, die in all den Jahren von den vielen guten Aufstellungsleitern schon gemacht wurden, auch etwas Globales in Bewegung gekommen ist. Begibt man sich beispielsweise bei Aufstellungen in die Zeit des Zweiten Weltkrieges, so merkt man nun, dass dort meist schon mehr Ruhe und Frieden eingekehrt ist, weil viele der Massenschicksale von damals schon durch vorangegangene Aufstellungen zumindest teilweise aufgearbeitet wurden. Ich glaube, dass dies durch die sogenannten morphogenetischen Felder möglich wird, die die Erinnerungen an alles, was jemals geschah, speichern. Indem man an diesen Erinnerungsfeldern z.B. durch eine gute Aufstellung arbeitet,

beruhigen sie sich. Ruft derselbe oder auch ein anderer Aufstellungsleiter dieses Er-
innerungsfeld dann zu einem späteren Zeitpunkt noch einmal auf, lässt sich in der
Regel feststellen, dass sich dort etwas positiv verändert hat. Natürlich funktioniert
auch dies wieder in beide Richtungen: Oft wenn über eine Sache erst einmal Gras
gewachsen ist, kommt irgendein Kamel und frisst es wieder ab.

Außerdem lässt sich die Kraft eines morphogenetischen Feldes, wie es beim
Familienstellen erzeugt wird, auch sehr wirkungsvoll in anderen Aufstel-
lungsbereichen anwenden. So kann man z.B. auch die früheren Herkunfts-
oder Familiensysteme aus den früheren Leben eines Klienten aufstellen.

Man nennt dies Karmaaufstellungen, und eigentlich kam ich erst über die Karmaaufstellungen auch zum Familienstellen. Denn ursprünglich war ich damals bloß
auf der Suche nach einer Methode oder Technik gewesen, mit der man etwas über
seine früheren Leben erfahren kann, ohne dass man sich dafür in Trance versetzen
lassen muss.

Man kann aber auch ganz gezielt Krankheiten, Symptome, Charaktereigenschaften oder Persönlichkeitsanteile einer Person aufstellen. Mittlerweile
gibt es sogar sogenannte Erfolgs- oder Berufsaufstellungen, um herauszufinden, was am besten zu jemandem passt und welche Möglichkeiten zumindest im Moment real erscheinen – oder was jemandem zum Erfolg fehlt
und wie er dies bekommen kann. Womit wir eventuell wieder eine Brücke
in andere Dimensionen schlagen würden.

Der Ehrlichkeit halber sei angemerkt, dass es auch einige renommierte Aufstellungsleiter gibt, die nicht an die Existenz morphogenetischer Felder glauben oder
diese zumindest nicht für die Wahrnehmungen, die ein Stellvertreter bei einer
Aufstellung aus seiner Rolle heraus hat, verantwortlich machen. Sie führen diese
Wahrnehmungen eher auf das Vorhandensein von sogenannten Spiegelneuronen
im Gehirn zurück. Aber wie auch immer, ich halte beides oder ein Zusammenspiel
von beidem für das Wahrscheinlichste.

Große Firmen (und auch kleinere) nutzen diese Kraft – wo auch immer sie nun herrühren mag – und die Techniken des Aufstellens mittlerweile ebenfalls für ihre Zwecke und versuchen, durch Aufstellungen herauszufinden, wie sie auf dem Markt konkurrenzfähig bleiben können. Eine Aufstellung ist auch immer sehr hilfreich, wenn es darum geht, verschiedene Teams zusammenzustellen und auf die bestmögliche Effizienz und Kompatibilität unter den einzelnen Mitgliedern hin zu testen. Man nennt dies dann Organisationsaufstellungen oder politische Aufstellungen.

Und natürlich gibt es auch Aufstellungen für Tiere, die ihren Besitzern dann oft viel verraten über gewisse Verhaltensmuster, die Leiden und Ängste ihrer Tiere oder auch darüber, was ein Tier so denkt – oder welche »Päckchen« es für sein Herrchen oder Frauchen übernommen hat! *(Hierzu gibt es mehr Hintergrundinformation und auch einige Fallstudien auf meiner Homepage, auf der Seite »Aufstellungen für Tiere«, z.B. zur Frage, warum Øsel nie fressen wollte, wenn ich verreist war, und wie wir ihn davon befreiten.)*

Aber genau wie bei Kindern, sind auch die Ursachen von Störungen oder Symptomen bei unseren Haustieren meist bei Herrchen und Frauchen zu suchen und auch zu finden! Auch Haustiere tragen nur allzu gern unsere Päckchen. Lesen Sie Øsels Fallbeispiel auf meiner Homepage, und Sie werden verstehen warum. Ausnahmen bilden dabei schwer traumatisierte Tiere, die aus Tierheimen kommen. Aber auch hier kann eine Aufstellung helfen, wenn man dabei mit der Seele des Tieres Kontakt aufnimmt. Dadurch verändert sich anschließend oft das Verhalten oder die Symptomatik des betreffenden Tieres positiv.

Aufstellen lässt sich einfach alles: Menschen und Tiere oder nur gewisse Körperteile oder Organe. Gegenstände wie Häuser und natürlich auch Krankheiten, Probleme, Gefühle, Wünsche, Träume, Geister, Seelen und sogar Engel oder das Anliegen für eine Aufstellung selbst!

Nachdem ich mein erstes Buch »Erzählende Seelen« geschrieben hatte und mein Verleger, Herr Schirner, mir mitteilte, dass er es so aber nicht drucken würde, weil es zu viele Negationen enthielt, habe ich das Manuskript umgeschrieben und danach beide Varianten aufgestellt. Für solche »Mini-Aufstellungen« nutze ich auch gern die spirituellen Workshops, die ich bei mir zu Hause veranstalte, und bei einer solchen Gelegenheit wählte ich zwei Teilnehmerinnen aus und benannte sie still: Eine wählte ich als Stellvertreterin für mein Manuskript in seiner ursprünglichen Form und die andere Stellvertreterin stand für das überarbeitete Manuskript. Wie gesagt, beide Frauen hatte ich still, also nur in Gedanken, benannt und keine der beiden wusste, für was oder wen sie stand – genauso wenig, wie der Rest der Gruppe wusste, was ich da aufgestellt hatte. Dann warteten wir ab. Während die Stellvertreterin, die für das erste ursprüngliche Manuskript stand, schon bald ein mürrisches Gesicht machte, auf der Stelle trat und lediglich ihren Oberkörper hin und her drehte, wurde die andere Stellvertreterin bald schon von einer ganz anderen Bewegung gepackt. Sie hatte nur Augen für die große Fensterfront zum Garten, breitete ständig die Arme aus, lachte und meinte schließlich, sie habe ein Gefühl, als könne sie die ganze Welt umarmen und als erwarte man sie da draußen auch. Daraufhin brach die andere Stellvertreterin zusammen und fiel zu Boden. Als ich sie nach ihrer Wahrnehmung befragte, sagte sie, es ginge ihr nicht gut, sie habe keine Kraft und mit »der da« womit die Stellvertreterin für das überarbeitete Manuskript gemeint war, könne sie auch nicht konkurrieren ...

Erste Schritte

... vielleicht fangen Sie einmal damit an, sich vorzustellen, wie es wäre, wenn Sie sich damit abfinden würden, dass Ihre Wünsche wahr werden könnten.

Während ich hier sitze und schreibe, habe ich den Vertrag für mein erstes Buch schon in der Tasche – was das Schreiben jedoch nicht im Geringsten einfacher macht. Zurzeit ist es auch so, dass mir die wichtigen Dinge für dieses Buch immer ausgerechnet dann einfallen, wenn ich unter der Dusche stehe – dem einzigen Ort, an dem ich nicht sofort Papier und Bleistift zu Hand habe. Manchmal macht man sich das Leben eben gern selber schwer!

Übung 5 – Kluge Entscheidungen treffen

Natürlich können Sie das, was ich mit den beiden Varianten meines Manuskriptes getan habe, ebenfalls tun, z.B. wenn Sie ein Anliegen haben, bei dem es mehrere Möglichkeiten oder Varianten gibt. Wählen Sie für jede Möglichkeit oder Variante einen Stellvertreter. Damit diese Personen sich auch wirklich von den Wahrnehmungen, die aus der Rolle heraus kommen, leiten lassen können, sagen Sie ihnen nicht, für was oder wen sie aufgestellt werden. Denn sonst laufen Sie immer Gefahr, dass die Personen sich eher von ihren eigenen Gefühlen oder persönlichen Ansichten leiten lassen und, beabsichtigt oder unbeabsichtigt, die Wahrnehmungen aus der Rolle heraus ignorieren. Wenn die Stellvertreter nichts wissen, begeben sie sich automatisch auf die Meta-Ebene, und dann können Sie für diese Übung auch ruhig Freunde oder Familienmitglieder als Stellvertreter wählen.

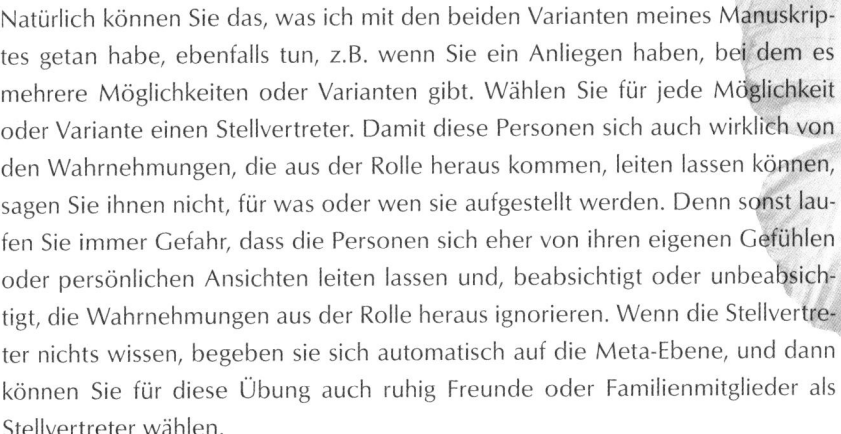

Tja, und dann warten Sie wieder ab, was geschieht. Oft zeigt sich schon an den Bewegungen und dem Gebaren der Stellvertreter: durch Abwenden, Zuwenden, Sich-auf-den-Boden-legen, Arme-ausbreiten, Lachen, Weinen und, und, und welche Möglichkeit oder Variante die bessere ist und welche eher zum Scheitern verurteilt ist.

Wenn aber gar nichts oder nichts eindeutig Interpretierbares geschieht, stellen Sie einen weiteren Stellvertreter hinzu und benennen ihn still für die Möglichkeit, erst einmal abzuwarten. Vielleicht ist es nämlich gerade nicht der richtige Zeitpunkt, eine Entscheidung in dieser Angelegenheit zu treffen, was Ihnen dann auch durch das Hinzustellen der Option »Warten« verdeutlicht wird. In diesem Falle wiederholen Sie die Übung ganz einfach zu einem späteren Zeitpunkt. Dies kann ein paar Tage später oder auch ein paar Monate später sein – so denn Ihr Anliegen für diese Übung dann überhaupt noch eine Wichtigkeit für Sie hat und sich eine Entscheidung nicht mittlerweile von selbst anbahnt.

Übung 6 – Das Aufstellen oder Austesten von Ja/Nein-Möglichkeiten

Natürlich können Sie auch nur die Option Ja und Nein aufstellen, wie beispielsweise bei der Frage danach, ob sie umziehen oder ihren Job wechseln sollen. Dazu haben Sie zwei Möglichkeiten.

Entweder Sie nehmen zwei DIN-A4-Blätter Papier, einen mit dem Text »Ja, ich ziehe um« und einen mit »Nein, ich ziehe nicht um«, und überprüfen dann selbst, indem Sie sich auf die Zettel stellen, auf welchem Zettel Sie sich am wohlsten fühlen. Wichtig ist hier wieder, dass Sie sich neutralisieren, wie in Übung 2 beschrieben, und dass Sie die beiden Blätter wieder so lange mischen, bis Sie selbst die Zettel nicht mehr unterscheiden können. Sollten Sie bei diesem Test zu keiner eindeutigen Wahrnehmung gelangen, beschriften Sie einen dritten Zettel mit der Option »Warten«. Mischen Sie alle Blätter noch einmal, und versuchen Sie es dann erneut.

Die zweite Möglichkeit ist, dass Sie zwei Stellvertreter wählen und diese still benennen: einen für die Option »Ja« und einen für die Option »Nein«. Dann stellen Sie beide im Abstand von ca. einem Meter nebeneinander auf und suchen sich selbst eine Platz, an dem Sie beiden Stellvertretern im gleichen Abstand gegenüberstehen. Denken Sie an das, was Sie mit dieser Übung herausfinden wollen, beispielsweise an die Frage, ob Sie umziehen sollen. Dann warten Sie, wie die beiden Stellvertreter reagieren. Dies alles geschieht völlig ohne Worte, und Sie werden feststellen, dass einer der Stellvertreter auf Sie zukommt, sich abwendet oder auf den Boden fallen lässt. Vielleicht bekämpfen die beiden sich auch, und einer siegt. Sollte es jedoch zu keiner eindeutigen Entscheidung kommen, wählen Sie auch hier einen dritten Stellvertreter, und benennen Sie ihn still für die Option »Warten«.

Übung 7 – Kinesiologischer »Zetteltest«

Mit diesen selbst benannten oder selbst beschrifteten Zetteln lässt sich einfach alles austesten, vor allem auch (Lebensmittel)unverträglichkeiten und Allergien. Schreiben Sie einfach die Namen der Dinge (oder auch der Personen), von denen Sie denken, dass sie Ihnen nicht guttun, auf je ein DIN-A4-Blatt Papier, und dann stellen Sie sich darauf. Wichtig ist dabei immer, dass Sie ehrlich sind und die Blätter so lange mischen, bis Sie selbst nicht mehr wissen, welches Blatt Papier was symbolisiert. In der Regel dauert es weniger als 60 Sekunden, bis man »Schadstoffe« auf diese Weise ausgetestet hat. Aber es gibt auch Ausnahmen, wo Sie sich auf einen Zettel stellen und sofort merken, dass Sie es dort partout nicht aushalten. In Fallstudie Nr. IX geht es übrigens um solch einen »Zetteltest«.

Übung 8 – Kinesiologischer »Körpertest«

Wenn Sie Ihren eigenen Wahrnehmungen bei einem solchen Test jedoch nicht trauen wollen, haben Sie zwei Möglichkeiten. Entweder Sie benennen eine andere Person als ihren eigenen Stellvertreter und lassen diesen dann in ihrem Auftrag die Zettel aus Übung 7 austesten. Oder Sie versuchen Folgendes: Hierzu benötigen Sie allerdings einen etwas längeren und stabilen Tisch, ein paar flache Schuhe mit einer möglichst glatten Sohle, eine Wasserwaage oder ein Tablett, Papier und Bleistift und einen Helfer. Überprüfen Sie nun zuerst mithilfe der Wasserwaage, ob Ihr Tisch auch wirklich gerade steht. Dann ziehen Sie die flachen Schuhe an und legen sich bäuchlings auf den Tisch, sodass nur die Füße über die Tischkante hängen. Das, was Sie austesten wollen, schreiben Sie zuvor auf einen Zettel. Diesen Zettel legen Sie sich nun auf den Kopf oder zwischen die Schulterblätter. Achten Sie darauf, dass die Innenseiten Ihrer Beine und Füße sich nun berühren. Dann holen Sie einmal tief Luft und ziehen dabei gleichzeitig beide Unterschenkel an, sodass sie einen rechten Winkel zu den Oberschenkeln bilden. Dabei dehnen Sie bitte auch Ihre Fersen. (Wenn Sie es richtig machen, spüren Sie die Spannung in den Waden und Adduktoren, den Muskeln der Oberschenkelrückseite. Vielleicht machen Sie auch erst ein paar Testdurchläufe und probieren diesen Bewegungsablauf erst ein paar Mal ohne einen Zettel.) Dann atmen Sie aus, ohne Ihre Position dabei zu verändern. Durch das Anspannen der Fersen bilden die Unterseiten Ihrer Füße oder die Schuhsohlen nun eine waagerechte Fläche, auf der man durchaus ein Tablett abstellen könnte.

Der Clou besteht darin, dass einer Ihrer Unterschenkel deutlich kürzer ist, wenn auf dem Zettel etwas steht, gegen das Sie allergisch sind oder das Ihnen, zumindest momentan, nicht guttun oder schaden würde. Das Tablett würde demnach nicht auf beiden Schuhsohlen stehen oder es stünde schief. Mit der Wasserwaage können Sie es belegen. Wenn Sie jedoch etwas austesten, das Sie gut vertragen oder das Ihnen nicht schadet, werden beide Unterschenkel gleich lang sein, und das Tablett würde gleichermaßen auf beiden Füßen ruhen.

Wenn Sie aber ohne Zettel schon eine Abweichung, beispielsweise beim Testlauf, beobachten, sollten Sie sich fragen, was oder wem Sie sich zurzeit aussetzen, das diese Abweichung zur Folge haben könnte. In diesem Falle drehen Sie den Test um, und schreiben Sie auf den Zettel das auf, was Sie möglicherweise als Ursache für die Abweichung vermuten – allerdings immer mit der Formulierung, dass Sie diesem oder jenem eben nicht mehr ausgesetzt sind. Z.B. »Nicht mehr regelmäßig Alkohol trinken« oder »Kontakt zu dieser oder jener Person drastisch einschränken«.

Auch bei Menschen mit beispielsweise einem Hüftleiden oder deren eines Bein kürzer ist als das andere, funktioniert dieser Test – unter Berücksichtigung der schon vorhandenen Abweichung.

Zugegeben, diese Übungen sind toll, und man kann mit ihnen auch sein eigenes Bauchgefühl oder die eigene Intuition sehr gut trainieren. Und oft wird Ihnen das Ergebnis einer solchen Übung auch nichts wirklich Neues mitteilen, und Sie erhalten *nur* die Bestätigung dessen, was Sie eigentlich ohnehin schon vermuteten und vielleicht bloß nicht wahrhaben wollten. Versuchen Sie trotzdem, die Anwendung solcher Übungen auf ein Minimum an wirklich wichtigen und relevanten Anliegen zu reduzieren, und lassen Sie nicht zu, dass alle Entscheidungen Ihres Lebens irgendwann der Abhängigkeit solcher Übungen obliegen.

Erste Schritte als Aufstellungsleiterin machte ich dann in meinen spirituellen Workshops. Diese hatte ich ursprünglich ins Leben gerufen, um eben all diese *Handwerkszeuge,* die ich von den vielen Seminaren und Fortbildungen mitbrachte und die ich nicht in meine Arbeit als Reinkarnationstherapeutin integrieren konnte, dennoch anzuwenden und auszuprobieren. Zuerst veranstaltete ich diese Workshops nur bei mir zu Hause und somit nur für Anwohner des Niederrheins, denn jeder Workshop bestand (oder besser gesagt *besteht immer noch*) aus sechs Treffen verteilt über sechs Monate, sodass die einzelnen Teilnehmer auch immer ausreichend Zeit haben, das Erlebte zu verarbeiten. Die Treffen finden an einem Wochentag in der Zeit zwischen 19.00 und ca. 23.00 Uhr statt. Deshalb eignen sich diese Workshops auch nur für Teilnehmer, die nicht allzu weit entfernt wohnen. Mit der Zeit erhielt ich jedoch immer mehr Anfragen von Menschen, die das Konzept dieser Workshops auf meiner Homepage gelesen und die ebenfalls daran Interesse hatten, aber zu weit weg wohnten. Dadurch kam mir die Idee, diese Workshops so zu konzipieren, dass ich sie auch als Wochenendworkshops anbieten könnte. Seit 2010 finden diese spirituellen Workshops deshalb regelmäßig mehrmals jährlich als Wochenendveranstaltung von Freitag bis Sonntag hier am Niederrhein in einem kleinen Hotel statt, in dem ich auch meine Seminare in Familienstellen abhalte. Hin und wieder geschieht es auch, dass ich diese Workshops woanders gebe, wenn jemand mich dazu einlädt und sich genügend Teilnehmer zusammenfinden. Die Teilnehmerzahl bei diesen Workshops ist jedoch immer auf 10 bis maximal 12 Personen begrenzt, sodass ich eine persönliche und individuelle Betreuung aller Teilnehmer gewährleisten kann. Was ich nämlich nicht möchte, ist, dass jemand nach einem solchen Workshop mit dem sprichwörtlichen Kopf unter dem Arm nach Hause geht!

Jeder neue spirituelle Workshop ist aber auch immer wieder ein neues Experiment und eine neue Möglichkeit für mich, in einem kleinen Rahmen Neues auszuprobieren. Dabei ist es auch immer ein Abwägen zwischen Verantwortungsbewusstsein und Risikobereitschaft. Ich fälle schnell Entscheidungen und muss nicht lange überlegen, um zu wissen, was ich will oder was mir guttut! Abgesehen davon, gehört *Warten* nicht zu meinen Tugenden. Deshalb war für mich sehr schnell klar: *Wenn* ich das Familienstellen in meine Arbeit als Therapeutin integrieren wollte, müsste ich möglichst bald herausfinden, ob ich dafür überhaupt geeignet war und ob ich so ein Seminar überhaupt organisatorisch auf die Beine stellen konnte. Aber auf der anderen Seite war mir auch durchaus bewusst, dass ich selbst vielleicht noch nicht über das Wissen (und Können) verfügte, um eine Aufstellung auch gewissenhaft und gut zu leiten. Denn was ich auf keinen Fall wollte, war, dass es meinen Klienten nach ihrer Aufstellung bei mir schlechter ginge als vor ihrer Aufstellung. Genau an diesem Punkt waren mir aber dann meine spirituellen Workshops wieder sehr hilfreich, in denen ich die Möglichkeit hatte, praktisch zu üben und mit den Teilnehmern kleinere Aufstellungen, ich nenne sie immer »Mini-Aufstellungen« zu machen.

Schon bei diesen Mini-Aufstellungen, wobei es (zumindest rein theoretisch) um »kleinere« Anliegen der Teilnehmer ging, spürte ich sofort etwas wie eine nicht sichtbare Präsenz, die mich leitete. Manchmal ist dieses Gefühl, bei meiner Arbeit als Aufstellungsleiterin von etwas gesteuert zu werden, so stark, dass ich tatsächlich das Gefühl habe, als halte jemand von oben seinen Zeigefinger auf meinen Kopf und lenke mich dadurch – und sei es auch nur der Weg hin zur schon mehrmals erwähnten Meta-Ebene.

Doch bevor es soweit war und wir die erste Mini-Aufstellung in einem laufenden Workshop machten, überlegte ich, wie ich diese Kraft, die beim Familienstellen wirkte, *spielerisch* allen Workshopteilnehmer vermitteln konnte, denn natürlich hatte nicht jeder Erfahrung mit der Aufstellungsarbeit. Die letzten Puzzleteilchen dafür fand ich im Buch von Olaf Jacobsen »Ich stehe nicht mehr zur Verfügung«. Weil ich mich aber eher mit Politikern als mit Stars und Sternchen auskenne und zudem damals gerade die Präsidentschaftswahlen in den USA abgelaufen waren, entschied ich mich für folgende Übung: Ich schrieb die Namen »George W. Bush Junior« und »Barack Obama« auf kleine blaue Zettel und faltete diese zusammen. Dann schrieb ich die Namen »Michelle Obama« und »Hillary Clinton« auf zwei rosafarbene Zettel und faltete diese ebenfalls zusammen. So wusste ich anschließend auch nur noch, dass die blauen Zettel die Männer und die rosafarbenen Zettel die Frauen symbolisierten.

Dann verteilte ich die beiden blauen Zettel beim nächsten Workshoptreffen an zwei männliche Teilnehmer, die Lust hatten, sich für dieses Experiment zur Verfügung zu stellen, und die beiden rosafarbenen Zettel an zwei weibliche Teilnehmerinnen. Alle vier Personen steckten sich die Zettel in ihre Hosentaschen, und ich stellte sie alle nebeneinander in der Mitte des Raumes auf. Die anderen Teilnehmer warteten gespannt ab. Mit dieser Übung wollte ich allen Teilnehmern diese Kraft, die auch beim Familienstellen wirkt, näherbringen und auf einfache Art und Weise verständlich machen.

Erst im Anschluss an die Übung erzählte ich den Teilnehmern etwas über die Erzeugung eines morphogenetischen Feldes und was beispielsweise Rupert Sheldrake darüber in seinen Büchern schreibt. Während der Übung ermunterte ich die vier aufgestellten Personen lediglich, sich darauf zu konzentrieren, ob der Zettel in ihrer Hosentasche etwas in ihnen bewirkte bzw. ob er etwas veränderte. Ich sagte ihnen, dies könnten Gefühle sein, die sie, bevor sie den Zettel an sich genommen hatten, nicht verspürten, oder vielleicht auch Bilder, die sich in ihren Gedanken abspielten, oder körperliche Symptome. Dann bat ich sie, all das, was sie nun erleben und erspüren würden, zum Ausdruck zu bringen, aber möglichst erst einmal ohne Worte. Vor allen Dingen sollten sie dabei möglichen aufkommenden Bewegungsimpulsen nachgeben.

Als Erstes entfernte sich daraufhin sofort einer der aufgestellten Männer aus der Gruppe und sonderte sich ab. Er wirkte nervös und ließ die anderen drei Stellvertreter nicht aus den Augen. Dann fing eine der beiden Frauen an, zwischen den beiden Männern hin und her zu laufen, woraufhin derjenige, der sich abgesondert hatte, dieser Frau immer auswich, allerdings ohne dabei einer der beiden anderen Personen zu nahe zu kommen oder diese aus den Augen zu lassen.

Die zweite Frau bewegte sich erst nach einer Weile, sehr langsam und mit Bedacht, so als suche sie noch ihren Platz. Schließlich fand sie ihn an der linken Seite des anderen Mannes, der sich als Einziger bislang noch gar nicht bewegt hatte. Er hatte lediglich die Beine etwas gespreizt, so als wäre er um zusätzliche Standfestigkeit bemüht. Ab und zu stütze er auch die Hände in die Hüften und warf der Frau an seiner Seite einen Blick zu. Dabei nickte er ihr jedes Mal wie zustimmend zu.

Circa acht bis zehn Minuten später und nachdem sich nichts Wesentliches mehr an den Gebärden der aufgestellten Personen änderte, befragte ich alle der Reihe nach zu ihren Wahrnehmungen. Ich begann mit dem Mann, der sich abgesondert hatte. Er hatte ja keine Ahnung, was auf seinem Zettel stand oder für was oder wen er aufgestellt worden war. Er sagte dann, dass ihm die anderen drei Personen plötzlich nicht mehr geheuer wären und er sie auf keinen Fall unbeobachtet in seinem Rücken haben wolle. Dann musste er selbst über seine Äußerung lachen, da es für diese Empfindungen keinen logischen Grund gab – außer vielleicht dem Zettel in seiner Hosentasche.

Als Nächstes befragte ich die Frau, die immer noch hin und her gerissen zwischen den beiden Männern auf und ab lief. Sie war sehr aufgebracht und wies mit drohendem Finger auf den Mann, der sich absonderte. »Ich hab ja keine Ahnung, was du ausgefressen hast«, rief sie dann, »aber du führst nichts Gutes im Schilde, und ich hege eine tiefe Abneigung gegen dich.«

Wohlgemerkt mögen sich die Teilnehmer meiner spirituellen Workshops in der Regel. Mit der Zeit wächst so eine Gruppe auch immer zusammen, und nicht selten entstehen Freundschaften. Auch diese beiden Teilnehmer mochten sich normalerweise, zumal sie auch privat befreundet waren und zusammen an diesem Workshop teilnahmen. Aber die Gefühle, die aus so einer Stellvertreterrolle resultieren, können oft sehr heftig sein. Im Anschluss an diese Übung und nachdem ich alle Stellvertreter aus ihren Rolle entlassen hatte, war die Animosität gegen diesen Mann jedenfalls gleich wieder verschwunden.

Es gibt übrigens verschiedene Möglichkeiten, Stellvertreter wieder aus ihren Rollen zu entlassen. In einer Fallstudie werde ich noch davon berichten, wie heftig die Wahrnehmungen in einer Rolle für den Stellvertreter sein können und dass es auch schon einmal vorkommen kann, dass ein Stellvertreter seine Rolle nicht loslassen kann – oder die Rolle ihn nicht loslässt.

Wichtig ist, dass ich mich als Aufstellungsleiter nicht in das Verhalten der Stellvertreter einmische, es bewerte oder Partei ergreife. So hörte ich mir die Äußerungen dieser Frau auch kommentarlos an und befragte danach die zweite Frau, die immer noch still neben dem zweiten Mann stand. Diese zuckte lediglich die Schultern und meinte ganz ruhig und gelassen, sie habe halt das Gefühl, dies sei ihr Platz. Die Zwistigkeiten der beiden Personen hinter ihr nähme sie zwar zur Kenntnis und es würde sie auch ein wenig beunruhigen, aber das sei irgendwie gar nicht mehr wichtig.

Zuletzt befragte ich den Mann, der sich die ganze Zeit über noch nicht von der Stelle gerührt und jetzt aber die Ärmel seines Hemdes nach oben geschoben hatte und die Hände in die Hüften gestützt hielt. Er blickte immer noch wohlwollend zu der Frau an seiner Seite. Als ich ihn fragte, warum er das tat, musst er lachen und meinte, es sei verrückt, aber er spüre eine wahnsinnige Kraft und Energie, die von der Frau an seiner Seite unterstützt würde – auch wenn er gleichzeitig das Gefühl habe, als warte jede Menge Arbeit auf ihn. Trotzdem war er zuversichtlich und redete von Tatendrang. Dann warf er wieder einen Blick auf die Frau an seiner Seite und fügte hinzu: »Ich glaube, gemeinsam können wir alles erreichen.« Irgendwie schwang darin der Slogan von Obamas Wahlkampagne mit: »Yes, we can!« Und so war ich mir sicher, dass dieser Stellvertreter den Zettel gezogen hatte, auf dem »Barack Obama« stand und daraus folgerte ich, dass die Frau an seiner Seite wohl »Michelle Obama« sein musste.

Doch bevor ich die Stellvertreter bat, ihre Zettel hervorzuholen, um nachzusehen, was darauf stand, kümmerte ich mich noch um eine der verbliebenen Teilnehmerinnen. Die verbliebenen Teilnehmer des Workshops hatten während der Übung auf dem Sofa oder auf ihren Stühlen sitzend zugesehen, bis eine von ihnen plötzlich anfing zu weinen. Sie wies auf den Stellvertreter, der sich abgesondert hatte, und meinte, was immer er repräsentiere, es sei etwas Schlechtes und er sei etwas oder jemand, der viel Leid über viele tausend Menschen gebracht habe. Der betreffende Stellvertreter sah das anders und erwiderte daraufhin, er sei sich keiner Schuld bewusst. Im Gegenteil, die Ablehnung, die ihm entgegenschlug, konnte er gar nicht verstehen.

Solche Wahrnehmungen am Rande einer Aufstellung unter den verbleibenden Beobachtern sind nicht selten und geschehen auch regelmäßig bei großen Aufstellungen. Ich habe mir angewöhnt, solchen *Randwahrnehmungen* immer Beachtung zu schenken. Manchmal gehören sie tatsächlich nicht in die Aufstellung, oder sie haben bei den Betroffenen lediglich etwas Eigenes angerührt. Meistens jedoch sind sie für die Aufstellung von Relevanz, sodass ich die betreffende Person dann auch in die Aufstellung hineinbitte und auffordere, sich ihren Platz zu suchen. In diesem Fall war dies allerdings nicht notwendig, weil es sich nicht um eine Aufstellung im herkömmlichen Sinne handelte, sondern lediglich um eine Übung oder Demonstration.

Deshalb bat ich alle vier Stellvertreter nun auch darum, auf ihren Zetteln nachzusehen, und erlebte selbst eine Überraschung: Der Mann mit den hochgezogenen Hemdsärmeln und den Händen in den Hüften war tatsächlich der Stellvertreter von Barack Obama. Doch die Frau an seiner Seite entpuppte sich als die Stellvertreterin von Hillary Clinton. Einige Wochen später las ich in einer amerikanischen Zeitung, dass Michelle Obama tatsächlich dazu neigte, schwere Vorwürfe und teilweise unsachliche Kritik gegen den ehemaligen Präsident Bush zu erheben, wohingegen die ehemaligen Wahlkampf-Rivalen Barack Obama und Hillary Clinton ja tatsächlich einen Weg gefunden haben, gemeinsam und effektiv an einem Strang zu ziehen.

Verblüffend war aber auch, dass der Mann, der in der Rolle des Barack Obama gestanden hatte, unter dem Burn-out-Syndrom litt und ihm die Rolle dieses vor Elan strotzenden, neuen amerikanischen Präsidenten ein Gefühl von Kraft und Energie gab, das er selbst schon seit vielen Jahren nicht mehr verspürt hatte. Durch diese Rolle hatte er zum ersten Mal seit langer Zeit wieder gefühlt, wie es war, voller Kraft und Tatendrang zu sein. Und dieses Gefühl hat er sich anscheinend bewahren können, denn kurze Zeit später zogen er und seine Freundin um und er begann, die neue Wohnung komplett selbst zu renovieren. Außerdem fing er nach dieser Übung an, konkrete Pläne für eine neue berufliche Zukunft zu schmieden, die er, soweit ich weiß, zumindest teilweise schon umgesetzt hat.

Nach dieser Übung hatte jedenfalls jeder der Anwesenden eine Vorstellung davon, was man mit der Kraft eines morphogenetischen Feldes so alles anstellen konnte und auch wie das mit den Rollen als Stellvertreter funktioniert!

Solch ein spiritueller Workshop besteht natürlich nicht nur aus spielerischen Übungen mit morphogenetischen Feldern. Vielmehr geht es darum, dass die Teilnehmer etwas über sich selbst (und ihre Seele) herausfinden. Aber es geht auch darum, die eigenen Wahrnehmungen zu trainieren, diese richtig zu interpretieren, ehrlich zu sich selbst zu sein, achtsam und wachsam zu sein und sich selbst und seine Umwelt bewusster zu erleben – um dadurch sensibler auf Veränderungen zu reagieren und den eigenen Zielen schneller und besser näherzukommen.

Übung 9 – Achtsamkeit und Selbstwahrnehmung

Je nachdem wie sensibel Sie sind oder auch abhängig davon, wie durchlässig Ihre Aura ist, empfangen Sie mehr oder weniger viele Gefühle oder Stimmungen, die eigentlich gar nicht Ihre eigenen sind.

Angenommen Sie werden morgens wach, haben gut geschlafen, die Sonne scheint und Sie wissen, dass Sie den Tag frei haben. Sie fühlen sich ausgeruht und gut gelaunt. Dann gehen Sie jedoch in die Küche, und urplötzlich schlägt Ihre Stimmung ins Negative um, obwohl sich eigentlich nichts geändert hat. Allerdings sitzt Ihr Partner schlecht gelaunt am Küchentisch, schon angezogen und bereit, das Haus zu verlassen, weil er nämlich arbeiten muss, obwohl er erkältet ist und deshalb auch schlecht geschlafen hat! Somit könnte es sein, dass das, was Sie nun wahrnehmen, gar nicht mehr Ihre Gefühle und Ihre Stimmung widerspiegelt, sondern die Ihres Partners.

Wenn Sie Ihre Stimmungsänderung nun bewusst registrieren und nicht bloß unterschwellig wahrnehmen und dann einen Moment auf die veränderte Gefühlslage eingehen, können Sie dadurch überprüfen, ob die negative Stimmung wirklich zu Ihnen gehört. Verlassen Sie einfach wieder den Raum, und schauen Sie, ob Ihre Stimmung dadurch wieder steigt. Wenn dem so ist, treten Sie ganz bewusst einen Schritt aus der negativen Energie heraus, die Ihr Partner gerade verströmt. Dafür müssen Sie aber zuerst zurück in die Küche, wo Sie die negative Energie auch wieder voll spüren können. Dort machen Sie dann ganz bewusst einen Schritt zur Seite. Dabei heben Sie ganz gezielt die Beine an, so als würden Sie aus der Badewanne steigen und stellen sich dabei vor, aus der negativen Energie oder der schlechten Laune Ihres Partners herauszutreten! Möglich dass Ihr Partner Ihnen bei dieser Aktion etwas irritiert zusieht, aber was macht das schon – sein Tag ist eh im Eimer. Falls dies allein jedoch nicht reicht, um Ihre eigene gute Laune völlig zurückzuerlangen, stellen Sie sich einfach vor, wie Sie selbst von positiver Energie umgeben werden, die Sie von den negativen Gefühlen anderer abgrenzt, sodass Sie zwischen Ihren eigenen Gefühlen und denen anderer Personen bewusster unterscheiden können. Dies kann gerade bei Menschen, die täglich mit der Bahn zur Arbeit fahren, in Großraumbüros arbeiten oder viel mit Publikum zu tun haben, sehr effektiv sein. Durch die Vorstellung, von positiver Energie umgeben zu sein, kann man eher bei sich selbst bleiben – auch wenn man selbst einmal schlecht drauf ist –, damit die negativen Energien der anderen die eigene Stimmung nicht noch zusätzlich belasten.

Dies ist jedoch eine Übung, die etwas mehr Training hinsichtlich der Überprüfung des eigenen Befindens verlangt. Sie müssen hierfür lernen, achtsam mit sich selbst zu werden. Ganz gut geht dies tatsächlich, wenn man gleich morgens beim Aufstehen erst einmal sein eigenes körperliches und geistiges Befinden überprüft und dann im Laufe des Tages hin und wieder schaut, ob sich daran etwas geändert hat und wenn ja was. Denn oft ist es auch so, dass wir so vielen unterschiedlichen Gefühlen von unterschiedlichen Menschen ausgesetzt sind, dass wir schon glauben, es sei unsere eigene Stimmung, die ständig auf und ab geht. Wenn ich achtsam mit mir selbst bin, ist es viel einfacher, wirklich bei mir selbst und in meiner Stimmung zu bleiben. Gerade Menschen mit einer emotional instabilen Persönlichkeit neigen dazu, eher die Stimmungen anderer aufzufangen und widerzuspiegeln. Auch eine Aurastärkung in Form einer Meditation, wie sie z.B. am Ende meines Buches »Erzählende Seelen« beschrieben wird, kann sehr gut dazu beitragen, sich von diesen Fremdwahrnehmungen abzugrenzen. Ich schreibe hier auch ganz bewusst von Abgrenzung und nicht von Schutz. Abgrenzung ermöglicht es Ihnen, die Stimmungen anderer Personen immer noch wahrzunehmen, sie jedoch als das zu interpretieren, was sie sind. Schutz hingegen würde Sie dermaßen absondern, dass Sie die Stimmungen der anderen Personen womöglich gar nicht mehr registrieren – und dies wäre fatal, gerade in Bezug auf die eigene Familie oder Freunde.

Wenn ich in dieser Übung dann schon erfahren und erprobt bin, bin ich auch in der Lage, mich ganz frei zu machen und mich dadurch ganz ohne Absicht und Schubladendenken in die Rolle (Situation) einer anderen Person hineinzuversetzen. Nehmen wir hierzu einmal das Beispiel eines Arbeitskollegen, bei dem man irgendwie das Gefühl hat, man weiß bei ihm nicht, woran man ist, oder man kommt an ihn nicht heran. All das erschwert die Zusammenarbeit. Wenn es mir gelingt, mich ganz ohne Absicht, Meinung oder Vorurteil in diesen Kollegen hineinzuversetzen, erhalte ich Erklärungen für sein Verhalten. Dieses Wissen hilft mir unter Umständen, in Zukunft besser mit diesem Kollegen umzugehen und zusammenzuarbeiten. Damit dies aber auch funktioniert und ich keine verfälschten Wahrnehmungen, geprägt durch die Meinung, die ich mir eigentlich schon über diesen Kollegen zusammengezimmert habe, erhalte, ist es enorm wichtig, dass ich mich vorher wirklich frei mache. Anders ausgedrückt: Man muss lernen, sich auf die besagte Meta-Ebene zu begeben.

Ich habe gerade noch einmal die letzten Seiten gelesen. Das tue ich immer, bevor ich weiterschreibe, nachdem ich z.B. am Tage zuvor mein Schreibpensum beendet habe. Ich brauche das, um den von mir so heiß geliebten, roten Faden wieder aufzunehmen. Doch während ich nun heute die letzten Seiten las, ist mir etwas aufgefallen. Eigentlich habe ich Ihnen hier gerade etwas sehr Wichtiges mitgeteilt – und das auf nur wenigen Seiten –: wie man schnell und zuverlässig die richtigen Entscheidungen trifft, die einem das Leben erleichtern und helfen, den richtigen Weg zu wählen. Und woran es liegt, wenn es trotz der richtigen Anleitung nicht gelingt. Das Thema »Ratgeber Lebenshilfe« füllt Tausende von Büchern. Der Punkt ist, Sie dürfen sich dabei nicht selbst belügen! Natürlich können Sie einen Zetteltest auch so lange wiederholen, bis Ihre Gefühle so verwirrt sind, dass Sie das Ergebnis erhalten, das Ihr Ego, Ihre Logik oder Ihr Wunschdenken als richtig erachtet. Oder Sie begeben sich in die Gefühlswelt des besagten Arbeitskollegen, ohne die Schubladen, in denen Sie Ihre Meinung über diesen Kollegen aufbewahren, vorher zu verschließen. Dann werden Sie immer nur das zu spüren bekommen, was Sie selbst zu erwarten wünschen, und das muss, wie gesagt, nicht immer das Beste, das Richtige oder die Wahrheit sein.

Zugegeben, unter diesen Gesichtspunkten gehört auch eine Menge Mut dazu, auf diesem Wege erst einmal sich selbst zu begegnen ...

Mini-Aufstellungen

... aber eigentlich gibt es die nicht.

Als Nächstes versuchte ich mich an den »Mini-Aufstellungen« und erklärte den Teilnehmern des »Obama-Workshops«, dass sie für das nächste Treffen in einem Monat kleine *Anliegen* mitbringen sollten: Dinge aus dem Alltag, die zwar keine große Belastung darstellen, deren Auflösung oder Behebung aber trotzdem eine, wenn auch nur leichte Verbesserung ihrer Lebensqualität zur Folge haben würde.

Jeder der Teilnehmer war informiert, dass ich darüber nachdachte, das Familienstellen in meine Arbeit als Psychotherapeutin zu integrieren, und im Sommer des Jahres 2009 ein erstes eigenes Seminar in Sachen Familienstellen plante. Jeder Teilnehmer wusste auch, dass er mit seinem »Mini-Anliegen« für eine »Mini-Aufstellung« als Versuchskaninchen für dieses erste große Seminar fungierte. Nichtsdestotrotz waren die »Mini-Anliegen« beim nächsten Treffen schon ziemlich megamäßig.

FALLSTUDIE III

Eine der Teilnehmerinnen hatte einen Teilzeitjob als Altenpflegerin. Sie erzählte, dass sie, obwohl als Teilzeitkraft angenommen, meist Vollzeit arbeite, weil ihre Station hoffnungslos unterbesetzt sei. Aus Angst davor, ihren Job zu verlieren, der keine Festanstellung war, traute sie sich aber nicht, sich über die vielen Überstunden, die zudem schlecht vergütet wurden, zu beschweren. Sie meinte, dass sie eigentlich großes Glück gehabt hätte, überhaupt noch einmal einen Job in ihrem alten Beruf gefunden zu haben. Sie hatte erst nach ihrer Scheidung wieder angefangen zu arbeiten, weil sie aber schon über 50 Jahre alt war, wollte ihr anscheinend niemand mehr eine Festanstellung geben. Und sie brauchte den Job auch, um finanziell über die Runden zu kommen.

Oft war es so, dass sie an ihrem freien Tag von der vorgesetzten Stationsleiterin angerufen wurde und gesagt bekam, sie müsse binnen einer Stunde auf der Arbeit sein. Dies hing damit zusammen, dass ihre Station nicht nur unterbesetzt war, sondern meist auch ein hoher Ausfall durch Krankheit zu beklagen hatte. Der Frau war dabei durchaus bewusst, dass die Stationsleiterin immer zuerst zu ihr kam, wenn wieder einmal Not am Manne war, weil sie als Einzige leicht zu kündigen war. Die Stationsleiterin machte sich also ganz gezielt die finanzielle Abhängigkeit und die schlechte arbeitsvertragliche Regelung dieser Mitarbeiterin zunutze.

Die Frau erklärte mir auch, dass sie den Job, obwohl er nicht einfach sei, eigentlich sehr gern ausübte. Sie sei auch gern bereit, einmal für einen kranken Kollegen einzuspringen – vorausgesetzt, dass es nicht immer sie war, die zuerst dazu aufgefordert wurde. Also stellten wir ein paar ihrer Kollegen, die Stationsleiterin und natürlich meine Klientin selbst auf. Unter den Kollegen gab es nur einen als mangelhaft zu bezeichnenden Zusammenhalt oder besser ausgedrückt: Jeder war sich selbst der Nächste. Anscheinend war allen Kollegen auch durchaus bewusst, dass meine Klientin als schwächstes Glied der Kette immer zuerst eingespannt wurde.

Dann simulierten wir einen Arbeitsausfall unter den Kollegen, woraufhin alle anderen Kollegen gleich Abstand zu meiner Klientin nahmen und die Stationsleiterin sich sofort hilfesuchend an sie wandte. Daraufhin tauschte ich die Stellvertreterin meiner Klientin durch die echte Klientin aus und ließ diese zu der

Stellvertreterin ihrer Stationsleiterin folgenden Satz sagen: »Für den Weg des geringsten Widerstandes stehe ich nicht mehr zur Verfügung.«
Dasselbe ließ ich sie anschließend auch noch zu ihren Arbeitskollegen sagen. Weil ich hier mit der Klientin selbst und nicht mit ihrer Stellvertreterin arbeitete, wirkte es überzeugender, und es hatte gefühlsmäßig viel mehr Kraft.

Dann passierte Folgendes: Plötzlich kamen die aufgestellten Arbeitskollegen meiner Klientin auf sie zu und reihten sie in ihre Mitte ein. Zusammen bildeten sie nun eine Linie, worauf die Stationsleiterin zur allgemeinen Verwunderung mit Hilflosigkeit und Verzweiflung reagierte. Also erfragte ich noch ein wenig mehr über die organisatorische Strukturierung dieses Altersheimes und erfuhr, dass es verschiedene Stationen mit je einer eigenen Leiterin gab. Meine Klientin erzählte daraufhin auch, dass es auf keiner Station so viele Missstände gäbe wie auf ihrer. Ich bat sie um ein Beispiel, und sie antwortete, dass vor Kurzem alle anderen Stationen außer ihrer Station neue Servicewagen und andere Gerätschaften bekommen hätten. Auf ihrer Station sei es sogar so schlimm, dass man selbst bei der wöchentlichen Zuteilung von Gebrauchsgegenständen wie Handschuhen, Desinfektionsmittel oder Sonstigem benachteiligt würde und eigentlich immer von allem zu wenig erhielt.

Hierfür war die Stationsleiterin zuständig, und deshalb wählte ich nun einen Stellvertreter für ihren Vorgesetzten aus und stellte ihr diesen gegenüber. Um die Sache ein wenig abzukürzen: Auch die Stationsleiterin war das schwächste Glied in einer Kette aus verschiedenen Stationsleitern, und ich ließ nun auch sie zu ihrem Chef sagen, dass sie für den Weg des geringsten Widerstandes nicht mehr zur Verfügung stehe.

Schon beim nächsten Treffen berichtete die Klientin, dass sich auf ihrer Station einiges getan hätte. So hatte man z.B. ganz überraschend zwei neue Kollegen eingestellt, und beim letzten Ausfall war auch nicht sie, sondern einer dieser neuen Kollegen eingesprungen. Wiederum ein paar Monate später, als die Frau an meinem ersten Seminar in Familienstellen teilnahm, erzählte sie mir, dass auch ihre Abteilung nun neue Geräte bekommen hätte. Die Zuteilung der täglichen Gebrauchsgegenstände sei zwar immer noch unzureichend, dies hätte sich nun aber auch auf den anderen Stationen verschlechtert, und man sei dazu übergegangen, Dinge untereinander zu tauschen.

Im Nachhinein muss ich wohl sagen, dass dies eigentlich keine »Mini-Aufstellung« mehr gewesen war, sondern eine ausgewachsene Organisationsaufstellung. Und den Spruch: »*Eine Organisationsaufstellung ohne das ausdrückliche Einverständnis des Chefs (Firmeninhabers oder Geschäftsführers) ist keine Aufstellung, sondern eine Revolte*«, kannte ich damals noch nicht. Na ja, aber so habe ich angefangen.

Eine der Teilnehmerinnen dieses Workshops war jedoch sehr skeptisch, was die Wahrnehmungen der Stellvertreter anbelangte, und glaubte nicht so recht daran, dass die aufgestellten Personen nicht bloß einem Verhaltensmuster gefolgt waren, das aus dem resultierte, was sie zuvor von der Aufstellerin erfahren hatten. So hatte die Frau aus dem Fallbeispiel ja zuvor selbst erzählt, dass sie unter den Kollegen das schwächste Glied der Kette sei. Wer sagte also, dass die Personen, die anschließend als ebendiese Kollegen aufgestellt wurden, nicht schon voreingenommen waren und bloß einer Erwartungshaltung folgten, als sie sich von der Stellvertreterin der Aufstellerin abwandten?

Zugegeben, dies ist eine berechtigte Frage. Und weil ich sie immer noch nicht beantworten kann, bin ich bei meinen Seminaren in Familienstellen mittlerweile dazu übergegangen, den teilnehmenden Beobachtern, also den Menschen, die sich für die Aufstellungen dann als Stellvertreter zur Verfügung stellen, nichts mehr über das Anliegen oder den familiären Hintergrund des Aufstellers mitzuteilen. Und deshalb führe ich nun auch alle Gespräche bezüglich des Anliegens mit den Aufstellern unter vier Augen. Umso glaubwürdiger und kraftvoller ist es dann in der Aufstellung, wenn beispielsweise der Stellvertreter des Vaters sich ebenfalls tatsächlich von der aufgestellten Familie abwendet, wenn dies in Wirklichkeit auch so der Fall ist. Oder wenn der Stellvertreter einer Person, die im realen Leben beispielsweise unter Stimmungsschwankungen leidet, dies dann ebenfalls spürt und so wiedergibt.

Zum nächsten Treffen brachte diese skeptische Teilnehmerin dann selbst ein kleines Anliegen mit, mit dem sie die Wahrnehmungen der Stellvertreter auch zugleich auf ihre Genauigkeit testen wollte. *(Skeptisch ist hier auch definitiv nicht negativ besetzt gemeint. Ganz im Gegenteil! Ich freue mich immer darüber, wenn die Teilnehmer meiner Seminare kritisch sind und mitdenken, statt alles, was ich sage, gleich für bare Münze zu nehmen.)*

FALLSTUDIE IV

Diese Teilnehmerin wollte gern ihre Beziehung aufstellen, über die niemand der anderen etwas Näheres wusste. Wir wussten, sie war verheiratet, aber nicht, ob sie glücklich oder unglücklich dabei war. Also wählte sie eine Stellvertreterin für sich selbst und einen Stellvertreter für ihren Mann. Einer der Teilnehmer bei diesem spirituellen Workshop war mein Lebensgefährte Theo, den diese Frau als Stellvertreter für ihren Mann auswählte.

Was die beiden Stellvertreter dann zum Ausdruck brachten, entsprach voll und ganz der Ist-Situation dieser Beziehung und das, obwohl keiner der beiden etwas über den realen Zustand dieser Partnerschaft wusste. Doch damit gab sich die Frau noch nicht zufrieden und bat mich, dem Stellvertreter ihres Mannes ein paar Fragen stellen zu dürfen. Ich war einverstanden. Sie wollte wissen, wie sich der Stellvertreter ihres Mannes körperlich fühle. Nach einer Weile meinte Theo daraufhin, dass er einen Druck im Bauch habe, kein wirklicher Schmerz, eher ein unangenehmes Gefühl. Daraufhin fragte die Frau, ob Theo die Stelle im Bauch, wo er diesen Druck verspüre, genau benennen könne, und Theo wies auf eine Stelle links unterhalb seiner Rippen. Dann sah er mich an und meinte, er würde noch etwas spüren, wüsste aber nicht, ob er es auch sagen solle. Die Frau wollte es jedoch hören, und so sagte Theo, er habe das Gefühl, als säße dort eine richtig große Geschwulst. Dabei wählte er bewusst nicht den Ausdruck Tumor, um der ganzen Angelegenheit nicht zusätzliche Kraft zu verleihen. Umgangssprachlich wird der Begriff Geschwulst eher für etwas Gutartiges benutzt, während ein Tumor, obwohl es auch gutartige Tumore gibt, meistens automatisch mit Krebs in Verbindung gebracht wird, und dies wollte Theo nicht unterstellen. Doch die

Frau erzählte uns daraufhin, dass ihr Mann genau an der von Theo bezeichneten Stelle tatsächlich eine Schwellung habe, die sogar durch die Haut hin sichtbar sei und nach außen drücke. Aber ihr Mann weigere sich, deshalb zum Arzt zu gehen und meinte, solange er keine Schmerzen habe, sei nichts los!

Bert Hellinger benutzt z.B. nie oder ungern die genaue Definition einer bestimmten Krankheit, sondern redet eher von Diagnosen, die sich ja ändern können, und Symptomen, weil diese unspezifischer sind. In dem Moment, in dem man den Namen einer bestimmten Krankheit ausspricht, bekommt diese zusätzliche Kraft, oder man öffnet ihr dadurch erst eine Tür in das, was wir als Realität bezeichnen. Eine Diagnose indes ist noch kein so handfester Beweis, sie kann auch falsch sein oder sich, wie gesagt, auch wieder ändern. Aber bitte vergessen Sie an dieser Stelle eines nicht: In diesem Falle ist das Beispiel zwar wieder negativ besetzt, wenn ich schreibe, dass man der Krankheit Kraft verleiht, indem man sie benennt. Ähnlich wie im Beispiel der Moderatorin, die ein bestimmtes Wort nicht aussprechen konnte. Aber dies funktioniert natürlich auch wieder im positiven Sinne! Mit Dingen, die wir uns wünschen. Zielen, die wir erreichen wollen. Wenn wir diese Wünsche und Ziele ganz konkret benennen, bekommen sie Kraft und finden so auch viel eher einen Zugang zu unserer Realität. Allerdings müssen Sie den Wunsch oder das damit verbundene Ziel auch loslassen! Komischerweise ist es für die meisten von uns einfacher, sich mit einer todbringenden Diagnose abzufinden, und diese loszulassen und die dadurch erst zur Realität wird, als sich damit »abzufinden« und die Idee »loszulassen«, dass auch unsere Wünsche genauso gut und auf demselben Weg beziehungsweise durch dieselbe Kraft wahr werden können. Vom Prozess her macht es keinen Unterschied – der Unterschied besteht lediglich darin, dass sich das Abfinden mit einer schlimmen Diagnose schrecklich anfühlt im Vergleich zum Abfinden damit, dass man seine Ziele nun erreichen kann und glücklich wird. Dies erklärt vielleicht auch, warum Menschen, die sich mit einer schlimmen Diagnose partout nicht abfinden wollen, wider Erwarten geheilt werden können. Also: Finden Sie sich damit ab, dass Ihre Wünsche wahr werden können!

Eine Sache ist es nun, mittels einer Aufstellung etwas für einen Klienten zu tun, damit es ihm besser geht. Eine ganz andere Sache ist es aber, eine andere Person, auch wenn diese nur durch einen Stellvertreter repräsentiert wird, durch ebendiese Aufstellung so zu beeinflussen, dass sie etwas gegen ihren ausdrücklichen Willen tut! Selbst in einem Fall, in dem es so aussieht, als sei es zum Wohl der betreffenden Person. Wenn sich ein Stellvertreter weigert – nennen wir es einmal *einen Schritt zu machen* –, habe ich dies als Aufstellungsleiter zu akzeptieren und zu respektieren und muss für meinen Klienten einen anderen Weg finden, ihn seinem Ziel zumindest ein Stück näher zu bringen. Ansonsten ist das, was ich mache, keine Aufstellung mehr, sondern Voodoo!

In diesem konkreten Fall äußerte sich Theo in seiner Rolle als Stellvertreter genauso uneinsichtig, etwas in Bezug auf die Geschwulst zu unternehmen wie auch die reale Person, für die er aufgestellt war. Während dieser »Mini-Aufstellung« stellte sich aber auch heraus, dass dieser Mann seine Geschwulst als Druckmittel seiner Frau gegenüber benutzte, die mit dem Gedanken spielte, sich scheiden zu lassen. Er wusste, dass sie viel mehr Skrupel haben würde, ihn zu verlassen, solange die Möglichkeit bestand, dass er ernsthaft krank sein könnte. Ginge er nun zum Arzt und würde erfahren, dass es sich bei der Geschwulst tatsächlich um etwas Gutartiges handelte, so würde seine Frau ihn wohl verlassen. Dass sie andererseits vielleicht nur aus einem schlechten Gewissen heraus bei ihm blieb, schien für ihn zweitrangig. Dieser Mann wollte seine Frau um keinen Preis verlieren, und dafür war er sogar bereit, sein eigenes Leben auf Spiel zu setzen.

Aus dem Test, ob ein Stellvertreter tatsächlich etwas von einer ihm unbekannten Person wahrnehmen kann und wie weitreichend oder exakt diese Wahrnehmungen sein können, war eine richtige Aufstellung geworden. Die Frau jedenfalls begriff nun, dass sie die Beziehung zu ihrem Ehemann klären musste. Wollte sie bei ihm bleiben oder nicht? Diese Frage musste *sie* klären – unabhängig davon, ob ihr Mann krank war. Manchmal ist es so, dass man durch eine Aufstellung *nur* einen Ball ins Rollen bringt (oder ein System in Bewegung), auf dessen Auswirkung man keinen oder kaum noch Einfluss hat. Dies empfinde ich besonders so bei den sogenannten stillen Aufstellungen, dem »stillen Stellen«. Hierbei legt man großen Wert darauf, dass die Stellvertreter sich nur über Bewegungen, Gesten oder Laute mitteilen, aber nicht mit Worten. In einem späteren Kapitel des Buches werde ich auch noch etwas ausführlicher auf diese Technik des Aufstellens eingehen. Und solange man damit, dass man lediglich einen Ball ins Rollen bringt, etwas bewirkt, oder besser ausgedrückt: etwas löst, das dadurch heilen oder Frieden finden kann, ist es wohl in Ordnung. Wichtig ist die gute Absicht dabei.

Und manchmal ist es so, dass die Aufstellung etwas zutage fördert oder bloß etwas bestätigt und den betreffenden Personen die Entscheidung, was sie daraus machen oder wie sie damit umgehen, selbst überlässt. Dies bedeutet, dass man eigentlich durch die Aufstellung selbst nichts gelöst hat und lediglich Lösungsmöglichkeiten sichtbar gemacht wurden. Auch auf diese beiden prägnanten Unterschiede zwischen den verschiedenen Vorgehensweisen, wie man eine Aufstellung leiten kann, werde ich im weiteren Verlauf ausführlich eingehen und darauf, wie sich die Lösungen, die sich durch eine Aufstellung ergeben können, möglicherweise auf die Realität übertragen. Ich kann aber vorher nie sagen, wohin eine Aufstellung führt und was letzten Endes dabei zum Vorschein kommt oder was daraus resultiert. Deshalb arbeite ich auch nicht mit Menschen, die sagen, sie wollen nur aufstellen, um sich das, was vielleicht in ihrem System nicht in Ordnung ist, bloß einmal anzuschauen ...

Entwicklung: damals und heute

... am besten lässt man die Vergangenheit ruhen –
indem man sich ihr (zuerst) stellt!

Nach langer, langer Suche hatte ich *damals* im Jahr 2009 (mir kommt es jetzt schon wie eine Ewigkeit vor) endlich einen Raum gefunden, der a) bezahlbar, b) groß genug, c) ruhig gelegen und d) von der Ausstattung her gepflegt war. Den Tipp hatte mir, wie schon so oft, meine Apothekerin von der St. Vitus Apotheke in Elten gegeben. An dieser Stelle einmal einen herzlichen Dank! Danke auch an Herrn Gottschalk vom Hotel & Seminarhaus »Auf der Heide« und seiner Familie, die es mir immer noch ermöglichen, dort mittlerweile regelmäßig meine Seminare in Familienstellen und auch die spirituellen Wochenendworkshops sowie die Erfolgs- und Energieseminare zu veranstalten!

Ermutigt durch die *mega* »Mini-Aufstellungen« bei den Workshops, die damals noch alle bei mir zu Hause stattfanden, hatte ich mir Folgendes überlegt: Ich wollte ein großes Seminar in Familienstellen abhalten, mit mindestens 25 Personen. Weil es für mich ein Testlauf werden würde, wollte ich die Aufstellungen kostenlos anbieten. Auch die Teilnahme an diesem Seminar als Beobachter, also ohne eigene Aufstellung, sollte kostenlos sein. So wollte ich sichergehen, dass ich auch wirklich genügend Personen finden würde, die bereit wären, sich mitten im Sommer zwei Tage lang in einen geschlossenen Raum zu setzen, zusammen zu arbeiten, zu schwitzen, zu lachen und auch zu weinen!

Einige Interessenten für dieses Seminar bekam ich durch meine Arbeit als Reinkarnationstherapeutin, und natürlich nahmen auch viele Teilnehmer meiner spirituellen Workshops daran teil. Andere Teilnehmer fand ich wieder über eine Kleinanzeige in der Regionalzeitung. Auch damals, als ich als Rückführungsbegleiterin anfing, hatte ich meine ersten Klienten kostenlos in frühere Leben zurückgeführt und die Probanden ebenfalls über eine Kleinanzeige gefunden. Daraus hatte sich ein Schneeballsystem entwickelt, das mir immer noch Klienten bescherte, die eine Rückführung erleben wollten, nun aber dafür bezahlten. Das anfängliche, unentgeltliche Arbeiten hatte sich in vielerlei Hinsicht für mich bezahlt gemacht; abgesehen von sehr viel Praxiserfahrung in äußerst kurzer Zeit hatte ich mir einen Namen gemacht und werde seitdem anscheinend noch immer und gern weiterempfohlen.

Was das Organisatorische und die Philosophie dieses Wochenendseminars anging, hatte ich mir vorgenommen, alles genau so zu machen, wie es die beiden Leiter der Seminare in Familienstellen, die ich regelmäßig als teilnehmende Beobachterin besuche, auch tun. Das hieß, dass alle Teilnehmer in den Pausen, also zwischen den einzelnen Aufstellungen, auch von mir mit Essen und Trinken versorgt würden. Theo hatte dann die Idee, ein Sparschwein aufs Büffet zu stellen, um so zumindest einen Teil der Unkosten decken zu können. Im Gegensatz zu den kostenlosen Rückführungen am Anfang meiner Laufbahn, wobei ich, so gesehen, *nur Zeit* investiert hatte, war die Organisation eines 2-Tage-Seminars natürlich schon mit ziemlichen Unkosten verbunden: die Raummiete und die Verpflegung für 25 Personen.

So viel zur Organisation. Kommen wir zur Philosophie:
Den beiden Leitern und Organisatoren der Seminare, die ich selbst als Beobachterin besuche, ist immer sehr daran gelegen, dass sich alle Teilnehmer ihrer Seminare auch wohlfühlen und Anschluss finden. Gerade weil es bei ihnen auch eine feste Gruppe von Menschen gibt, die, wie ich, mehr oder weniger regelmäßig an ihren Seminaren teilnehmen und die sich natürlich schon untereinander kennen. Zwar waren sich bei meinem ersten

Seminar so gesehen fast alle Teilnehmer fremd, außer denen, die sich aus den Workshops kannten, aber trotzdem achtete auch ich sehr darauf, dass die Gruppe zueinanderfand und sich niemand ausgeschlossen fühlte. So ermunterte ich bei der Vorstellungsrunde am ersten Seminartag auch alle Teilnehmer dazu, Fragen zu stellen. Ganz im Sinne dieser beiden Seminarleiter versuchte ich, möglichst bei mir zu bleiben, nicht zu generalisieren oder zu verallgemeinern, jeden Teilnehmer in seiner Würde zu lassen und ihn so zu nehmen, wie er war.

Allerdings möchten diese beiden Seminarleiter, von denen ich so viel gelernt habe, nicht namentlich erwähnt werden, was ich respektiere. Weil ich aber sehr viel von diesen beiden Seminarleitern gelernt habe – nicht nur in Bezug auf den respektvollen und achtsamen Umgang mit Menschen, kann ich auch nicht umhin, *nicht* über sie zu berichten. Ich hoffe allerdings, dass ich in meinen Erzählungen ihren Beschreibungen gerecht werde.

Es wäre mir allerdings nicht gelungen, ihre Philosophie zu übernehmen oder anzueignen, hätte ich mich nicht damit identifizieren können. Zugegeben, privat bin ich eher ein sehr direkter und ungeduldiger Mensch. Trotzdem oder gerade deshalb bin ich sehr stolz darauf, dass es mir bei meinen Seminaren oder im Umgang mit meinen Klienten im Allgemeinen dennoch sehr gut gelingt, dass jeder sich immer ausgesprochen gut aufgehoben, akzeptiert und wohlfühlt. Weil ich allerdings jemand bin, der sich selbst sehr viel zumutet, schnell Entscheidungen trifft und nichts auf die lange Bank schiebt, muss ich immer aufpassen, dass ich meine Klienten nicht überfordere. Ich denke, hierin besteht mein größtes Defizit, zumindest was meine Klienten anbelangt. Aber vielleicht bekomme ich auch deshalb hauptsächlich Klienten, die ebenso veranlagt sind wie ich.

Zwar empfinde ich die Behauptung, dass man immer nur die Klienten bekommt, die auch zu einem passen, eher als unzutreffend, wenn nicht sogar als dumm. Aber ich rate jeder Person, egal für welche Therapie oder welches Seminar bzw. welchen Workshop bei mir sie sich interessiert, sich zuerst einmal mit meiner Homepage auseinanderzusetzen. Spätestens dann bekommt nämlich jeder ein Gefühl für mich und kann auch viel eher entscheiden, ob ich überhaupt die richtige Therapeutin oder Seminarleiterin für ihn bin!

Ich rede in diesem Zusammenhang immer von aktiver und passiver (Psycho)therapie, und so erkläre ich meine Art der Therapie auch auf meiner Homepage: Aktive Therapie bedeutet: Jemand weiß, dass er Probleme hat und dass er Teil dieser Probleme ist. Er möchte diese Probleme und die damit verbundenen Symptome jedoch beheben bzw. lösen und ist gewillt, selbst etwas dafür tun. Passive Therapie ist für mich, wenn jemand zwar anerkennt, dass er Probleme hat, aber eher dazu tendiert, vor allen Dingen andere dafür verantwortlich zu machen, und dementsprechend auch nicht gewillt ist, an sich selbst zu arbeiten. Er sucht einen Therapeuten, der sich seine Probleme zwar anhört, ihn letztlich aber nicht abholt, sondern dort lässt, wo er sich gerade befindet. Diese Klienten neigen mit der Zeit dazu, sich durch ihre Probleme und die damit einhergehenden Symptomen zu identifizieren. Sie benutzen ihre Probleme oder ihren schlechten Gesundheitszustand als Ausrede und benennen auch nur zu gern ihre vielseitigen Ansammlungen von Symptomen mit Namen von Krankheiten. Zum Therapeuten gehen sie nur, um sich dort die Bestätigung dafür zu holen, dass sie an ihrer Situation nichts verändern können. Darum halte ich auch nichts von Gesprächstherapien im Sinne von Langzeittherapien, die sich ja teilweise über viele Jahre erstrecken. (Ausgenommen sind hiervon allerdings Menschen mit einer angeborenen oder erworbenen (degenerativen) Gemütsbeeinträchtigung oder einem hirnorganischen Psychosyndrom, kurz HOPS genannt.)

Das Erste, was ich mit meinen Klienten mache, wenn sie eine Gesprächstherapie wünschen, ist: Ich vereinbare ein Ziel mit ihnen, etwas, was sie mit ihrer Therapie erreichen wollen: z.B. raus aus dem Loch im Boden kommen. Wieder positiv in die Zukunft blicken wollen. Sich selbst wieder spüren können. Verlustängste überwinden. Selbstbewusster werden und lernen, sich durchzusetzen. An das jeweilige Ziel knüpfen wir allerdings auch einen Zeitplan, den der Klient und ich zwar gemeinsam bestimmen, wobei aber die Wünsche und Möglichkeiten des Klienten deutlich im Vordergrund stehen. Ab und zu überprüfen mein Klient und ich dann diesen Zeitplan, um dadurch genauer zu ermitteln, ob und welche Fortschritte wir machen und wo wir uns innerhalb des Zeitplanes befinden. Allerdings geschieht dies ganz ohne Druck, und es macht überhaupt nichts, wenn wir dem Zeitplan hinterherhinken. Aber wenn dem so ist und wir merken, dass wir dem Zeitplan hinterherlaufen, hilft es, sich damit auseinanderzusetzen und herauszufinden, warum dies so ist – und dadurch kommt man dann manchmal doch wieder ein gutes Stück weiter. Ich rede hier von der Psychodynamik, also der Frage, wie aktiv ein Klient und wie entschlossen oder willens er ist, etwas an seiner Situation zu ändern. Oder auch, wie viel Kraft er hat und wie stabil er ist, ohne sich selbst zu überfordern. Mir ist dabei nur wichtig, dass mit der Zeit auch tatsächlich eine Veränderung im positiven Sinne sichtbar oder spürbar wird. Dies bedeutet für mich: Der Klient bewegt sich, ist aktiv. Wie *schnell* sich ein Klient dabei bewegt, bleibt ihm überlassen, auch wenn wir dem Zeitplan hinterherhinken oder etwas den Klienten wieder zurückwirft. Dann schauen wir, was dies sein könnte und ob wir eine Möglichkeit finden, damit umzugehen. Mit den oben schon erwähnten passiven Klienten arbeite ich jedoch nicht, auch wenn es einige Menschen gibt, die psychisch tatsächlich so *krank* sind, dass eine aktive Form der Psychotherapie für sie gar nicht infrage käme.

Ich arbeite *heute* viel mit Menschen, die zu Stimmungsschwankungen oder Depressionen neigen. Bei alledem ist mir aber auch die körperliche Verfassung enorm wichtig, und oft bestehe ich zu Therapiebeginn deshalb auf eine gezielte körperliche Untersuchung. Diese kann durch einen Heilpraktiker erfolgen oder durch einen Allgemeinmediziner (wobei der betreffende Arzt auch tatsächlich in der Lage oder gewillt sein muss, seinen Patienten ganzheitlich zu betrachten) oder ggf. einen Allergologen.

So hatte ich einmal eine Klientin in Therapie, bei der die »Klassifikation von psychischen Störungen« aufgrund einer detaillierten Anamnese keine andere Diagnose zuließ als eine gegenwärtige schwere Depression mit somatischem Syndrom. Weil sie als mittelständische Unternehmerin auch mindestens 70 Stunden in der Woche arbeitete, lautete meine genaue Diagnose erst einmal auf Erschöpfungsdepression. Die Ursache für ihr Befinden war also am ehesten auf der materiellen oder beruflichen Ebene zu suchen. Weil ich aber nicht nur Therapeutin für Psychotherapie bin, sondern selbst auch lange Zeit selbstständige Unternehmerin war, weiß ich, dass man als Selbstständiger nicht einfach so kürzertreten oder sich für längere Zeit krankmelden kann. Also suchten wir zuerst nach einer organisatorischen Möglichkeit, die sich auch finanziell umsetzen ließ, wodurch die Klientin tatsächlich in ihrem Beruf entlastet wurde.

Zugegeben, aus dieser Perspektive betrachtet, fungierte ich eher als Coach denn als Therapeut. Aber ich denke, ein guter Therapeut muss sich auch immer in seine Klienten hineinversetzen können. Zu sagen, dass diese Klientin ihr Arbeitspensum zurückschrauben müsse und ihr dann ins Gewissen zu reden durch die Frage, was ihr nun wichtiger sei, ihre Gesundheit oder ihr sozialer Status, erschien mir unsensibel und überheblich.

Schon allein die Aussicht auf eine realistische Möglichkeit, ihr Unternehmen umzustrukturieren, und das Gefühl, mit ihren Problemen nicht länger allein dazustehen, bewirkten bei dieser Klientin eine Verbesserung ihres Gemütszustandes. Doch auch nachdem diese Frau dann einige Wochen später ihr Arbeitspensum tatsächlich um knapp die Hälfte reduziert hatte und ihre negativen Gedanken immer seltener wurden, litt sie noch immer unter den körperlichen Symptomen einer Depression: Mattheit und Kraftlosigkeit, hervorgerufen durch Schlafstörungen. Und ihre Magen- und Darmprobleme verschlimmerten sich sogar wieder. Also begannen wir damit, die Ursachen dafür auf anderen Ebenen zu suchen. Doch auch systemisch oder biografisch zeigte sich nichts, das für ihr Befinden hätte verantwortlich sein können. (Nun neige ich als Therapeutin für Psychotherapie natürlich dazu, auch rein körperlich anmutende Symptome erst einmal als psychosomatisch einzustufen, und suche demzufolge immer erst auf psychischen Ebenen nach möglichen Ursachen. In diesem Fall waren die Ursachen jedoch ganz und gar somatisch bedingt, und die Lösung lag auf der physischen Ebene. Auch Psychotherapeuten sollten eben hin und wieder den Körper ganzheitlich betrachten.)

Nachdem ich auf der Suche nach Antworten jedenfalls lange Zeit das Internet durchforstet hatte, stieß ich schließlich auf eine Spur, die für eine Erklärung zumindest in Betracht kam. Ich erzählte meiner Klientin davon, und weil ihr meine Vermutung ebenfalls einleuchtete, ging sie als Nächstes zum Arzt und ließ dort ein Blutbild erstellen, wobei gezielt die Werte für Ferritin (Fe) festgestellt werden sollten. Natürlich weiß ich als Heilpraktikerin, dass Eisenmangel zu Müdigkeit und im schlimmsten Falle zu totaler Mattheit und Niedergeschlagenheit führen kann. Alles Symptome, die einer (Erschöpfungs)depression durchaus ähneln. Deshalb frage ich meine Klienten, bei denen der Verdacht auf Erschöpfungsdepression naheliegt, und zur Erstellung einer Differenzialdiagnose auch immer, ob sie vielleicht wissen, ob sie unter Eisenmangel leiden. Was ich bis dahin jedoch nicht gewusst hatte, war, dass in der Regel bei einem Blutbild und zur Bestimmung des Eisengehaltes lediglich das Hämoglobin (der Hb-Wert) gemessen wird. Dieser kann jedoch im Normalbereich liegen, *obwohl* der eigentliche Eisenwert, das Ferritin, viel zu niedrig ist – gerade bei Frauen! Was mich dazu veranlasst hat, bei dieser Klientin ebendieser Spur nachzugehen und sie um solch eine gezielte Untersuchung zu bitten, war, dass sie auch ständig darüber klagte, unter massiven Menstruations- und Zwischenblutungen zu leiden. Laut ihrer Aussage bei Therapiebeginn war ihr Eisengehalt jedoch in Ordnung, denn sie hatte schon einige Monate zuvor ein Blutbild erstellen lassen. Dabei war jedoch lediglich der Hämoglobinwert getestet worden.

Bei der Erstellung eines neuen Blutbilds und der gezielten Messung des Ferritins stellte sich dann jedoch heraus, dass der Eisengehalt dieser Klientin extrem niedrig war. Extremer Eisenmangel führt aber, wie schon gesagt, zu genau den Symptomen, die auch zu einer Depression gehören; von der Antriebslosigkeit bis hin zu den Verdauungsstörungen. Nachdem meine Klientin dann eine gezielte Eisentherapie bei einer Ärztin für innere Medizin begonnen hatte, bei der das Eisensulfat intravenös zugeführt wird, legten sich ihre Symptome. *Ursache* für die starken Dauerblutungen waren jedoch eine oder mehrere Zysten an einem der Eierstöcke, und damit gelangten wir dann doch wieder auf die psychische Ebene und zu der Frage, was meine Klientin diesbezüglich unternehmen solle. Dies beinhaltete auch eine Entscheidung hinsichtlich ihres Kinderwunsches zu treffen, und vielleicht war es ja auch genau das gewesen, was die Symptome, hervorgerufen durch den Eisenmangel, dieser Frau hatten mitteilen wollen: Entscheide dich, deine biologische Uhr tickt. Weil ein Kind aber auch viel Zeit in Anspruch nimmt und Zeit bislang etwas war, was diese Frau nie in ausreichendem Maße zur Verfügung gehabt hatte, hatte sie auch eine Schwangerschaft immer hinausgezögert. Nun hatte sie aber gelernt, wie sie mehr Zeit für sich bekommen konnte und ihren Betrieb dementsprechend umstrukturiert, was nie der Fall gewesen wäre, wäre sie nicht krank geworden. Hier schloss sich der Kreis, und so wie ich es sah, lag es nun jedenfalls nicht mehr an der mangelnden Zeit, nicht schwanger zu werden. Dies sah meine Klientin ebenso, und heute ist sie Mutter von Zwillingen.

Seit dieser Klientin fühle ich mich darin bestärkt, die Schulmedizin nicht prinzipiell außen vor zu lassen, sondern versuche, die Erkenntnisse aus der Schulmedizin in meine Arbeit zu integrieren oder zu berücksichtigen. Generell immer davon auszugehen, dass alle physischen Beschwerden in Wirklichkeit psychischer Natur sind, ist meiner Meinung nach genauso falsch und kann durchaus fatale Folgen haben, wie davon auszugehen, dass Diagnosen, die die Psyche betreffen oder implizieren, immer psychischen Ursprungs sein müssen.

So konnte ich bei zwei Klientinnen weder in der Anamnese noch in der Verlaufs-anamnese Ursachen für ihre ständige Müdigkeit oder Mattheit und Antriebslosig-keit finden. Dennoch litten beide Frauen unter einer mittelgradigen bis starken Erschöpfungsdepression. Bei einer genaueren körperlichen Untersuchung, einem sogenannten Check-up in der Gesundheitsvorsorge, um deren Veranlassung ich diese Klientinnen dann gebeten hatte, stellte sich in beiden Fällen jedoch ein bis-lang nicht diagnostizierter angeborener Herzfehler als Ursache heraus. Beide Frau-en haben ihr Leben daraufhin etwas umgestellt. Eine bekam einen Herzkatheter, und soweit ich weiß, muss zumindest die andere Frau nun auch Medikamente nehmen. Viel wichtiger ist aber, dass die Erschöpfung weg ist und damit auch die Depression.

Ich verwende hier sehr oft die Namen von Krankheiten oder spezifischen Symptomen, in Zusammenhang mit Diagnosen. Auch wenn ich der Meinung bin, dass man diesen dadurch zusätzlich Kraft verleiht, bin ich auch darauf angewiesen, erst einmal herauszufinden, was ein Klient hat, der zu mir kommt, – damit ich ihn auch daraufhin therapieren kann. Im Umgang mit meinen Klienten versuche ich allerdings krankheitsspezifische Begriffe auf ein absolutes Minimum zu reduzieren.

Und genauso wie ich die Erkenntnisse und Methoden aus der herkömmlichen Schulmedizin berücksichtige, versuche ich auch immer, mystische oder spirituelle Aspekte mit grundsolider Psychotherapie in Einklang zu bringen. Aber natürlich habe ich mittlerweile, also heute, auch einige Klienten vorzuweisen, die sicherlich nicht mehr zu mir kommen werden, weil sie mit mir und meiner Arbeit nicht zufrieden waren. So gibt es drei Personen, von denen ich dies weiß, weil sie es mir selbst gesagt haben, wofür ich ihnen auch dankbar bin.

Einmal handelt es sich dabei um eine Frau, die an einem meiner spirituellen Workshops bei mir zu Hause teilnahm. Dabei grenzte sie sich so stark von den anderen Teilnehmern ab, dass es auch mir nicht gelang, sie in die Gruppe zu integrieren. Dies begann schon bei der Begrüßungsrunde, die die Frau als reine Zeitverschwendung betrachtete. Eine kurze Zusammenfassung dessen, was die Teilnehmer seit dem letzten Treffen erlebt hatten, wie sie das neue Wissen vielleicht schon in ihren Alltag integrierten und welche Resonanz daraus eventuell schon erfolgt war, wollte die Frau nicht hören. Diese Zeit hätte man, ihrer Meinung nach, sinnvoller nutzen können, z.B. mit einer weiteren, wenn auch kurzen Gruppenrückführung in die früheren Leben der Teilnehmer. Tatsächlich ging die meiste Zeit der Begrüßungsrunde aber für die Diskussion mit dieser Frau verloren. Deshalb bot ich ihr schließlich an, dass sie der Runde fernbleiben könne, und machte den Vorschlag, dass sie eine halbe Stunde später als die anderen Teilnehmer kommen könne - was zugegebenermaßen nicht zur Integration beitrug. Dass diese Frau gar keinen Wert darauf legte, in die Gruppe integriert zu werden, diese Idee kommt mir ehrlich gesagt erst jetzt, wo ich darüber schreibe. Seitdem gehe ich auch nicht mehr automatisch davon aus, dass jeder Teilnehmer meiner Seminare gern Anschluss finden möchte, achte aber immer noch sehr genau darauf, dass jeder sich wohlfühlt. Ich persönlich fühle mich am wohlsten, wenn ich sehe, dass ich nur *eine* Gruppe betreue und niemand ausgeschlossen ist. Und vielleicht weil ich dies auch bewusst ausstrahle, ist es in der Regel tatsächlich so, dass die Teilnehmer meiner Seminare immer zu einer Gruppe zusammenwachsen, wobei durchaus jeder Teilnehmer auch das Recht und die Möglichkeit hat, sich einmal abzusondern, um allein seinen Gedanken nachzuhängen. Allerdings werde ich wohl nie wirklich große Veranstaltungen leiten wollen, dazu liegt mir zu viel an der persönlichen und individuellen Betreuung, die ich dann einfach nicht mehr gewährleisten könnte.

Eine andere Frau sagte kurzfristig einmal ihre Aufstellung ab, weil sie nichts mit der Art anfangen konnte, wie ich die Aufstellungen leite. Sie war zwar Samstagmorgen zum Seminarbeginn erschienen, hatte aber gleich nach der ersten Aufstellung gesagt, dass ihr meine Vorgehensweise nicht gefalle. *(Genau aus diesem Grunde ziehe ich es vor, dass Personen, die bei mir aufstellen möchten, erst einmal nur als teilnehmende Beobachter an einem meiner Seminare in Familienstellen teilnehmen.)* Irgendwie konnte diese Frau aber auch nicht mit mir warm werden, und ich wohl auch nicht mit ihr. Und weil ich ja selbst auch immer darauf hinweise, dass eine Therapie – egal welche – immer nur Aussicht auf Erfolg hat, wenn es zwischen Klient und Therapeut *Klick* macht und man irgendwo einen gemeinsamen Nenner findet, war ich dieser Frau auch nicht böse.

Und dann gibt es noch den schrecklichen Fall einer Frau, die ein paar Wochen nach der Aufstellung bei mir einen Nervenzusammenbruch erlitt. Auch wenn dieser nicht direkt in Zusammenhang mit ihrer Aufstellung stand, so stand er doch in direktem Zusammenhang mit mir. Und weil ich eben nicht nur darüber schreiben möchte, wie man sein Glück selbst an die Hand nehmen kann, sondern auch darüber, was dabei alles schiefgehen kann, möchte ich Ihnen an dieser Stelle auch von dieser Klientin berichten – und weil dies eine etwas längere Geschichte ist, habe ich daraus wieder eine Fallstudie gemacht. Diese Geschichte ist ein gutes Beispiel dafür, wie fatal es enden kann, wenn man sich nur scheinbar von seinem Herkunftssystem gelöst hat und ein neues Leben in einer anderen Region oder einem anderen Land beginnt, weil man genau genommen auf der Flucht ist. Ein neues Leben in einer neuen Stadt oder einem neuen Land kann nur dann gelingen, wenn man zuvor dort, wo man herkommt, reinen Tisch gemacht hat. Man kann die Vergangenheit nur ruhen lassen, wenn man sich ihr zuerst stellt – ansonsten holt sie einen irgendwann einfach wieder ein!

FALLSTUDIE V

Diese Frau gehörte zu den ersten Klienten, die damals im Jahr 2009 eine Gesprächstherapie bei mir anfingen. Wie alle meine Klienten hatte ich auch sie zuvor ausdrücklich darauf hingewiesen, dass ich erst seit Oktober 2008 meine Zulassung als Heilpraktikerin auf dem Gebiet der Psychotherapie besaß und auch noch über wenig praktische Erfahrung mit Klienten verfügte, die eine Gesprächstherapie wünschten. Ursprünglich war diese Frau zu mir gekommen, weil sie eine Rückführung wünschte, doch ich merkte beim Vorgespräch sehr schnell, dass diese Frau dafür viel zu aufgewühlt war. Ihr Leben war ein Chaos, und eine Rückführung wäre in dieser Situation wenig hilfreich gewesen. Dies erklärte ich der Frau, die ziemlich verzweifelt war. Sie erzählte mir daraufhin, wie viele Therapien sie schon angefangen habe und wie oft sie dabei falschen Heilversprechungen auf den Leim gegangen war. Dass ein Therapeut eine Behandlung ablehnte, hatte sie jedoch noch nie erlebt. Diese Frau saß damals geschlagene drei Stunden bei mir auf dem Sofa und redete sich alles von der Seele, was sie gerade greifen konnte. Natürlich war diese Situation für mich nicht so einfach, weil die Frau wirklich alles bei mir ablud und ich damals noch nicht den Mut hatte, sie dabei zu stoppen. Ihr gefiel, dass ich nicht unter Zeitdruck stand und dass bei mir eine Sitzung so lange dauerte, wie sie eben dauerte.

Auch heute arbeite ich immer noch ohne Zeitlimit, was natürlich nur deshalb möglich ist, weil ich als Heilpraktikerin ausschließlich mit Personen arbeiten kann, die ihre Therapie ohnehin selbst bezahlen müssen. Aber ich habe festgestellt, dass gerade Menschen, die sehr viel Stress haben, erst einmal Zeit brauchen, um überhaupt geistig bei mir anzukommen, herunterzufahren und es sich bequem zu machen – und erst dann habe ich auch einen direkten Zugang zu ihnen. Erst dann ist jemand überhaupt aufnahmefähig! Wenn ich jedoch im Stundentakt arbeiten würde, blieben nach dem geistigen Ankommen höchstens noch 10 oder 20 Minuten für die eigentliche Therapie, und weil ich nun einmal aktive Therapie betreibe, arbeite ich immer auch dahingehend, dass der Ball fliegt. Es ist tatsächlich dabei so ein Gefühl, als ob ich meinem Klienten bei der Gesprächstherapie einen Ball zuwerfe und dann darauf warte, dass er ihn fängt und zurückwirft. Und wenn es gut geht, fliegt der Ball eine Weile zwischen uns hin und her. Manchmal ist es auch der Klient, der mir den Ball zuwirft, und ich bin es, die ihn auffängt oder auch nicht und ihn ggf. zurückwirft. Ist dieser Prozess erst einmal in Gang gekommen, würde ich ihn nie unterbrechen, nur weil die Zeit um ist! Die Therapiesitzung ist erst zu Ende, wenn die Energie, den Ball zu werfen, verbraucht ist.

Ich brachte es auch nicht übers Herz, für diese Sitzung damals etwas zu berechnen, zumal wir auch keine Rückführung gemacht hatten. Doch schon ein paar Tage später meldete sich die Frau erneut und fragte, ob sie bei mir nicht eine Gesprächstherapie machen könnte. Nach anfänglichem Zögern, weil ich wusste, dass dies eine anstrengende Klientin sein würde, willigte ich ein. Bei der ersten Sitzung vereinbarten wir dann zuerst das Ziel der Therapie. Hierbei erfuhr ich, dass diese Frau auch unter anhaltenden Magenbeschwerden litt. Meiner Meinung nach waren die Magenbeschwerden eine Begleiterscheinung oder ein Symptom, das auf ihre latente Depression und ihre neurotische Störung zurückzuführen war. Dennoch riet ich ihr, deshalb einen Arzt aufzusuchen. Doch dieser verschrieb ihr lediglich ein Beruhigungsmittel, das die Frau jedoch nicht nehmen wollte. Sie sagte dazu, dass man ihr dies schon früher verschrieben hätte und dass sie davon lediglich schläfrig würde, was auch ihre Arbeit beeinträchtige. Die Sitzungen bei mir taten der Frau aber anscheinend gut. Sie war sehr verletzlich, und die kleinste Kritik löste bei ihr schon einen enormen Stress aus. Hinzu kam ein Vater, der wohl eher als gemein und bösartig zu beschreiben wäre und von dem sich meine Klientin alles gefallen ließ. An diesem Thema arbeiteten wir vorrangig, und meine Klientin erkannte zunehmend, warum sie sich ihrem Vater immer noch so auslieferte. Zwar war sie nicht in der Lage, die Besuche bei ihrem Vater, für den sie putzte und kochte, guten Gewissens einzuschränken, aber sie schaffte sich mit der Zeit ein dickeres Fell an. Dies wirkte sich positiv auf ihr Gemüt aus, und sie selbst wurde etwas ausgeglichener.

Ich fand, dies war ein erster guter Schritt in die richtige Richtung. Leider blieben die Magenbeschwerden, und so schickte ich die Frau diesbezüglich schließlich (dummerweise) zu einer mir bekannten Heilpraktikerin. Gleich danach brach sie dann ihre Gesprächstherapie bei mir wieder ab. Als Begründung gab sie an, die Heilpraktikerin hätte erklärt, dass das, was sie viel dringender bräuchte als eine Gesprächstherapie, sei, neben einer regelmäßigen Behandlung bei ihr eine regelmäßige kinesiologische Therapie bei einer Kollegin, mit der sich die Heilpraktikerin ihre Praxis teilte. Außerdem hatte ihr die Heilpraktikerin wohl auch gesagt, dass ich viel zu wenig Erfahrung auf dem Gebiet der Psychotherapie hätte, und sie hatte meiner Klientin schon allein aus diesem Grund geraten, die Therapie bei mir zu beenden. Zwar wusste die Frau genau über meine Praxiserfahrung Bescheid, und ich hielt es auch für wenig ratsam, dass sie ihre Gesprächstherapie mittendrin abbrach, aber sie war plötzlich fest entschlossen, und so ließ ich sie ziehen.

Ungefähr ein Jahr später meldete sich diese Frau dann ganz überraschend wieder bei mir und meinte, sie habe gehört, dass ich nun auch Familienstellen anböte. Sie hätte darüber gelesen und würde gern einmal selbst aufstellen. Weil ich sie kannte, sagte ich ihr, dass sie in dem Falle zuerst mindestens zwei Mal als teilnehmende Beobachterin an einem meiner Seminare in Familienstellen teilnehmen müsse. Falls sie danach der Meinung sei, dass ich über genügend Kompetenz verfüge, und sie immer noch eine Aufstellung bei mir wünsche, so würde ich – je nach Anliegen für ihre Aufstellung – mit ihr arbeiten oder auch nicht. Die Frau war einverstanden und nahm zwei Mal als Beobachterin teil. Danach arbeiteten wir zusammen, und bei ihrer Aufstellung ging es wieder um die Beziehung zu ihrem Vater, von dem sie nie Anerkennung oder Liebe, sondern immer nur Hohn und Verachtung erfahren hatte. Zwar hatte sie es nach ihrer Hochzeit für viele Jahre geschafft, sich dem krankmachenden Einfluss ihres Vaters zu entziehen, weil sie nach Norddeutschland gezogen war, doch leider, leider, leider war sie nach ihrer Scheidung wieder in ihren Heimatort zurückgekehrt. Hinsichtlich der Meinung und des Bildes, das ihr Vater von ihr hatte, hatte sich in all den Jahren jedoch nichts geändert, und irgendwie schien es, als sei in ihrem Heimatort die Zeit stehen geblieben.

Nicht nur ihr Vater sah immer noch ein dummes und faules Mädchen in ihr – auch viele der Anwohner, andere noch lebende Verwandte und auch Geschwister hatten anscheinend eine unwiderruflich schlechte Meinung von ihr. Die

Mutter dieser Frau war schon vor längerer Zeit gestorben. So zeigte sich der Stellvertreter ihres Vaters in der Aufstellung dann auch von seiner unbarmherzigsten Seite. Dennoch gelang es meiner Klientin, sich während der Aufstellung von ihm abzuwenden, nachdem sie akzeptiert hatte, dass sie niemals die Anerkennung oder Liebe von ihm bekommen würde, die sie sich so sehr ersehnt hatte. All ihr Tatendrang und die Energie, die sie in die Hoffnung auf Anerkennung durch ihren Vater steckte, konnte sie besser für andere Ziele und Pläne nutzen. Zugegeben, das alles war auch sehr schmerzhaft für sie, und in dieser Aufstellung wurde sehr viel geweint – nicht nur von meiner Klientin, sondern auch unter den verbliebenen teilnehmenden Beobachtern. Aber die vielen Tränen hatten auch etwas sehr Befreiendes für meine Klientin, und ich erinnerte mich daran, dass sie während der gesamten Dauer der Gesprächstherapie nur ein einziges Mal in ihre Emotionen gekommen war und geweint hatte. So gesehen war dies auch keine klassische systemische Aufstellung, sondern vielmehr eine reine Prozessarbeit, in Form einer Aufstellung auf der biografischen und geografischen Ebene dieser Frau.

Ich hatte die Arbeit mit ihr extra auf den Samstag, den ersten Seminartag, gelegt, um so am Sonntag noch ein Auge auf sie haben zu können. Nach der Aufstellung war die Frau dann auch sehr in sich gekehrt und erschöpft, doch schon am nächsten Tag ging es ihr sehr gut, und sie berichtete, dass sie zum ersten Mal seit Monaten wieder eine ganze Nacht durchgeschlafen habe. Sie fühlte sich befreit, wirkte wesentlich ausgeglichener, und auch die latente Depression war wie weggeblasen. Ich bestand jedoch darauf, dass sie sich auch am Tag nach dem Aufstellungsseminar nochmals telefonisch bei mir meldete und danach wieder nach einer Woche. Denn auch wenn die Aufstellung ihr anscheinend sehr gutgetan hatte, so wusste ich doch um die Sprunghaftigkeit dieser Frau und dass der kleinste negative Effekt womöglich ausreichen würde, sie erneut zurückzuwerfen. Eine Aufstellung ist eben auch kein Allheilmittel.

Meine Klientin suchte nun nicht mehr ständig den Kontakt zu ihrem Vater und hatte auch nicht mehr das Gefühl, ihm dauernd etwas beweisen zu müssen. Indem sie ihren Vater mied, kam sie auch nicht mehr so oft in Kontakt mit dem Rest der Verwandtschaft oder mit den Menschen, in deren Augen sie ebenfalls zu nichts nutze war, was sich durchaus positiv auf ihre Stimmung auswirkte. Sie erkannte, wie fatal ihre Entscheidung gewesen war, nach ihrer Scheidung wieder in ihren Geburtsort zurückzukehren. Deshalb auch mein Verweis auf die geografische Ebene, die durchaus eine nicht unerhebliche Rolle dabei spielt, ob sich ein Klient auch wirklich von seinem Herkunftssystem lösen kann. Die Zeit, die sie früher vergeudet hatte, um bei ihrem Vater vorbeizuschauen, seine Einkäufe zu erledigen oder unaufgefordert sein Haus zu putzen, nutzte die Klientin nun für ihre persönlichen und beruflichen Bedürfnisse. Ihr Vater war weder zu alt, um für sich selbst zu sorgen, noch schien es ihn wirklich zu interessieren, dass seine Tochter nun nicht mehr dauernd bei ihm vorbeikam. Zwar hatte man ihr erzählt, er habe gesagt, dies sei typisch für sie, es sei halt kein Verlass auf sie, doch scheinbar konnte meine Klientin alles ganz gut verkraften.

Alles war in Ordnung – bis zu jenem Tag ein paar Wochen später, als sie vollkommen hysterisch bei mir anrief und mich anschrie, dass alles sei meine Schuld. Dabei war sie so aufgebracht, dass sie kaum ein verständliches Wort hervorbringen konnte, und sie steigerte sich nur mehr und mehr in ihren Anfall hinein. Deshalb sagte ich ihr, dass ich so nicht mit ihr reden könnte und deshalb das Gespräch jetzt beenden würde. Ich wäre aber zu Hause und würde darauf warten, dass sie sich beruhigte. Dann solle sie mich wieder anrufen. Die Frau ging nicht darauf ein, und ich beendete das Gespräch. Daraufhin rief sie wieder und wieder hier und schrie den Anrufbeantworter an, bis auch dieser voll war. Zwischenzeitlich hatte ich ihr eine E-Mail geschrieben, dass ich nicht wüsste, was geschehen sei, ich ihr aber nur helfen könnte, wenn sie sich beruhigt habe. Noch später am selben Abend rief sie erneut an. Ich hatte den Anrufbeantworter mittlerweile wieder freigeschaltet, und als ich hörte, dass die Frau zwar immer noch weinte, aber wenigstens nicht mehr schrie, nahm ich das Gespräch entgegen.

Die Frau war immer noch sehr aufgebracht und fing gleich wieder an, mich zu beschimpfen. Also sagte ich ihr, wenn sie nicht wolle, dass ich den Hörer erneut auflege, müsse sie sich zusammenreißen, was ihr dann auch mit Mühe und Not gelang. Dann erfuhr ich, dass sie einen Tag zuvor ihren Freund mit einer anderen Frau erwischt hatte. Ich wusste allerdings noch von früher, dass diese Beziehung nie wirklich intakt gewesen war und zwischenzeitlich wegen der Seitensprünge ihres Partners auch immer wieder Schluss gewesen war. Ähnlich wie in der Beziehung zu ihrem Vater hatte sie sich einen Freund gesucht, der sie ebenfalls nicht respektierte und von dem sie sich ausnutzen ließ. Nun hatte die Frau jedoch an diesem Tag auch wieder ihren wöchentlich stattfindenden Termin bei der Heilpraktikerin mit der anschließenden kinesiologischen Behandlung wahrgenommen. Ich war zugegebenermaßen überrascht, als ich hörte, dass sie unter Magenbeschwerden litt und deshalb immer noch regelmäßig zu dieser Heilpraktikerin ging – immerhin war es mittlerweile fast anderthalb Jahre her, dass ich sie dorthin geschickt hatte, und im Vorfeld der Aufstellung hatte sie dies nicht erwähnt.

Jedenfalls hatte die Heilpraktikerin wohl bemerkt, dass es der Frau nicht gut ging, und diese hatte ihr daraufhin erzählt, dass sie ihren Freund am Tag zuvor wieder einmal mit einer anderen erwischt hatte. Gerade jetzt, wo sie anfing, sich von ihrem Vater zu lösen, wäre ihr die Unterstützung ihres Freundes jedoch besonders wichtig gewesen. Danach hatte wohl eines zum anderen geführt, und obwohl ich meine Klienten immer eindringlich bitte, erst einmal nicht über ihre Aufstellung zu sprechen, besonders nicht mit Personen, die keinerlei Erfahrung damit haben oder demgegenüber sehr skeptisch eingestellt sind, hatte sie der Heilpraktikerin dann auch von ihrer Aufstellung bei mir erzählt. Diese muss daraufhin mit extremer Empörung reagiert haben und hatte der Frau wohl schwere Vorhaltungen gemacht, dass sie sich dann auch nicht wundern dürfe, dass sich ihr Zustand nun wieder so drastisch verschlechtert hätte. Aufstellungen wären der letzte Humbug, und es sei auch kein Wunder, dass sich ihr Freund von ihr abwenden würde. Dies sei die Strafe, weil sie ihren Vater im Stich gelassen habe.

Die positive Wirkung, die die Aufstellung anfangs gehabt hatte, war auf einen Schlag verpufft, und alle Symptome waren daraufhin massiv zurückgekehrt. Zugegeben, ich wusste, dass diese Klientin äußerst labil war. Deshalb hatte ich ja auch darauf bestanden, dass sie erst als teilnehmende Beobachterin am Familienstellen teilnahm, und auch danach hatte ich genau deshalb darauf bestanden, dass sie noch eine Zeit lang zumindest telefonischen Kontakt zu mir hielt. Hätte ich aber meine Skrupel besser im Griff gehabt, hätte ich vor allem auch darauf bestanden, dass diese Frau, zumindest für eine Weile, wieder zur Gesprächstherapie zu mir käme. Denn ich wusste natürlich, dass die Beziehung zu ihrem Vater nur eines von zahlreichen Problemen war und dass auch damit zu rechnen war, dass sie sich nach der Abwendung vom Vater nur noch mehr ihrem Freund zuwenden würde. Denn das dringende Bedürfnis nach Zuwendung und Zugehörigkeit war nach wie vor vorhanden und auch durchaus verständlich.

Heute habe ich diese Skrupel im Griff und sage meinen Klienten sofort, wenn ich neben einer Aufstellung auch eine Gesprächstherapie für ratsam halte. Allerdings sage ich ihnen auch immer, dass sie sich dafür gern an einen anderen Psychotherapeuten wenden können und sie nicht verpflichtet sind, diese Therapie bei mir zu machen. Mittlerweile ist es auch so, dass die meisten Menschen, die bei mir aufstellen, dafür von weit her anreisen. Trotzdem versuche ich immer noch, zu allen Klienten zumindest eine Weile telefonischen Kontakt zu halten oder aber per E-Mail, jedenfalls wenn sie dies wollen. Zeit ist anscheinend dehnbar, jedenfalls in Bezug auf die Zeit, die ich als Vor- oder Nachsorge für meine Klienten benötige.

Und vielleicht hätte ich damals auch einfach nicht mit dieser Klientin arbeiten und für sie aufstellen sollen. So habe ich mir dann ihretwegen auch sehr lange große Vorwürfe gemacht. Natürlich habe ich auch nie wieder meine Klienten zu dieser Heilpraktikerin geschickt, und ich kann deren Vorgehensweise auch bis heute nicht nachvollziehen. *(Bei dieser Gelegenheit würde ich ihr jedoch ganz gerne das Buch »Körperglück« von Werner Bartens empfehlen. Darin wird explizit beschrieben, welche destruktive, körperliche und seelische Auswirkung Worte haben können.)*

Aber ich war zuvor selbst ein paar Mal bei dieser Heilpraktikerin gewesen und hatte sogar Theo und seine Mutter dorthin geschickt. Alle waren äußerst zufrieden – ansonsten hätte ich diese Person ja auch niemals empfohlen. Und ich halte diese Frau, was ihr Fachwissen anbelangt, auch immer noch für äußerst kompetent, – was ihren Umgang mit Kollegen und in diesem Zusammenhang auch ihre Einstellung ihren eigenen Klienten gegenüber angeht, habe ich jedoch mittlerweile eine ganz andere Meinung von ihr. Ich habe ihr nach diesem zweiten Vorfall allerdings einen deftigen Brief und eine Abmahnung geschickt.

Ursprünglich komme ich ja aus der harten Welt der Geschäftsleute und bin es gewohnt, dass man sich dort oft das Salz auf dem Frühstücksei missgönnt. Mobbing und Verleumdung sind dort an der Tagesordnung. Ich hätte dies jedoch nie und nimmer in dieser Form unter Menschen erwartet, die in heilenden oder therapeutischen Berufen tätig sind. Zurückblickend denke ich jedoch, dass ich den Menschen, die zu mir kommen, eher nutze als schade, und dies gerade deshalb, weil ich bei allem, was ich lerne, immer ich selbst zu bleiben versuche. Ich betrachte jede Aus- oder Fortbildung, die ich absolviere, auch immer kritisch und diskutiere dann gern auch einmal mit den Leitern der Seminare. Das ist etwas, womit auch nicht jeder Aus- oder Fortbildungsleiter gleichermaßen gut umgehen kann. Viele erwarten, dass man als Schüler ihre Meinung oder Methode eins zu eins umsetzt, ohne etwas dabei zu hinterfragen, und einige Teilnehmer sind scheinbar auch immer ganz froh darüber, dass jemand vor ihnen steht, der eine Meinung hat, die sie einfach nur zu übernehmen brauchen. Dies ist jedoch etwas, was mir persönlich zutiefst widerstrebt, denn ich bin durchaus in der Lage, mir eine eigene Meinung zu bilden, und stehe auch dazu. So habe ich z.B. sehr viel von den beiden schon erwähnten Aufstellungsleitern gelernt, doch gleich bei der ersten großen Aufstellung, die ich damals selbst bei meinem ersten Seminar in Familienstellen leitete, merkte ich, dass ich ihre Art, eine Aufstellung zu leiten, nicht einfach wie ein Äffchen nachahmen konnte ...

Das erste große Seminar – Tag I

... woran würdest du merken,
dass wir gut gearbeitet haben?

Mein erstes eigenes Seminar in Familienstellen fand an einem heißen Wochenende im Juni des Jahres 2009 statt. Die meisten der Aufsteller hatte ich vorab zu einem persönlichen Gespräch bei mir zu Hause empfangen und mir dabei ihr Anliegen für die Aufstellung erklären lassen. Bei dieser Gelegenheit fertige ich auch gleich ein Genogramm an, einen sogenannten Familienstammbaum, damit ich später, während der Aufstellung, auf einen Blick sehen könnte, wie groß die Familie meines Klienten war, wer alles dazugehörte und wo es welche Schicksale und eventuelle Verbindungen zum Anliegen des Klienten gab. *(Ich benutze diese Genogramme auch heute noch sehr gern, weil sie mir oft helfen, dem »roten Faden« zu folgen und das Anliegen für die Aufstellung nicht aus den Augen zu verlieren.)*

Jeder Aufsteller war außerdem über meinen Wissensstandpunkt und meine *Erfahrung* informiert und somit auch von mir darüber aufgeklärt worden, dass dies meine Generalprobe werden würde. Aus diesem Grunde gab ich auch keine Erfolgsgarantien oder Heilversprechen ab – obwohl ich das natürlich auch heute noch nicht tue.

Als Aufstellungsleiter, egal ob mit viel oder wenig Erfahrung, unterstützt man den Aufbau eines Kraftfeldes, das ich als morphogenetisches Feld, nach der gleichnamigen Theorie von Rupert Sheldrake, betrachte und deshalb auch gern so bezeichne. Jeder Teilnehmer beim Familienstellen spürt die Energie, die zum jeweiligen Feld gehört, egal ob er nun selbst aufstellt, leitet, als Stellvertreter fungiert oder die Aufstellung als teilnehmender Beobachter vom Rand aus verfolgt. Ich weiß nicht,

117

wie ich es anders beschreiben soll, aber es ist die Energie aus diesen Feldern, die mich als Aufstellungsleiterin leitet und die die Richtung vorgibt. Deshalb ist es einem Aufstellungsleiter auch möglich – wenn er dieser Energie folgt und sich von dieser leiten lässt (statt seinen eigenen Vermutungen über den Verlauf/Ausgang einer Aufstellung nachzugeben) –, ganz klar zu erspüren, was für die Aufstellung wirklich relevant ist. Denn manchmal schwappen auch Elemente in eine Aufstellung, z.B. als Randwahrnehmungen unter den verbliebenen Teilnehmern, die zwar durchaus schwerwiegend sein können und deshalb gern gesehen oder erlöst werden wollen, die aber hinsichtlich des »momentanen« Anliegens für die Aufstellung unerheblich sind. Deshalb ist es auch immer von äußerster Wichtigkeit, dass man als Aufstellungsleiter vor der Aufstellung mit dem Klienten ein deutliches und präzise formuliertes Anliegen benennt! Oft ist es aber so, dass der Klient auf die Frage nach dem Anliegen antwortet, dass er durch die Aufstellung beispielsweise herausfinden möchte, woher gewisse gesundheitliche Störungen wie seine Migräne oder die Schlaflosigkeit kommen. Wenn ich dann anschließend jedoch andersherum frage, woran dieser Klient merken würde, dass wir gut gearbeitet haben (wobei mit »wir« immer die Gruppe von Teilnehmern gemeint ist, die sich auch als Stellvertreter zur Verfügung stellt), kommt oft eine ganz andere Aussage, wie beispielsweise, dass der Klient es daran merken würde, dass er wieder einen besseren Kontakt zu einem seiner Kinder, zu einem Elternteil oder zum eigenen Partner hätte. Solch unterschiedliche Aussagen sind für mich immer auch ein deutliches Zeichen für die Verwirrung eines Klienten, die ihm selbst meist gar nicht so deutlich bewusst ist. Jedenfalls dauert es ab und zu auch schon einmal eine Weile, bis das Anliegen für eine Aufstellung wirklich gut formuliert ist. Dies muss der Klient jedoch letztlich immer selbst tun, weil ich ihn nur dabei beeinflussen würde. Außer ihn darauf aufmerksam zu machen, wenn seine Aussagen diesbezüglich im Widerspruch zueinander stehen, kann ich nichts tun. Und wenn ein Klient nicht in der Lage ist, sein Anliegen klar zu definieren, ist eine Aufstellung für ihn, zumindest in seiner momentanen Situation, auch nicht die richtige Therapiemethode.

Und obwohl dieses erste Seminar in Familienstellen damals fast bis zum Ende ein einziges Fiasko war, war die Energie der Aufstellungen doch immer mit mir, und so gelang es mir *irgendwie*, mich auf die wesentlichen Details der Aufstellungen zu konzentrieren. Leider hatte ich zu diesem ersten großen Seminar auch eine damalige Bekannte und ihren Freund eingeladen. Schon in der Vorstellungsrunde hatten sie sich dann als Fachkundige in

Sachen Familienstellen und versierte Stellvertreter vorgestellt, was auch dazu führte, dass sie anfänglich gern als Stellvertreter gewählt wurden. Jedoch versuchten beide dann, die Aufstellungen von innen heraus zu leiten. Nach den ersten drei Aufstellungen am ersten Tag dachte ich noch, ich interpretierte da vielleicht zu viel hinein, doch dann kam Theo, nahm mich zur Seite und meinte, ich hätte ein Problem. Er fragte mich, ob ich nicht merken würde, dass meine beiden Bekannten alles daran setzen, meine Arbeit zu untergraben, und dass sie in ihren Stellvertreterrollen auch wenig oder gar nicht authentisch wirkten. Als ich meine Bekannte schließlich darauf ansprach, lachte sie, zuckte die Schultern und meinte, sie wolle mir bloß ein bisschen auf den Zahn fühlen. Vielleicht hätte ich sie daraufhin auffordern sollen zu gehen, aber irgendwie schienen auch die anderen Teilnehmer mit der Zeit zu spüren, dass meine Bekannte und ihr Freund vielleicht doch keine so guten Stellvertreter abgaben, denn am zweiten Tag wurde nur meine Bekannte noch einmal direkt in eine Rolle gewählt.

Insgesamt machte ich damals zwölf Aufstellungen, sechs pro Tag. Zwei Aufstellungen machte ich für ein Paar; eine für ihn und eine für seine Freundin, beide Aufstellungen am ersten Tag. Am nächsten Tag kam dieses Paar am Morgen zwar wieder, aber nur um mitzuteilen, dass die Frau sich außerstande sah, einen weiteren Tag am Seminar teilzunehmen. Am Abend zuvor hatte ihr Freund ihr nämlich nach seiner Aufstellung einen Heiratsantrag gemacht. Dies hatte die Frau wiederum nicht erwartet, und scheinbar hatte sie damit auch nicht gerechnet. Jedenfalls sah sie sich aufgrund dessen nicht in der Lage, noch einen weiteren Tag beim Familienstellen zu verbringen, und er auch nicht.

Die einzige Person, die mir gleich nach ihrer Aufstellung damals jedoch wirklich ein wenig Sorge bereitete, war eine Frau. Eigentlich war sie gar nicht als Aufstellerin vorgesehen gewesen, und sie hatte mich erst während des Seminars darauf angesprochen, ob es nicht möglich sei, ebenfalls aufzustellen. Sie hatte schon mehrmals bei anderen Aufstellern aufgestellt, und nachdem sie mir ihr Anliegen erklärte hatte, war ich einverstanden. Bei ihrer Aufstellung ging es um den Kontakt zu ihrem inneren Kind, ein großes Thema in der Psychotherapie. Jedenfalls hatte diese Frau auch schon eine Gesprächstherapie gemacht, bei der es darum gegangen war, dass sie sich ihrem inneren Kind nicht stellen konnte, sie (ver)leugnete es.

FALLSTUDIE VI

Nun wollte sie gern den Grund dafür erfahren und wollte mit ihrer Aufstellung einen Anfang machen, um sich mit ihrem inneren Kind auseinanderzusetzen und wenn möglich vielleicht einen ersten Kontakt herstellen. Diese Klientin war eine sehr starke Frau, die sich scheinbar durch nichts und niemanden unterkriegen ließ. Sie lebte so nach dem Motto: Was mich nicht umbringt, macht mich nur stärker. Doch innerlich zerbrach sie an ihrer eigenen Stärke, was ihr durchaus bewusst war. Ihr inneres Kind repräsentierte die zarte und verletzliche Seite, vor der sie aber Angst hatte.

Also stellten wir sie und ihr inneres Kind auf. Es zeigte sich, dass das innere Kind ebenfalls Angst vor (der Stellvertreterin) meiner Klientin hatte. Im Verlauf der Aufstellung stellten wir dann auch eine Tante dieser Klientin auf, die ihr, als sie noch ein Kind gewesen war, immer eingebläut hatte, dass heulen nicht helfe und man in dieser Welt nur überleben könne, wenn man hart im Nehmen werde. Diese Tante, bei der die Klientin einen Großteil ihrer Kindheit verbracht hatte, hatte anscheinend eine sehr traumatische Erfahrung während des Zweiten Weltkrieges gemacht, und als diese Tragödie innerhalb der Aufstellung zum Vorschein kam, projizierte das innere Kind seine Angst plötzlich nicht mehr auf die Stellvertreterin meiner Klientin, sondern auf die der Tante. Es kroch aus Furcht vor dieser unter einen Tisch. Das alles ging sehr schnell, und ich merkte, dass man als Aufstellungsleiter manchmal nicht Augen genug haben kann. Und ich gebe auch zu, dass ich bei meinem ersten Seminar noch ziemliche Schwierigkeiten hatte, immer die richtigen Worte (Lösungssätze) zu finden. Viele dieser Lösungssätze, wie sie von Bert Hellinger oder anderen Aufstellungsleitern irgendwann einmal formuliert und niedergeschrieben worden sind, hatte ich zwar auswendig gelernt, aber von meinem Gefühl her trafen sie nicht immer den Kern der Sache.

Natürlich ist man in einer Aufstellung meist nicht in der Lage, die Einzelheiten einer so weit zurückliegenden Tragödie ganz genau aufzudecken, gerade wenn der Aufsteller selbst gar nichts oder wenig über sein Herkunftssystem zu berichten weiß. So blieben auch die genauen Ereignisse, die zum Trauma der Tante geführt hatten, größtenteils im Dunkel. Aber dass ihr damals etwas Schreckliches widerfahren sein musste, stand ganz außer Zweifel! Deshalb war es dann auch im weiteren Verlauf dieser Aufstellung ein guter Schritt, der Seele dieser Tante, die mittlerweile nicht mehr lebte, eine Botschaft zu übermitteln. Ich sagte ihrer Stellvertreterin, dass, was immer ihr im Zweiten Weltkrieg widerfahren war, nun schon lange zurücklag und dass sie es – wenn auch schwer traumatisiert – nichtsdestotrotz überlebt hatte. (Dies ist meiner Meinung nach eine Möglichkeit wie Übertragungen auf Seelenebene stattfinden können, denn in solch einem Moment wird der Stellvertreter tatsächlich zum Medium für die verstorbene Person, für die er aufgestellt wurde.)

Daraufhin brach die Stellvertreterin der Tante plötzlich zusammen, und wie so oft in solchen Momenten löste sich etwas, und auch die Spannung im Raum ließ merklich nach. Die Angst, die meine Klientin als Kind gespürt hatte und die ihr inneres Kind immer noch in sich trug, war nicht ihre eigene Angst gewesen, sondern die Angst, die die Tante damals empfunden hatte, während ihr selbst Schlimmes angetan wurde. Meine Klientin hatte dieses Gefühl von Angst »bloß« von der Tante übernommen.

> Kinder sind wie Schwämme. Sie übernehmen und lernen nun einmal alles von den Personen, bei denen sie aufwachsen. Von guten wie schlechten Verhaltensmustern bis hin zu positiven Charaktereigenschaften oder Persönlichkeitsstörungen saugen sie alles gleichermaßen in sich auf, ohne zwischen gut und schlecht, richtig und falsch zu unterscheiden. Dabei nutzen Kinder alle Sinne. Sie sehen beispielsweise, wie Papa sich immer am Kopf kratzt, wenn er überfragt ist, und übernehmen die Geste. Dabei fühlen sie, meiner Meinung nach instinktiv, dass Papa dies immer nur tut, wenn er überfragt ist, denn Kinder tendieren schon dazu, übernommene Verhaltensmuster auch in den gleichen Situationen anzuwenden.

Diese Tante, die ihre traumatische Erfahrung anscheinend niemals aufgearbeitet hatte, hatte überlebt, indem sie ihr Trauma und die damit verbundene Angst ganz tief in sich vergraben hatte und äußerlich eine harte Frau geworden war. Instinktiv hatte meine Klientin als Kind jedoch auch immer diese Angst gespürt, die sich tatsächlich hinter den markigen Worten dieser Tante verborgen hatte. Weil sie aber gerade eben von dieser Tante auch immer wieder zu hören bekommen hatte, dass man keine Schwäche zeigen dürfte – und Angst war in den Augen dieser Tante eine Schwäche –, hatte meine Klientin ihre eigene Angst ganz tief in sich vergraben und war ebenfalls zu einer starken und durchaus harten Frau herangewachsen. Deshalb wollte und konnte sie auch ihr inneres Kind nicht annehmen, weil dies in ihren Augen bedeutet hätte, sich einzugestehen, dass auch sie Angst kennt und somit schwach ist. So wie die Stellvertreterin des inneren Kindes ihre Angst zuerst auf die Stellvertreterin meiner Klientin projiziert hatte, bevor sie ihre Angst auf die wirkliche Auslöserin und Trägerin dieser Angst übertrug, hatte auch meine Klientin selbst Angst vor ihrem inneren Kind und verleugnete es, indem sie das Gefühl von Angst leugnete. So gesehen hatte die Klientin eine Angst vor der Angst entwickelt, besser bekannt als Phobophobie.

Es dauerte eine Weile, bis meine Klientin dies begriff, und ich das Gefühl hatte, dass sie die Zusammenhänge von übernommenen Gefühlen und übernommenen Aussagen, die aber beide grundsätzlich im Widerspruch zueinander standen, auch wirklich begriffen hatte. Als ich sie dann fragte, ob sie als Kind hyperaktiv gewesen sei, war sie ziemlich überrascht und sagte, sie sei es eigentlich noch. Im weiteren Verlauf der Aufstellung kam dann ein bekannter Lösungssatz dennoch zum Tragen, der da lautet: »Hier bin ich das Kind, und du bist die Große, und was immer du erlebt hast, ist zu groß für mich. Bitte gib mich frei, und schau freundlich auf mich, wenn ich mein eigenes Leben lebe und mir mein eigenes Leben gut gelingt.«
Diesen Satz ließ ich die Stellvertreterin meiner Klientin an die Stellvertreterin der Tante sagen. Meine Bekannte stand ebenfalls in der Aufstellung und repräsentierte jemanden, der in den Generationen noch weiter hinten stand. Sie hatte sich selbst in die Aufstellung eingebracht, nachdem sie, auf ihrem Stuhl sitzend, einen fast schon als epileptisch zu bezeichnenden Anfall simuliert hatte. Daraufhin war mir nichts anderes übrig geblieben, als sie in die Aufstellung zu bitten, wo sie sich mitteilte und erklärte, sie sei die Hüterin eines alten Familiengeheimnisses. Diese Spur führte jedoch zu nichts, und Kraft bekam die Aufstellung erst durch das Hinzustellen der Tante. Um aber auf Nummer sicher zu gehen und weil meine Bekannte immer noch um Aufmerksamkeit rang, die ich ihr aber nicht mehr zuteilwerden ließ, bat ich die Stellvertreterin der Tante schließlich, dass sie sich wiederum zu ihren Ahnen umdrehen sollte, und damit auch zu meiner Bekannten. Dann ließ ich sie diesen Lösungssatz ebenfalls zu ihren Ahnen

sagen und änderte den Satz lediglich ein wenig ab, weil die Tante mittlerweile ja auch nicht mehr lebte: »Hier bin ich das Kind, und ihr seid die Großen. Was immer ihr getan und erlebt habt, ist zu groß für mich. Bitte gebt mich frei, und schaut freundlich auf meine Nichte.«

Es war, als hätte dieser Spruch einen Bann gebrochen, plötzlich verließ die Stellvertreterin des inneren Kindes ihren Platz unter dem Tisch und flüchtete sich in die Arme der Stellvertreterin meiner Klientin. Es folgte eine herzzerreißende Szene, als beide in Tränen ausbrachen. Meiner Klientin selbst ging dies aber alles viel zu schnell und sie hätte sich für sich selbst eine vorsichtigere Annäherung an ihr inneres Kind gewünscht. Dies inszenierte ich dann dadurch, dass ich ihr anschließend viel Zeit gab und mich zusammen mit ihr ihren beiden Stellvertreterinnen näherte. Erst als sie sich ganz sicher war, tauschte ich sie gegen ihre »große« Stellvertreterin aus und ließ sie dann ganz vorsichtig den Kontakt zu ihrer »kleinen« Stellvertreterin, ihrem inneren Kind, aufnehmen. Zuletzt ließ ich auch sie den Lösungsspruch noch einmal an die Stellvertreterin der Tante wiederholen und forderte diese ebenfalls erneut auf, sich noch einmal zu ihren Ahnen umzudrehen und ihren Satz diesen gegenüber ebenfalls noch einmal aufzusagen.

Meine Klientin beschrieb ihre Wahrnehmungen daraufhin mit den Worten, sie habe das Gefühl, ihr inneres Kind sei nun frei. Aber ob sie sich darüber freuen oder eher weinen sollte, darüber war sich die Frau noch nicht im Klaren. Ich habe dann darauf bestanden, dass sie sich nach einiger Zeit nochmals bei mir melden solle, weil ich sicher sein wollte, dass es ihr gut ginge. Sie beteuerte, dass es ihr gut ginge, trotzdem bedauerte sie im Nachhinein, ihr inneres Kind aufgestellt zu haben, und sie gehört leider zu den Personen, die danach auch nie wieder an einem meiner Seminare teilgenommen haben. Vielleicht hätte ich ihr damals noch sagen sollen, dass Schwäche zuzugeben bedeutet, Stärke zu zeigen.

Übernommene Gefühle oder übernommene Symptome indes sind keine Seltenheit. Oft ist es für Kinder auch die einzige Möglichkeit, von ihrer emotional unerreichbaren Mutter wahrgenommen zu werden, indem sie sich in die (traumatisierte) Gefühlswelt der Mutter hineinbegeben und ebenfalls leiden, so wie es die Mutter tut. Wenn man diesen Kindern dann auch noch etwas sagt, was im Widerspruch zu dem steht, was sie fühlen, so wie es zwischen dieser Klientin und ihrer Tante der Fall war, die ihre eigene Angst leugnete, reagieren diese Kinder darauf nur allzu oft mit starker Nervosität, Aggression oder schlichtweg mit extremer Unangepasstheit, die dann gern als Hyperaktivität oder ADHS bezeichnet wird. Außerdem neigen sie als Erwachsene eher dazu, ihren Gefühlen nicht mehr zu vertrauen, weil sie als Kind etwas gefühlt haben, dem die Mutter (oder jemand anderes, der viel mit der Entwicklung oder Erziehung des Kindes zu tun hatte) mit Worten immer widersprochen hat.

2011 habe ich dann die einjährige Fortbildung in Traumaaufstellung bei Franz Ruppert absolviert. Heute würde ich in diesem Fall deshalb wohl anders vorgehen, und aufgrund des Anliegens, das sich auf einen persönlichen (An)teil der Klientin, ihr inneres Kind, bezogen hatte, eher nach der Aufstellungstechnik von Franz Ruppert arbeiten. Hierbei arbeitet man von Anfang an mit dem Klienten selbst und wählt für diesen keinen Stellvertreter mehr aus. So ist eine Überforderung des Klienten auch viel eher wahrzunehmen, denn oft ist es so, dass ein Stellvertreter, gerade in der Rolle des Aufstellers, immer noch bereit ist, einen (großen) Schritt weiter zu gehen, als es dem Aufsteller selbst möglich wäre – auch wenn man diesen im Verlauf einer herkömmlichen oder klassischen Aufstellung ebenfalls irgendwann gegen den eigenen Stellvertreter austauscht und ihn zumindest die letzten Schritte bis ins Lösungsbild selbst noch einmal nachvollziehen lässt.

Außerdem wird bei der Technik nach Franz Ruppert immer auch das Anliegen für die Aufstellung selbst durch einen Stellvertreter repräsentiert – was ich bei der Aufstellung mit dieser Frau aber so gesehen schon getan hatte, weil wir ja auch von Anfang an ihr inneres Kind aufgestellt hatten um das sich das Anliegen für die Aufstellung ja drehte. Diese Technik nach Franz Ruppert finde ich sehr passend bei Aufstellern, die ein endogenes Anliegen haben, das einen Teil der eigenen Persönlichkeit oder des eigenen Körpers oder auch Geistes betrifft. Mit jemandem, der beispielsweise aufstellen möchte, weil er keinen Partner finden kann, ständig in zwischenmenschliche Streitereien verwickelt ist oder nicht mit Geld umgehen kann – jemand, der also eher ein exogenes Anliegen hat –, mit dem würde ich immer eher nach einer systemischen Variante arbeiten oder aber mit einem sogenannten Psychodrama beginnen. Hierbei stellt man gewisse Situationen nach und schaut, wie der Klient darauf reagiert. Danach erst fange ich dann mit einer systemischen Arbeit an, die vielleicht klärt, woher die »abnormen« Verhaltensweisen des Klienten stammen. Denn so, wie ich finde, dass eine Therapiemethode nicht für jeden Klienten oder jedes Anliegen richtig oder passend ist, finde ich auch, dass nicht jede Technik innerhalb einer bestimmten Therapiemethode für jeden Klienten oder jedes Anliegen gleichermaßen gut und richtig ist. Entscheidend für die Technik, nach der ich aufstelle, ist aber immer auch die Vorerfahrung meines Klienten sowie seine psychische und physische Verfassung. Jemand, der kaum oder keine Erfahrung mit der Aufstellungsarbeit hat, ist meiner Meinung und Erfahrung nach auch eher überfordert, wenn er selbst von Anfang an in seiner eigenen Aufstellung mitwirkt. Jemand, der aus gesundheitlichen Gründen geschwächt ist, tut ebenfalls gut daran, sich erst einmal durch einen Stellvertreter repräsentieren zu lassen – wobei ich heute allerdings immer sehr genau darauf achte, ob mein Klient die einzelnen Schritte seines Stellvertreters auch wirklich innerlich nachvollziehen kann. Notfalls bitte ich meinen Klienten, dass er einfach »Stopp« sagt, wenn er in seiner Aufstellung etwas sieht, was ihm zu viel ist oder was er nicht versteht. Auch habe ich festgestellt, dass jemand, der mit der Aufstellungsarbeit gänzlich unerfahren ist, mit einer stillen Aufstellung oder dem stillen Stellen, wie es in den letzten Jahren von Bert Hellinger eingeführt wurde, ebenfalls überfordert ist, weil es bei dieser Technik noch schwieriger ist, das, was sich zeigt, nachzuvollziehen. Diese Aufstellungen wirken gerade durch die stumme Ausdrucksweise einzig durch Gestik oder Mimik und Bewegung oder Laute, aber ohne Worte, für Laien eher wie Rollenspiele. Kann ein Klient das, was sich aus seiner Aufstellung ergibt, egal aus welchen Gründen, jedoch nicht nachvollziehen oder begreifen, wird er es auch nicht umsetzen!

Aber *damals*, im Sommer des Jahres 2009, hatte ich noch nie von Franz Ruppert gehört, und *heute* würde ich einer solchen Klientin nach ihrer Aufstellung auch dazu raten, noch eine Weile zur Gesprächstherapie zu gehen, um so ihr inneres Kind ein wenig besser kennenzulernen. Was ich aber niemals machen würde, ist, mich während einer Aufstellung mit einem Stellvertreter auf einen Machtkampf einzulassen, egal ob sein Verhalten aus seiner Rolle kommt oder wie im Fall meiner Bekannten etwas Persönlichem entspricht. Am Ende jeder Aufstellung befrage ich auch immer noch einmal alle Stellvertreter nach ihrem Befinden, bevor ich sie mit dem Satz »Vielen Dank euch allen, geht raus aus euren Rollen« wieder entlasse.

Nach der Aufstellung mit dem inneren Kind ging es allen Stellvertretern jedenfalls wieder gut, außer natürlich meiner Bekannten, die beklagte, dass die Person, die sie in der Aufstellung verkörpert habe, ihren Frieden noch nicht gefunden habe. Sie meinte, als gute Aufstellungsleiterin hätte ich darauf eingehen und mich mit ihr auseinandersetzen müssen – was ich aber nicht getan hatte. Das Anliegen meiner Klienten war geklärt, und sie hatte den Kontakt zu ihrem inneren Kind hergestellt, wenn auch mit wechselnden Gefühlen.

Jede Technik hat ihre Vor- und Nachteile. So vermisse ich bei der Technik nach Franz Ruppert beispielsweise oft das Phänomenalistische, das einer herkömmlichen Aufstellung innewohnt. Dieser Ausdruck stammt nicht von mir, sondern von einem Freund, mit dem ich gern über Aufstellungen diskutiere. Je mehr der Aufsteller, der ja bei dieser Technik selbst in seiner Aufstellung steht und nicht durch einen Stellvertreter repräsentiert wird, über die Regeln dieser Technik weiß, desto größer wird meiner Meinung nach auch die Gefahr, dass er lediglich einer Erwartungshaltung folgt. Gleiches gilt zu Teilen auch für die Stellvertreter, die bei dieser Technik die Rolle des Anliegens übernehmen. Deshalb ist es für mich, wenn ich nach dieser Technik arbeite, immer sehr wichtig, dass Aufsteller und Stellvertreter so wenig wie möglich über die Regeln dieser Technik wissen – und dann ist auch wieder das Phänomenalistische da, was die Aufstellungsarbeit meiner Meinung nach so außergewöhnlich und bemerkenswert macht.

Noch zwei Dinge zu den eben erwähnten Lösungssätzen: Bert Hellinger hat unter anderem auch herausgefunden, dass gewisse Formulierungen in Aufstellungen eine große lösende Kraft erzeugen können. Diese Formulierungen oder Sinnsprüche bezeichnet man in Aufstellungen deshalb allgemein als Lösungssätze, weil sie meist auch zur Lösung beitragen. Wie im eben erwähnten Fall, wo der Lösungssatz dazu beitrug, dass das innere Kind seine Angst schließlich überwinden konnte.

Wie gesagt, hatte ich *damals* unzählige dieser Lösungssätze auswendig gelernt, und statt auf meine Intuition (aus der rechten Gehirnhälfte) zu achten, die mir schon an der richtigen Stelle die richtigen Wörter *vorgesagt* hätte, suchte ich in meinem Gedächtnis (aus der linken Gehirnhälfte) nach einem passenden Spruch, den ich auswendig gelernt hatte. Der Freund meiner Bekannten machte sich dies zunutze, und als er in einer Rolle als Stellvertreter von mir gebeten wurde, einen dieser Lösungssätze nachzusprechen, erklärte er, dass Hellinger dies aber so nie gesagt hätte, und weigerte sich. Dann drehte er sich zu seiner Freundin um und meinte, dass sie doch sicherlich einen Lösungssatz kenne, der korrekt sei. Sie stand zwar ebenfalls in dieser Aufstellung in einer Rolle, hatte aber kein Problem, sich sofort daraus zu lösen und ihrem Freund einen Lösungssatz zu sagen, auf den dieser dann auch prompt reagierte. Ich ließ sie beide gewähren. Doch am Abend setzte ich mich zu Hause hin und markierte alle Lösungssätze in allen Büchern Hellingers mit Textmarker und die Seiten zusätzlich mit Klebezetteln. Am nächsten Tag nahm ich dann alle Bücher mit zum Seminar. Als der Freund meiner Bekannten mich bald darauf wieder belehrte, suchte ich den betreffenden Spruch aus dem passenden Buch und rieb ihn ihm unter die Nase. Dort stand es genau so, wie ich es gesagt hatte. Dabei versuchte ich die Angelegenheit herunterzuspielen und ließ mir meinen Ärger auch nicht anmerken.

Eine ganz andere Sache ist es allerdings, wenn ich einen dieser Lösungssätze vorschlage und der betreffende Stellvertreter empfindet ihn, *aus seiner Rolle heraus*, nicht als richtig oder passend. Dann verzichte ich darauf und suche einen anderen Weg. Einige dieser Lösungssätze, wie man sie auch in Büchern mit Sinnsprüchen findet, verwende ich immer noch, wenn sie mir denn passend erscheinen. Aber mittlerweile ist es meist so, dass mir meine Intuition während einer Aufstellung das Richtige im richtigen Moment zuflüstert und ich nur noch selten einen dieser Lösungssätze anwende. *Damals* gaben mir diese »vorgefertigten Lösungssätze« Sicherheit, wenn ich in einer Aufstellung wieder einmal an einen Punkt kam, an dem ich mich fragte, was zum Donnerwetter ich hier überhaupt machte und ich mal wieder keinen blassen Schimmer hatte, wie der nächste Schritt aussehen könnte. In solch einem Moment tue ich nun eigentlich nichts mehr, außer abzuwarten. Manchmal setze ich mich dann einfach hin, und wir alle warten – bis wieder etwas geschieht, eine Bewegung oder eine Äußerung innerhalb der Aufstellung, und ich meinen roten Faden wiederfinde ...

Das erste große Seminar – Tag II

... woran würde ich merken, dass ich gut gearbeitet habe?

Ich merke es oft an den Gesichtern meiner Klienten nach ihrer Aufstellung oder wenn ich sie einige Zeit später wiedertreffe. Aber am deutlichsten spüre ich es wohl an meinem Bauchgefühl, das mir sagt, ob ich gut gearbeitet habe oder nicht. Ich versuche, immer gleich *sorgfältig* zu arbeiten, egal ob es sich um einen Klienten handelt, den ich schon kenne und den ich vielleicht besonders mag, oder ob es sich um jemanden handelt, der zum ersten Mal zu mir kommt. Trotzdem, wenn ein Klient die Möglichkeiten, die sich aus der »Zusammenarbeit« mit mir ergeben, nicht nutzt oder dies anscheinend keine Wirkung entfaltet, suche ich die Ursache dafür auch immer noch ein Stück weit bei mir und frage mich, was ich anders oder besser hätte machen können oder sollen.

Und vielleicht hätte ich tatsächlich nie wieder eine Aufstellung geleitet, wenn nicht die letzte Aufstellung am Sonntagabend meines ersten Seminars in Familienstellen gewesen wäre. Die Klientin hatte sich ebenfalls ganz spontan zum Aufstellen entschlossen. Ich glaube, bei diesem ersten Seminar waren besonders viele gute Geister und Seelen anwesend, die mich irgendwie unterstützten und mir wohlgesinnt waren. In einem seiner Bücher hat Bert Hellinger dazu geschrieben, »dass Anfänger (Aufstellungsleiter), die es noch nicht so gut können, größere Erfolge haben, als jene, die schon viel können. Das hat damit zu tun, dass die Seele des Klienten dabei mehr gefordert wird und den Rest selbst macht.«[3] Ich würde dem noch gern einen weiteren Satz hinzufügen: *Solange der Aufstellungsleiter reinen Herzens ist und in guter Absicht handelt.*

---

3 Bert Hellinger: Die Quelle braucht nicht nach dem Weg zu fragen. Heidelberg 2007. S. 224.

FALLSTUDIE VII

Bei dieser Klientin handelte es sich um eine Frau Mitte oder Ende 30, die sich nichts sehnlicher wünschte als einen Partner fürs Leben. Doch mit den Männern schien sie kein Glück zu haben. Hinzu kam, dass ihre Eltern schon verstorben waren, und zu der einzigen noch lebenden Verwandten, ihrer Schwester, hatte sie kaum Kontakt. Sie fühlte sich sehr allein.

Als Stellvertreterin für ihre eigene Person wählte die Klientin meine Bekannte aus. Als Erstes stellte ich dieser dann mehrere Männer aus der Gruppe von teilnehmenden Beobachtern gegenüber, als mögliche Partner für eine feste Beziehung. So konnte ich mir ein Bild davon machen, wie meine Klientin auf die Kandidaten wirkte und wie diese sich ihr gegenüber verhielten. Die Betonung des Anliegens lag ebenfalls ganz bewusst auf »Partner für eine *feste* Beziehung oder Lebenspartner« – und warum sie diesen nicht finden konnte.

Genau wie meine Klientin es mir in der vorangegangenen Pause und unter vier Augen beschrieben hatte, zeigte keiner der Kandidaten ein ernst zu nehmendes Interesse an ihr. Auf meine Frage, woran dies läge, erklärten alle Kandidaten einstimmig, es läge nicht an ihnen, aber sie hätten nicht das Gefühl, als meine es die Frau ehrlich mit ihnen. Den Männern kam es so vor, als sei sie es, die nur mit ihnen spiele und in Wirklichkeit gar nicht mehr zu haben sei, sondern schon vergeben und als suche sie lediglich ein kurzes Vergnügen.

Meine Klientin hüpfte derweil auf ihren Stuhl hin und her und rief, dass sei verrückt, aber genau solche Sprüche würde sie ständig von Männern hören, mit denen sie einmal ausgegangen wäre. Irgendwie glaubte ihr keiner, dass sie wirklich noch zu haben und an einer festen Beziehung interessiert war!

Nun galt es, den Grund dafür herauszufinden, warum meine Klientin auf Männer generell als »nicht zu haben« wirkte, und ich bat sie, ihre Eltern aufzustellen. Als Stellvertreter für ihren Vater wählte sie Theo aus. Es war ein wenig erschreckend, wie schnell er in seiner Rolle ankam, und wahrscheinlich hatte er sich schon in der Rolle befunden, noch bevor er überhaupt auserwählt wurde. (So etwas geschieht häufiger, und in der Regel lenkt das morphische Feld dann die Schritte des Aufstellers auch ganz gezielt in die Richtung der Person, die die Energie dieser Rolle schon aufgefangen hat, damit sie für ebendiese Rolle auch ausgewählt wird.)

Theo baute sich jedenfalls fast augenblicklich in besitzergreifender Positur vor meiner Bekannten auf, die ja in der Stellvertreterrolle der Aufstellerin stand, und versperrte ihr so den Weg und den Blick auf die männlichen Kandidaten. Meine Bekannte wollte daraufhin weg von Theo, doch der packte sie blitzschnell und hielt sie mit beiden Armen fest und sagte: »Du gehörst mir!«

Ich hatte mich selbst noch nicht in das Feld der Aufstellung begeben und saß abwartend auf meinem Platz neben der Klientin. Als meine Klientin jedoch sah, was die Stellvertreter zeigten, meinte sie, sie müsste mir vielleicht doch noch etwas erzählen, und so erfuhr ich, dass ihr Vater zu Lebzeiten die einzige feste Beziehung zerstört hatte, die sie jemals gehabt hatte. Er hatte seiner Tochter damals immer eingeredet, ihr Freund sei nicht gut genug für sie und so lange zwischen beiden intrigiert, bis meine Klientin die Beziehung schließlich beendete, obwohl sie dies lange Zeit bedauerte.

Theo, der dies ebenfalls gehört hatte, nickte und sagte, dass kein Mann gut genug für sein Mädchen sei – außer ihm selbst. Dabei erweckte er nicht den Eindruck, als handele er zum Wohle seiner Tochter oder um diese zu schützen. Sein Verhalten war eher als eigennützig zu interpretieren. Währenddessen versuchte meine Bekannte, sich aus Theos Griff zu befreien, was ihn aber irgendwie nur noch mehr anspornte, sie noch fester zu packen. Auch auf ihre Worte, dass Theo sie endlich loslassen solle, reagierte dieser nur mit einem irren Lachen. Was sich hier zeigte, war ganz klar eine Besetzung, und bei dieser Aufstellung kam mir meine Erfahrung auf diesem Gebiet durch meine Arbeit als Reinkarnationstherapeutin auch sehr zugute. Doch zuerst wollte ich den Gedanken an eine Besetzung trotzdem wieder verwerfen, weil systemisches Familienstellen oft gar nicht so spiritistisch ist und ich auch endlich einmal mit einer therapeutischen Methode arbeiten wollte, die nichts mit »Geistern« zu tun hatte. Heute bin ich allerdings heilfroh, dass ich letztlich meinem Bauchgefühl gefolgt bin.

Meiner Klientin selbst stiegen beim Anblick dieses Szenarios jedenfalls die Tränen in die Augen. Als Erstes erklärte ich ihr nun, was wir hier sahen. Daraufhin fing sie fürchterlich an zu weinen und meinte, ihr Vater sei ein sehr liebevoller und guter Mensch gewesen, der immer nur das Beste für sie gewollte habe. Sie sagte, sie sei immer sein Liebling gewesen, und deshalb konnte sie sich auch nicht vorstellen, dass er immer noch zu verhindern versuchte, dass sie endlich einen Mann fand und glücklich wurde. Weil meine Klientin selbst Karten legte und etwas Erfahrung mit Engelkommunikation hatte, wusste sie auch ganz genau, was eine Besetzung ist, und »rein theoretisch« glaubte sie auch daran, dass es so etwas wie Besetzungen gab.

Ich würde eine Besetzung jedoch niemals ohne die ausdrückliche Einwilligung meines Klienten ablösen, und so überließ ich auch in diesem Falle die Entscheidung meiner Klientin. Weil sie sich nicht vorstellen konnte, dass ihr Vater sie besetzt hatte, obwohl sie unter Tränen berichtete, sie habe schon sehr oft das Gefühl, als sei er noch »irgendwie bei ihr«, schlug ich ihr vor, dass sie selbst einmal den Platz ihrer eigenen Stellvertreterin einnehmen solle.

Auch meine Bekannte, in der Rolle der Klientin, fühlte sich durch den Vater, Theo, besetzt. Dieser hielt sie im Klammergriff, und mittlerweile hatte meine Bekannte ihren Widerstand auch aufgegeben. Allerdings war sie nicht damit einverstanden, jetzt schon gegen die Aufstellerin selbst ausgetauscht zu werden, und meinte, ein guter Aufstellungsleiter warte damit immer bis zum Schluss einer Aufstellung, wenn das Lösungsbild klar ersichtlich wäre!

In diesem speziellen Fall lagen die Dinge aber anders. Meine Klientin musste für sich eine wichtige Entscheidung treffen, und meinem Gefühl nach konnte sie dies nur, wenn sie selbst in ihrer Rolle stand und spürte, wie sich die »Umarmung« ihres Vaters anfühlte. Meine Bekannte wollte ihren Platz aber nicht diskussionslos räumen. Doch dann mischte sich meine Klientin ein und sagte, sie wolle wirklich gern selbst spüren, wie es sich anfühlte, – stand auf und kam zu uns herüber. Theo reagierte wieder blitzschnell, ließ meine Bekannte los und griff sich statt ihrer nun meine Klientin.

Theo betreibt immer noch regelmäßig Kraftsport und ist mit seinen, wenn auch nicht mehr ganz fettfreien, knapp 115 Kilo Gewicht ziemlich kräftig. Meine Klientin war eher zierlich und wog vielleicht die Hälfte. Normalerweise hätte Theo auch nie so zugepackt, und ich erschrak selbst ein wenig über sein schon fast als roh und grob zu bezeichnendes Vorgehen. Habgierig wandte er sich mit meiner Klientin von uns ab und knurrte, dass sie nur ihm gehöre und kein anderer ein Recht auf sie habe.

Meiner Bekannten, die immer noch mit vor der Brust verschränken Armen im Raum stand und ihren Missmut durch fest aufeinandergepresste Lippen noch zu unterstreichen versuchte, dankte ich für ihre Bemühungen. Ich sagte ihr, dass ich sie hiermit aus der Rolle entlassen würde, und dann bat ich sie, sich wieder zu setzen. Widerwillig kam sie schließlich meiner Bitte nach.

Auch die Stellvertreter, die als mögliche Partner für eine feste Beziehung gestanden hatten, bat ich nun darum, erst einmal wieder Platz zu nehmen, auch wenn ich sie später eventuell noch einmal benötigen würde. Bei einer Aufstellung passieren oft mehrere Dinge zeitgleich, und deshalb sollte ich an dieser Stelle wohl auch noch erwähnen, dass die Stellvertreterin der Mutter meiner Klientin von Anfang an eher mit sich selbst beschäftigt gewesen war und sich dann auf den Rücken legte – jedoch mit abgewandtem Gesicht zu ihrem Mann und der Tochter. Wie gesagt, beide Elternteile waren schon verstorben, und so wie es aussah, war die Seele der Mutter ganz im Gegensatz zu der ihres Mannes auch relativ im Frieden.

Ich kümmerte mich wieder um meine Klientin. Sie weinte wieder, wehrte sich aber nicht gegen Theos eisernen Griff, sondern hing leblos in seinen Armen. Dann sagte sie, dass sie es irgendwie wohl immer schon geahnt habe und dass sie die Besetzung nun deutlich spüre, aber nicht nur weil Theo sie durch seinen Klammergriff so wirkungsvoll zum Ausdruck brachte. Meine Klientin spürte deutlich die vertraute Energie ihres Vaters und war hin und her gerissen. Auf der einen Seite fühlte sie, dass die Besetzung durch ihren Vater nichts Gutes hatte, und auf der anderen Seite weinte sie, weil sie befürchtete, nach seiner Ablösung noch einsamer zu sein.
Diese Befürchtung gab dem Vater noch mehr Kraft, und Theo fungierte nur als sein Sprachrohr, als er sagte, dass meine Klientin nicht auf mich hören solle. Er würde immer gut für sie sorgen und er würde sie auch nie verlassen, also bräuchte sie auch keine Angst vor der Einsamkeit haben. Die Entscheidung lag bei meiner Klientin: Wollte sie die echte Chance auf einen Lebenspartner aus Fleisch und Blut? Oder genügte ihr die geistige Präsenz ihres Vaters? Bei dieser Frage warf Theo mir böse Blicke zu und fing an, übelste Verwünschungen bezüglich meiner Person auszustoßen. Voller Faszination nahm ich zur Kenntnis, dass Theo in diesem Augenblick tatsächlich von der Seele des Vaters heimgesucht wurde und wie sich ein fremdes Gesicht, wie ein verblasstes Schwarz-Weiß-Foto über sein Gesicht zog.

Meine Klientin spürte jedoch, dass ihr Vater tatsächlich nur eigennützig handelte und dass seiner Energie nun etwas Boshaftes anhaftete, was sie wiederum nicht verstehen konnte, weil er zu Lebzeiten immer nur ihr Wohlergehen im Sinn gehabt hatte. Theo beteuerte, dass er auch jetzt bloß um ihr Wohlergehen besorgt sei, und ich spürte ganz deutlich, dass er sich am Liebsten mit meiner Klientin aus dem Staub gemacht und mit ihr zusammen den Raum verlassen hätte. Um dem vorzubeugen und auch noch aus einem anderen Grund heraus, wies ich eine der Seminarteilnehmerinnen an, in der Ecke neben der Tür zwei Stühle zu positionieren – so war Theo unter anderem auch der Fluchtweg versperrt.

Auf mich reagierte Theo mit Aggression und sein Gesicht bekam nun etwas Diabolisches. Faszinierend, wenn man bedenkt, dass ich diesen Mann damals immerhin schon 16 Jahre kannte und mir diese Gesichtszüge bislang verborgen geblieben waren.

Passiert so etwas während einer Rückführung, begegnet mein Klient seiner Besetzung auf einer spirituellen Ebene, der sogenannten Seelenebene und auf mentale Weise in einem überbewussten Zustand. Die Kommunikation findet dabei auf telepathischem Wege statt, und außer meinem Klienten und mir ist dann in der Regel auch niemand anderes anwesend, um dessen Wohlergehen ich mich sorgen muss – jedenfalls niemand aus »Fleisch und Blut«. Bei einer Aufstellung indes sitzen viele Personen am Rand, auf die ich ebenfalls ein Auge werfen muss.

Aus den Augenwinkeln heraus bemerkte ich, dass einige Teilnehmer nun ganz schön blass um die Nase geworden waren. Bislang hatte ich Theo auch noch keine Aufmerksamkeit zukommen lassen und mich ganz bewusst nur um meine Klientin in seinen Fängen gekümmert. Seine Kommentare hatte ich reaktionslos hingenommen. Doch nun bekam ich von meiner Klientin ein klares Ja zur Ablösung der Besetzung und wandte mich zum ersten Mal Theo zu. Wichtig ist, dass man auch Besetzungen oder anderen Wesenheiten, selbst wenn sie wie in diesem Falle eher als negativ oder aufdringlich zu bezeichnen sind, immer mit Respekt und ohne Vorwürfe begegnet – und vor allem auch ohne Angst.

Manche Seelen, die einen (menschlichen) Körper besetzen, wissen gar nicht, dass ihr eigener Körper tot ist, und besetzen einen Menschen dann auch eher aus einer Not oder einem Reflex heraus. Oft wissen sie zudem gar nicht, dass es nicht ihr eigener Körper ist, den sie da besetzen, gerade wenn es sich dabei um jüngere Seelen handelt, deren eigener Körper ganz plötzlich und unerwartet verstarb. Diese Seele hier wusste allerdings ganz genau, dass ihr eigener Körper tot war, und sie hatte sich auch ganz bewusst an den Körper angedockt, der die Seele der eigenen Tochter beherbergte.

Als ich mich nun Theo zuwandte, knurrte er mich an, ich solle ihn in Ruhe lassen, und suchte den Blickkontakt mit meiner Klientin, die er immer noch mit beiden Armen fest umschlungen hatte. Ich sagte ihr, dass sie seinen Blicken nach Möglichkeit ausweichen solle und ihren Blick besser auf den Boden richten könne. Doch meine Klientin wünschte sich auch, das Verhalten ihres Vaters zu begreifen und zu verstehen, und suchte in seinen Augen nach einer Erklärung für sein übles Verhalten.

Also erklärte ich ihr, dass es gut möglich sei, dass die Seele ihres Vaters sich erst in letzter Zeit so entwickelt habe, weil sie schon sehr lange bei ihr angedockt war. Immerhin war ihr Vater schon viele Jahre tot. Je länger eine Seele als Besetzung existiert (oder sich zumindest weigert, in die geistige Welt einzukehren), desto mehr entfremdet sie sich von ihrem ursprünglichen Charakter und ihrem kosmischem Plan.

Deshalb ist es auch grausam, eine Besetzung zwar abzulösen, sie dann aber nicht ins Licht zu führen. Manche Menschen, die sich auf das Ablösen von Besetzungen spezialisiert haben, machen dies auch deshalb nicht, weil sie meinen, sie müssten die Seele für ihr Tun bestrafen, und tun dies, indem sie sie nach der Ablösung ganz bewusst sich selbst überlassen. Mittlerweile gehen meine Vermutungen sogar in die Richtung, dass viele dieser sogenannten negativen Wesenheiten in Wirklichkeit nichts anderes als arme, verirrte Seelen sind, die einmal als Besetzung zwar abgelöst, dann aber sich selbst überlassen wurden. Wie bei einem Menschen auch, der ohne soziale Kontakte keine Zuneigung und Wärme erfährt, verwahrlosen diese Seelen dann. Sie erinnern sich irgendwann nicht mehr an ihre Herkunft oder ihre Seelenfamilie und werden – asozial.

Dies leuchtete auch meiner Klientin ein, und schließlich gelang es ihr schweren Herzens, den Blick von Theo abzuwenden und auf den Boden zu blicken. Dabei weinte sie herzzerreißend, und für einen winzigen Augenblick hatte ich Mitleid und war versucht, diese Verbindung nicht zu lösen. Dass Theo nun keinen Blickkontakt mehr zu meiner Klientin hatte, trieb ihn schier zur Verzweiflung, und er versuchte, sich nun kleiner als meine Klientin zu machen – um ihr von unten doch wieder in die Augen blicken zu können, ohne sie dabei aber auch nur einen Millimeter aus seinem Griff freigeben zu müssen. Er heulte vor Wut und alles, was ich tun konnte, war dabei zuzusehen.

Erst flehte Theo meine Klientin an, ihn wieder anzusehen, dann befahl er es ihr, und als das nicht half, schrie er sie an. Ich blieb ganz ruhig und sagte ihr, sie solle nicht auf ihn hören. Wenn sie ihren Vater und sich selbst retten wolle, müsste sie stark bleiben. Theo warf mir vernichtende Blicke zu und verwünschte mich erneut. Ich kenne dies jedoch aus den Rückführungen, wenn meine Klienten mir berichten, die Besetzung wehre sich gegen mich als Therapeutin. In diesem Punkt bilden Besetzungen (oder zur Zeit nicht inkarnierte Seelen) keine Ausnahme: Im Zustand der Rage kann man – auch mit einer ansonsten durchaus intelligenten »Lebensform« – weder diskutieren noch arbeiten. Deshalb ignorierte ich Theo weitestgehend.

Als seine Versuche, wieder Blickkontakt mit meiner Klientin zu erlangen, fehlschlugen und auch sein Fluchen zu nichts führte, ließ er sie schließlich schweren Entschlusses mit einem Arm los und versuchte nun, mit der freigewordenen Hand ihren Kopf wieder anzuheben. Aber auch das funktionierte nicht, weil meine Klientin ihr Kinn fest auf ihr Brustbein gepresst hielt.

Zugegeben, irgendwo in meinem Hinterkopf war auch ein besorgter Gedanke, dass Theo meine Klientin vielleicht verletzen könne oder dass diese Aufstellung schlimmere traumatische Folgen für diese Frau haben würde als alles andere. Und natürlich hätte ich Theo raten können, nicht so tief in die Rolle hineinzusteigen, aber das kam mir in diesem Augenblick wirklich sehr grotesk vor, denn das, was Theo dort heimgesucht hatte, ging weit über die gewöhnliche Energie hinaus, die man aus einer Stellvertreterrolle heraus wahrnimmt. Theo war jedenfalls ganz in der Energie des Vaters gefangen – so wie seine Tochter in Theos Griff gefangen war –, und vielleicht verfügte Theo in dieser Gefangenschaft auch nur über die tatsächliche körperliche Kraft, die der Vater meiner Klientin einst besessen hatte und die anscheinend geringer war als seine eigene. Oder die wahre Liebe des Vaters zu seiner Tochter, die es ja auch gegeben hatte, verhinderte tatsächlich Schlimmeres.

Und so warteten wir ab. Theos anfängliche Wut schlug dann in Verzweiflung um und schließlich in Hilflosigkeit. Nun war er es, der weinte. Doch es war noch zu früh, Mitgefühl zu zeigen, und ich warnte meine Klientin auch, ihren Blick nun schon wieder anzuheben – woraufhin Theo gleich wieder zu fluchen anfing und mich verwünschte. Als er merkte, dass er, egal was er auch versuchte, keinen Blickkontakt mehr zu meiner Klientin herstellen konnte, fasste er sie wieder mit beiden Armen in seinen Klammergriff, wandte sich mit ihr zusammen von mir ab und sagte zu mir in trotzigem Ton: »Bekommen tust du sie aber trotzdem nicht!«

Wichtig ist, dass man sich nie mit einer Besetzung auf einen Machtkampf ein-lässt. Aber ich muss zugeben, dass ich es hier mit einer ausgesprochen hartnä-ckigen Besetzung zu tun hatte, was vielleicht auch erklärt, warum ausgerechnet Theo diese Rolle bekam. Er kann ebenfalls stur wie ein Maulesel sein. Aber so schnell gebe ich nicht auf. Ich bat nun eine der teilnehmenden Beobachte-rinnen, die sich noch ganz gut im Griff zu haben schien, eine Kerze anzuzünden und in die Ecke neben der Tür hinter die beiden bereits dort aufgestellten Stühle zu stellen. Mit den Stühlen markierte ich den Eingang zur geistigen Welt, der durch die Kerze symbolisiert wurde. Obwohl Theo selbst keine Ahnung hatte, wie man eine Seele ins Licht führte, begriff er aus der Rolle heraus sofort, was ich vorhatte, und wich instinktiv vor der Kerze zurück. Für mich ein weiterer Beweis dafür, wie tief er in dieser Rolle gefangen war.

Als ich sah, dass er vor dem Licht zurückwich, fragte ich ihn, wovor er denn Angst habe. Ich erklärte ihm, dies sei die geistige Welt, sein Zuhause, und dort gäbe es nichts, vor dem er sich fürchten müsse. Doch er fürchtete sich davor, für seine Taten zur Rechenschaft gezogen zu werden, und glaubte mir auch nicht, dass man ihn in der geistigen Welt nicht irgendwie für sein Tun bestrafen würde. Zwar hielt er meine Klientin immer noch fest im Griff, doch nun drehte er sich so um, dass er sie auch irgendwie schützend zwischen sich und die geistigen Welt brachte. Hinter seiner anfänglichen Wut und Aggression kam nun immer mehr seine Hilflosigkeit und Verzweiflung – und auch Angst – zum Vorschein. Nun hatte ich den Vater meiner Klientin da, wo ich ihn haben wollte, denn in diesem Zustand konnte ich mit ihm arbeiten.

Deshalb stellte ich die Frau, die vorher auch schon die Kerze angezündet hat-te, als Engel auf und bat Theo, selbst zu spüren, ob von dem Engel irgendeine Gefahr oder Bedrohung ausgehe. Jetzt, wo die Wut aus dem Wesen des Vaters verschwunden war, nahm meine Klientin ihren Vater wieder so wahr, wie er zu Lebzeiten meist gewesen war: warmherzig und verständnisvoll. Trotzdem wies ich sie an, den Blick immer noch gesenkt zu halten, denn so ganz traute ich der Sache immer noch nicht. Aber ich bat sie auch, ihrem Vater nun zu sagen, er möge sie freigeben: »Bitte, Papa, gib mich frei.«
Theo fing daraufhin schrecklich zu weinen an, und ich bat meine Klientin, sie möge den Satz wiederholen und Theo diesmal ansehen: »Bitte, Papa, gib mich frei.« Ganz langsam und sanft gelang es uns so gemeinsam, die Besetzung abzu-lösen, auch wenn die Seele des Vaters sich immer noch weigerte, ins Licht zu ge-hen. Es dauerte noch einmal eine ganze Weile, in der ich mich intensiv um Theo

bemühte und auf seine Ängste vor Bestrafung einging, bis ich ihn schließlich dazu überreden konnte, sich dem Engel zu nähern und ihn einmal zu berühren. Sollte er dabei spüren, dass der Engel ihm nicht wohlgesinnt sei, so könnte er sich sofort wieder von diesem zurückziehen.

Meine Klientin stand zwar immer noch im Raum, aber ich hatte sie mittlerweile etwas aus der Schusslinie geholt und mehr am Rand positioniert. Ich wusste, wie allein sie sich nun vorkam und hätte ihr gern eine Freundin zur Seite gestellt, aber erst musste ich mich nun um die Seele ihres Vaters kümmern, bevor sie mir wieder entglitt. Erst nachdem Theo den Engel berührt hatte und sich in dessen Obhut wohlfühlte, wandte ich mich auch wieder meiner Klientin zu, weil ich wollte, dass sie sich gut von ihrem Vater verabschiedete. Und so ließ ich sie folgende Sätze zu ihrem Vater sagen: »Du bist mein Vater, und in meinem Herzen wirst du immer einen Platz haben. Aber du bist tot. Ich lebe noch ein bisschen, auch dir zu Ehren. Bitte schau freundlich auf mich, wenn ich von nun an mein eigenes Leben lebe und mir mein eigenes Leben gut gelingt und ich auch einen Partner finde, mit dem ich glücklich werden kann.« (Dieser Spruch – jedenfalls bis zu der Stelle, wo ich auf den Partner zu sprechen komme, ist in der Formulierung so oder zumindest sehr ähnlich einer der Lösungssätze, die Bert Hellinger kreiert hat.)

Theo in seiner Rolle weinte noch immer, nun allerdings aus Scham über sein egoistisches Verhalten seiner Tochter gegenüber. Seit wir den Vater von meiner Klientin abgelöst hatten, konnte er wieder klarer denken, und von seinem dämonischen Verhalten war nichts mehr übrig. Theo brachte dies zum Ausdruck, indem er auf einmal sehr müde war, er fühlte sich ausgezehrt und leer. Er hatte nur noch den Wunsch nach Ruhe und Frieden.

Die Stellvertreterin der Mutter hatte während der ganzen Zeit über ruhig auf dem Boden gelegen, allerdings immer mit abgewandtem Kopf. Doch als sie nun hörte, wie sehr die Seele ihres Mannes damit kämpfte, ins Licht zu gehen und welche Angst sie davor hatte, erhob sie sich, ging zu Theo hinüber und reichte ihm still die Hand. Gemeinsam mit dem Engel führte sie ihn dann ins Licht.

Bei dieser Aufstellung waren alle Beteiligten bis an die Grenzen ihrer Kraft gegangen, und ich möchte mich an dieser Stelle noch einmal recht herzlich bei allen Menschen, die damals dabei waren, für ihr Vertrauen und ihr Durchhaltevermögen bedanken. Und auch dafür, dass die meisten von ihnen immer noch regelmäßig als teilnehmende Beobachter und manchmal auch als Aufsteller an meinen Seminaren in Familienstellen teilnehmen. Ein ganz besonderer Dank geht aber an die Frau, die in dieser Aufstellung die Rolle des Engels übernahm und es trotz des anfänglich wirklich Furcht einflößenden Gebarens von Theo schaffte, die Ruhe zu bewahren und sich ihm zu nähern. Gleichzeitig war diese Frau auch die erste Person, für die ich einen Tag zuvor die erste (große) Aufstellung leiten durfte! Ihr verdanken wir auch immer die herrliche Pizzasuppe in den Pausen. *(Obwohl böse Zungen mittlerweile behaupten, ich würde nur wegen »Ulis Apfelkuchen« so gern Familienstellen veranstalten.)*

Meine Bekannte und ihr Freund verließen gleich im Anschluss an diese Aufstellung das Seminar, ohne die Abschiedsrunde abzuwarten, und meinten, sie hätten noch eine Verabredung zum Essen und müssten nun los. Wir anderen machten erst einmal Pause, obwohl es schon sehr spät war und die meisten ja am nächsten Morgen auch wieder zur Arbeit mussten.

Nach der Pause gab es eine ausgiebige Abschiedsrunde und noch eine Entlassung für Theo aus seiner Rolle. In der Regel reicht es dazu, wenn ich am Ende einer Aufstellung zu allen Beteiligten sage: »Vielen Dank für eure Hilfe, geht raus aus euren Rollen.« In einigen Fällen reicht dies aber nicht, und deshalb gibt es so eine Art »Ritual«, mit deren Hilfe Personen ihre Stellvertreterrollen besser ablegen oder loslassen können. Hierzu umfasst der Klient die Handgelenke der betreffenden Person, bedankt sich für deren Hilfe in der Aufstellung und nimmt alles, was zu ihm und zu seinem System gehört, zu sich zurück, indem er es symbolisch über die Handgelenke des anderen abstreift. Aber es kommt auch schon einmal vor, dass dies allein nicht reicht, und genau solch eine Begebenheit führte ein Jahr später dazu, dass ich auch ein besseres Verständnis für Hellingers Arbeitsweise entwickelte – aber alles der Reihe nach! In Theos Fall reichte dieses einfache Ritual der Entlassung aus einer Rolle jedenfalls, obwohl die Rolle sehr intensiv gewesen war. Aber der Vater meiner Klientin war nun im Licht und nicht nur meine Klientin, sondern auch Theo somit wieder frei.

Dennoch galt meine besondere Sorge dieser Klientin. Sie fühlte sich nun sehr leer und alleingelassen. Leider hatte sie niemanden, der zu Hause auf sie wartete und der sich um sie hätte kümmern können. Deshalb sagte ich ihr, dass sie sich jederzeit bei mir melden könne, und nahm ihr auch das Versprechen ab, dies auf jeden Fall zu tun! Sie meinte, sie wolle am nächsten Tag zum Grab ihrer Eltern fahren. Ich fand, dies war eine gute Idee.

Noch ein paar Worte zu dem aufgestellten Engel: Im Allgemeinen tendiere ich bei den Aufstellungen eher dazu, dass aufgestellte Engel oder sogenannte heilende oder lösende Elemente zwar hübsch anzusehen sind, aber eher keine wirklich lösende oder gar heilende Wirkung haben. Wenn überhaupt haben sie eher die Wirkung eines Placebos – womit meinen Klienten auf lange Sicht natürlich nicht gedient ist! Deshalb suche ich bei meiner Arbeit als Aufstellungsleiterin auch immer vorrangig nach systemischen und therapeutischen Lösungen. Wenn es sich aber wie in diesem Fall um eine tatsächliche Besetzung handelt oder sich in einer Aufstellung zeigt, dass die Seele eines verstorbenen Ahnen nicht im Frieden ist – und dieser Aspekt für das Anliegen des Klienten relevant ist –, *dann* nehme ich ggf. die Hilfe von Engeln sehr gern in Anspruch, weil sich die Aufstellung dann auch auf einer sehr spirituellen Ebene bewegt. Geht es jedoch um ein Thema wie etwa den Konflikt zwischen Eltern und Kind in der Gegenwart, bewege ich mich in der Regel auf einer rein systemischen Ebene – ein Engel wäre da genauso fehl am Platze wie ein lapidar hingestelltes lösendes Element. Natürlich gibt es für die allermeisten Anliegen immer auch eine Lösung, aber ich muss diese Lösungsmöglichkeit genau benennen können, damit ich auch weiß, wie der Weg dorthin zumindest aussehen *könnte*. Nichtsdestotrotz ignoriere ich nie die Randwahrnehmungen unter den verbliebenen teilnehmenden Beobachtern einer Aufstellung, und so geschieht es auch hin und wieder, dass sich ein Engel oder gar ein Teufel in den Aufstellungen zeigten. Meist sind es aber eher Energieformen oder Energiewesen, die sich durch einen menschlichen Stellvertreter zu Wort melden und die durch die Art und Weise, wie sie sich verhalten, eher als positiv oder eher als negativ einzustufen sind. Doch bei genauerer Betrachtung entpuppen sich auch diese Energieformen oder *Schimären* sehr oft »bloß« als Persönlichkeitsanteile einer Person, die schon in der Aufstellung durch einen Stellvertreter repräsentiert wird – zumeist die des Aufstellers selbst. Es geht dabei um Persönlichkeitsanteile, die die betreffende Person tief in sich begraben oder fast vergessen hat, weil sie sie mit etwas verbindet, was ihr unangenehm ist und weshalb sie sich schämt oder wovor sie sich fürchtet. Manchmal hat der Betreffende diese Anteile auch vom Rest seiner Persönlichkeit abgespalten, weil er sie mit etwas Traumatischem in Verbindung bringt und diese Abspaltung so gesehen sein Überleben vereinfacht oder überhaupt erst möglich gemacht hat. Und manchmal sind es auch Persönlichkeitsanteile, über die der Betreffende sehr wohl Bescheid weiß und denen er ab und zu auch durchaus »freien Lauf« lässt, die er aber gerade vor seinem gewohnten Umfeld lieber verheimlicht. Festzustellen, ob es sich nun um irgendwelche übernatürlichen Wesen handelt, um eine Besetzung oder Persönlichkeitsanteile, ist jedoch gar nicht so einfach. Obwohl ich dabei auch immer meiner Intuition folge, könnte ich dies nicht mit gutem Gewissen, hätte ich nicht mittlerweile auch genug Erfahrung in der Traumatherapie und im Umgang mit abgespaltenen Persönlichkeitsanteilen.

Ich frage mich, wie viele unerfahrene Rückführungsbegleiter nicht schon eine vermeintliche Besetzung bei ihrem Klienten abgelöst und dabei in Wirklichkeit abgespaltene Persönlichkeitsanteile ins Licht geschickt haben. Ich glaube, dass es sich in 90 % der Fälle wohl immer eher um abgespaltene Persönlichkeitsanteile als um eine tatsächliche Besetzung handelt. Dies würde auch die hohe Zahl von angeblichen Besetzungen erklären, über die immer gern berichtet wird.

Abgespaltene Persönlichkeitsanteile gilt es jedoch immer in die Psyche einer Person zurückzuintegrieren. Andersherum frage ich mich aber auch, wie viele Psychotherapeuten ihre Klienten falsch behandeln, weil sie eine Besetzung für einen abgespaltenen Persönlichkeitsanteil halten! Zum Thema Besetzungen und Wesenheiten hat übrigens Jan Erik Sigdell gerade ebenfalls ein neues Buch veröffentlicht, das vielleicht ein wenig mehr Klarheit schafft. Es heißt »Unsichtbare Einflüsse«.

Woran ich merke, dass ich gut gearbeitet habe? Ein paar Monate später lernte diese Klientin einen Mann kennen, und sie schrieb mir, dass sie überglücklich sei. Sie war sich sicher, endlich den richtigen Mann fürs Leben gefunden zu haben. Seitdem sind fast drei Jahre vergangen, jetzt, wo ich über ihre Aufstellung schrieb, fragte ich mich, ob sie wohl immer noch mit diesem Mann zusammen sei. *Zufälligerweise* traf ich gleich einige Tage später eine Bekannte dieser Frau, die mir bestätigte, dass sie und dieser Mann immer noch zusammen seien, mittlerweile auch zusammenwohnten und meine ehemalige Klientin in dieser Beziehung wohl immer noch sehr glücklich sei.

Ursprünglich hatte ich ja am Ende ihrer Aufstellung damals geplant gehabt, nach der Ablösung der Besetzung die Kandidaten für eine feste Beziehung noch einmal aufzustellen, um zu sehen, wie diese nun auf meine Klientin reagierten. Aber dazu war es nicht mehr gekommen. Irgendwie hätte es nach alledem, was sich in der Aufstellung gezeigt hatte, auch etwas Geschmackloses gehabt.

Natürlich weiß ich nicht, ob die Aufstellung damals tatsächlich irgendetwas dazu beigetragen hat, dass der Wunsch dieser Frau nach einer festen Partnerschaft endlich in Erfüllung ging – aber ich bilde es mir zumindest gern ein. Unabhängig davon war mein Bauchgefühl bei dieser Aufstellung sehr gut gewesen, und ich weiß, dass ich eine sehr gute Arbeit abgeliefert habe, auch wenn man bei dieser Aufstellung sicherlich nicht von einer Aufstellung im klassischen Sinne sprechen kann! Jedenfalls führte diese Aufstellung dazu, dass ich als Aufstellungsleiterin weitermachte und meine Entscheidung dazu stand fest, lange bevor ich erfuhr, dass diese Klientin nun einen Partner gefunden hatte und glücklich geworden war.

Zugegeben, zuerst hatte ich mich ein wenig darüber geärgert, dass sich gleich bei meinem ersten Seminar in Familienstellen etwas zeigte, was von den meisten Psychotherapeuten eher strikt abgelehnt wird und mich in die Esoterikecke drängte, in die ich nicht hineinwill und in die ich auch nicht hineinpasse! Doch damals hatte ich auch noch nie ein Seminar bei Bert Hellinger besucht, wo ebenfalls oft Dinge geschehen, die mit dem rationalen Verstand nicht zu erklären sind.

Einige Zeit später besuchte ich jedoch das Seminar eines Aufstellungsleiters, der alles Übersinnliche strikt ablehnt und auch nicht an die Wiedergeburt oder die Unsterblichkeit der Seele glaubt. Auch die meisten anderen Seminarteilnehmer teilten seine Sichtweise, und ich fühlte mich deshalb dort auch ein wenig als Außenseiterin. Jedenfalls machte dieser Aufstellungsleiter dann eine Aufstellung mit einem jungen Mann, der ein ganz ähnliches Anliegen hatte wie meine Klientin damals. Auch er konnte keine Partnerin finden. Als in seiner anschließenden Aufstellung seine Mutter aufgestellt wurde, die schon viele Jahre zuvor verstorben war, zeigte sich deren Stellvertreterin jedoch äußerst lebendig. Sie klebte an seinem Rücken und brauchte im wahrsten Sinne des Wortes nur mit den Fingern schnippen, und ihr Sohn tanzte nach ihrer Pfeife. Selbst der Aufstellungsleiter wunderte sich über das Verhalten der betreffenden Stellvertreterin und fragte den Aufsteller, ob er die Frau denn auch richtig benannt habe. Dieser nickte daraufhin, erklärte aber, dass er das Thema in den letzten fünf Jahren schon mehrmals aufgestellt habe. Die Stellvertreterinnen seiner Mutter hätten sich in allen Aufstellungen immer genauso verhalten – von daher wunderte ihn das Verhalten dieser Stellvertreterin nicht. Aber er sagte auch, dass er so eben nicht weiterkäme und nicht wüsste, wie er dieses Verhalten zu interpretieren habe. Auch der Aufstellungsleiter wusste sich keinen Rat und sagte schließlich, dass die Aufstellung eben zeige, dass er, der Aufsteller, halt noch vieles in Bezug auf seine Mutter aufzuarbeiten hätte. Darüber sollte er einmal nachdenken.

Ich saß derweil auf meinem Stuhl und dachte, wie einfach es doch wäre, diesem Klienten und seinem Anliegen gerecht zu werden. Alles, was er hätte tun müssen, wäre zur Stellvertreterin seiner Mutter zu sagen: »Liebe Mama, du bist tot – bitte gib mich frei, und schau freundlich auf mich, wenn sich mein Herzenswunsch erfüllt und ich eine Frau finde. Auch du wirst immer einen Platz in meinem Herzen behalten, als meine Mutter.«

Dieser Satz war mir in den Sinn gekommen, während ich so auf meinem Stuhl saß und die Aufstellung beobachtete. Weil aber dieser Aufstellungsleiter nicht an die Existenz von Seelen glaubte – zumindest nicht nach dem Ableben des menschlichen Körpers –, und deshalb auch erst recht nicht die Möglichkeit einer Besetzung überhaupt in Erwägung gezogen hätte, hielt ich geflissentlich meinen Mund.

Meiner Meinung nach gibt es ja keine Zufälle, und so war es auch bestimmt kein Zufall, dass dieser Klient, der nicht an die Existenz einer unsterblichen Seele glaubte, immer wieder an Therapeuten geriet, die ähnlich dachten. Sein Schicksal ist es wohl, ohne Partnerin alt zu werden. Würde er dies jedoch erkennen und sich die Frage stellen, warum seine Seele für diese Inkarnation diesen Weg gewählt hat und was sie dadurch erreichen will, könnte er sich der Aufgabe stellen, die Aufgabe bewältigen und wäre wahrscheinlich trotzdem bereit und frei für eine Partnerschaft. Auch auf die Gefahr hin, mich nun erneut zu wiederholen: Man kann sein Glück selbst an die Hand nehmen, auch wenn Schicksal Bestimmung ist! Und natürlich ist dieser Fall ein gutes Beispiel dafür, was geschieht, wenn man als Therapeut immer nur in eine Richtung schaut.

Noch etwas möchte ich zum Thema Besetzungen an dieser Stelle ausdrücklich betonen: Auch wenn Sie beim Lesen der letzten Fallstudie getriggert wurden und nun glauben, dass bei Ihnen die Ursache dafür, dass in Ihrem Leben nicht alles so läuft, wie es laufen sollte, eine mögliche Besetzung sein könnte – bitte haben Sie keine Angst, denn selbst wenn dem so ist, hierbei handelt es sich in erster Linie immer auch um eine Seele, und als solche trägt diese immer auch ein Licht in sich! Gerade mit der Angst vor Besetzungen versuchen nämlich sehr viele unseriöse und skrupellose Menschen, ihr Geld zu verdienen. Dabei würden sie eine echte Besetzung wahrscheinlich noch nicht einmal erkennen, wenn diese sich direkt vor ihnen materialisieren würde. Dementsprechend sind sie auch nicht in der Lage, eine tatsächliche Besetzung abzulösen, geschweige denn diese ins Licht zu führen. Und natürlich gibt es gerade in letzter Zeit auch immer mehr Menschen die sogenannt *spirituell tätig* sind und einfach behaupten, so etwas wie Besetzungen oder negative Wesenheiten gäbe es gar nicht. Diese Menschen haben in der Regel genügend andere Einnahmequellen und können es sich leisten, dieses Thema einfach auszublenden.

Was Sie aber selbst tun können, wenn Sie glauben eine Besetzung zu haben, habe ich Ihnen an dieser Stelle wieder in eine Übung verpackt, denn die allermeisten Besetzungen lassen sich wirklich ganz leicht ablösen und ins Licht schicken.

Übung 10 – Besetzungen

Machen Sie den Test, wie er unter Übung 6 beschrieben wird. Beschriften Sie zwei Blätter; eins mit den Worten »Ja, ich habe eine Besetzung« und eins mit »Nein, ich habe keine Besetzung«. Wichtig ist, dass Sie die Blätter gut mischen, bevor Sie sie austesten. Sie werden dann feststellen, dass Sie auf einem Blatt eine sehr starke Wahrnehmung haben und eine deutliche Reaktion zeigen – dies ist das Blatt mit der Antwort.

Wenn Sie tatsächlich eine Besetzung haben, überlegen Sie, wer dies sein könnte. In der Regel weiß man es. Zünden Sie dann eine Kerze an. Die Flamme symbolisiert immer das Tor in die geistige Welt. Dann nehmen Sie direkten Kontakt zu dieser Seele auf. Sprechen Sie gedanklich zu ihr, jedoch ohne Vorwürfe, Verachtung oder Angst. Bitten Sie die Seele, sie möge Sie freigeben. Sie werden spüren, dass diese Seele dann einen mentalen Kontakt zu Ihnen aufnimmt und ebenfalls gedanklich zu Ihnen spricht. (Wenn die Seele jedoch spürt, dass Sie kein Verständnis haben und wütend auf sie sind, wird sie sich nicht zeigen.) Fragen Sie die Seele nach ihren Beweggründen. Warum hat sie sich bei Ihnen angedockt? Und versuchen Sie, ggf. der Seele die Angst vor dem Licht zu nehmen. Sie können sich hierfür auch die Unterstützung eines Engels zu Hilfe holen. Dafür brauchen Sie nur in Gedanken nach diesem zu rufen, dann wird er durch das Licht der Kerze zu Ihnen kommen und Ihnen helfen.

Glauben Sie mir bitte, wenn ich sage, dass die Hilfe aus der geistigen Welt wirklich *jedem* von uns gleichermaßen zur Verfügung steht und dass Sie wirklich keine außergewöhnlichen Fähigkeiten, sogenannte angeborene Gaben oder spezielle spirituelle Ausbildungen benötigen!! Sie müssen nur von sich selbst überzeugt sein. Ich kann mir auch vorstellen, dass diese Übung bei vielen Lesern einen Konflikt auslöst; man kommt sich wirklich manchmal etwas blöd dabei vor. Erinnern Sie sich an Fallstudie I, wo die Seele der verstorbenen Frau Kontakt zu mir aufnahm? Trotzdem, die einfachste und kostengünstigste Variante, eine Besetzung abzulösen, ist die, die ich Ihnen hier gerade beschrieben habe. Sie werden es merken, wenn die Seele von Ihnen ablässt, und wahrscheinlich können Sie auch erkennen, wie diese dann ins Licht geht. Falls Sie einen Engel dafür zu Hilfe gerufen haben, vergessen Sie nicht, sich für seine Hilfe zu bedanken. (Und vergessen Sie bitte auch nicht, bei seinem Anblick ggf. den Mund wieder zuzumachen.)

Allerdings hinterlassen Besetzungen tatsächlich immer irgendwie auch ein Loch in der Aura. Aber auch für eine Auraheilung oder Aurastärkung müssen Sie nicht unbedingt fremde Hilfe in Anspruch nehmen. Bitten Sie den Engel, er möge Sie mit heilendem und kräftigendem Licht und Energie aus der geistigen Welt umgeben, wodurch besonders Ihre Aura wieder völlig intakt wird. Oder Sie bitten einfach so darum. So einfach ist das tatsächlich. Sie brauchen nur darum zu bitten – etwas anderes tut ein Heiler nämlich auch nicht. Er bittet lediglich in Ihrem Namen darum.

Diesen Test macht man natürlich nicht grundlos, sondern weil man schon das Gefühl hat, als wäre da etwas. Sollte bei Ihrem Test nun aber herauskommen, dass Sie keine Besetzung haben, könnte es gut sein, dass das, was Sie fühlen, ein abgespaltener Anteil Ihrer Persönlichkeit ist. Sie sollten sich auf jeden Fall auch damit auseinandersetzen. Leider gibt es hierfür keine so einfache schriftliche Anleitung wie für das Ablösen einer Besetzung. Einen Tipp habe ich aber trotzdem: Suchen Sie sich einen Therapeuten für Psychotherapie, der auch Erfahrung mit Traumatherapie hat und auch mit Traumaaufstellungen arbeitet, wobei ganz gezielt diese abgespaltenen Anteile aufgestellt werden. Außerdem sollte es ein Therapeut sein, der die Seele als eigenständiges und unsterbliches Wesen ansieht. Letzteres deshalb, weil ich davon ausgehe, dass, wenn Sie dieses Buch gelesen haben, Sie ebenfalls an die Seele glauben. Mit einem Therapeuten, der dieser Anschauung jedoch widerspricht, werden Sie sich demnach nicht wohlfühlen. Dies ist jedoch die wichtigste Voraussetzung für das Gelingen der Therapie.

Was aber mein erstes Seminar in Familienstellen anbelangte, so hatte es noch ganz andere Auswirkungen. Meine *Bekannte* traf ich danach noch ein oder zwei Mal auf anderen Seminaren, zu denen wir uns schon geraume Zeit vorher gemeinsam angemeldet hatten, aber ich ging ihr dabei bewusst aus dem Weg. Einige Zeit nach meinem Seminar schickte sie mir jedoch noch eine E-Mail mit einem Link zu ihrer neuen Homepage. Seitdem bin ich vorsichtiger geworden, was meine Empfehlung anbelangt, man sollte sich immer erst einmal auf der Homepage einer Person ein Bild von deren Motivation oder Qualifikation verschaffen. Denn fast nichts von alledem, was diese Frau dort über sich und ihre therapeutischen Ausbildungen bzw. ihre Erfahrungen als Therapeutin schrieb, entsprach der Wahrheit. Sie schrieb mir auch, dass sie meine Aufstellungen als extrem schlecht empfunden habe, und riet mir, in meinen alten Beruf in der Textilbranche zurückzukehren. Jedenfalls hielt sie es für ausgeschlossen, dass ich als Aufstellungsleiterin, geschweige denn als Therapeutin je auf einen grünen Zweig kommen würde. Nun, mittlerweile sind fast drei Jahre vergangen, und die Zeit hat anderes offenbart. Ich ließ mich damals nicht von ihren Worten entmutigen, sondern folgte meinem Bauchgefühl. Es war, als hätte ich damals einen weiteren Stein losgetreten, der meine Zukunft massiv beeinflussen würde, wenn auch ganz im positiven Sinne ...

Bauchgefühl

… wenn es so etwas wie ein »inneres Drehbuch« gibt, dann ist es verschlüsselt. Den Code kennt nicht der Kopf, sondern der Bauch.

Nach diesem Seminar kam ganz viel ins Rollen. Nachdem ich selbst beschlossen hatte, das Familienstellen nicht wieder an den Nagel zu hängen, meldete ich mich als Erstes für das nächste Trainingscamp bei Bert und Sophie Hellinger an, das im Dezember des Jahres 2009 in Pichl/ Österreich stattfinden sollte. Vorher würde Bert Hellinger im Oktober noch ein Wochenendseminar in Köln geben, und ich beschloss, auch diese Gelegenheit zu nutzen, um mir vorab schon einmal ein Bild von ihm zu machen. Weil Köln vom Niederrhein nicht so weit entfernt ist und ich auch nur einen Tag an diesem Seminar teilnehmen konnte, beschloss ich, Theo zu fragen, ob er mich begleiten wollte.

Ich hatte bei meinem ersten eigenen Seminar in Familienstellen jedenfalls eine Menge gelernt und auch viel über die Qualitäten von Stellvertretern erfahren – dank meiner Bekannten und ihrem Freund.

Dies ist zugegebenermaßen eine Wertung. Aber es ist tatsächlich so: Jeder kann eine Rolle als Stellvertreter übernehmen und ausleben, so er denn die Wahrnehmungen, die damit einhergehen, nicht unterdrückt. Allerdings gibt es Menschen, deren Bedürfnis nach Selbstdarstellung so stark ist, dass sie als Stellvertreter in einer Aufstellung ihre Wahrnehmungen aus der Rolle heraus einfach ignorieren und bloß die Möglichkeit nutzen, sich lediglich selbst in Szene zu setzen. Ich habe festgestellt, dass diese Menschen auch in ihrem Alltag dazu neigen, sich und andere zu belügen. Ihnen ist selten zu helfen, weil sie niemals zugeben würden, wie es tatsächlich um sie bestellt ist. Und bei ihnen werden auch die Übungen in diesem

Buch nicht funktionieren, weil sie die Zettel zwar mischen, aber trotzdem immer noch genau wissen, was auf welchem Zettel steht. Jedoch sind die wichtigsten Eigenschaften eines guten Stellvertreters, egal ob in eigener Sache oder für andere empathisches Verstehen und die Bereitschaft, sich auch bedingungslos in eine Rolle hineinzubegeben – ohne Schubladendenken, um alles, was man aus der Rolle heraus wahrnimmt, kongruent wiederzugeben. Und nur wenn ich das umsetzen kann, bin ich auch in der Lage, mich in realistischer Weise in andere Personen hineinzuversetzen – nicht nur als Stellvertreter beim Familienstellen, sondern in allen Lebenslagen! Das, was ich dann erfahre, wird mir ungemein dabei helfen, die richtigen Schlussfolgerungen zu ziehen und die für mich richtigen Entscheidungen zu treffen. Nichts anderes ist übrigens auch modernes Managertraining.

So kam vor einiger Zeit einmal ein Ehepaar für eine Weile regelmäßig zu meinen Seminaren. Ich nenne sie einmal Konrad und Rebecca. Auch Konrad war jemand, der prinzipiell Symptome simulierte und so versuchte, auf Biegen und Brechen einen Platz in jeder Aufstellung zu ergattern. Noch bevor die eigentliche Aufstellung begann, saß Konrad in der Regel schon auf seinem Stuhl, krümmte sich vor Schmerzen und meinte, er hätte etwas aufgeschnappt. Schaffte er es dann tatsächlich, sich einen Platz in der Aufstellung zu ergattern, täuschte er so heftige Anfälle vor, dass alle Augen auf ihn gerichtet waren. Natürlich kommt es vor, dass jemand von einer Rolle (oder besser gesagt der damit verbundenen Energie) so heftig heimgesucht wird – Theos Rolle in der letzten Fallstudie ist das beste Beispiel dafür. Aber wenn jemand prinzipiell so heftige Wahrnehmungen beim Aufstellen hat, ist auf jeden Fall etwas nicht mit ihm in Ordnung – zumindest kann er sich nicht abgrenzen. Bei Konrad war es zudem so, dass selten jemand der anderen Stellvertreter auf ihn reagierte, egal wie heftig er simulierte. Dies führte schon nach kurzer Zeit dazu, dass er gar nicht mehr als Stellvertreter ausgewählt wurde, was ihn allerdings nicht daran hinderte, auf seinem Stuhl das Sterben von tausend Toden nachzuahmen. Ich hatte so meine liebe Mühe mit ihm, bis ich merkte, dass ich ihn ruhig auffordern konnte, in die Aufstellung zu kommen und sich dort seinen Platz zu suchen. Er vollführte dann jedes Mal eine Art dramatisch-grotesken Todestanz, ließ sich auf den Boden fallen und blieb dort bis zum Ende der Aufstellung regungslos liegen. Natürlich überlegte ich auch, ob seine Teilnahme an meinen Seminaren überhaupt sinnvoll sei. Aber anstatt ihm nahezulegen, nicht mehr zu kommen, was auch nicht meiner Philosophie entspricht, fing ich an, auf ihn einzugehen, und hörte mir seine Geschichte an, auf die ich später noch ausführlicher eingehen möchte. Sehr zu meinem Leidwesen wurden Konrad und Rebecca von den anderen Teilnehmern mehr und mehr gemieden, bis die beiden selbst aufstellten und sich danach schlagartig alles änderte.

Genau wie damals, als ich anfing zu lernen, wie man eine Rückführung durchführt und mir deshalb mehrere verschiedene Rückführungsbegleiter (oder Reinkarnationstherapeuten) ansah und Workshops oder Ausbildungsseminare bei ihnen besuchte, besuchte ich nun auch die unterschiedlichsten Aufstellungsleiter und studierte die Unterschiede ihrer Vorgehensweisen und ihrer Aufstellungstechniken. Beim sogenannten freien Aufstellen z.B. gibt es unter anderem auch die Möglichkeit, etwas, was man aufstellen möchte, *auszuschreiben*. Dies bedeutet, der Aufsteller wählt nicht selbst einen Stellvertreter für eine gewisse Rolle, sondern er schreibt die Rolle mental aus. Er denkt also bloß an etwas oder jemanden, den er aufstellen möchte, und jeder einzelne Seminarteilnehmer kann *nachspüren*, ob er vielleicht die Energie dessen, was der Aufsteller gern aufstellen möchte, auffängt, und wenn er will, übernimmt er dann auch die Rolle. *(Dies ist ähnlich wie bei den Randwahrnehmungen, wo etwas, was möglicherweise noch in der Aufstellung fehlt, sich eigenständig bemerkbar macht, indem es einen der verbliebenen Teilnehmer befällt, die selbst noch keine Stellvertreterrolle haben.)* Dabei muss der Aufsteller sein Anliegen für die Aufstellung ebenfalls nicht laut formulieren. Es reicht, wenn er auch dies lediglich in Gedanken, also auf mentalem Wege, tut. Man nennt dies dann eine verdeckte Aufstellung.

Ich nehme hier immer wieder gern Beispiele, die tatsächlich aus der Aufstellerszene kommen, möchte aber nicht, dass dieses Buch dadurch in eine Ecke gedrängt wird, die viel zu klein ist! Dies ist ein Lebensratgeber, Kompass oder Wegweiser und kein weiteres Buch übers Familienstellen. Wobei ich aus der Überzeugung heraus schreibe, dass viele Wege nach Rom (oder zum Glück) führen –, auch wenn ich als Veranschaulichung hierfür tatsächlich gern auf die Energie morphogenetischer Felder zurückgreife. Und was man damit alles machen kann, lässt sich tatsächlich sehr gut anhand von Aufstellungen erläutern.

Übung 11 – Positive Energien nutzen oder negative Energien umkehren

Auf die Idee für diese Übung kam ich durch eine Bekannte, die Lehrerin ist und auch Nachhilfeunterricht und Motivationstraining für Schüler anbietet. Sie erzählte mir, wie viele ihrer Schüler eigentlich den Stoff beherrschen und bei der Klassenarbeit lediglich versagen, weil sie dann eine Blockade haben. Sie leiden unter Prüfungsangst, was für meine Begriffe eine Form von Lampenfieber ist. Wir starteten dann einen Versuch, und einer ihrer Nachhilfeschüler bekam einen Zettel von ihr. Auf diesem stand geschrieben, dass er sich bei seiner nächsten Klassenarbeit mit der Energie seiner Nachhilfelehrerin verbinden dürfe, wodurch er sich erstens ihres Wissenstandes bedienen konnte und zweitens auch von ihrer Ausstrahlung und Selbstsicherheit profitierte. (Nichts anderes tut auch ein Stellvertreter in einer Aufstellung. Er verbindet sich mit der Energie dessen, wofür er aufgestellt wurde.) Diesen Zettel steckte sich der Schüler, als die nächste Klassenarbeit anstand, einfach in die Hosentasche. Durch die energetische Unterstützung gelang es ihm, tatsächlich eine 3-, statt wie bisher eine 4 zu schreiben. Wir haben das Experiment daraufhin auch bei anderen Schülern wiederholt, immer mit denselben positiven Ergebnissen. Ähnliche Funktionen haben natürlich auch Talismane. Wichtig ist aber auch hier, dass man sich immer erst eine Erlaubnis holt, gerade dann, wenn man sich mit der Energie, dem Wissen oder dem Können einer Person verbinden möchte. Ist diese Person schon gestorben, wie beispielsweise Albert Einstein, bitten Sie die Seele des Betreffenden auf mentalem Wege um Erlaubnis. (Was Albert Einstein anbelangt, kann ich nur sagen, er freut sich immer über einen Besuch.)

So, und nun spinnen Sie diesen Faden einmal weiter. Was könnte man denn sonst noch so alles auf Zettel schreiben, die man sich in die Hosentasche steckt? Den Wirkstoff eines Schmerzmittels, wenn wir einmal wieder unter Kopfschmerzen leiden. Oder den Namen und die Sorte unserer Lieblingsschokolade, wenn uns wieder der Heißhunger auf etwas Süßes übermannt, wir aber genau wissen, dass uns diese kleine Sünde schon am nächsten Tag bei einem Blick auf die Waage wieder einholt. Sie kennen bestimmt den Spruch: »Ich brauche nur ans Essen denken und schon habe ich zwei Kilo zugenommen.« Ja klar, ich halte all dies durchaus für möglich. Man muss nur felsenfest davon überzeugt sein! Nutzen Sie diese Energie einfach in die entgegengesetzte Richtung, und Sie werden feststellen, dass Sie ohne zuzunehmen essen können, was Sie wollen. Allerdings nicht völlig maßlos, denn dann schaltet sich wieder das kollektive Bewusstsein ein, dass immer die Auffassung der Mehrheit der Bevölkerung spiegelt, demzufolge man eben nun mal nicht unbegrenzt essen kann, ohne zuzunehmen. Sie sagen ja auch nicht, dass Sie vom bloßen dran Denken, 20 Kilo zunehmen, denn das wäre laut dieses Kollektivs genauso unsinnig. Und auch ein Zettel, auf dem in großen Buchstaben das Wort »Schokolade« oder »Käse« steht (bei mir steht immer Käse darauf), kann durchaus eine befriedigende Wirkung erzeugen.

Bei anderen Seminaren, die ich damals besuchte, habe ich gesehen, dass man einen Klienten auch ganz bewusst über eine imaginäre Zeitschiene gehen lassen kann. Jeder Schritt kann dabei eine Woche, einen Monat, ein Jahr oder auch ein Jahrzehnt in der Zeit zurück oder voraus bedeuten. Dies ist sehr hilfreich, wenn man z.B. nach dem Auslöser gewisser Symptome oder Störungen sucht. Sehr eindrucksvoll sah ich dies einmal bei einem Seminar, das sich auch mit Quantenheilung beschäftigte. Eine der Teilnehmerinnen klagte darüber, dass sie alle Beziehungen immer nach genau zwei Jahren beenden würde, obwohl es eigentlich keinen Grund dafür gäbe. Die Frau meinte, es sei jedes Mal wie ein Zwang. Nun war sie wieder in einer Beziehung, und diese näherte sich dem kritischen Punkt von zwei Jahren. Die Frau fühlte plötzlich wieder das Bedürfnis, die Beziehung beenden zu wollen, obwohl sie ihren Freund, wie sie sagte, sehr liebe. Aber auf der anderen Seite entwickelte sie bei der Vorstellung an ein gemeinsames Leben plötzlich wieder diese starken Symptome wie Kopfschmerzen, Appetit- und Schlaflosigkeit. So war es auch bei all ihren vorherigen Beziehungen gewesen, und die Symptome waren erst wieder verschwunden, nachdem die Frau die Beziehungen beendet hatte. Bei Fragen zu ihrer Geburtsfamilie hatte die Frau erzählt, dass ihr Vater schon verstorben sei. Über ihre Mutter wusste sie gar nichts zu berichten, weil diese die Familie verlassen hatte, als sie selbst noch ein Kleinkind gewesen war. Der Seminarleiter rollte daraufhin ein weißes Band auf dem Boden aus und wählte zwei Stellvertreter für die Eltern dieser Frau. Geboren war sie im Oktober 1960. Der Seminarleiter sagte daraufhin zu den beiden Stellvertretern, dass der Anfang des weißen Bandes den Monat Januar oder Februar des Jahres 1960 symbolisiere – den Zeitpunkt der Zeugung. Dort platzierte er die beiden Stellvertreter, und siehe da, die beiden waren sich sehr zugetan. Dann ließ er sie über die imaginäre Zeitschiene gehen, die das Band selbst war, und suggerierte den Stellvertretern vorher, dass jeder Schritt drei Monate in der Zeit voraus bedeuten würde. Genau beim elften Schritt entfernte sich die Stellvertreterin der Mutter von dem des Vaters. Schritt elf stand für den Zeitpunkt genau zwei Jahre nach der Geburt dieser Frau. Zwar blieb ungeklärt, warum die Beziehung der Eltern da auseinanderging, aber dennoch stand sie wohl in unmittelbarem Zusammenhang zu den Bindungsschwierigkeiten der Tochter. In Form eines Kissens brachte sie daraufhin ihre übernommenen und ungewollten Verhaltensmuster zur Stellvertreterin ihrer Mutter zurück und legte es ihr respektvoll und ohne Vorwürfe vor die Füße. Beim nächsten Treffen einige Zeit später erklärte die Frau, ihre Symptome seien weg und sie fühle sich auch in ihrer Beziehung wieder rundum glücklich. Weil dies aber keine Familienaufstellung im herkömmlichen Sinne war, sondern ein Energieseminar, ging man auch nicht näher auf den Aspekt ein, warum die Mutter dieser Seminarteilnehmerin damals die Familie verließ. Anscheinend hatte es gereicht, dass die Tochter die Symptome zur Mutter gab, ohne dass diese die Möglichkeit bekam, sich ebenfalls davon zu befreien, indem man nach dem Urtrauma suchte.

Übung 12 – Zeitschiene in die Vergangenheit

Diese imaginären Zeitschienen eignen sich tatsächlich ganz gut in vielerlei Hinsicht. Denn oft ist es ja auch so, dass wir selbst gar nicht mehr so genau zu sagen vermögen, seit wann wir unter diesem oder jenem leiden, weil etwas sich heimlich »schleichend« bei uns eingenistet hat. Demzufolge ist es auch schwieriger, es irgendeinem bestimmten Ereignis zuzuordnen, das als Auslöser diente. Hier kann die Zeitschiene helfen, und Sie brauchen auch kein weißes Band dafür (wenn überhaupt, dann eher ein rotes!!). Stellen Sie sich einfach vor, der Platz, an dem Sie gerade stehen, symbolisiere das Hier und Heute. Wichtig ist, dass Sie Ihr Anliegen für diese Übung deutlich benennen! Dieses Anliegen kann körperliche sowie seelische Symptome betreffen, genauso gut wie ungewünschte Verhaltensmuster oder Gefühle, z.B. »Ich wüsste gern den Zeitpunkt des Auslösers oder Ursprungs für meine immer wiederkehrenden Kopfschmerzen.« Sprechen Sie Ihr Anliegen dabei ruhig laut aus, denn dadurch verleihen Sie Ihrem Anliegen, nämlich »den Zeitpunkt für Auslöser oder Ursprung zu finden« mehr Kraft – ohne dem Symptom Kopfschmerz selbst Kraft zuzusprechen. Zu guter Letzt beschließen Sie, welchen Abstand Sie mit einem Schritt zurücklegen wollen. Soll jeder Schritt für eine Woche, einen Monat oder ein Jahr zurück in der Zeit stehen? Wenn Sie sich festgelegt haben, sammeln Sie sich erst wieder, wie ich es in Übung 2 beschrieben habe, bevor Sie sich auf den Weg machen. Irgendwo entlang der Zeitschiene zurück in die Vergangenheit werden Sie merken, dass Sie schwächer werden. Manche Menschen brechen dabei fast regelrecht zusammen. Dort haben Sie den Zeitpunkt gefunden, der mit dem Auslöser oder Ursprung Ihrer Symptome oder Störungen korrespondiert. Nun geht es darum, herauszufinden, was zu dieser Zeit gerade in Ihrem Leben geschah. Dies kann alles Mögliche sein: jegliche Art von Veränderung oder Erlebnis in Ihrem unmittelbaren Umfeld, wobei dies nicht unbedingt Sie selbst betreffen muss, sondern auch einen Ihnen nahestehenden Menschen.

Falls Sie aber nichts dergleichen mit der betreffenden Zeit in Verbindung bringen können – jedenfalls nicht, ohne dass es dabei auch wieder eine Reaktion in Ihnen hervorruft, fangen Sie bitte an zu überlegen, wer aus ihrem Herkunftssystem vielleicht im selben Alter etwas Traumatisches erlebt hat. (Angenommen Sie finden beim Gang über die Zeitschiene heraus, dass Ihr Anliegen seinen Anfang vor fünf Jahren nahm, zu einer Zeit als Sie selbst beispielsweise 40 Jahre alt waren. Dann fragen Sie sich, wen aus Ihrer Geburtsfamilie ereilte ein schwerer Schicksalsschlag, als er genauso alt war.)

Falls Sie bei dieser Übung jedoch feststellen, dass der Auslöser etwas Persönliches betrifft, wie beispielsweise eine Veränderung Ihrer eigenen Lebensgewohnheiten zur damaligen Zeit, dann wissen Sie, was zu tun ist: Ändern Sie diese Gewohnheit wieder! Je nachdem, um was es sich handelt, gewöhnen Sie es sich entweder wieder ab, oder stellen Sie den Zustand von vor der Veränderung wieder her, – oder lassen Sie es bleiben, und gewöhnen Sie sich stattdessen an die Begleitumstände. Sollte Ihr Anliegen jedoch in Verbindung zu einem Ahnen stehen, ist es manchmal nicht so einfach, sich selbst aus der Verstrickung zu befreien. Sie könnten die betreffende Person aber immerhin liebevoll bitten, sie möge Sie freigeben. Dies funktioniert allerdings nur, wenn auch Sie bereit sind, diese Person freizugeben, und dabei spielt es auch keine Rolle, ob die betreffende Person noch lebt. Sollten Sie jedoch merken (Hand aufs Herz), dass Sie selbst noch nicht bereit sind, sich zu lösen, wenden Sie sich an einen guten Therapeuten, der vielleicht auch mit der Aufstellungsarbeit vertraut ist – oder leben Sie weiter mit dem, was immer Sie belastet und was Sie bei dieser Übung als Anliegen formuliert haben. Wie gesagt: Jeder ist selbst seines Glückes Schmied.

Manche Menschen benutzen hier auch gern ihre vermeintliche Spiritualität als Ausrede, um sich nicht mit gewissen Störungen oder Problemen auseinandersetzen zu müssen. Dies betrifft Klienten genauso oft wie spirituell arbeitende Personen. Sie sagen, dass das, was sie belastet, karmischen Ursprungs sei. Dabei klingt dies dann immer so, als hätten sie gerade die Diagnose einer unheilbaren Krankheit bekommen. Und natürlich sind einige Störungen tatsächlich karmisch – *aber wer hat denn gesagt, dass wir uns mit unserem Karma herumschlagen müssen, bis wir 80 Jahre alt sind oder irgendwann sterben?* Wenn ich mein Karma erkannt habe, kann ich es angehen: bearbeiten, ausführen, auflösen. Was immer dazu erforderlich ist, um es abzulegen oder zu überwinden. Und dann bin ich frei, frei mein eigenes Leben zu leben – so, wie es mir gefällt. Ich denke nicht, dass es der Sinn eines kosmischen Planes ist, dass wir uns mit unserem Karma oder Schicksal herumschlagen, bis der Tod uns davon erlöst. Dies wäre zudem ganz und gar unlogisch und würde auch nur bedeuten, dass wir dasselbe Karma oder dasselbe Schicksal bloß noch ein weiteres Mal mit auf den Weg in die nächste Inkarnation bekommen.

Und ich möchte auch noch einmal auf Schicksale, ob nun karmisch oder nicht, eingehen, wo mein Motto »Jeder ist selbst seines Glückes Schmied« für die Betroffenen eher wie ein Schlag ins Gesicht sein muss. Nämlich dann, wenn es sich dabei um Menschen handelt, deren Schicksal unwiderruflich ist, z.B. weil jemand mit einer schweren Behinderung geboren wurde, nach einem Unfall für den Rest seines Lebens im Rollstuhl sitzt, tatsächlich die Diagnose einer unheilbaren Krankheit bekommen hat etc.

Die Aussage, dass diese Menschen ja immer noch lernen können, sich mit ihrem Schicksal zu arrangieren, ist und bleibt für mein Gefühl zu leicht dahingesagt – für die Betroffenen genauso wie für ihre Angehörigen, die ja ebenfalls betroffen sind. Ich glaube, das ist auch der Grund, warum ich nicht mit Menschen arbeite, die eigentlich nichts an ihrer Situation verändern wollen, *obwohl* sie es könnten. Denn dem gegenüber stehen zu viele Menschen, die nur zu gern etwas ändern würden und denen jedoch die Möglichkeiten dazu genommen wurden.

Aber natürlich gibt es auch hier hin und wieder ein scheinbares Wunder, und das kollektive Bewusstsein erweist sich als gnädig und macht einmal eine Ausnahme hinsichtlich der kollektiven Überzeugung, dass z.B. jemand mit einem Halswirbelbruch nie wieder laufen kann. (So gesehen haben es da MS-Kranke leichter. Hier erweist sich das kollektive Bewusstsein öfter als gnädig.)

Erstaunlich ist in diesem Zusammenhang auch, dass viele dieser Ursprungstheorien, die dann später Teile des kollektiven Bewusstseins formten, welches wiederum unser Weltbild und die Vorstellung des Möglichen prägt, zu ihrer Zeit meist immer nur von einer einzigen Person aufgestellt wurden. *(Entweder diese Person landete für ihre Ansichten im Kerker, traf jemanden mit viel Einfluss, der ihre Theorien für die eigenen Zwecke nutzen konnte, oder sie hatte selbst so viel Macht, dass sie ihre Vorstellungen durchzusetzen vermochte – notfalls mit Gewalt.)*

Man denke da an die Doktrin der katholischen Kirche im Mittelalter und wie viele Bücher sie verbrennen ließ, nur um die Verbreitung ihres eigenen Weltbildes nicht zu gefährden. Aber natürlich neigen gewisse Regierungen oder große Wirtschaftsmagnaten auch heute noch dazu, die Menschheit für dumm zu verkaufen. Und auch heute tarnen sich immer noch einige davon unter dem Deckmantel sogenannter Religionen. Hat sich aber erst einmal eine gewisse Vorstellung oder Theorie durchgesetzt, ist es unglaublich schwer, diese wieder loszuwerden bzw. mit dem Umdenken anzufangen.

Selbst dann, wenn man eine Theorie zweifelsohne widerlegt hat – wobei auch hier natürlich immer wieder die Gefahr besteht, bloß einem neuen Trugbild auf dem Leim zu gehen. Aber das Ganze fängt ja schon im Kleinen an. *Hat Ihnen Ihre Mutter oder Ihre Großmutter, als Sie noch ein Kind waren, auch immer prophezeit, dass Sie später nierenkrank würden, wenn Sie einmal barfuß durchs Haus gelaufen sind?* Wer auch immer diese Behauptung jemals aufgestellt hat, hat wohl in der Arktis gewohnt. Und obwohl diese Behauptung schon lange widerlegt wurde und mittlerweile eigentlich jeder wissen sollte, dass es sogar gesund ist, barfuß zu laufen, hält sich diese Annahme immer noch hartnäckig. Ein anderes Beispiel ist die leider immer noch weit verbreitete Annahme, dass man Babys oder Kleinkinder ruhig schreien lassen soll. Diese Annahme stammt im wahrsten Sinne aus dem Mittelalter, wo man tatsächlich noch dachte, dass Babys bei ihrer Geburt erst einmal vom Teufel besessen sind und man sie deshalb schreien lassen sollte – bis dass sie sich den Teufel aus dem Leib geschrien hatten. Und wenn das nicht half, versuchte man ihnen den Teufel mit Prügel auszutreiben. Bitte jetzt nicht erschrecken; aber diese Annahme hielt sich hartnäckig in einigen Teilen der sogenannten zivilisierten Welt bis zu Beginn des 20. Jahrhundert. (Und so ganz ausgerottet ist sie wohl immer noch nicht.) Ich versuche jedenfalls immer, meine Klienten und gerade die Teilnehmer meiner Workshops und Seminare zu mehr eigener Meinung zu ermuntern oder dazu, mehr auf ihr Bauchgefühl zu hören. Nur weil jemand vielleicht einen Doktortitel hat oder Bücher schreibt, sehr sympathisch oder dominant ist, muss man nicht alles, was er von sich gibt, für bare Münze nehmen. Es ist auch immer gut, einmal etwas kritisch zu hinterfragen und sich ggf. eine zweite oder dritte Meinung einzuholen!

Hinsichtlich des Bauchgefühls ist die nun folgende Übung sehr schön, und Sie werden auch feststellen, dass Sie schon nach kurzer Zeit gar keine Zettel oder Zeitschienen mehr brauchen, um herauszubekommen, was Sie gerade wissen wollen: Der Schlüssel liegt immer in der Ehrlichkeit sich selbst gegenüber und darin, wie gut Sie darin sind, erst einmal unvoreingenommen zu reagieren.

Übung 13 – Zeitschiene in die Zukunft

Angenommen Sie planen eine berufliche Präsentation, wissen aber nicht, wann der richtige Zeitpunkt dafür gekommen ist. Stellen Sie sich vor, jeder Schritt auf der Zeitlinie sei beispielsweise ein Tag oder eine Woche in die Zukunft, und dann fangen Sie an, wieder die imaginäre Linie entlangzugehen. Achten Sie dabei auf Ihre Wahrnehmungen. Irgendwann kommt ein Moment, wo sich alles besonders leicht, gut oder richtig anfühlt. Das sollte dann auch der passende Zeitpunkt für Ihre Präsentation sein.

Aber Vorsicht! Wenn Sie insgeheim schon ein Datum geplant haben, vielleicht weil es zu diesem Zeitpunkt besonders praktisch wäre oder weil Sie befürchten, dass Ihnen sonst ein Kollege zuvorkommt, kann es sein, dass Sie sich selbst einen Streich spielen.

Das ist meiner Meinung nach auch der Grund, warum das mit den Do-It-Youself-Anleitungen und Tipps in all den vielen Büchern über Lebensberatung oft nicht funktioniert. *Praktisch* funktioniert das meiste davon – *nur,* dass wir uns, wenn wir ehrlich sind, *theoretisch* dabei ganz schön oft in die Tasche lügen. Nämlich immer dann, wenn das, was bei so einer Übung herauskommt, nicht mit dem übereinstimmt, was wir uns eigentlich insgeheim erhofft hatten. Dann interpretiert man seine Wahrnehmungen oder gewisse Resultate auch schon einmal gern anders. So erging es mir z.B., als ich den ersten Entwurf meines Buches »Erzählende Seelen« aufstellte und sich das bewahrheitete, was mir mein Verleger gesagt hatte. Nicht immer möchte man die Wahrheit auch wirklich wahrhaben. Ich beobachte dies vor allem bei Menschen, die sich selbst die Karten legen. Wenn die Karten nicht in die gewünschte Formation fallen und nicht das aussagen, was man sich insgeheim erhofft hat, werden die Karten so lange neu gelegt, bis das Ergebnis mit den Wünschen übereinstimmt, obwohl die anfängliche, dem Kartenleger wohlgesinnte Energie längst ins Absurde umgeschlagen ist. *Und wie soll jemand sein Ziel erreichen, wenn er sich selbst im Weg steht?*

Aber wer hört schon gern etwas, was er eigentlich nicht hören möchte –
auch wenn es der eigene Bauch ist, der da zu einem spricht ...

Morphogenetik auch mal spielerisch

... vielleicht sind morphogenetische Felder ja das Gedächtnis
von Quantenfeldern? Jedenfalls hat morphogenetische Energie
auch Sinn für Humor! Aber würde dies nicht bedeuten, dass es
sich dabei um eine intelligente Lebensform handelt?!

Um Ihnen näherzubringen, wie einfach Sie diese Energien, die ich
als morphogenetische Felder bezeichne, tatsächlich nutzen können,
möchte ich Ihnen nun etwas erzählen, was ich im Jahr 2009 selbst auf
einem Seminar erlebt habe, etwas sehr Faszinierendes, aber gleichzeitig
auch sehr Lustiges.

Bei einer Paar-Übung ging es darum, dass Übungspartner A versuchen
sollte, die Emotionen einer dritten, nicht anwesenden Person zu erspüren,
an die Übungspartner B gerade dachte. Die Wahrnehmungen bezüglich
dieser Emotionen sollten wir dann verbal mitteilen. Meine Übungspartnerin und ich fanden es zudem sinnvoll, wenn auch diejenige von uns,
die gerade *erspüren* sollte, an wen die andere gerade *dachte*, im Nachhinein
ihre Empfindungen überprüfen könnte. Deshalb vereinbarten wir, uns für
die Übung nur auf Personen aus dem öffentlichen Leben zu konzentrieren. Bevor ich nun die Rolle des *Denkers* übernahm, war ich aber zuerst
in der Rolle derjenigen, die *erspüren* sollte. Natürlich wusste ich im Vorfeld nicht, an wen meine Partnerin denken würde, nur dass es sich dabei
um Personen handeln würde, die man aus der Presse oder dem Fernsehen
kannte. Meine Partnerin war auch noch so nett, jedes Mal, bevor sie an
die nächste der insgesamt drei Personen dachte, einen Finger zu heben, sodass ich Bescheid wusste und so auch ganz gut reflektieren konnte, ob sich

die Wahrnehmungen, die ich nun empfing, tatsächlich veränderten. Diese Wahrnehmungen teilte ich meiner Partnerin auch immer sofort mit. Das alles klappte ganz gut, und ich wechselte einmal mit einem solchen Fingerzeig sehr intensiv von einem Gefühl naiver Unbekümmertheit hin zu schwerster Depression und Selbstmordgedanken. Allerdings hatte ich während der gesamten Übung zwischendurch auch immer wieder das Gefühl, als würde ich in die Luft springen, und erlebte dabei ein Gefühl von Glück, jugendlichem Übermut und extremer unbändiger Ausgelassenheit. Auch diese Wahrnehmungen teilte ich meiner Partnerin jedes Mal verbal mit.

Nach der Übung erfuhr ich von meiner Partnerin, dass sie an drei deutsche Schlagersängerinnen oder -sänger gedacht hatte. Leider waren mir zwei dieser Personen gänzlich unbekannt, und auch die dritte Person kannte ich lediglich dem Namen nach. Somit konnte ich die Wahrnehmungen, die ich während der Übung gehabt hatte, nur schwer auf ihre Genauigkeit hin prüfen, denn ich wusste nicht, was die Medien gerade über diese Personen berichteten. Meine Partnerin erklärte aber, dass meine verbalen Interpretationen schon sehr zutreffend gewesen wären – gerade als sie an die Person dachte, bei der es mir plötzlich so schlecht ging und ich von Depression und Selbstmord redete. Aber da waren ja auch noch diese komischen *Zwischenwahrnehmungen* gewesen, bei denen ich immer das Gefühl gehabt hatte, in die Luft zu springen, und auf die ich mir keinen Reim machen konnte. Zuerst druckste meine Partnerin ein wenig herum. Dann erzählte sie mir jedoch, dass sie und ihr Mann gerade erst vor einigen Tagen einen jungen Jack-Russell-Terrier bekommen hätten und es sei ihr leider nicht möglich gewesen, sich ganz auf die für die Übung relevanten Personen zu konzentrieren. Immer wieder waren ihre Gedanken zwischendurch zu dem kleinen Hund abgedriftet, denn sie machte sich ein wenig Sorgen, ob ihr Mann mit diesem Energiebündel auch allein fertig werden würde. Anscheinend hatte ich jedes Mal, wenn die Gedanken meiner Partnerin zu ihrem Hund abdrifteten, dies ebenfalls wahrgenommen. Weil sie sich Sorgen machte, beruhigte ich sie, denn so wie es aussah, ging es dem Kleinen gut und er war quietschfidel!

Doch auch im zweiten Teil der Übung, als ich der *Denker* war, passierte etwas Ähnliches. Allerdings hatte ich Schwierigkeiten, mir drei Personen auszudenken, bei denen ich davon ausgehen konnte, dass sie auch meiner Übungspartnerin bekannt sein dürften. Dann fiel mir zum Glück ein, dass an dem Wochenende auch die Bundestagswahlen stattfanden, und ich wählte für die Übung drei bekannte Politiker aus: Angela Merkel, Frank-Walter Steinmeier und Gregor Gysi. Auch ich gab meiner Partnerin immer einen Fingerzeig, wenn ich zur nächsten Person, an die ich denken wollte, wechselte. Als ich nun aber zur letzten Person, Gregor Gysi, kam, bemerkte ich, wie sich ein gewisser Oskar Lafontaine immer wieder versuchte, in meine Gedanken zu drängen. Meine Partnerin reagierte sofort und meinte, scheinbar sei ich unkonzentriert, denn sie habe das Gefühl, dass ich nun an zwei Personen statt eine denke!

Und auch auf die Gefahr hin, mich wieder einmal zu wiederholen – aber ich bin wirklich überzeugt, dass all diese Gaben, die wir an einem Medium oder Magier so erstaunlich finden, in Wirklichkeit in jedem von uns schlummern! Man muss nur bereit sein, diese Gaben auch auszuleben, und dabei schadet auch ein wenig Training nichts. Wie gesagt, benutze ich meine spirituellen Workshops und mittlerweile auch die Energieseminare gern als Möglichkeit für mich, Neues auszuprobieren und mit den Teilnehmern zusammen ein wenig zu experimentieren. So habe ich einmal während eines Workshops für die Teilnehmer zwei Zettel auf den Boden gelegt. Auf einem stand »das Gefühl während einer 60-minütigen 4-händigen Lomi-Lomi-Massage« und auf den anderen Zettel hatte ich geschrieben »das Gefühl während einer Achterbahnfahrt, nach dem Genuss von zwei Bier, einer großen Tüte Pommes Frites und einer Currywurst«. Alle Teilnehmer fühlten sich auf dem Massage-Zettel ausgesprochen wohl, bis auf eine Frau, die den Achterbahn-Zettel bevorzugte. Als ich das, was auf den Zetteln stand, dann aufdeckte, sagte diese Teilnehmerin: »Kein Wunder. Ich hasse Massagen. Achterbahn fahre ich dagegen für mein Leben gern!«

So war ich auch einmal auf einem Seminar, in dem diese Fähigkeiten der (übersinnlichen) Wahrnehmungen ebenfalls trainiert wurden. Dort saß eine Frau neben mir, die unter Hüftschmerzen litt, was ich aber anfänglich nicht wusste. Jedenfalls verspürte ich am zweiten Tag schlimme Schmerzen in meiner Hüfte, die ich mir nicht erklären konnte, und so fing ich an, mir schon ernsthaft Sorgen zu machen. In der Pause jedoch verschwanden die Schmerzen ganz plötzlich, kamen allerdings sofort wieder, sobald der Unterricht erneut anfing und ich meinen Platz neben dieser Frau wieder eingenommen hatte. Immer noch nichts ahnend wurden meine Sorgen, was denn da mit meinem Körper los sein könnte, größer und größer.

Dann bat die Seminarleiterin zur Demonstration einer gewissen Heilübung darum, dass sich ein Teilnehmer melden möge, der gerade unter körperlichen Beschwerden leide. Die Frau neben mir meldete sich und erzählte, sie würde demnächst an der Hüfte operiert und ihre Schmerzen seien gerade jetzt ziemlich heftig. Die Seminarleiterin bat die Frau darum, nach vorn zu kommen, und augenblicklich verschwanden meine Schmerzen wieder. Am nächsten Tag suchte ich mir vorsorglich einen anderen Platz – und landete neben einem Mann mit einem Nierenleiden, der ebenfalls unter Schmerzen litt. Vielleicht sollte ich dazu auch sagen, dass viele der Teilnehmer damals gerade deshalb an diesem Seminar teilnahmen, weil sie sich dadurch Linderung ihrer Beschwerden, die oft mit körperlichen Schmerzen einhergingen, erhofften. Jedenfalls wurde dieses Seminar für mich zu einem wahren Spießrutenlauf. Am letzten Tag bekam ich plötzlich tierische Zahnschmerzen an einem der unteren vorderen Schneidezähne und war nahe am Verzweifeln. Mittlerweile war ich aber nicht mehr die einzige Teilnehmerin, die plötzlich die körperlichen Schmerzen der anderen fühlen konnte, und deshalb outete ich mich auch und fragte, welcher Anwesende unter Zahnschmerzen leide. Ich kann viel ertragen, aber nichts ist für mich so schlimm wie Zahnschmerzen! Zuerst reagierte niemand, dann meldete sich eine der anwesenden Frauen. Sie hatte ihren kleinen Sohn, einen Säugling, zum Seminar mitgebracht. Während des Unterrichtes kümmerte sich ihr Mann, der ebenfalls mitgekommen war, um das Baby. Die Frau meinte, ihr Sohn bekäme gerade seinen ersten Zahn, und wollte wissen, wo genau ich die Schmerzen hätte. Als ich es ihr sagte, nickte sie. Ihr kleiner Sohn und ihr Mann hielten sich zu dem Zeitpunkt genau draußen vor dem Seminarraum im Garten auf, und wir konnten sie durch die Fenster sehen.

Seit der Teilnahme an diesem Seminar bin ich etwas gefühlig für die Schmerzen und Beschwerden anderer Menschen geworden, und auf einem anderen Seminar, das ich kurze Zeit später besuchte, plagten mich plötzlich fürchterliche Rückenschmerzen. Weil ich einen Eckplatz hatte, saß nur auf einer Seite eine andere Person neben mir. Ich fragte den Mann gerade heraus, ob er unter Rückenschmerzen leide. Er blickte mich etwas überrascht an, dann nickte er jedoch, und mir blieb nichts anderes übrig, als mir einen anderen Platz zu suchen. Mittlerweile kann ich mich gegen solche *Phantomschmerzen* jedoch ganz gut abgrenzen, aber auch das erforderte wieder einiges an Übung, mich solchen Wahrnehmungen eben ganz bewusst *nicht* auszuliefern. *Glauben Sie mir, wenn ich sage, dass es viel, viel einfacher ist, die Tür zum Überbewussten aufzustoßen, als Sie vermuten. Die Kunst besteht darin, die Tür anschließend wieder zu schließen!*

Aber manchmal setze ich mich diesen überbewussten Wahrnehmungen natürlich auch ganz bewusst aus, z.B. bei meinen spirituellen Workshops und den Energieseminaren. Mittlerweile spüre ich dann nicht nur die körperlichen Schmerzen, sondern auch die seelischen. Ich würde Ihnen jetzt natürlich gern erklären, wie ich das mit dem Abgrenzen hinkriege – aber leider weiß ich es manchmal selbst nicht so genau, es geschieht eher unbewusst, oder ich mache es wie in Übung 9 beschrieben. Und ich gebe zu, dass es mir manchmal auch noch schwerfällt. In solchen Fällen hilft nur räumlicher Abstand ...

Eine sehr »eigene« Erfahrung

... Entdramatisierung: Ja, so war das.

Ende Oktober 2009 fuhren Theo und ich nach Köln und sahen uns Bert Hellinger aus der Nähe an. Es handelte sich um ein Tagesseminar; und für Dezember hatte ich mich schon für das komplette Trainingscamp in Pichl mit Bert und Sophie Hellinger angemeldet.

Im Anschluss an diesen Ausflug nach Köln meinte Theo am Abend auf der Heimfahrt zu mir, er gäbe mir allerhöchstens 48 Stunden in Pichl, bevor ich wieder abreiste, weil ich mit Bert Hellinger bestimmt innerhalb kürzester Zeit eine heftige Diskussion haben würde. »Hm«, machte ich daraufhin, hatte aber nicht vor, meine Teilnahme in Pichl abzusagen – obwohl die Möglichkeit bestand, dass Theo durchaus recht behalten würde. Was ich damals aber noch nicht wusste, war, dass man mit Bert Hellinger gar nicht diskutieren kann. Jedenfalls nicht auf einem seiner Seminare aus der Position eines ihm noch dazu unbekannten Teilnehmers heraus. Jeder diesbezügliche Versuch wird von ihm sogleich im Keim erstickt. Möglich, dass es unter anderen Umständen oder abhängig von der Person möglich ist, mit ihm über seine Arbeit zu diskutieren – aber das weiß ich nicht.

Bert Hellinger wird vieles nachgesagt, doch ich mache mir immer gern selbst ein Bild von den Menschen, bevor ich mir ein Urteil erlaube. Zugegeben, mein erster Eindruck von diesem Mann war sehr ambivalent. Aber heute denke ich, dass vieles von dem, was er sagt, schreibt oder tut, gerade deshalb fehlinterpretiert wird, weil eben vieles von dem, was er sagt, schreibt oder tut, gerade für Laien auch nicht zu verstehen ist – obwohl im Nachhinein vieles von dem, wenn auch bei Weitem nicht alles, ganz logisch und einfach ist. Jedenfalls empfinde ich dies mittlerweile so. Dass man mit ihm nicht diskutieren kann (zumindest nicht als normaler Seminarteilnehmer) und er seine Arbeit oder Vorgehensweise auch nicht erklärt (außer bis zu einem gewissen Punkt in seinen Büchern), erhöht natürlich das Risiko von Fehlinterpretationen. Außerdem hat er natürlich, ganz klar, sehr viele Neider! Mit *Laien* meine ich übrigens jene, die Familienstellen nur vom Hörensagen kennen.

Mit dem Familienstellen ist es wie mit allem: Man kann sich nur ein wirkliches Urteil erlauben, wenn man nicht nur die Theorie kennt, sondern auch die Praxis. Und genauso wie eine Therapiemethode nicht für alle Klienten, Störungen und Anliegen die richtige ist, ist auch eine bestimmte Technik innerhalb einer Methode, wie z.B. das Familienstellen – als Technik innerhalb der Methode des Aufstellens – nicht für jeden Klienten oder jedes Anliegen die adäquate Lösung. Zudem sind meiner Meinung nach viele gerade der sehr bekannten Lebensberater oder Therapeuten, auch Bert Hellinger (auch wenn sich Bert Hellinger weder als Lebensberater noch als Therapeut bezeichnet), in ihrer Technik und ihrer damit zusammenhängenden Weltanschauung gefangen. Dies gilt übrigens nicht nur für die Aufstellerei, sondern auch für alle anderen Therapieformen, die Reinkarnationstherapie eingeschlossen. Natürlich ist es immer gut, wenn ein Therapeut hinter seiner Technik und seiner Weltanschauung, seiner Ideologie und seiner Philosophie steht. Dadurch wirkt er zumindest authentisch und selbstsicher. Aber gewisse andere Möglichkeiten verschließen sich ihm dadurch auch. Ein Aufstellungsleiter beispielsweise, der fest überzeugt ist, dass die Seele nach dem Tod des menschlichen Körpers zu existieren aufhört, wird nicht in der Lage sein, immer alles, was sich in einer von ihm geleiteten Aufstellung zeigt, auch richtig zu interpretieren und dementsprechend zu handeln. Möglich, dass für seine Seele nach dem Tod alles vorbei ist, weil er es so wünscht oder weil es in seiner Dimension Realität ist. Wenn er aber mit einem Klienten arbeitet, der an die Wiedergeburt seiner Seele glaubt, sollte er dies berücksichtigen, jedenfalls wenn dieser Glaube für das Anliegen relevant ist. Und mit Berücksichtigen meine ich eben nicht, dass der Therapeut oder Aufstellungsleiter sich eine Notiz macht, dass sein Klient eventuell verrückt ist. Und auch ein Therapeut, der überzeugt ist, dass man Vater und Mutter prinzipiell lieben und ehren muss, auch wenn die Eltern einem noch so schreckliche Dinge angetan haben, ist meiner Meinung nach genauso fehlgeleitet wie ein Therapeut, der glaubt, dass man generell nur dann zur eigenen Kraft finden oder (körperlich und geistig) gesund werden kann, wenn man sich rigoros von den Eltern abnabelt! Das mag für viele Klienten genau das Richtige sein – aber definitiv nicht für alle, und viele dieser Ansichten halte ich persönlich auch für durchaus gefährlich.

Jeder Mensch ist anders gestrickt, und auch wenn sich ihre Anliegen, Symptome oder Störungen oft gleichen, braucht jeder von ihnen individuellere Lösungen.

Vielleicht leben wir ja tatsächlich alle in unterschiedlichen Dimensionen, und vielleicht gibt es Dimensionen, in denen Seelen sterblich oder vergänglich sind, und Dimensionen, in denen die Seelen nach dem Tod des Körpers in eine oder mehrere Arten oder Varianten von Paradiesen (oder Höllen) eingehen, abhängig vom Glauben der betreffenden Person, und dort tatsächlich bis zum Jüngsten Gericht verweilen. Und andere Seelen kehren, bevor sie erneut inkarnieren, vielleicht zurück in die eine oder andere geistige Welt. Welten, in denen Tierseelen friedlich zusammen mit anderen Seelen leben oder wo diese auch zur Seelenfamilie von Seelen gehören, die zuvor als Mensch inkarniert sind, und Welten, in denen es tatsächlich keine Seelen gibt, die gern auch einmal als Tier inkarnieren. Wer weiß das alles schon mit Sicherheit zu sagen?

Kennen Sie den Witz mit dem Banker, der nach seinem Tod in die Hölle kommt und feststellt, dass diese wie ein exklusiver Ferienclub ausgestattet ist? Dann bemerkt er ein Loch in einer Wand. Als er hindurchschaut, sieht er hinter der Wand Menschen, die in Flammen stehen und fürchterlich vor Schmerzen schreien. Als er daraufhin jemanden fragt, was das denn sei, erzählt man ihm, dies sei die Hölle der Katholiken.

Vielleicht gibt es in der Welt oder Vorstellung (oder Dimension) eines Therapeuten, Lebensberater oder Heilers keine Wiedergeburt, Besetzung durch
andere Seelen oder dergleichen. Wenn es dies aber in der Welt oder Vorstellung (oder Dimension) meines Klienten gibt, muss ich als Therapeut
darauf eingehen und zwar ohne dem Klienten gleich zu unterstellen, dass
er vielleicht verrückt ist. Man sagt ja gern: »Da prallen zwei Welten aufeinander.« Vielleicht gibt es ja tatsächlich verschiedene parallele Universen
mit unterschiedlichen Dimensionen, die alle nebeneinander existieren,
und vielleicht gibt es darin enthalten genauso viele Welten, in denen unser
Ich keine unsterbliche Seele hat, wie es Welten gibt, in denen das Gegenteil
der Fall ist. Und vielleicht prallen diese Welten ja tatsächlich manchmal
aufeinander (oder überlappen sich, um es gelinde auszudrücken) – auch
wenn es keinen wissenschaftlichen Beweis dafür gibt. Aber dies würde erklären, warum wir alle recht haben könnten: Christen, Moslems, Buddhis-
ten etc. *Das Fehlen eines Beweises ist zudem auch kein Beweis dafür, dass es
keinen Beweis gibt.*

In Köln auf dem Seminar prallten dann ebenfalls zwei Welten aufeinander:
meine und die von Bert Hellinger. Während einer Pause beobachtete ich
ihn. Er blieb auf seinem Platz vorn im Seminarraum, und es sah so aus,
als sinniere er vor sich hin. Dann kam ein Seminarteilnehmer, setzte sich
neben ihn, und die beiden unterhielten sich kurz. Später kam wieder ein
Seminarteilnehmer, und das Ganze wiederholte sich. Theo war gerade auf
der Suche nach Kaffee unterwegs, und ohne lange zu überlegen, stand ich
auf und ging zu Bert Hellinger hin. Ich setzte mich so, dass ein Stuhl neben
uns frei blieb und fragte, ob er einen Moment Zeit habe. *»Nein«*, erwiderte
Bert Hellinger schroff und ohne mich wirklich anzusehen. Nun bin ich
natürlich niemand, der so schnell aufgibt und setzte erneut an: »Eigentlich
wollte ich Ihnen ...« Weiter kam ich nicht, denn Bert Hellinger fiel mir ins
Wort und schrie beinahe: »Ich habe Nein gesagt!«
  Einige der Teilnehmer, die in der ersten Reihe saßen und wie ich den
Raum in der Pause nicht verlassen hatten, hoben überrascht ihre Köpfe.
Leicht verwirrt stand ich auf und ging nachsehen, wo Theo mit dem Kaffee
blieb.

Da ich mir Theos Reaktion nur allzu gut vorstellen konnte, erzählte ich ihm erst einmal nichts davon, dass Bert Hellinger mich hatte abblitzen lassen. »*So eine Teilnahme an einem von Hellingers Trainingscamps ist nicht eben eine billige Angelegenheit, und da hätte man schon erwarten können, dass der Seminarleiter sich einen Moment Zeit nimmt*«, konnte ich Theo ärgerlich sagen hören.

Ich fühlte mich regelrecht vor den Kopf gestoßen, denn ich hatte Bert Hellinger nur sagen wollen, dass ich mich auch für das Trainingscamp in Pichl und das sciencia®-Ausbildungsprogramm angemeldet hatte und in Zukunft (s)eine neue Schülerin sein würde. Irgendwie war ich fälschlicherweise davon ausgegangen, dass in Pichl auch ein persönlicherer Kontakt zwischen Teilnehmern und Seminarleiter möglich wäre.

Im weiteren Verlauf des Tages in Köln sagte Bert Hellinger dann Folgendes, auch wenn ich es nicht mehr wortwörtlich wiedergeben kann. Auch weiß ich nicht mehr, aus welchen Kontext heraus er dies sagte, aber sinngemäß sagte er, dass er oft merken (spüren?) würde, dass Menschen ihn mit der eigenen Mutter verwechselten (oder ihn zumindest für diese hielten, im Sinne von einer Übertragung), und wenn er so etwas merken (oder spüren) würde, würde er sich von diesen Leuten zurückziehen (oder so ähnlich).

Bei dieser Aussage fühlte ich mich jedenfalls sehr angesprochen, und was immer Bert Hellinger dazu veranlasst hatte, mir gegenüber so schroff zu reagieren, eines kann ich mit absoluter Sicherheit sagen: Mit meiner Mutter hat Bert Hellinger aber auch rein gar nichts gemein, und es handelte sich auch nicht um eine Übertragung – soweit gingen meine Überlegungen nicht einmal, als ich eher spontan die Situation nutzte und zu ihm ging. Meine Intention war eher die einer Schülerin, die zu Beginn der Ausbildung ihrem Lehrer einen Höflichkeitsbesuch abstattet.

Nichtsdestotrotz habe ich bei meiner Teilnahme an den Seminaren von Bert Hellinger auch immer wieder versucht, *Kontakt* zu ihm aufzunehmen, denn es gab bei den Trainingscamps abends immer eine Fragestunde, wie Sie im weiteren Verlauf noch lesen werden. Aber zu einem wirklichen Kontakt ist es nie gekommen. Meine Wahrnehmung war immer die, dass Bert Hellinger sich sehr abgrenzt. Gerade wenn ich bei so einer Fragestunde neben ihm saß, hatte ich immer das Gefühl von einer Mauer aus Granit zwischen uns. Sicherlich werden mir viele Leser in diesem Punkt widersprechen und vielleicht sagen, dass sie neben Hellinger sitzend ein Gefühl von Güte, Wärme und Verständnis verspüren. So unterschiedlich können Wahrnehmungen sein. Vieles von dem, was Hellinger sagt oder tut (oder *wie* er etwas sagt oder tut), ist für mich auch immer noch nicht nachvollziehbar. Trotzdem habe ich im Laufe der Zeit mehr Verständnis für ihn und seine Vorgehensweisen bekommen. Jedoch nicht durch die Teilnahme an seinen Seminaren oder durch das Lesen seiner Bücher, sondern in der Selbsterfahrung als Aufstellungsleiterin bei meinen eigenen Seminaren ...

Kettenreaktionen

... vielleicht hat ja auch der Flügelschlag eines
Schmetterlings nicht bloß Auswirkungen auf das Wetter?

Im Sommer des Jahres 2010 leitete ich eine Aufstellung der ganz besonderen Art, bei der ich mich sehr von Bert Hellingers Technik des stillen
Stellens hatte leiten oder inspirieren lassen. Überhaupt war dies in vielerlei Hinsicht ein sehr besonderes Seminar, angefangen von dem jungen
Rehbock, der am Samstagmorgen unweit des Seminarhauses ganz unbe-
kümmert eine lange Zeit auf einer Wiese stand und graste, bis hin zu der
Tatsache, dass am Sonntagmorgen ausnahmslos alle Teilnehmer, die nicht
auch im Hotel »Auf der Heide« übernachtet hatten, zu spät kamen.

Bert Hellinger hat in den letzten Jahren das stille Familien-Stellen entwickelt, auch bekannt als geistiges Familienstellen oder neues Familienstellen.
Bei diesen Aufstellungen wird so gut wie nicht mehr gesprochen, und die
Stellvertreter bringen ihre Wahrnehmungen hauptsächlich über Bewegungen und Gebärden oder manchmal auch über Schreie zum Ausdruck. Ich
habe bei der Teilnahme an den Trainingscamps gemerkt, dass diese Technik der Aufstellung von vornherein eine tiefere psychische und mentale
(nichtmaterielle) Ebene erreicht. Das, was sich auf diesen Ebenen ereignet,
bezeichnet Hellinger dann als »Bewegung der Seele« oder »Bewegung des
Geistes«. Für mich besteht zwischen beidem ein Unterschied, auf den ich
gleich noch eingehen werde. Allerdings weiß ich nicht, worin für Hellinger
selbst hier der Unterschied besteht – wenn überhaupt. Zwar hatte ich nie
die Möglichkeit, einmal selbst als Stellvertreter an einer dieser Aufstellun-

gen bei Hellinger mitzuwirken, nur bei anderen Aufstellungsleitern, die ebenfalls mit dieser Technik arbeiten, aber man spürt die besonders starke Energie dabei auch als teilnehmender Beobachter.

Gerade die »Bewegungen der Seele« sind meiner Meinung nach jedoch nicht wirklich neu, denn man sieht sie auch oft in guten systemischen Aufstellungen nach der herkömmlichen oder ursprünglichen Technik, wo die Stellvertreter ihre Wahrnehmungen also auch verbal mitteilen dürfen und dann plötzlich etwas einsetzt, was Worte überflüssig macht. Leider beobachte ich auch immer wieder, dass Aufstellungsleiter diesen Moment selbst anscheinend nicht wahrnehmen und diesen heilsamen Prozess unbewusst abbrechen, indem sie selbst *dazwischenquatschen*. Und natürlich können diese Bewegungen der Seele auch bei einer Reinkarnationstherapie oder einer Meditation stattfinden. *Aber* – diese tiefere Ebene (gefühlsmäßig liegt sie für mich allerdings höher als die meisten anderen Ebenen) wird tatsächlich immer erst dann und auch *nur* dann erreicht, wenn Worte nicht mehr nötig sind und ein tieferes Begreifen, Verstehen oder Akzeptieren einsetzt, das sich gerade in Aufstellungen immer durch langsame und bedachte Bewegungen kennzeichnet. Das stille Stellen fördert meiner Meinung nach die Möglichkeit, diese tiefere Ebene zu erreichen, forciert sie in meinen Augen aber auch, was eigentlich gar nicht nötig ist. Gibt es eine Möglichkeit der Hilfe oder Lösung auf dieser Ebene, wird sie sich so oder so öffnen.

Für mich fühlen sich diese verschiedenen Ebenen so an, wie ich es Ihnen in der folgenden Skizze zu verdeutlichen versuche – mit mäßigem Effekt, wie ich finde. Aber ich habe dabei auch immer eine visuelle Vorstellung und sehe, wie sich eine Aufstellung manchmal von einer Ebene auf eine andere Ebene verlagert oder sich verschiedene Ebenen überlappen – und das kann ich in Worten kaum beschreiben. Hier kommt deshalb lediglich ein Versuch:

··········· Ebene der geistigen Welt ··········· Bewegungen des Geistes ··········· Zukunft ···········

········· spirituelle oder Seelenebene ········· Bewegungen der Seele ········· Heute bis Zukunft ·········

······· Ebene der verstorbenen Ahnen und karmische Ebene ······· Heute bis Vergangenheit ·······

··· systemische und biografische Ebene der noch lebenden Personen ··· Heute bis Vergangenheit ···

··············· karmische Ebene ··············· frühere Inkarnationen ··············· Vergangenheit ···············

Die für mich höchste Ebene ist die geistige. Das, was sich auf ihr ereignet, hat nicht nur Auswirkungen auf die Seelen Einzelner, sondern wirkt sich auf ein ganzes Kollektiv aus. Z.B. auf das Kollektiv und die damit verbundenen Aus- oder Nachwirkungen eines Krieges, wodurch dann auch wieder andere Kollektive miteinbezogen werden können. So gesehen bewirkt der Vorgang also eine Kettenreaktion. Damit es aber zu einer »Bewegung des Geistes« kommen kann, ist immer erst eine »Bewegung der Seele« nötig, wobei »Bewegungen der Seelen« für mich stimmiger klingt. Natürlich kann es auch sein, dass sich nur eine einzige Seele bewegt, weil sie etwas erkennt, was anderen Seelen, auch wenn sie beteiligt sind, noch verschlossen bleibt. Diese Seele hat sich dann aus einem Schicksal oder Karma gelöst und ist frei. Aber ich denke, damit aus der Bewegung der Seele eine Bewegung des Geistes wird, ist ebenfalls so eine Art Kettenreaktion erforderlich, an der immer mehrere Seelen beteiligt sind – zumeist sehr viele.

Findet eine Bewegung des Geistes z.B. innerhalb einer Aufstellung statt, sind immer wesentlich mehr Seelen beteiligt, als tatsächlich durch Stellvertreter repräsentiert werden. Allerdings ohne dass sie sich über Randwahrnehmungen bemerkbar machen. Dennoch sind sie da, beobachten und bewirken dabei etwas oder werden vom Geschehen beeinflusst. Auch durch sie überträgt sich die Wirkung der Aufstellung auf das Kollektiv.

Die Ebene, auf der diese »Bewegungen der Seele« stattfinden, liegt für mich etwas unter der geistigen Ebene. Hier findet beispielsweise auch die Aufarbeitung nach einer Rückführung in ein früheres Leben statt, oder man begibt sich durch eine Meditation dorthin, mit dem Ziel, mit der eigenen Seele und auch zu anderen Seelen Kontakt aufzunehmen. Eine Aufstellung beispielsweise, die auf einer systemischen, also materiellen Ebene beginnt, kann auf die Seelenebene, also in eine nichtmaterielle Ebene, hinüberwechseln – immer dann, wenn ein höheres Begreifen und Verstehen einsetzt. Auch wenn daran nur lebende Personen beteiligt sind, die sich demzufolge auf einer materiellen Ebene befinden – so kommen ihre Seelen doch in einen Prozess, den man mit »Bewegung der Seele« umschreibt und der meinem Empfinden nach immer auf einer nichtmateriellen, und wenn Sie so wollen, spirituellen Ebene stattfindet. Von den Übertragungen oder *Auswirkungen* dessen, was eine Person mit ihrer Seele auf dieser *Seelenebene* erarbeitet und von denen tatsächlich oft auch andere Seelen, inkarnierte wie nicht (mehr) inkarnierte, betroffen sind und den Umgang damit, handelt mein erstes Buch »Erzählende Seelen«. Jedoch geht es hierbei in der Regel oft um zwischenmenschliche oder zwischenseelische Aspekte, und die betreffenden Seelen gehören denselben Herkunfts- oder Familiensystemen an, sind durch Opfer-Täter-Beziehungen miteinander verbunden, gehören zur selben Seelenfamilie oder stehen sonst irgendwie in einer *persönlichen* Verbindung, ohne dass ein ganzes Kollektiv betroffen wäre.

Die meisten Therapien, so auch das Familienstellen, bewegen sich jedoch nur auf systemischen oder biografischen Ebenen, also auf materiellen Ebenen. Demnach können sie auch nur Lösungswege aufzeigen, ohne dass sie selbst einen lösenden oder heilenden Effekt zur Folge haben, so wie man es oft bei der Quantentherapie beobachtet oder bei spirituellen Arbeiten, die auf der karmischen Ebene, der Seelenebene oder der geistigen Ebene stattfinden, also auf nichtmateriellen Ebenen. Obwohl man sich durch das Aufstellen von Verstorbenen teilweise *immer* auf eine spirituelle und nichtmaterielle Ebene begibt, auch wenn dies vielen Aufstellern anscheinend gar nicht bewusst ist. Für mich gibt es, unabhängig von der Technik nach der ich aufstelle, dazu immer mindestens zwei Möglichkeiten: Entweder ich stelle eine Situation auf, so wie sie früher war, z.B. als der Klient noch ein Kind war. Dann verhalten sich auch alle anderen aufgestellten Personen, die damals für den Klienten relevant waren, so, wie sie sich damals verhalten haben. Oder ich stelle etwas auf, so wie es heute ist. Aber meistens ist es eher so, dass ich im Verlauf einer Arbeit eh mit beiden zeitlichen Ebenen in Berührung komme: Vergangenheit und Gegenwart. Stelle ich nun aber die Ist-Situation eines Klienten auf, beispielsweise mit seinen Eltern, und der Vater ist schon verstorben, befinde ich mich automatisch auch auf einer spirituellen Ebene. Stelle ich jedoch die Situation des Klienten auf, als dieser noch ein Kind war und der Vater noch lebte, befinde ich mich nur auf einer systemischen Ebene. Hole ich jedoch dann beispielsweise die damals schon verstorbenen Großeltern in die Arbeit hinein, befinde ich mich auch wieder auf einer spirituellen, also nichtmateriellen, Ebene. Diese Ebenen überlappen sich dann in meiner Wahrnehmung, weil ich Seelen aus einer nichtmateriellen Ebene in eine Aufstellung bitte, die eigentlich auf einer materiellen Ebene stattfindet. Wobei es immer positiv und heilsam ist, wenn man von einer Ebene, die die Vergangenheit zum Ausdruck bringt, auf die Ebene der Ist-Situation zurückkehrt und wahrnimmt, wie es der Seele eines Verstorbenen heute geht. Gerade wenn es sich dabei um ein Elternteil handelt oder um eine andere nahestehende Person, zu der der Aufsteller eine ambivalente oder gestörte Beziehung hatte.

Denn so unversöhnlich und unnachgiebig hart oder böse manche Menschen auch zu ihren Lebzeiten waren – nach ihrem Tod kommen doch die allermeisten von ihnen in einen geistigen Entwicklungsprozess, der ihr wahres Wesen wieder zum Vorschein bringt. Den wahren Charakter ihrer Seele, wenn Sie so wollen. Und dieser ist meist wohlwollend und verständnisvoll, weil er wieder einem höheren und größeren Wissen (oder Kollektiv) angeschlossen ist. So erlebe ich regelmäßig, dass ein Klient mir erzählt, er habe sich nicht von einem Elternteil vor dessen Tod verabschieden können oder wollen, eben weil die Beziehung kaputt war. Dennoch ist dieser Umstand in den meisten Fällen eher belastend, und so achte ich bei einer Aufstellung auch immer darauf, ob es dabei für den Klienten nicht doch noch möglich wird, sich von dem verstorbenen Elternteil, über dessen Stellvertreter, zu verabschieden – und was noch viel wichtiger ist, seinen Frieden mit ihm zu machen. Wobei ich allerdings nichts forciere, außer das Anliegen des Klienten lautet dementsprechend, und er möchte ausdrücklich mittels einer Aufstellung (oder auch Meditation) nachträglich von jemandem Abschied nehmen.

Ich bevorzuge hierbei immer die Methode des Aufstellens, wobei ich aber den Klienten dann ganz bewusst nicht durch einen Stellvertreter ersetze, sondern mit ihm selbst arbeite. Und auch wenn der Verstorbene, wie beispielsweise ein Elternteil, dabei natürlich bloß durch einen Stellvertreter repräsentiert wird, so spürt der Klient doch ganz deutlich bei dieser Person die Seelenenergie des Verstorbenen und auch, dass diese Seele nun ebenfalls zu einer Versöhnung bereit ist. Einer Versöhnung ohne Bedingungen und ohne dass man dadurch Gefahr läuft, sich eventuell wieder neu zu verstricken oder zusammen neues Karma aufzubauen. Dieser Vorgang ist immer ein sehr spirituelles Ereignis, das alle Anwesenden spüren können, und oft gehen die Wahrnehmungen sogar so weit, dass der Klient berichtet, der Stellvertreter des toten Vaters oder der toten Mutter rieche genauso wie diese zu ihren Lebzeiten, und meist können dann auch die anderen Teilnehmer diesen Geruch wahrnehmen. Gerade wenn es sich dabei um Frauen handelte, die zu Lebzeiten ein bestimmtes Parfüm bevorzugten.

Gerade die Ebene der verstorbenen Ahnen und die rein karmische Ebene ähneln sich dabei sehr stark für mich, und deshalb habe ich sie auch ähnlich gekennzeichnet. Beide Ebenen überlappen sich oft mit der systemischen Ebene, immer dann wenn sich die systemische Ebene in einer zeitlichen Ebene bewegt, zu der eine oder einige der aufgestellten Person schon verstorben waren. Diese beiden nichtmateriellen Ebenen wirken dann für mich immer ein wenig transparent. Sie scheinen durch die materiellen Ebenen hindurch – vielleicht so, als betrachte man die nichtmaterielle Ebene aus einer materiellen Ebene heraus wie durch eine große Fensterscheibe, in der sich etwas spiegelt. Genau genommen handelt es sich bei diesen nichtmateriellen Ebenen auch vielmehr um andere Welten, die lediglich in anderen Dimensionen liegen – wie unser Planet auch nur eine Welt von vielen innerhalb unzähliger Dimensionen ist. Wobei wir dann doch wieder bei den Ebenen angelangt wären, weil jede Dimension sich auf einer anderen Ebene befindet, wobei die Dimensionen mit den unbedeutsamsten und bagatellhaftesten Unterschieden zur aktuellen Realität die sind, die am nächsten an die aktuelle Realität heranreichen. Und da allein schon die Vielfalt dieser winzigsten aller möglichen Unterschiede ins Unermessliche geht, aber alle diesbezüglichen Dimensionen an die momentan als real angesehene Dimension angrenzen, bedeutet dies auch, dass Raumgröße relativ ist und Zeit nur in unserem menschlichen Verstand eine Rolle spielt. *Weil der menschliche Verstand die Zeit nun einmal benötigt, um gewisse Prozesse zumindest insoweit nachzuvollziehen, dass er dabei nicht überschnappt.* Von wirklichem Begreifen oder Verstehen sind wir jedoch so weit entfernt wie die Dimensionen, in denen wir *einfach so* fliegen können und uns *bewusst* durch Raum und Zeit hindurchbewegen. Und weil die Möglichkeiten des Möglichen immer »breiter« werden, dehnt sich vielleicht auch das Universum aus.

Sich diese »kleinen Unterschiede«, die das Leben aber dennoch um so vieles schöner machen können und die das kollektive Bewusstsein gerade noch so toleriert, aus einer angrenzenden Dimension zu holen, ist beispielsweise etwas, was ich mit den Teilnehmern meiner Energieseminare praktiziere. Und weil wir es nie übertreiben, funktioniert es auch.

Nur die rein systemischen Ebenen, das Hier und Jetzt, Vergangenheit und Zukunft, der noch lebenden Personen (oder inkarnierten Seelen) sind nie transparent, also alle materiellen Ebenen. Obwohl jemand, der bald stirbt, mir auch durchsichtiger erscheint, selbst wenn es sich dabei nur um den Stellvertreter dieser Person handelt.

Ganz zu Anfang in diesem Buch habe ich kurz von einem Erlebnis auf einem Seminar berichtet, das mich ziemlich erschütterte, sodass ich danach mein Drittes Auge erst einmal verschloss. Auf diesem Seminar wurde eine Person aufgestellt, und ich war davon ausgegangen, dass es sich dabei um eine bereits verstorbene Person handelte, weil sie mir transparenter erschien. Ich war an dieser Arbeit nicht selbst beteiligt, sondern lediglich eine teilnehmende Beobachterin. Dann erfuhr ich jedoch, dass diese Person noch lebte, was ich zuerst gar nicht glauben wollte, und ich nahm ihren entsprechenden Stellvertreter auch weiterhin als durchscheinend war. Zudem war die (reale) Person von einer Wesenheit umschlungen (»besetzt« wäre hier nicht der passende Ausdruck), durch die sie sozusagen am Leben gehalten wurde. Die beiden nährten sich gegenseitig in einer die Würde des Menschen zerstörenden Weise. Zwar sah ich auch diese Wesenheit, die sich wie rußfarbener, grobkörniger Rauch um den Stellvertreter der entsprechenden Person schlängelte, aber zur Beruhigung sei gesagt, dass meine Wahrnehmung und auch das Wesen sofort nach der Aufstellung verschwunden waren und somit auch der entsprechende Stellvertreter wieder ganz normal und gesund aussah. Ich kenne solche zerstörerischen Symbiosen zwischen Seelen und Wesenheiten, auch wenn sie mir nicht oft begegnen. Aber bislang hatte es sich dabei immer um die Seelen von bereits Verstorbenen gehandelt. Und nach diesem Seminar ist mir eine solche Symbiose mit einer noch lebenden Person auch nie wieder begegnet.

Vielleicht fragen Sie sich nun, warum ich schreibe, dass die Ebene verstorbener Ahnen und die karmische Ebene sich ähneln oder warum der Begriff karmische Ebene in meiner Skizze gleich zwei Mal auftaucht. Ich denke, dass es ab und zu auch geschieht, dass jemand erneut in sein altes Herkunfts- oder Familiensystem aus einem früheren Leben hineininkarniert. Dies würde nichts anderes bedeuten, als dass ich in meiner letzten Inkarnation vielleicht mein eigener Urgroßvater oder die eigene Großtante gewesen wäre. Überlegen Sie einmal, was das beispielsweise für große, traditionsreiche Familienunternehmen bedeutet, die von Generation zu Generation weitervererbt werden. Allerdings bin ich auch überzeugt, dass dies nicht generell der Fall ist, sondern eher die Ausnahme! Dennoch halte ich es für möglich und werde später auch noch ausführlich darauf eingehen und auch darauf, was Bert Hellinger mir hierzu sagte.

Jedenfalls werden die karmische Ebene und die nichtmaterielle Ebene meines Herkunfts- oder Familiensystems eins, wenn ich in meiner letzten Inkarnation selbst einer meiner Ahnen war. Und ich möchte Sie auch noch einmal ausdrücklich daran erinnern, dass dies alles nur *meine* Vorstellung der Dinge betrifft. Wenn Sie es nachvollziehen können, gut. Wenn Sie es nur teilweise nachvollziehen können, gut. Wenn Sie es gar nicht nachvollziehen können, auch gut. Dann verschenken Sie dieses Buch. *Dennoch hat es wohl so sein sollen, dass Sie es zumindest bis hierher gelesen haben – denn Zufälle gibt es nicht.*

So viel jedenfalls zu den verschiedenen Ebenen. Wobei ich eine Unmenge an (Unter)ebenen, wie geografische, kulturelle u.a., bewusst weggelassen haben, obwohl auch sie oft eine nicht unerhebliche Rolle bei der Lösung oder Klärung eines Anliegens spielen.

Doch machen wir nun wieder einen Sprung zurück auf die Ebene dieses Seminars im Sommer des Jahres 2010. Damals leitete ich zum ersten Mal eine stille Aufstellung, jedenfalls nach den Kriterien von Hellinger. Wir arbeiteten von Anfang an still, und ich bat die beiden Aufsteller, ein Ehepaar, auch selbst in die Aufstellung und ersetzte sie nicht durch Stellvertreter. Dies tue ich jedoch nur mit Personen, die zumindest mit der herkömmlichen Art der Aufstellungsarbeit vertraut sind und über dies hinaus auch psychisch und physisch in der Verfassung sind, die eigene Rolle in der Aufstellung zu übernehmen. Abgesehen davon gibt es auch Anliegen, bei denen es mir sinnvoller erscheint, den Klienten durch einen Stellvertreter zu repräsentieren, weil man sein eigenes Leben manchmal tatsächlich besser begreifen kann, wenn man es durch einen Spiegel betrachtet.

FALLSTUDIE VIII

Das Anliegen dieses Ehepaares lautete, dass es gern herausfinden wollte, was seine Familie belastete. Diese Belastung spürten alle, auch die beiden Söhne. Dennoch konnte anscheinend niemand diese Belastung in Worte fassen oder sie greifbar machen. Deshalb hielt ich eine stille Aufstellung auch für sinnvoll, weil sie vielleicht die verdeckten oder unausgesprochenen Dinge besser zum Vorschein bringen würde. Außerdem bin ich überzeugt, dass der lösende oder (selbst)heilende Effekt von stillen Aufstellungen höher ist, weil sie eher auf einer nichtmateriellen Ebene stattfinden – so paradox dies auch klingen mag, wenn man bedenkt, dass daran oft nur lebende Personen oder inkarnierte Seelen beteiligt sind. Es sind jedoch die Seelen, die sich dabei »bewegen«, und die Personen in der Aufstellung bringen dies nur zum Ausdruck.

Ich begann die Arbeit ganz klassisch mit den Eltern und ihren Söhnen, wobei ich die betreffenden Personen selbst aufstellte und zwar so, wie man eine Familie nach den klassischen Ordnungen von Bert Hellinger stellt: Die Mutter für den Betrachter rechts neben dem Vater und die beiden Söhne davor. Wobei der Jüngere wieder für den Betrachter rechts neben dem Älteren stand. Die Söhne wurden bei dieser Arbeit jedoch durch Stellvertreter repräsentiert, zumal sie beide noch minderjährig waren. Dann überließ ich den Dingen ihren freien Lauf. Die Mutter und ihr jüngerer Sohn fanden fast augenblicklich zueinander und umarmten sich. Dann betrachteten sie missmutig und voller Unverständnis das Treiben der beiden anderen, die alles taten, um sich irgendwie abzulenken und ja nicht zur Mutter und dem jüngeren Sohn hinüberblicken zu müssen. Dies erinnerte mich an etwas, was die Mutter mir im Vorfeld erzählt hatte, und deshalb stellte ich auch die Familie ihrer Schwester mit auf. Zwischen beiden Frauen bestand eine sehr enge Bindung, die auch die Kinder und Ehemänner spürten. Und wie jede Bindung erzeugte auch diese hin und wieder eine Reibung. Beide Familien waren durch den engen Kontakt nämlich auch in einen Konkurrenzkampf zueinander getreten, der zusätzliche Belastungen erzeugte. Der Vater und der ältere Sohn nahmen mein »Angebot« auch sofort an und lenkten ihre ganze Aufmerksamkeit auf die Familie der Schwester der Mutter und schauten unverhohlen zu dieser hinüber. Um die räumliche Distanz zwischen beiden Familien besser zu kennzeichnen, legte ich zwischen beide Familien eine Linie aus Kissen und trennte den Raum somit in zwei Hälften. Obwohl Vater und Sohn immer auf ihrer Hälfte blieben, räumten sie die Kissen jedoch sofort weg, so als ob diese ihnen den Blick versperrten. Woraufhin die Familie der Schwester die Kissen wieder an ihren ursprünglichen Platz zurücklegte.

Dies alles ging ganz ohne Worte vonstatten, und ich ließ diesem Treiben wirklich sehr lange freien Lauf: Der Vater und sein ältester Sohn nahmen die Kissen weg, um besser zur »Nachbarfamilie« hinüberblicken zu können, und diese war vollauf damit beschäftigt, die Kissen wieder zurückzulegen – während die Mutter und ihr jüngerer Sohn alles eng umschlungen beobachteten, zuerst nur missmutig und verständnislos, später dann voller Resignation. Das Wesentliche bestand darin, dass der Vater und der ältere Sohn lieber auf die Familie der Schwester der Mutter blickten, um sich von dem abzulenken, was in der eigenen Familie geschah. Wobei der Sohn immer eher dem Tun des Vaters folgte. Dies erklärte zumindest die Spannungen zwischen den beiden Familien, aber sonst auch nichts.

Nachdem ich mir dieses Treiben eine Weile angesehen hatte und das Gefühl hatte, daran würde sich bis zum Sankt-Nimmerleins-Tag nichts mehr ändern, stand ich auf und benannte eine Stellvertreterin, ganz impulsiv, für die unterschwellige Belastung der beiden Eheleute, die auch ihre Kinder spürten, die jedoch nicht genauer eruiert wurde. Jedoch benannte ich diese Stellvertreterin still, und auch sie durfte sich nicht verbal mitteilen. Dann stellte ich sie in die Hälfte des Raumes, die zur Familie der Aufsteller gehörte.

Gleich nachdem ich diese Stellvertreterin benannt hatte, änderte sich alles schlagartig. Der Vater wurde kreidebleich und machte ein erschrockenes Gesicht. Vergessen waren seine Bemühungen, ungehindert zur anderen Familie hinübersehen zu können, und er zog sich augenblicklich von der neu hinzugekommenen Stellvertreterin zurück. Am Ende des Raumes, aber immer noch in der Hälfte seiner Familie, sank er dann kraftlos an der Wand entlang auf den Boden, wo er mit dem Rücken gegen die Wand und mit gespreizten Beinen sitzen blieb. Der ältere Sohn folgte ihm besorgt und versuchte, sich nun um den Vater zu kümmern, was dieser aber gar nicht wahrzunehmen schien. Sein verängstigter Blick war ganz auf die neue Stellvertreterin gerichtet. Die Mutter und der jüngere Sohn hingegen hielten sich immer noch eng umschlungen, hatten sich nun jedoch so gedreht, dass sie den Vater, der hinter ihnen zu Boden gesackt war, immer noch sehen konnten. Dabei schaute jedoch nur die Mutter wirklich zu ihrem Mann und ihrem älteren Sohn. Ihr jüngerer Sohn blickte ganz offensichtlich und direkt zu der Stellvertreterin für die Belastung, was der Mutter jedoch entging, auch weil sie aus ihrer Position heraus, mit dem Sohn in ihren Armen, gar nicht wirklich sehen konnte, wohin dieser genau sah.

Die neu hinzugekommene Stellvertreterin für die Belastung schien von der heftigen Reaktion des Vaters jedenfalls überrascht. Sie schien zu überlegen. Dann breitete sie die Arme aus und lächelte freundlich in die Runde, woraufhin das Gesicht des Vaters noch bleicher wurde. Die Stellvertreterin der Belastung sah dies, schien aber nicht zu verstehen, warum der Vater so voller Abneigung und Schrecken auf sie reagierte, und sie bewegte sich dann langsam, immer noch lächelnd und mit weit ausgebreiteten Armen auf diesen zu. Der machte Anstalten, rückwärts weiter nach hinten zu kriechen, so als habe er vergessen, dass er schon mit dem Rücken zur Wand saß. Als ihm dies bewusst wurde, hob er in einer Abwehrhaltung die Hände vors Gesicht, während er seinen Körper jetzt fest gegen die Wand und seine nun angezogenen Beine gleichzeitig fest gegen seinen Körper presste.

Der ältere Sohn, der immer noch vor dem Vater auf dem Boden kniete, machte daraufhin ein wütendes Gesicht in Richtung dieser Stellvertreterin, die nun stehen blieb und nur noch eine zuckende Bewegung mit den Armen vorwärts machte, so als wolle sie ihre guten Absichten dadurch unterstreichen. Als sich an der Haltung des Vaters und des älteren Sohnes jedoch nichts änderte, wandte sie sich der Mutter und dem jüngeren Sohn zu. Sie machte erneut eine zuckende Bewegung mit den ausgestreckten und weit geöffneten Armen. Ihr Gesicht lächelte dabei allerdings nicht mehr, sondern wirkte nun traurig. Daraufhin löste sich plötzlich der jüngere Sohn aus den Armen seiner Mutter und bewegte sich behutsam auf die Stellvertreterin für die Belastung zu. Diese begann sofort wieder zu lächeln und versuchte, ihre Arme noch weiter auszustrecken. Doch der Junge kam nur vorsichtig näher, während der Rest der Familie wie paralysiert zusah. Die Mutter mit Empörung und Unverständnis, der Vater voll Angst und Entsetzen und der ältere Sohn mit Ärger und Wut. Auch die Familie der Schwester der Mutter beobachtete nun, wenn auch eher neugierig, mit ein wenig Verwirrung und ohne dabei näher zu kommen.

Doch kurz bevor der jüngere Sohn die Stellvertreterin der Belastung erreichte, blieb er plötzlich misstrauisch stehen. Die Stellvertreterin setzte daraufhin ihr strahlendstes Lächeln auf, dabei schwoll ihre Brust an, und ihre Arme weiteten sich noch einmal ein Stück. Doch der Junge blieb misstrauisch. Dann machte er blitzschnell einen beherzten Schritt vorwärts, glitt behände unter den geöffneten Armen der Stellvertreterin hindurch, packte sie am Rücken und schob sie von seiner Familie weg – in die entgegengesetzte Richtung, in eine Ecke ihrer Raumhälfte, in der sich eine Nische befand.

Die Stellvertreterin der Belastung widersetzte sich nicht und ließ sich anstandslos, wenn auch überrascht, in die Ecke führen. Als sie sich, dort angekommen, umdrehen wollte, um der Familie der Aufsteller einen Blick zuzuwerfen, packte der Junge sie am Arm und drehte sie rigoros wieder mit dem Gesicht zur Wand. Die Stellvertreterin schlug daraufhin die Hände vors Gesicht und fing bitterlich an zu weinen. Der Junge beobachtete dies eine Weile unbeeindruckt, und als die Stellvertreterin keine Anstalten mehr machte, sich zu bewegen, ging er zurück zu seiner Mutter, nahm diese an die Hand und führte sie zum Vater und zu seinem älteren Bruder hinüber, wo sich beide ebenfalls auf dem Boden niederließen. Schließlich legte der Vater seinen linken Arm um seine Frau, den rechten Arm um seinen jüngeren Sohn und der ältere Sohn saß vorn zwischen Mutter und Vater. Dabei hatte die

Mutter ihm liebevoll eine Hand auf die Schulter gelegt. Die Eltern lächelten sich an, dann lächelten sie die Kinder an, und die Kinder lächelten zurück.

Als ich den Vater nach einer Weile fragte, ob er aufstehen könnte, nickte er und alle Familienmitglieder erhoben sich. Er und seine Frau standen nun Arm in Arm, die Kinder standen vor ihnen. Die Mutter hielt dabei die freie Hand immer noch auf die Schulter des älteren der beiden Kinder gelegt und eine Hand des Vaters ruhte nun auf der Schulter des jüngeren. Als ich alle daraufhin nach ihrem Befinden befragte, antworteten sie, es ginge ihnen jetzt gut. Dann befragte ich die Mutter über ihre Wahrnehmungen bezüglich der Stellvertreterin, die ich still hinzugestellt hatte, und sie sagte, was immer es gewesen sei, es stelle jetzt keine Bedrohung mehr dar, aber sie habe nun begriffen, wie einfach und selbstver-ständlich Kinder dazu neigen, für die Eltern einzustehen und deren Aufgaben zu übernehmen.

Dann befragte ich den Vater dazu, und er antwortete, er habe schlagartig ge-wusst, dass die Stellvertreterin, die immer noch mit dem Gesicht zur Wand in der Nische stand, die Erbkrankheit repräsentierte. Daraufhin nickte ich lediglich und ließ dem Mann eine Weile die Zeit, um zu sehen, wie er als Nächstes reagie-ren würde. Es dauerte tatsächlich einige Minuten, doch dann schien der Mann für sich selbst zu fühlen, dass die Erbkrankheit, die immer wie eine belastende und dunkle Wolke über ihm und damit auch über seiner Familie gegangen hatte, keine Bedrohung mehr darstellte.

Später sagte er, er fühle sich nun von diesem Damoklesschwert befreit. Die Stell-vertreterin für die Belastung, die sich letztlich als Erbkrankheit entpuppte und die ja selbst auch keine Ahnung gehabt hatte, für was oder wen sie aufgestellt worden war, hatte sich nicht mehr bewegt. Sie stand bis zum Schluss der Aufstel-lung und mit dem Gesicht zur Wand in der Nische. Als ich sie als Letzte befragte, sagte sie, sie könne die ablehnende Haltung ihr gegenüber nicht verstehen, aber sie hätte begriffen, dass man sie in dieser Familie nicht haben wolle. Ihre Traurig-keit war mittlerweile allerdings in Trotz umgeschlagen, und sie meinte, es gäbe ja auch noch andere Familien.

Die Familie der Schwester fühlte sich erleichtert, nachdem man nicht mehr das Gefühl hatte, ständig observiert zu werden, und eine räumliche Trennung durch Kissen war nicht mehr vonnöten. Man konnte nun die Privatsphäre der jeweils anderen Familie gut respektieren.

Ich muss dazu sagen, dass ich über den Risikofaktor dieser Erbkrankheit, an der der ältere Bruder dieses Mannes erkrankt ist, Bescheid wusste. Allerdings versuchte man in der Familie, dieses Thema nach Möglichkeit nicht anzusprechen, dennoch war es enorm belastend. Nach dieser Aufstellung war ich jedoch sicher, dass die Gefahr, dass der Vater oder einer seiner Söhne daran erkranken könnten, gebannt war. Die Aussage der Stellvertreterin war in dieser Beziehung nämlich ganz und gar deutlich gewesen.

Nach dieser Aufstellung kam dann Theo zusammen mit einer anderen Seminarteilnehmerin in der anschließenden Pause zu mir. Sie meinten, ich müsste mich einmal um die Frau kümmern, die in der Aufstellung in der Stellvertreterrolle der Erbkrankheit gestanden habe. Ich fragte, was denn los sei, und beide meinten, die Frau benähme sich merkwürdig - irgendwie unheimlich. Nach dieser Aufstellung hatten besonders viele Stellvertreter um eine Entlassung aus ihrer Rolle gebeten, so auch diese Frau.

Das Seminarhotel liegt gleich am Waldrand, und dort traf ich die Frau. Einerseits befand sie sich in Hochstimmung und war total euphorisch – andererseits fühlte sie sich total mies, so als würde ihr Körper den Zustand dieser Euphorie nicht mehr lange durchhalten können. Theo und die andere Seminarteilnehmerin hatten mich begleitet, und auf dem Weg zum Waldrand hatte ich schon überlegt, was ich tun könnte, damit diese Frau ihre Rolle wieder loswürde. Die herkömmliche Methode, wobei der Aufsteller die Energie der Rolle über die Handgelenke des Stellvertreters abstreift, hatte in diesem Falle anscheinend nicht gewirkt. Dann hatte ich plötzlich einen Geistesblitz und erinnerte mich an eine Aufstellung bei Bert Hellinger, in der dieser im Anschluss an die Arbeit einem Stellvertreter mit der geballten Faust mehrmals fest auf den Rücken mitten zwischen die Schulterblätter geschlagen hatte. Hellinger meinte damals dazu, er hätte gespürt, dass dem Mann noch etwas aus seiner Rolle als Stellvertreter angehaftet habe. Das Ganze kam mir damals unglaublich brutal vor, und ich hatte mich gefragt, ob Hellinger nicht wusste, dass man eine Rolle auch sanfter ablegen konnte! Mir fehlte definitiv das Verständnis für seine Vorgehensweise, und weil Hellinger die auch nicht erklärte, war mir diese

Begebenheit in schlechter Erinnerung geblieben. Jetzt fiel sie mir plötzlich wieder ein, und ich wusste, was ich zu tun hatte: Ich schlug dieser Frau ebenfalls mehrmals fest auf den Rücken. Für Außenstehende muss das so ausgesehen haben, als habe die Frau sich heftig an etwas verschluckt. Sie hustete und würgte. Und tatsächlich war es so, als habe sie sich an ihrer Rolle verschluckt! Für mich sah es dabei so aus, als kämen mit jedem ihrer Hustenanfälle kleine schwarze Partikel, die wie winzig feine, hauchdünne, glitzernde Metallpartikel aussahen, aus ihrem Mund geflogen. Die Frau selbst sagte anschließend, sie habe das Gefühl gehabt, als wäre jedes Mal eine schwarze Wolke negativer Energie aus ihrem Mund geflogen, und Ähnliches sahen auch Theo und die andere Seminarteilnehmerin, die dabeistanden.

Jedenfalls hatte ich durch diese Arbeit ein besseres Verständnis für die manchmal, in vielerlei Hinsicht, sehr grob wirkende Vorgehensweise Bert Hellingers bekommen. Aber das war am Samstag. Am Sonntag kamen dann alle Teilnehmer von außerhalb zu spät, und auch dies war eine Art von Kettenreaktion. Ich fühlte tatsächlich, wie mein Herz langsam in die Hose rutschte, als zehn Minuten nach dem offiziellen Seminarbeginn noch niemand da war, außer denen, die im Hotel übernachtet hatten. Zu diesen Personen gehörte ein Mann, dessen gesamte Herkunftsfamilie erklärt hatte, dass sie sich rigoros von ihm abwenden würden und nichts mehr mit ihm zu tun haben wollten, wenn er tatsächlich aufstellen würde. Das Anliegen seiner Aufstellung lautete, dass er gern wissen wollte, warum er sich in seiner eigenen Herkunftsfamilie immer wie ein Außenseiter oder Fremder vorkäme. Zur Erstellung eines Familienstammbaumes hatte ich ihn gefragt, ob er die Möglichkeit habe, noch etwas mehr über seine Groß- und Urgroßeltern in Erfahrung zu bringen, die schon verstorben waren. Dazu hatte der Mann dann mit einer Tante Kontakt aufgenommen und ihr auch von seiner bevorstehenden Aufstellung erzählt. So erfuhr die Familie davon, und ausnahmslos jeder hatte sich daraufhin bei dem Mann gemeldet und seinen Missmut darüber zum Ausdruck gebracht, dass er aufstellen wollte.

Total verzweifelt rief der Mann daraufhin bei mir an und fragte, was er denn nun tun sollte. Aber bei dieser Entscheidung konnte ich ihm nicht helfen. Er musste seinen Entschluss bezüglich einer Aufstellung selbst fassen. Er entschied sich dafür, dennoch aufzustellen, und ich habe noch nie eine Aufstellung geleitet, wo alle Stellvertreter von noch lebenden Personen von Anfang an dermaßen unkooperativ und unwillig waren.

Tatsächlich ist es oft so, dass schon verstorbene Personen viel bereitwilliger sind, den noch Lebenden, im Falle einer Aufstellung also dem Aufsteller selbst, zu helfen. Dies zeigen dann auch ihre Stellvertreter.

Zeigt sich ein Stellvertreter jedoch unwillig, so habe ich dies *immer* zu respektieren, denn er spiegelt ja nur die wahre Haltung der realen Person, für die er steht, und somit würde ich einen Stellvertreter auch niemals zwingen, eine bestimmte Position im Raum einzunehmen und sei dies noch so sehr der richtige Platz für ihn innerhalb seines Systems und laut den Ordnungen nach Hellinger. Denn damit dies aus freiem Willen heraus möglich wird, gehört es meistens dazu, erst ein verborgenes Schicksal eines Ahnen sichtbar zu machen. *Damit der Weg frei wird.* So bin ich denn auch überzeugt, wenn ein Aufstellungsleiter einen Stellvertreter sozusagen zwingt, einen bestimmten Platz einzunehmen, dass er damit die ursprüngliche phänomenalistische und wohlgesinnte Energie der Aufstellung verpuffen lässt. Ungefähr so, wie der Kartenleger, der so lange mischt, bis die Karten wunschgemäß fallen. Solche Arbeiten zeigen denn auch keine energetische Wirkung und sind eigentlich nicht einmal mehr als Aufstellungen zu bezeichnen. Eher als Psychodrama, was ebenfalls eine Form der Therapie ist, bei der man sich allerdings die selbstheilenden oder selbstlösenden Prozesse, die durch eine Aufstellung oft in Gang gesetzt werden, nicht zunutze macht. Etwas anderes ist es jedoch, wenn eine Person oder deren Seele über einen Stellvertreter zum Ausdruck bringt, dass sie sich nicht bewegen möchte oder demnach uneinsichtig oder unversöhnlich ist, und ich diese Entscheidung, was auch immer der Grund dafür sein mag, respektiere und diese Person oder Seele sich selbst überlasse. Wichtig ist dann aber auch, dass der Aufsteller selbst oder sein Stellvertreter dies ebenfalls so akzeptieren und anerkennen kann. Denn *nur* dann kann er sich auch aus der Verstrickung zu dieser Person lösen und dennoch das Ziel, das mit dem Anliegen für die Aufstellung verbunden ist, erreichen.

Und eigentlich ist es unnötig, an dieser Stelle erneut darauf zu verweisen, dass etwas immer in beide Richtungen funktioniert. Ich schreibe hier nämlich immer von wohlwollender oder wohlgesinnter (Anfangs)energie bei solchen Arbeiten. Diese entsteht, weil ich als Therapeutin *und* mein Klient Gutes im Sinne haben, niemandem schaden wollen und reinen Herzens sind. Aber natürlich lässt sich diese Kraft auch für eigennützige oder niederträchtige Anliegen missbrauchen. So kam einmal eine Frau zu mir, die mittels einer Aufstellung Einfluss auf die Nochehefrau ihres Freundes nehmen wollte, damit diese endlich in die Scheidung einwilligte. Bei näherer Betrachtung zeigte sich jedoch, dass diese Frau ganz andere Probleme hatte als einen Freund, der sich ebenfalls nicht entscheiden konnte. Aber gerade deshalb, weil ich auch weiß, dass besonders mit der Methode des Aufstellens sehr viel Missbrauch und Schindluder getrieben wird, bin ich so froh, dass es gar nicht so einfach ist, auf jemanden Einfluss zu nehmen, wenn dieser das nicht möchte. Dies zeigt nämlich dann auch sein Stellvertreter. Wenn ich es trotzdem versuche, verpufft die Energie – egal ob positiv oder negativ.

Und genauso darf ich als Aufstellungsleiter den Stellvertretern oder dem Aufsteller selbst keine Worte in den Mund legen. Wenn ich sogenannte Lösungswörter vorgebe, sollte der betreffende Stellvertreter oder Aufsteller diese nur nachsprechen, wenn sie auch für ihn stimmig sind. Etwas worauf ich ebenfalls bei meinen Arbeiten größten Wert lege!

Noch etwas ist mir in diesem Zusammenhang aufgefallen: Es macht einen riesigen Unterschied, ob ein Aufsteller, egal ob er von Anfang an oder erst nach Findung des Lösungsbildes in seine Aufstellung kommt, etwas in seiner Muttersprache ausspricht oder in einer Fremdsprache. Dies wird deutlich, wenn ich als Deutsche mit Ausländern arbeite. Um etwas wirklich verinnerlichen, annehmen oder akzeptieren zu können – damit sich etwas löst – ist es ratsam, dass der Klient dies in seiner Muttersprache tut. Von den Wörtern einer Fremdsprache kann man sich nämlich viel eher distanzieren.

Was die Aufstellung dieses Mannes betrifft, so förderte sie ein gut gehütetes Familiengeheimnis ans Tageslicht, das mit den Todesumständen seines jüngsten Bruders zusammenhing. Alle Seminarteilnehmer waren sich zudem im Nachhinein darüber einig, dass ihr Zuspätkommen mit dem kollektiven Widerstand seitens der Familie des Aufstellers zusammengehangen hatte. So hatten sich einige, obwohl ortskundig, verfahren. Eine andere Gruppe von Teilnehmern war scheinbar endlos lange hinter einem Konvoi aus Traktoren hergefahren, sehr viele hatten verschlafen, und einer hatte sogar eine Reifenpanne gehabt. Dennoch führte die Aufstellung zu einem guten Ergebnis, denn niemand der aufgestellten Personen wurde für sein Tun verurteilt, und somit hat sich auch die Drohung seitens der Familie, den Kontakt abzubrechen, nicht bewahrheitet. Der Kontakt ist zwar quantitativ nicht mehr geworden, aber darum war es meinem Klienten auch gar nicht so sehr gegangen. Wichtig für ihn war, dass er sich nun nicht mehr als Außenseiter fühlte, weil er nun das Geheimnis ebenfalls kannte. Einige Zeit später gestand ihm die besagte Tante, dass sich alles genau so zugetragen hatte, wie wir es in der Aufstellung erlebt hatten. Und noch etwas Gutes bewirkte die Aufstellung bei diesem Klienten. Nach dieser Arbeit litt er nie wieder an Schwerhörigkeit und brauchte seitdem auch nicht mehr sein Hörgerät. Ich habe mir dies zwar nie wirklich erklären können, zumal sich für mich nie ein roter Faden zwischen dem Anliegen und der Schwerhörigkeit zeigte, die ja nicht zum Anliegen gehörte, aber ich denke, dass es wohl manchmal auch darum geht, tatsächlich anzuerkennen, was ist – auch ohne Erklärung ...

Mut zur Wahrheit

... es gibt nichts Fataleres als eine klare Wunschvorstellung der eigenen Zukunft, die so präzise ausgemalt ist, dass sie kaum Möglichkeiten für Alternativen lässt. Dabei ist gerade die Auswahl der möglichen Möglichkeiten die Zukunft betreffend schier unermesslich.

Ich habe Ihnen bereits kurz von Konrad und Rebecca berichtet. Konrad lernte ich kennen, weil er sich für eine Rückführung bei mir angemeldet hatte. Im Vorgespräch berichtete er mir voller Enthusiasmus, dass er eine sehr alte Seele sei, die schon als König und Feldherr inkarniert hatte. In all seinen früheren Leben sei er immer eine berühmte Persönlichkeit gewesen, die stets viel Anerkennung und Respekt erfahren habe. Ich hörte Konrad aufmerksam zu und fragte ihn dann, woher er all dies wüsste. Er berichtete daraufhin von einer Frau mit übernatürlichen Fähigkeiten, die er regelmäßig aufsuchte und die ihm all dies erzählt hatte. Sie hatte ihm auch gesagt, dass das Schicksal auch in diesem Leben wieder Großes für ihn vorgesehen habe und ihm noch eine glorreiche Zukunft als Heiler und Lehrmeister magischer Künste bevorstehe, der es zu weltweitem Ruhm bringen würde. Zurzeit nahm Konrad deshalb auch bei dieser Frau Unterricht und wurde von ihr auf seine glorreiche Zukunft vorbereitet.

Wie Konrad so auf meinem Sofa saß und mit großen, glänzenden Augen und roten Wangen davon erzählte, erinnerte er mich sehr an ein kleines Kind, das sich auf den Besuch des Weihnachtsmanns freut. Ich fragte Konrad, ob er denn schon als Heiler oder Lehrmeister tätig sei. Zuerst druckste Konrad ein wenig herum. Doch dann zog er die Augenbrauen ganz weit hoch und nickte kräftig. »Ja, ja«, antwortete er, »als Heiler. Mittlerweile geht keiner aus meiner Familie mehr zu Arzt, alle wollen sie nur noch von mir behandelt werden!«

Dann seufzte er und meinte, das Problem an der Sache sei lediglich, dass er von seiner Familie ja schlecht Geld für seine Behandlungen verlangen könne. Ich wartete, und schließlich fügte Konrad hinzu, dass er, solange das mit seiner Heilertätigkeit eben noch nicht so ganz rundliefe, nebenbei halt immer noch als Lkw-Fahrer arbeiten müsse. Ich nickte. Plötzlich schnippte Konrad mit den Fingern, so als habe er gerade eine zündende Idee, und erklärte dann, dass wir beide uns ja in Zukunft gegenseitig ein paar Kunden zuschustern könnten. Ich ging nicht auf die Bemerkung ein und befragte ihn stattdessen noch einmal zu seinem Anliegen für die Rückführung. Am Telefon hatte er mir zwar schon gesagt, dass er ein Heiler sei und durch die Rückführung herausfinden wollte, seit wann genau oder woher er diese Fähigkeiten habe, aber beim persönlichen Gespräch frage ich immer noch einmal genau nach und äußere mich dann auch ggf. zu den Anliegen meiner Klienten.

Konrad sagte nun, er wolle die Rückführung machen, um mehr über all seine aufregenden früheren Leben zu erfahren, von denen die Frau mit den übernatürlichen Fähigkeiten ihm schon so viel erzählt hatte. Dabei rutsche er aufgeregt auf meinem Sofa hin und her, wie das Kind, das entdeckt hat, dass viele große Pakete unter dem Weihnachtsbaum nur darauf warten, endlich von ihm ausgepackt zu werden. Diese Frau hatte Konrad auch erzählt, dass noch sehr viele verborgene Talente und Gaben, alles Eigenschaften aus seinen früheren Leben, in ihm schlummerten. Mit der Rückführung wollte Konrad sich an diese Fähigkeiten nun auch zurückerinnern, um sie dann erneut nutzen zu können. Er meinte, er habe gelesen, dass ein Mann nach einer Rückführung in ein Leben, das er in Italien verbracht hatte, plötzlich wieder Italienisch sprechen konnte, und eine andere Person, die bei ihrer Rückführung erfuhr, einmal eine Pianistin gewesen zu sein, danach auch wieder Klavier spielen konnte. Dann beugte sich Konrad auf dem Sofa etwas nach vorn in meine Richtung und deutete mit einem Zeigefinger an, dass ich ebenfalls ein Stück näher kommen sollte. Ich tat so und Konrad flüsterte, dass diese Frau mit den übernatürlichen Fähigkeiten, die ihm all dies über seine Seele erzählt habe, zwar eifrig bemüht sei, all seine enormen Gaben wieder in ihm zu erwecken – aber ehrlich gesagt, dauerte ihm dieser Prozess nun doch ein wenig zu lange! Mit der Rückführung wollte er diesen Prozess eigentlich abkürzen.

Ich erklärte Konrad, dass sich bei einer Rückführung in Trance immer *das* frühere Leben zeigen würde, das noch einen besonderen oder bedeutsamen Bezug zum heutigen Leben habe, und dass dies auch durchaus ein Leben sein könnte, indem Konrad *bloß ein einfacher Mensch mit einem einfachen Leben* gewesen war. Natürlich war es auch genauso gut möglich, dass er tatsächlich in ein früheres Leben zurückkehrte, indem er eine berühmte Persönlichkeit gewesen war, aber ich wollte, dass er beide Möglichkeiten zumindest in Betracht zog. Konrad lachte daraufhin und erklärte, er könne sich zwar nicht vorstellen, jemals bloß ein einfacher Mensch gewesen zu sein, aber es wäre O.K. Dann grinste er und meinte: »Um wie viel wetten wir, dass wir kein solches Leben finden werden?«

Ich erläuterte Konrad daraufhin, dass wir keine Suche veranstalten würden und uns stattdessen von seiner Seele leiten ließen. Dann ging ich auf seine verborgenen Gaben und Talente ein, die er sich durch die Rückführung wieder anzueignen erhoffte. Ich sagte ihm, dass ich in all meiner Zeit als Reinkarnationstherapeutin noch keinen einzigen solchen Fall erlebt hatte, in dem ein Klient durch seine Rückführung Dinge, die er in früheren Leben gelernt hatte, *einfach so* wieder neu hatte aktivieren können. Manchmal konnte man gewisse störende Verhaltensmuster, wie Zwänge oder Phobien, Ereignissen in früheren Leben zuordnen, und der Klient verstand dann, woher diese krankhaften Verhaltensmuster kamen und dass er diese heute nicht mehr benötigte – wodurch er diese dann tatsächlich überwinden oder ablegen konnte. Andere Klienten hingegen kamen in ein früheres Leben, in dem sie über sich selbst hinausgewachsen waren und sehr viel Größe oder Stärke bewiesen hatten. Etwas, was sie sich in ihrem heutigen Leben kaum vorstellen konnten, weil sie heute eher ängstlicher Natur sind und wenig Durchsetzungsvermögen oder Selbstbewusstsein besitzen. Dieses Gefühl von Stärke konnten sie dann jedoch tatsächlich in ihr heutiges Leben transportieren und erneut abrufen, was ihnen das

Leben in Zukunft erleichterte. Aber ich erklärte Konrad auch, dass dies immer nur der Idealfall war und man als Reinkarnationstherapeut oder Rückführungsbegleiter mit dem Klienten während der Rückführung auch ganz genau überlegen musste, *welche dieser Charaktereigenschaften seiner Seele* er in sein heutiges Leben integrieren wolle – ohne sich davon überfordert zu fühlen! Konrad saß ganz still, und ich hakte nach, ob er dies verstanden habe. »Ja klar«, meinte Konrad.

Zur Rückführung kam es jedoch nicht, weil Konrad während der Tranceinduktion einfach einschlief. Zwei Mal hatte ich ihn sanft wachgerüttelt. Beim dritten Mal jedoch half mein sanftes Rütteln nicht mehr, und er schlief so tief, dass ich neben ihm sitzend auch laut hätte singen können. Also ließ ich ihn schlafen, lauschte seinem Schnarchen und las eine Weile in einem Buch. Nach einer knappen Stunde weckte ich ihn und rief dabei laut seinen Namen. Konrad schreckte förmlich aus dem Schlaf hoch, und es dauerte ein wenig, bis er sich wieder orientiert hatte und wusste, wo er sich befand. Einerseits fand er es schade, dass die Rückführung nicht funktioniert hatte, andererseits war er aber auch mächtig stolz auf sich, einen so starken Willen zu haben, dass es mir nicht gelungen war, ihn zu hypnotisieren. Ich ging wieder nicht auf die Bemerkung ein und sagte stattdessen, dass ich das Gefühl habe, als sei er körperlich total erschöpft, auch wenn sein aufgedrehtes Wesen eigentlich nicht dazu passe. Dann fragte ich ihn, ob er wüsste, warum er so glänzende Augen habe. Konrad nahm die Frage als Aufforderung und rieb sich wie ein kleines Kind die Augen. Dann grinste er und zuckte die Schultern.

»Hab halt viel um die Ohren«, meinte er dann. »Wissen Sie eigentlich, wie viel Arbeit das ist, so als Heiler? Jeden Tag ruft jemand anderes an und fragt: ›Kannste nicht mal was gegen mein Kopfweh machen?‹, oder so. Und dann habe ich ja auch noch einen Nebenjob!«

Ich nickte und sagte, dass mich dies ja auch eigentlich gar nichts anginge, ich aber das Gefühl hätte, als nähme Konrad irgendwelche Aufputschmittel. Konrad grinste, und ich zeigte ihm die Einverständniserklärung, die er, bevor wir mit der Tranceinduktion angefangen hatten, unterschrieben hatte. Darauf hatte er auch angekreuzt, dass er keine Medikamente nehmen würde.

»Ja, aber das Zeugs sind doch keine Medikamente«, meinte Konrad daraufhin aufbrausend und beschwichtigend zugleich. Dann erzählte er mir von seinem Hausarzt, der einfach keine Ahnung habe und der ihm Valium verschrieb, weil er manchmal halt ausraste.

»Wissen Sie, wie es ist, wenn man ständig von Blödmännern umgeben ist, die einfach nix kapieren? Und da soll man dann nicht ausrasten!«

Ich bat Konrad darum, mir ein Beispiel zu nennen, wo er ausgerastet war, und er erzählte mir von der eingetretenen Tür zu Hause. Manchmal sähe er halt rot, sagte er dazu und meinte, das sei schon in seiner Kindheit so gewesen. Nachdem er einen Auffahrunfall mit seinem Privatauto verursacht hatte und danach mitten auf der Kreuzung ausgerastet war, sodass die Polizei ihn für mehrere Stunden in Gewahrsam genommen hatte, hatte sein Hausarzt angefangen, ihm dieses starke Beruhigungsmittel zu verschreiben.

Konrad machte eine Pause. Er saß immer noch auf der Liege, auf der meine Klienten Platz nehmen, wenn wir mit der Tranceinduktion und Rückführung beginnen. Dann lehnte er sich noch einmal auf der Liege zurück und sinnierte einen Moment lang vor sich hin. Schließlich erklärte er, dass seine Mutter und seine Frau dieses Medikament ja eigentlich viel nötiger hätten als er, immerhin seien sie es ja auch, die ihn so häufig auf die Palme trieben. Ich fragte, ob seine Mutter bei ihm und seiner Frau lebe, und Konrad schüttelte den Kopf.

»Nein, nein«, meinte er dann, »wir leben bei ihr«. Daraufhin erzählte er mir, wie er seiner Frau und seiner Mutter manchmal heimlich einige seiner Valiumtabletten ins Essen gemischt hatte, um endlich einmal seine Ruhe zu haben. Doch die Sache war aufgeflogen, und seitdem hing bei ihm zu Hause auch noch der Haussegen schief.

Ich fragte Konrad, ob er das Valium auch genommen habe, bevor er heute zu mir gekommen sei, und er schüttelte energisch den Kopf. Valium nehme er nur abends, um überhaupt einschlafen zu können. »Woher also kommen Ihre glasigen Augen dann?«, fragte ich Konrad. Der zuckte die Schultern und grinste verschmitzt. Ich ließ ihm Zeit zu überlegen, was er darauf antworten sollte. Doch statt auf die Frage zu antworten, wollte Konrad wissen, ob ich denn überhaupt nicht sauer auf ihn sei, weil er seiner Frau und seiner Mutter heimlich Valium gegeben habe. Ich schüttelte den Kopf. Dann sagte ich, dass dies für mich nur ein Zeichen dafür sei, wie verzweifelt und scheinbar ausweglos seine komplette Situation sei, was mich irgendwie sehr traurig machte.

»Wieso ausweglos?«, fragte Konrad und machte dabei große Augen. »Mir geht es super!«

Ich nickte lediglich und kam zurück auf die eigentliche Frage. Konrad stöhnte und kratzte sich dann am Kopf. Schließlich erklärte er, dass er durch das Valium morgens kaum noch aus dem Bett käme. Er müsse aber meist sehr früh raus, wegen seines Nebenjobs als Lkw-Fahrer. Er wollte gleich wieder auf dieses Thema einsteigen und meinte, dass er das ja zum Glück nicht mehr lange machen müsse, denn schon bald könne er von seiner Heilertätigkeit leben – dies habe ihm die Frau mit den übernatürlichen Fähigkeiten ja immerhin so prophezeit! Ich bat Konrad erneut, bei der Sache zu bleiben. Er grinste nun geheimnisvoll, und ich wartete wieder. Dann flüsterte Konrad, er hätte da so ein paar Connections, die ihn mit Pillen versorgen würden, damit er tagsüber fit sei.

Ich fragte, ob es sich dabei um Ecstasy handele. Zuerst zuckte Konrad mit den Schultern, doch dann nickte er. Er nahm also tagsüber Ecstasy, um wach zu bleiben und seine Erschöpfung zu kaschieren, und abends nahm er Valium, um wieder runterzukommen und überhaupt schlafen zu können. Weil Konrad seine Tätigkeit als Lkw-Fahrer immer nur als Nebenjob bezeichnet hatte, fragte ich ihn nun, wie viele Stunden er denn in der Woche als Fahrer arbeite. Konrad drückste wieder eine Weile herum, dann sagte er, dass er meist über 40 Stunden pro Woche auf einem 40 Tonnen schweren Sattelschlepper verbrachte. Gleich darauf lachte er aber wieder und winkte ab. »Alles halb so wild. Ist ja höchstens noch für ein paar Monate. Ich schaff das schon – außerdem hab ich ja auch super Reflexe!«

Ich fragte ihn, wie das mit den Reflexen gemeint sei, und Konrad erzählte, nicht ohne einen erneuten Anflug von Stolz, wie er manchmal hinter dem Steuer kurz einnickte, aber dennoch noch nie einen Unfall gebaut hatte – außer den mit seinem Privatfahrzeug, worüber er sich auch immer noch sehr zu ärgern schien.

Es dauerte noch einmal eine Stunde, in der ich Konrad eindringlich ins Gewissen redete und ihn davon überzeugte, gleich am nächsten Tag zu seinem Hausarzt zu gehen und sich eine Krankmeldung wegen eines akuten Erschöpfungssyndroms zu holen. Konrad hinter dem Steuer eines Lkws war eine tickende Zeitbombe. Sollte der Hausarzt sich weigern, ihn krankzuschreiben, sollte Konrad ihm sagen, dass er ihn dann auch für den Unfall verantwortlich machen würde, der geschehen würde, wenn er wieder einmal hinter dem Steuer kurz einschliefe! Es war dringend an der Zeit, dass Konrad der Realität ins Auge sah und auch anfing, seine schlechte gesundheitliche Verfassung ernst zu nehmen. Seine psychischen Störungen spielte Konrad jedoch weiter herunter, einzig und allein seine massiven Schlafstörungen erkannte er an, weil sie ihn nervten und weshalb er auch das Valium auf keinen Fall absetzen wollte. Ich erinnerte ihn daran, dass ich keine Medizinerin sei und er dies mit seinem Hausarzt besprechen müsste. Ecstasy hingegen war kein Medikament und so fragte ich Konrad, ob er glaube, diese auch noch zu benötigen, selbst wenn er, bedingt durch eine Krankmeldung, morgens ausschlafen könne. Konrad schüttelte den Kopf und erklärte dann, dass er von den Dingern ohnehin immer Kopfschmerzen bekäme. Auf der einen Seite gefiel ihm die Vorstellung, zu Hause zu sitzen, endlich einmal nichts zu tun und trotzdem Geld zu bekommen, auf der anderen Seite bedeutete dies für ihn aber auch, Schwäche zu zeigen. Er überlegte deshalb sehr lange, was er nun tun sollte. Plötzlich schnippte er wieder mit den Fingern und erklärte, durch die Krankmeldung hätte er ja auch endlich einmal genug Zeit, sich richtig in seine Heilerkarriere reinzuknien, und dies war schließlich auch der ausschlaggebende Aspekt.

Ich brachte es nicht übers Herz, Konrad *meine Bemühungen* in Rechnung zu stellen. Stattdessen lud ich Konrad und auch seine Frau ganz spontan und impulsiv zu meinem nächsten Seminar in Familienstellen ein. So kam es, dass Konrad und Rebecca zumindest eine Zeit lang regelmäßig zu meinen Seminaren in Familienstellen kamen. Doch zuvor rief Konrad mich einen

Tag nach unserer ersten Begegnung und der missglückten Rückführung an und erklärte triumphierend, dass er das mit der Krankmeldung hinbekommen habe. Allerdings hatte er auch Angst, durch die Krankmeldung seinen Job zu verlieren, und erzählte, dass sein Boss sich schon gemeldet hätte und angekündigt hätte, dass er ihm kündigen würde, sollte er nicht am nächsten Tag wieder zur Arbeit erscheinen. Ich erklärte Konrad, dass man ihn nicht wegen Krankheit kündigen könne – zumal er eine offizielle Krankmeldung hatte. Doch Konrad meinte, sein Arbeitsvertrag liefe am Ende des Monats aus, und deshalb wusste er nun wieder nicht, was er tun sollte. Die Entscheidung lag bei ihm. Er hasste seinen Job, aber er brauchte das Geld, auch um seine Ausbildung als Heiler bei dieser Frau zu bezahlen. Ich sagte ihm, dass er auch einen anderen Job, wo er keinen Lkw mehr fahren müsste, finden würde, wenn er es wolle. Dazu musste er aber zuerst aus diesem Trott heraus, indem er sich zurzeit befand. Dies sah Konrad ähnlich.

Konrad ging auch am nächsten Tag nicht zur Arbeit, und als sein Arbeitsvertrag auslief, wurde dieser nicht verlängert. Aber Konrad und Rebecca kamen zum nächsten Seminar im Familienstellen. Dort erfuhr ich von Konrad, dass er vom Arbeitsamt als ungelernte Kraft aber immer wieder bloß Jobs als Lkw-Fahrer angeboten bekam, was ihn sehr frustrierte. Bislang hatte er jedoch Glück gehabt, wie er es nannte, denn jedes Mal, wenn er sich gezwungenermaßen bei einem Betrieb vorstellte, wurde er abgelehnt. Konrad meinte, er würde es natürlich auch darauf anlegen, dass man ihn nicht einstelle. Ich fragte ihn, als was er denn gern arbeiten würde, und Konrad machte große Augen.

»Als Heiler und Lehrer der Magie natürlich!«

»Abgesehen davon, Konrad?«, fragte ich. »Was würde dich denn sonst noch interessieren? Welche Hobbys hast du, worin bist du gut – außer im Lkw-Fahren und Heilen?«

Konrad überlegte, dann hellte sich sein Gesicht wieder auf, und er sagte, er wäre gern Schauspieler. Er sah mich an, als lese er meinem Gesicht ab, dass ich ihm nicht glaubte, und zur Bekräftigung erklärte er, er könne jeden Westernhelden imitieren. Dann stellte er sich breitbeinig vor mich, zog eine imaginäre Waffe, machte Schießgeräusche, ließ die imaginäre Waffe fallen, fasste sich ans Herz, drehte sich einmal um die eigene Achse und ließ sich auf den Boden fallen, wo er auf dem Rücken und mit ausgestreckten Armen und Beinen liegen blieb. Ich hörte ein Klatschen, wandte den Blick von Konrad ab und sah, dass es Rebecca war. Die Unterhaltung zwischen Konrad und mir hatte während einer der Pausen zwischen den Aufstellungen stattgefunden, und während die anderen Seminarteilnehmer kaum Notiz von Konrads Vorstellung genommen hatten, kam Rebecca nun zu uns herüber. Freudestrahlend erklärte sie, ihr Mann sei der geborene Künstler.

Es dauerte viele Monate, in denen Konrad und Rebecca zwar regelmäßig als teilnehmende Beobachter an meinen Seminaren in Familienstellen teilnahmen, aber niemals den Wunsch äußerten, selbst aufzustellen. Mir fiel auf, wie Rebecca zu Konrad aufschaute: ehrfürchtig und ängstlich zugleich. Er selbst verhielt sich seiner Frau gegenüber wie der geborene Patriarch, ließ sich von ihr bedienen und konnte es auch nicht sehen, wenn seine Frau in Gespräche mit anderen Seminarteilnehmern verwickelt war, während er selbst allein in der Gegend herumstand. Erst als ein Seminarteilnehmer einmal in der Vorstellungsrunde an einem Samstagmorgen erzählte, welche positive Wirkung seine mittlerweile schon einige Monate zurückliegende Aufstellung nun entfalte, kamen Konrad und Rebecca in der nächsten Pause unabhängig voneinander zu mir und erklärten, sie wollten nun selbst einmal aufstellen!

Zuerst sprach mich Konrad darauf an. Ich fragte nach seinem Anliegen für die Aufstellung, und er antwortete, das mit seiner Tätigkeit als Heiler und Lehrmeister magischer Künste wolle und wolle einfach nicht richtig funktionieren. Gleich darauf lenkte er ein und meinte beschwichtigend, er hätte aber mittlerweile schon viel mehr Patienten als noch vor ein paar Monaten – aber er wolle trotzdem nichts unversucht lassen, um seiner Karriere ein bisschen nachzuhelfen. Er wollte mit dem Anliegen aufstellen, herauszufinden, was er noch tun müsse oder was es noch brauche, damit er endlich voll durchstarten könnte. Er sei auserwählt, und darum könnte er auch nicht warten, bis ihm sein Glück in den Schoß fiele, und falls nötig, würde er mit einer Aufstellung seinem Glück eben ein bisschen auf die Sprünge helfen. Ich war einverstanden.

Rebecca erklärte, dass sie ständig unter Existenzangst leide – auch weil Konrad ihr sauer verdientes Geld immer noch zu dieser Frau mit den übernatürlichen Fähigkeiten brachte. Rebecca bezeichnete die Frau als Hexe. Einerseits war sie eifersüchtig auf sie, andererseits hatte sie aber auch Angst, die Frau könne ihr etwas tun, wenn sie anfinge, gegen sie zu intrigieren. Rebecca meinte, dass Konrad jedes Mal fürchterlich wütend würde, sobald sie nur den Namen dieser Frau in den Mund nähme. Rebecca wollte wissen, ob ich nicht etwas gegen diese Frau unternehmen könnte, denn auch von Konrads Mutter habe sie keine Hilfe zu erwarten, denn diese ließe eh nichts auf ihren Sohn kommen. Ich schüttelte den Kopf. Stattdessen fragte ich Rebecca, ob sie diese Existenzängste auch schon gehabt habe, bevor sie Konrad kennengelernt habe, und sie nickte. Dann fragte ich, ob außer ihr in ihrer Herkunftsfamilie noch jemand unter Existenzangst leide oder gelitten habe, und Rebecca nickte erneut – die Mutter.

Beim nächsten Seminar in Familienstellen stellten Konrad und Rebecca auf. Ich hatte beschlossen, mit Rebecca gleich am Samstag zu arbeiten, weil sie angesichts ihrer bevorstehenden Aufstellung doch ziemlich nervös war. Mit Konrad wollte ich am Sonntag arbeiten. Konrad war daraufhin richtiggehend beleidigt, weil seine Frau zuerst an der Reihe war. Überhaupt fand er, dass seine Frau keine Aufstellung nötig habe, aber weil sie diese von ihren Trinkgeldern selbst bezahlte, war es Konrad letztlich egal. Ich überlasse es immer den Aufstellern, wenn sie gemeinsam mit ihrem Partner, einem sonstigen Familienmitglied oder Freund am Seminar teilnehmen, ob die Begleitperson bei der eigenen Aufstellung anwesend sein soll oder nicht. Ganz in der Nähe des Hotels gibt es ein kleines Café, und auch der nahe gelegene Wald lädt zu Spaziergängen ein. Manchmal kommt es auch vor, dass ein Teilnehmer einmal eine Runde aussetzen will, und dann gibt es rund um den Seminarort genügend Möglichkeiten, sich für die nächsten zwei Stunden anderweitig zu beschäftigen. Doch Rebecca wollte, dass Konrad bei ihrer Aufstellung dabei war. Ich war mir allerdings nicht ganz sicher, ob dies auch wirklich Rebeccas Wunsch entsprach oder eher dem von Konrad, aber ich sagte nichts dazu. Ist der Partner bei der Aufstellung zugegen, hat dies zumindest immer den Vorteil, dass man ihm anschließend zu Hause nichts erklären muss, wobei immer die Gefahr besteht, dass der Aufsteller seine Aufstellung dadurch zerredet. Ich rate meinen Klienten deshalb ja auch immer, nach Möglichkeit erst einmal nicht über die Aufstellung zu sprechen, weil durch das (Zer)reden auch immer die Gefahr besteht, dass die positive Wirkung der Arbeit zerstört wird.

Letzten Endes war Konrad dann bei der Aufstellung seiner Frau doch nicht anwesend, weil er von Anfang an Einwände hatte, immer wieder dazwischenredete und alles daran setzte, die Aufstellung zu stören. Seinen Missmut brachte er schon dadurch zum Ausdruck, dass er für die Dauer der Aufstellung nicht mit seiner Frau zusammen neben mir Platz nehmen wollte. Konrad verharrte mit finsterer Miene auf seinem Platz im Seminarraum, dass ausnahmsweise einmal nicht er, sondern seine Frau im Mittelpunkt des Geschehens stand, passte ihm einfach nicht. Doch als jemand der anderen Teilnehmer diese Vermutung aussprach, leugnete Konrad sofort, und zur Bekräftigung verschränkte er die Arme vor der Brust, meinte, er hätte mit seinen Kommentaren ja nur helfen wollen, aber wenn nicht, dann nicht. Dann würde er jetzt einfach die Klappe halten! Gleich darauf schlüpfte jedoch Theo in eine Rolle und übernahm irgendwie die Funktion von Konrad und versuchte alles, um die Aufstellung von Rebecca zu sabotieren. Konrad konnte sich daraufhin ein Lachen nicht verkneifen, während seine Frau in Tränen ausbrach und meinte, genauso sei es auch immer zu Hause – alles drehe sich immer nur um Konrad!

Konrad und Theo verbündeten sich derweil verbal. Theo meinte, es würde ihm überhaupt nicht passen, dass Rebecca hier so viel Aufmerksamkeit zuteilwürde. Er fand, dass Rebecca simuliere. Was könnte die denn schon für Probleme haben? Und überhaupt *Frauenprobleme* - die gäbe es doch gar nicht! Konrad hüpfte unterdessen auf seinem Platz vor Freude auf und ab und klatschte in die Hände. Dann rief er, dass Theo ihm aus der Seele spräche.

»Endlich mal jemand, der mich versteht«, rief er und begriff gar nicht, dass Theo sich in einer Rolle befand. Konrad meinte, er hätte zwar schließlich in die Aufstellung seiner Frau eingewilligt, aber im Grunde fände er, dies sei rausgeschmissenes Geld. Was habe seine Frau schon aufzustellen – ihr ginge es doch gut. Sie habe einen Job, bei dem sie noch nicht einmal nachdenken müsse, und alle Belastungen lägen eh auf seinen Schultern! In diesem Moment zog sich Konrad viele empörte Blicke zu, und von einigen Teilnehmern wurden entsprechende Kommentare laut. Bevor Rebeccas Aufstellung jedoch in eine Diskussion ausartete und Konrad damit sein Ziel – die Aufstellung seiner Frau zu verhindern – erreichte, rief ich alle zur Ordnung. Ich bat um Ruhe, erinnerte daran, *wer* hier die Leitung hatte, dass dies immer noch ein sicherer Ort für *jeden* Seminarteilnehmer sei, dass immer noch *jeder* Teilnehmer hier das Recht auf Respekt und Achtung verlangen könnte und dass dies sowohl für Rebecca als auch für Konrad gelten würde!

Augenblicklich kehrte Ruhe ein, und jeder besann sich, hielt seine Vorwürfe und die Empörung im Zaum, auch wenn es einigen Teilnehmern sichtlich schwerfiel. Theo hatte sich mittlerweile auf den leeren Platz von Rebecca neben Konrad gesetzt. Ich ging zu ihm hinüber und fragte ihn, wessen Rolle er hier denn verkörpere. Theo sagte prompt, dass er ein Teil von Konrad sei und ein Problem damit habe, dass Rebecca hier aufstelle und im Mittelpunkt stehe! Ich warf einen Blick auf Rebecca, die immer noch in ihr Taschentuch weinte, mittlerweile aber von einer anderen Seminarteilnehmerin getröstet wurde. Dann sah ich zu Konrad und fragte ihn, ob er Theos Worten etwas hinzufügen wolle. Konrad tat nun beleidigt und meinte, er gönne seiner Frau die Aufstellung, auch wenn er fand, dass sie sich damit lächerlich mache. Dann murmelte er: »Was hat die denn schon für Probleme?!«

Außerdem habe er auch kein Bedürfnis, im Mittelpunkt zu stehen, fügte er an, wenn überhaupt, dann sei es ja wohl seine Frau. Wieder wurde ein erstes Murren unter den anderen Teilnehmern laut, und ich warf einen raschen Blick in die Richtung der Plätze nahe der Heizung, von wo aus das Murren gekommen war. Sogleich kehrte wieder Ruhe ein. Dann blickte ich erneut Theo an und nickte. Theo lachte daraufhin und meinte, dass *sie*, damit meinte er sich selbst und Konrad, ihrer Frau nicht einmal das Schwarze unter den Fingernägeln gönnen würden und dass sie nun hier im Mittelpunkt stünde und alles sich um sie drehe, mache *sie* beide schier rasend! Hatte ich bislang vielleicht noch Zweifel gehabt, dass Theo hier tatsächlich einen Teil von Konrad verkörperte, so war ich mir dessen nun doch ganz sicher. Ich merkte aber auch, wie Konrad anfing, mit der Gesamtsituation überfordert zu sein – ganz zu schweigen von der armen Rebecca. Einerseits gefiel Konrad das Auftreten von Theo zwar, und er hätte sich auch gern mehr damit identifiziert oder verbündet, andererseits wollte er aber nicht so offen und ehrlich zugeben, wie narzisstisch er in Wirklichkeit war. Der narzisstische Teil war eher der, der von Theo repräsentiert wurde. Theo konnte Konrads Ambivalenz jedoch ebenfalls spüren und lachte Konrad deshalb aus. Er bezeichnete ihn als Versager und Heuchler und meinte, wenn er ein echter Kerl wäre, dann würde er nun mit ihm zusammen den Raum verlassen. Mit diesen Worten stand Theo auf und streckte Konrad eine Hand entgegen. Dann sagte er: »Dass unsere Frau aufstellt, ist doch der reinste Schwachsinn! Das wollen wir uns doch nicht wirklich antun – oder?«

Konrad zögerte einen Moment, doch dann stand er ebenfalls auf, nahm Theos Hand, und beide verließen daraufhin zusammen den Raum und damit auch die Aufstellung. Durch die große Panoramascheibe beobachteten wir anderen, wie Theo und Konrad Arm in Arm im Wald verschwanden.

Ich ging wieder zu Rebecca hinüber und nickte dabei der Seminarteilnehmerin zu, die nun auf meinen Stuhl Platz genommen hatte, um Rebecca zu trösten. Sie verstand und kehrte zu ihrem eigenen Stuhl zurück. Ich setzte mich neben Rebecca und erklärte ganz ruhig, dass wir nun zuerst noch einmal zehn Minuten Pause machen würden, während ich mich mit Rebecca beraten würde. Während alle anderen Seminarteilnehmer daraufhin den Raum verließen, wartete ich, bis Rebecca sich ganz beruhigt hatte. Dann fragte ich sie, ob sie immer noch aufstellen wolle, und sie nickte. Rebecca fragte nach einen Glas Wasser, das ich ihr holte, und ich lüftete auch den Raum einmal durch, indem ich die große Glastür zur Terrasse öffnete. Rebecca sagte dann, dass sie Konrad sehr gut kenne und er habe dies alles auch bestimmt nicht so gemeint, aber er könne es halt einfach nicht ertragen, wenn er einmal nicht an erster Stelle stünde. Sie war sich sicher, dass er bald zurückkäme, und dann würde er noch eine Weile schmollen, aber spätestens morgen sei wieder alles vergeben und vergessen. Sie sagte aber auch, dass es so nicht ewig weitergehen könne und dass Konrad sich manchmal schon eher wie ein kleines Kind benähme.

Was Theo und Konrad betraf, so wusste auch ich nicht, wohin sie gegangen waren – noch, ob Theo sich immer noch in einer Rolle befand oder durch das Verlassen des Raumes wieder er selbst geworden war.

Nach der Pause begannen wir jedenfalls mit einer systemischen Aufstellung ohne störende Elemente, die nicht zur Lösung beigetragen hätten. Die Fallstudie zu Rebeccas Aufstellung habe ich schweren Herzens ebenfalls wieder aus diesem Buch entfernen müssen, damit dieses Buch nicht zu dick wird. Aber Sie finden sie ebenfalls auf meiner Homepage, auf der Seite: »Als Buchautorin ...« und dort unter dem Vermerk: »Fallstudie Rebecca«.

Die Arbeit mit Rebecca dauerte insgesamt drei Stunden, inklusive der Zeit, die zuvor durch Konrad und Theo in Anspruch genommen worden war. Doch als wir nach dieser Aufstellung ins Foyer kamen, wo auch das Büffet immer aufgebaut ist, waren weder Theo noch Konrad anwesend. Erst im Verlauf der Pause kehrten beide gemeinsam zurück und erklärten, sie hätten einen ausgiebigen Spaziergang gemacht, der beiden gutgetan habe.

Am darauffolgenden Tag arbeitete ich dann mit Konrad, und seine Aufstellung wurde definitiv keine Aufstellung im klassischen Sinne. Das, was ich dort anwandte, waren Kombinationen aus den Übungen, die wir in Kleingruppen bei den Hellinger-Seminaren machten, und dem, was ich beim freien Aufstellen gelernt habe.

Konrads Anliegen war klar: Er wollte herausfinden, was er tun konnte – oder musste, um seiner Karriere als Heiler und/oder Lehrmeister Aufwind zu verschaffen oder einfach durchstarten zu können. Er war felsenfest davon überzeugt, berufen zu sein, und meinte, er könne auch nicht warten, bis ihm sein Glück in den Schoß fiele! Ich hatte der Aufstellung zugestimmt, obwohl natürlich große Gefahr bestand, dass ich Konrad dadurch nur einen Weg ebnete, sich noch tiefer in diese fixe Idee zu verrennen, während sein Leben um ihn herum immer mehr zerbrach. Ich hatte ihn gefragt, ob er einmal über die Möglichkeit nachgedacht habe, dass sich die Frau mit den übernatürlichen Fähigkeiten vielleicht in ihrer Vision geirrt habe – doch davon wollte Konrad nichts hören und reagierte sofort ärgerlich. Also fragte ich Konrad, ob er glaube, dass jeder Mensch die Möglichkeit habe, sein Leben selbst zu bestimmen, und Konrad nickte heftig. Dann lachte er und meinte, jedenfalls die Starken – so wie er selbst! Daraufhin fragte ich ihn, ob dies bedeute, dass er also auch die Möglichkeit habe, aus sich selbst heraus zu beschließen, auf eine große Karriere als Heiler oder Lehrmeister zu verzichten. Dieses Mal überlegte Konrad einen Augenblick, bevor er wieder nickte und erklärte, er wüsste allerdings nicht, warum er dies tun sollte. Nun war ich es, die nickte, und dann fragte ich Konrad, ob er es für möglich hielte, dass das Leben für ihn auch noch andere schöne und großartige Dinge außer einer Karriere als Heiler oder Lehrmeister bereithielte. Konrad nickte nun noch heftiger. »O.K.«, sagte ich daraufhin, »Dann würde ich aber gern auch diese anderen Möglichkeiten mitberücksichtigen, um dir diese Wege nicht zu verschließen.« Zuerst verstand Konrad nicht so ganz den Sinn oder Nutzen meiner Worte, und ich erklärte ihm, es sei doch vielleicht ganz interessant, einmal herauszufinden, welche Möglichkeiten das Leben *überhaupt* für ihn vorgesehen habe. Konrad fiel daraufhin sofort sein schauspielerisches Talent ein, und er fragte, ob wir dies ebenfalls als Möglichkeit, vielleicht als Nebenberuf, aufstellen könnten. Ich zuckte mit den Schultern und wackelte dann mit dem Kopf wie ein Inder, der damit eigentlich ein Ja zum Ausdruck bringen will, einen Europäer mit dieser Geste aber immer irgendwie irritiert – weil sein Verhalten für uns eher so wirkt, als wolle sich der Inder nicht festlegen.

Ich wollte mich auf jeden Fall nicht festlegen, und mein Versuch, Konrads Ideen in eine bestimmte Richtung zu lenken, hatte leider nur zum Teil funktioniert. Wie gesagt, ich wollte Konrad auch nicht die Hoffnung auf eine Zukunft als erfolgreicher Heiler oder Lehrmeister nehmen. Ich kann nicht in die Zukunft blicken und konnte somit auch nicht sagen, was dort auf ihn wartete. Aber ich wollte, dass er *alle* Möglichkeiten in Betracht zog, und schließlich war Konrad mit diesem Vorschlag einverstanden. Allerdings wollte er nicht, dass die anderen Seminarteilnehmer in sein Anliegen für die Aufstellung eingeweiht wurden. Er wollte lieber verdeckt arbeiten – also ohne die einzelnen Stellvertreter dabei laut zu benennen. Ich war einverstanden, und ehrlich gesagt, war es auch mir lieber so, denn dadurch würden die Stellvertreter die Möglichkeit bekommen, wirklich authentisch zu sein.

Konrad und Rebecca hatten nun schon einige Male als teilnehmende Beobachter an meinen Seminaren in Familienstellen teilgenommen, und Rebecca hatte auch schnell Anschluss gefunden.

Nur bei Konrad ist mir diese Integration nie richtig gelungen. Man hielt Konrad für einen Angeber und Spinner, und so leid es mir auch für ihn tat, er blieb immer ein wenig der Außenseiter. Natürlich hatte er auch jedem erzählt, dass er ein Heiler und Lehrmeister magischer Künste sei, und er prahlte damit, dass die Menschen ihm zu Hause die Tür einrannten, um von ihm behandelt zu werden. Die Einzige, die wirklich an Konrad glaubte, war Rebecca. Alle anderen Seminarteilnehmer waren Konrad gegenüber voreingenommen, und diese Einstellung dann aus einer Rolle als Stellvertreter herauszuhalten, ist zwar nicht unmöglich, aber enorm schwierig. Genauso wie es für mich etwas schwierig war, mit Konrad zu arbeiten und meine Schubladen dabei zuzulassen. Deshalb fand auch ich es besser, die einzelnen Rollen der Stellvertreter still zu benennen. Auf diese Weise wusste niemand, für was oder wen er aufgestellt worden war, und konnte somit auch nicht voreingenommen reagieren! Vielleicht sollte ich an dieser Stelle auch noch einmal darauf hinweisen, dass alle Klienten, deren Geschichten ich als Fallstudien verwende, ihr schriftliches Einverständnis dazu gegeben haben. Aber bei solch detaillierten Fallbeschreibungen, wie dieser, halte ich auch immer nochmals persönlich Rücksprache mit den Betroffenen und vergewissere mich genau, ob es auch tatsächlich für sie O.K. ist, wenn ich so ausführlich über sie berichte. Denn man sollte solch detaillierte Fallstudien auch immer ein wenig vom moralischen Gesichtspunkt aus betrachten, und deshalb würde es mich auch nicht wundern, wenn ich von einigen Autoren oder Therapeuten dafür kritisiert würde. Ich könnte es sogar verstehen. Trotzdem habe ich mich dafür entschieden, weil eben nichts, was ich schreiben könnte, etwas so verständlich und eindrucksvoll schildert, wie eine wahre Begebenheit. Konrads Geschichte ist das beste Beispiel dafür, warum das mit dem Sein-eigenes-Schicksal-an-die-Hand-Nehmen-und-glücklich-Werden auch total danebengehen kann. Und die nun folgende Fallstudie erklärt vielleicht auch, warum so viele Menschen bei allem, was sie bislang erreicht haben, dennoch das Gefühl haben, als lägen ihnen immer besonders viele Steine im Weg!

FALLSTUDIE IX

Konrad war der Erste, der an diesem Sonntagmorgen aufstellte. Jeder Aufsteller setzt sich zu diesem Zweck neben mich, und ich frage ihn dann, ob es noch etwas gibt, was er anmerken möchte, bevor wir mit der Arbeit beginnen. Konrad saß mit roten Wangen, großen Augen und vor Aufregung strahlendem Gesicht neben mir und schüttelte den Kopf. Rebecca saß noch auf ihrem Platz, doch auch ihre Wangen waren rot, und sie strahlte genauso wie ihr Mann. Außerdem sah ich, dass sie beide Daumen gedrückt hielt. Ich fragte Konrad, ob sein Anliegen noch genauso lautete, wie abgesprochen, und er nickte nun heftig, dabei wurden seine Augen noch größer. Auch wenn ich das Vorgespräch für eine Aufstellung immer allein mit dem Aufsteller führe, auch weil ich überzeugt bin, dass es für die etwaigen Stellvertreter immer besser ist, so wenig wie möglich über die Hintergründe zu wissen, so formuliert der Aufsteller jedoch vor seiner Arbeit zumindest immer noch einmal sein Anliegen laut. Weil Konrad aber nicht wollte, dass jemand wusste, worum es ihm in seiner Aufstellung ging, hatten wir uns darauf geeinigt, sein Anliegen nicht mehr laut zu formulieren. Ich hatte sein Anliegen allerdings aufgeschrieben und bat Konrad nun, es still zu lesen und mir dann sein O.K. zu geben, ob die Formulierung so immer noch richtig war. Konrad tat, wie geheißen, und nickte dann wieder. Daraufhin fragte ich Konrad, ob er Lust auf ein kleines Experiment habe, bevor wir mit der eigentlichen Aufstellung beginnen würden, und Konrad war einverstanden.

Also bat ich Konrad darum, jemanden als seinen Stellvertreter auszuwählen. Nachdem Konrad dies getan hatte, ließ ich den Betreffenden erst einmal in seiner Rolle ankommen. Der Mann fühlte sich wackelig auf den Beinen und erklärte, er tue aber alles, um sich dies nicht anmerken zu lassen – auch wenn es ihn viel Kraft koste. Aber am liebsten, sagte er weiter, würde er sich nun hinlegen und schlafen. Zuvor hatte ich schon zwei Zettel vorbereitet. Auf einem Din-A-4-Blatt stand geschrieben »Konrads Zukunft als Heiler und/oder Lehrmeister« und auf dem anderen Blatt »Konrads Zukunft, alle Möglichkeiten offen«. Nun stand ich auf und legte beide Blätter mit der Schrift nach unten auf den Boden. Dabei hatte ich sie so vertauscht, dass auch ich nicht mehr wusste, was auf welchem Zettel stand. Dann bat ich Konrads Stellvertreter, sich auf einen der Zettel zu stellen und uns mitzuteilen, wie es ihm dort ging und was er fühlte. Konrads Stellvertreter stellte sich intuitiv auf einen der Zettel und beschrieb kurz darauf seine Wahrnehmungen: Es ging ihm jetzt noch schlechter. Ihm war übel, und der Mann schwankte dabei, als stünde er nicht auf einem Blatt Papier, sondern auf den Planken eines Segelbootes bei Windstärke 8! Ich fand, wir hatten genug erfahren, und so nickte ich, als der Mann darum bat, den Zettel wieder verlassen zu dürfen. Nachdem er sich gesammelt hatte und es ihm nicht mehr schwindelig war, stellte er sich auf den anderen Zettel – doch dort wiederholten sich die Symptome. Ich weiß natürlich nie im Voraus, was bei solchen »Zetteltests«, geschweige denn bei einer Aufstellung herauskommt, dennoch war ich von diesem Ergebnis einigermaßen überrascht.

Konrad war ebenfalls überrascht und wollte nun wissen, was auf den Zetteln stand. Also bot ich ihm an, aufzustehen und nachzusehen. Konrad tat, wie geheißen, und ich beobachtete, wie sein Gesicht beim Lesen rot anlief, dieses Mal jedoch vor Wut. Dann sagte er, dies könne nicht sein, und sein Stellvertreter sei nicht objektiv gewesen, er wolle den Test selbst machen. Ich war einverstanden. Erneut vertauschte ich beide Zettel, und wenngleich Konrad nun auch wusste, was auf ihnen geschrieben stand, so konnte er doch nicht mehr sagen, welcher Zettel was symbolisierte. Konrad stand eine Weile vor beiden Zetteln, hatte das Kinn in die rechte Hand gestützt und blickte zu Boden. Dann stellte er sich mit einem großen Schritt auf den Zettel rechts von ihm – und wechselte sogleich von dort mit einem Satz auf den anderen Zettel. So sprang er eine Weile hin und her und mir war klar, dass Konrad dabei nicht auf seine Gefühle achtete. Das Ganze ähnelte eher einem Glückspiel, wobei der Spieler raten soll, unter welchem Hütchen die Nuss versteckt ist. Der einzige Unterschied bestand darin, dass Konrad mit seiner Springerei zu erraten versuchte, welches der Zettel war, auf dem seine Zukunft als Heiler und Lehrmeister notiert stand.

Unterdessen hatte Konrads Stellvertreter, den ich gebeten hatte, sich erst einmal wieder zu setzen – ohne ihn jedoch aus der Rolle zu entlassen –, angefangen zu weinen. Während Konrad noch beschäftigt war, ging ich zu ihm hinüber und fragte, was er habe. Der Mann schüttelte den Kopf und meinte, es käme aus seiner Rolle. Er sagte, er fühle sich jetzt wie ein kleines Kind, und wenn er Konrad da so zwischen den beiden Zetteln hin und her springen sähe, würde ihm dabei angst und bange. Außerdem fühle er sich komplett überfordert, ausgelaugt und müde. Alles Dinge, die auch auf Konrad zutrafen, obwohl Konrad zumindest Ersteres niemals zugegeben hätte. Ich fragte den Mann, ob er es noch ein Weilchen aushalten könne, und er nickte. Dann kehrte ich zu meinem Platz zurück und beobachtete wieder Konrad.

Ich ließ ihn gewähren, bis er schließlich trotzig verkündete, der rechte Zettel sei der, auf dem er sich am wohlsten fühle. Ich bat ihn darum, sich noch einmal auf den besagten Zettel zu stellen und mir dann seine Wahrnehmungen zu beschreiben. Konrad stellte sich breitbeinig auf das Blatt Papier rechts von ihm und verschränkte seine Arme dabei demonstrativ vor der Brust. Dann erklärte er, hier strotze er vor Kraft und hier wolle er bleiben! Ich nickte und bat Konrad dennoch, sich auch noch einmal auf den anderen Zettel zu stellen. Zuerst wollte Konrad nicht, doch schließlich gab er nach. Nun simulierte Konrad die Symptome und Gebärden seines Stellvertreters, und ich nickte. Ich bat Konrad, diesen Zettel umzudrehen, doch er tat so, als verstünde er den Sinn nicht, und meinte, wozu – er wüsste doch längst, was darauf geschrieben stünde, und setzte an, dies laut auszusprechen. Ich legte schnell einen Finger auf meinen Mund und erinnerte Konrad damit daran, dass wir uns entschlossen hatten, verdeckt und still zu arbeiten. Er nickte sofort. Ich stand derweil auf und nahm den rechten Zettel, auf dem Konrad so kraftstrotzend gestanden hatte, und sah nach, was darauf geschrieben stand. Dann zeigte ich es Konrad. Konrad ballte daraufhin die Hände zu Fäusten und stieß ein wütendes Grollen aus. Sein Gesicht war nun puterrot. Ich warf auch einen Blick auf Rebecca, weil ich wusste, dass sie nicht in der Lage war, zu den Gefühlen und Stimmungen von Konrad in Resonanz zu gehen. Rebecca saß auf ihrem Stuhl und weinte leise vor sich hin. Weil der Stuhl neben ihr, Konrads Platz, frei war, ging ich zu ihr hinüber und setzte mich neben sie.

209

Konrad fing derweilen an, sich im Kreis zu drehen, und zischte dabei mit auf-einander gepressten Kiefern: »Das kann nicht sein, das kann nicht sein!« Alles an Konrads Haltung war nun angespannt und aufgeladen. Statt jedoch dafür zu sorgen, dass er sich wieder beruhigte und dadurch entspannte, sagte ich ihm, er solle seinem Ärger ruhig freien Lauf lassen. Mir war es wichtiger, dass er diese aggressive Ladung hinausließ – statt sie herunterzuschlucken. Zumal Konrad ein Choleriker war und seine Wut eh nicht im Griff hatte. Hätte ich versucht, ihn zu beruhigen, wäre sein Wutausbruch wahrscheinlich nur noch massiver aus-gefallen, oder ich hätte mich eventuell auf einen Machtkampf mit ihm einlassen müssen.

Ärger herunterzuschlucken macht meiner Meinung nach sowieso eher krank, als dass es hilfreich wäre, obwohl seinem Ärger freien Lauf zu lassen in manchen Situationen natürlich sehr unvorteilhaft sein kann und man mit Konsequenzen rechnen muss. Im Beruf z.B. Deshalb ist es auch wichtig zu lernen, wie und wo man seinen Ärger kanalisieren kann. Ein Aufstellungsseminar ist jedoch ein Ort (oder sollte zumindest ein solcher Ort sein), an dem man die Möglichkeit hat, all seinen Gefühlen freien Lauf zu lassen – ohne Konsequenzen.

Konrad schrie, und ich dachte einen winzigen Moment lang an die anderen Hotelgäste, und für einen Sekundenbruchteil hatte ich das Bild von Herrn Gott-schalk, dem Hotelbesitzer, im Kopf und wie dieser mir am Abend mitteilte, dass ich in Zukunft meine durchgeknallten Seminare anderswo abhalten müsse. Dann war ich wieder bei Konrad, auch wenn ich dabei nun Rebeccas Hand hielt. Konrad reagierte gerade seine Wut an dem Zettel ab, auf dem er sich so gut gefühlt hatte und auf dem geschrieben stand: »Konrads Zukunft, alle Mög-lichkeiten offen«. Er knüllte ihn zusammen, nur um ihn augenblicklich wieder zu entfalten und in Stücke zu reißen. Danach machte er sich über den anderen Zettel her, und ich ließ ihn gewähren. Konrad trug sehr viel aufgestauten Frust in sich, und ich hätte es auch als falsch empfunden, so vorzugehen, dass er diese Frustration nun wieder hätte herunterschlucken müssen – auch wenn ich damit den Ohren der anderen Seminarteilnehmer und vielleicht auch denen einiger Hotelgäste so einiges zumutete!

Als Konrad schließlich keine Stimme mehr hatte, um zu schreien, und die Zettel in kleinen Schnipseln vor ihm auf dem Boden lagen, fiel er auf die Knie und begann fürchterlich zu weinen. Augenblicklich wollte Rebecca aufspringen und zu ihm laufen, doch ich hielt sie sanft zurück. Dann wollte ich selbst aufstehen und zu Konrad hinübergehen, denn jetzt war der Zeitpunkt gekommen, wo ich ihn erreichen konnte. Hätte ich mich früher an ihn gewandt, hätte er zwar seinem Ärger freien Lauf gelassen und auch geschrien, aber den Frust und die Tränen hätte er bestimmt wieder bloß heruntergeschluckt. Wut steht für Kraft; Tränen für Schwäche. Diese Denkweise ist weitverbreitet, und bei Konrad traf sie definitiv zu. Natürlich war Konrad ein Choleriker, und Wutausbrüche waren bei ihm an der Tagesordnung. Aber dieses Mal war die Wut in Verzweiflung und Hilflosigkeit umgeschlagen, und Konrads ganze Frustration zeigte sich, ein Anteil seiner Persönlichkeit, den Konrad normalerweise ganz tief in sich versteckt hielt. Nach außen hin trat er immer als der Macher, der Alleskönner auf, und auch wenn ihm kaum jemand diese Nummer abkaufte, so änderte Konrad sein Verhalten oder seine Taktik im Umgang mit Menschen jedoch nie. Denn dieses Image versuchte er nicht nur anderen Menschen weiszumachen, sondern vor allem auch sich selbst.

Und auch auf die Gefahr hin, nun herzlos zu wirken, aber ich fand es gut, dass Konrad zusammenbrach. Denn erst jetzt konnte ich tatsächlich mit ihm arbeiten. Der Alleskönner-Konrad hätte lediglich einen Wutanfall bekommen, hätte sich dann wieder beruhigt und sich eingeredet, Aufstellungen seien der letzte Mist, und das funktioniere eh alles nicht. Und dann hätte der Alleskönner so weitergemacht wie bisher. Hier hatte ich nun Kontakt zu einem anderen Konrad, dem kleinen und hilflosen, und an den kam ich auch heran! Doch bevor ich mich ihm nähern konnte, kam mir Konrads Stellvertreter zuvor, stand auf, ging zu Konrad hinüber, kniete sich neben ihn und legte tröstend die Arme um ihn. Beide weinten sie nun, und irgendwann sagte Konrads Stellvertreter, er wüsste zwar nicht, was auf den blöden Zetteln gestanden habe, aber er sei froh, dass Konrad sie vernichtet hätte. Seitdem habe er das Gefühl, als habe man eine große Last von seinen Schultern genommen. Konrads Stellvertreter fühlte sich jetzt freier und war froh, endlich wieder tief durchatmen zu können. Dann fragte er Konrad, wie er sich denn jetzt fühle und ob er auch gut durchatmen könne. Doch Konrads Wut war noch nicht ganz verraucht, und der kleine und hilflose Konrad befand sich schon wieder auf dem Rückmarsch in sein Verlie, ganz tief im Inneren des Macher-Konrads. Und so antwortete Konrad dann auch: »Wie soll ich mich schon fühlen – ich bin ziemlich sauer!«

Obwohl ich damals noch keine Ahnung von der Arbeit Franz Rupperts und dem Aufstellen verschiedener Persönlichkeitsanteile hatte, geschah nun genau dies: Konrad war wieder der Konrad, den er auch nach außen hin immer repräsentierte, der Alleskönner und Macher, der zwar Wut zeigt, aber sich nie die Blöße geben würde, sich einzugestehen, hilflos und überfordert zu sein. Sein Stellvertreter hingegen war in die Rolle des kleinen Konrads geschlüpft, der weinte und seine Schwäche zeigte. Konrad selbst sagte dann so etwas wie, dass das mit den Zetteln ja auch alles Quatsch sei. Bis dahin hatte ich nur beobachtet, ohne mich selbst einzumischen, doch nun sagte ich zu Konrad, dass er diesen Zetteltest natürlich auch einfach ignorieren könne, und dann fragte ich ihn, ob er glaube, dass eine Aufstellung überhaupt noch Sinn mache. Normalerweise hätte ich den Klienten gefragt, ob er noch die Kraft habe nun aufzustellen. Doch weil ich wusste, dass Konrad sich nie eine solche Blöße geben würde, zuzugeben, dass er überfordert sei, formulierte ich die Frage anders. Konrad zuckte trotzig mit den Schultern. Dann erklärte er, er habe für die Aufstellung bezahlt, also wollte er auch etwas dafür bekommen. Konrad machte nun den Eindruck eines Einzelkämpfers, der sich von allen anderen unverstanden fühlt und der glaubt, dass alle anderen ihm feindlich gesinnt sind.

In dieser Verfassung kann man mit einem Menschen, meiner Meinung nach, nicht arbeiten. Auch, weil alles, was ihm nicht passt und er nicht wissen oder hören möchte, einfach an ihm abprallt. Aber natürlich ist dies auch ein Schutzmechanismus, der das Überleben sichert. Denn würde sich diese Person öffnen, müsste sie sich den Dingen oder Problemen, vor denen sie sich sonst verschließt, ja auch stellen, und es könnte sein, dass das, was dann auf diese Person zukäme, einfach zu viel wäre. Dann bleibt als letzter Ausweg eben oft nur noch der Selbstmord. Selbstbetrug ist ein Tod auf Raten. Oder man wird zum Selbstmörder, oder der Körper entwickelt im Laufe der Zeit so viele Krankheitssymptome, dass man schließlich daran stirbt. Trotzdem oder gerade deshalb ist es auch so wichtig, dass man immer darauf achtet, seine Klienten nicht zu überfordern und dass sie die Möglichkeit haben, sich ihren unterdrückten Seiten, inneren Konflikten und Problemen nach und nach zuzuwenden.

Und obwohl Konrad nun wieder in seinem, nennen wir es einmal, Überlebensmodus funktionierte, in dem er sich mir und allen anderen gänzlich verschloss, machte ich weiter. Erstens hatte ich genau genommen ein O.K. von ihm, und ich wollte ihm diese Chance auch nicht nehmen. Zweitens hatte er sich einmal geöffnet, und vielleicht würde er es nun wieder tun. Hätte ich abgebrochen, wäre Konrad nie wiedergekommen. Natürlich hatte ich mir dabei auch die Frage gestellt, ob Konrad dieser psychischen Belastung überhaupt noch standhalten würde. Auch wenn er selbst diese Frage immer mit Ja beantworten würde, so war mir doch klar, dass Konrad seine eigene psychische Situation sicherlich nicht richtig einzuschätzen vermochte. Manchmal muss man als Therapeut auch Nein sagen, auch wenn der Klient Ja sagt, aber in diesem Fall entschied ich mich ebenfalls für ein Ja und damit zum Weitermachen. Und auch wenn das nun Folgende paradox klingt: Konrad hatte sicherlich psychische Störungen, dennoch war er keinesfalls labil.

Damals hatte ich, wie gesagt, noch keine Ahnung von der Aufstellungstechnik Franz Rupperts, denn dann hätte ich die Arbeit einfach so weiterlaufen gelassen, mit Konrad und seinem Stellvertreter im Dialog. Denn auch wenn der Stellvertreter nicht direkt für Konrads Anliegen stand, so verkörperte er auf jeden Fall einen Anteil von Konrads Persönlichkeit, dem es sich anzunähernd galt.

Nach der Technik von Ruppert stellt der Klient immer sein Anliegen auf, wählt hierfür also einen Stellvertreter, und begibt sich dann selbst ebenfalls in die Aufstellung ohne für sich einen Stellvertreter zu wählen. Wobei der Stellvertreter des Anliegens letztlich aber immer zumindest einen Anteil der Persönlichkeit des Aufstellers repräsentiert.

So aber bat ich Konrad, nun wieder neben mir Platz zu nehmen, und überließ die Arbeit ganz seinem Stellvertreter. Diesem ging es nicht gut, und er fühlte sich kraftlos und schwach, vor allem aber sehr traurig. Weil dieses Verhalten aber so gar nicht dem Auftreten Konrads entsprach, jedenfalls nicht dem, das er gern nach außen hin zeigte, fragte ich Konrad, ob er für die eigentliche Aufstellung einen anderen Stellvertreter wolle, doch er schüttelte den Kopf. Deshalb bat ich Konrad, er möge seinen Stellvertreter noch einmal gut benennen und ihn zu diesem Zweck auch noch einmal an den Schultern berühren. Denn nun stand sein Stellvertreter eher nur für einen gewissen (Persönlichkeits)anteil von ihm: für den Teil, von dem Konrad nichts wissen wollte und den er leugnete und ausgrenzte – und der dadurch auch übrig geblieben war, nachdem Konrad beim Zetteltest selbst seine Rolle übernommen hatte. Ähnliches war auch am Tage zuvor mit Theo geschehen, auch wenn Theo wieder einen anderen Anteil, den narzisstischen, verkörpert hatte.

Dies ist eine Spur, die ich seit Längerem verfolge, denn ich beobachte des Öfteren, dass jemand, der für den Aufsteller benannt wurde, später immer noch irgendwie in der Rolle ist, auch wenn man ihn schon aus der Rolle entlassen und gegen den eigentlichen Aufsteller austauscht hat, z.B. am Ende einer Aufstellung, wenn der Aufsteller selbst die letzten Schritte bis ins Lösungsbild noch einmal nachvollzieht. Vielleicht ist das, was der Stellvertreter dann noch fühlt, eben einer dieser Persönlichkeitsanteile, die der Aufsteller selbst ausgrenzt, leugnet oder abgespalten hat.

Konrad kam meiner Bitte jedenfalls nach, und nachdem er seinen eigenen Stellvertreter nochmals gut benannt hatte, ging es diesem auch besser. Jedenfalls sagte er, dass er zwar immer noch ein ausgelaugtes Gefühl habe, aber er würde sich dies auf keinen Fall anmerken lassen – und das klang schon wieder ganz nach Konrad. Als Nächstes bat ich Konrad, nun auch gleich die drei Stellvertreter für die drei Dinge auszuwählen, die wir vorher ebenfalls schon besprochen hatten, und diese dann still zu benennen. Wie gesagt, dies war keine klassische Aufstellung. Für die anderen Teilnehmer und zur Anrede nannten wir sie einfach Stellvertreter Eins, Zwei und Drei. Wobei wir vereinbart hatten, dass Stellvertreter Eins für die Möglichkeit und die Zukunft als Schauspieler stünde, Stellvertreter Zwei für die Möglichkeit und Zukunft als Heiler und/oder Lehrmeister und Nummer Drei für alle anderen zukünftigen Möglichkeiten. Konrad postierte alle drei Stellvertreter, oder besser gesagt Stellvertreterinnen, denn er wählte hierfür allesamt Frauen aus, im Abstand von je einem Meter nebeneinander im Raum, sodass sie in einer Linie vor seinem Stellvertreter standen. Dann setzte er sich erneut neben mich. Wir warteten, wie diese drei Stellvertreterinnen sich nun verhalten würden oder wie Konrads eigener Stellvertreter auf diese reagieren würde.

Konrads Stellvertreter fühlte sich fast augenblicklich von Stellvertreterin Zwei angezogen und näherte sich ihr dann vorsichtig. Doch statt auf sie zuzugehen, ging er an ihr vorbei. Er versuchte es erneut und wieder lenkten ihn seine Schritte knapp an Stellvertreterin Zwei vorbei, wobei diese sich nicht bewegte. Ich fragte Konrads Stellvertreter daraufhin, ob er wüsste, was dies zu bedeuten habe, aber er zuckte lediglich mit den Schultern, selbst ganz verblüfft darüber, dass seine Füße ihm scheinbar nicht gehorchten. Ich befragte Stellvertreterin Zwei, die aber ebenfalls mit den Schultern zuckte und ein wenig irritiert lachte. Sie fühlte keine Verbindung zu einem der anderen Stellvertreter im Raum, hatte aber auch nicht das Bedürfnis, sich zu bewegen, und erklärte, es sei ihr auch egal, ob Konrads Stellvertreter nun an ihr vorbeiliefe oder zu ihr her käme. Mittlerweile hatte Stellvertreterin Eins angefangen, sich von selbst abzusondern und war bis zur Wand vorgegangen, wo sie mit dem Kopf zur Wand stehen geblieben war. Als ich sie dazu befragte, zuckte auch sie mit den Schultern und antwortete, sie habe eher das Gefühl, als sei sie für diese Aufstellung überhaupt nicht relevant. Ich befragte hierzu auch wieder Konrads Stellvertreter und wollte wissen, welche Relevanz die Stellvertreterinnen Eins und Drei für ihn hätten. Dieser blickte nun zum ersten Mal in deren Richtungen und sagte dann, es täte ihm leid, dass Stellvertreterin Eins sich abgesondert habe, aber es sei O.K., denn eigentlich interessiere ihn nur Stellvertreterin Zwei.

Dennoch gelang es Konrads Stellvertreter nicht, zu Stellvertreterin Zwei hinüberzugehen, und schließlich lachte er über sich selbst, weil er immer wieder knapp an ihr vorbeilief. Dann versuchte er, sich Stellvertreterin Drei zu nähern, doch auch da lenkten ihn seine Schritte außen an ihr vorbei, obwohl sie sich jetzt sogar nach ihm umdrehte und ihre Hände in seine Richtung ausstreckte. Im Gegensatz zu Stellvertreterin Zwei fand sie es schade, dass er es nicht schaffte, zu ihr herüberzukommen, und sie hätte ihm gern geholfen, aber er befand sich gerade außerhalb ihrer Reichweite. Mir war aufgefallen, dass Konrads Stellvertreter mit noch viel mehr Abstand an Stellvertreterin Drei vorbeilief, als er es zuvor bei Stellvertreterin Zwei getan hatte. Ich bot Konrads Stellvertreter an, es auch einmal bei Stellvertreterin Eins zu versuchen, und obwohl diese ihn gar nicht interessierte, versuchte er es. Aber auch da lenkten ihn seine Schritte an ihr vorbei. Konrad wurde indes auf seinem Stuhl zusehend unruhiger. Als ich seinen Stellvertreter dann fragte, was es seiner Meinung nach bräuchte, damit er sich zumindest einer dieser Stellvertreterinnen wirklich nähern könne, sprang Konrad schließlich auf und erklärte, er habe genug gesehen und er wollte, dass ich ihn wieder gegen seinen Stellvertreter austauschte.

Ich war einverstanden, weil Konrad dadurch selbst ein Gefühl dafür bekam, was sein Stellvertreter hier gerade erlebte. Aber ich war mir auch bewusst darüber, dass Konrad seine intuitiven Wahrnehmungen wahrscheinlich einfach unterdrücken und wieder bloß kopfgesteuert handeln würde. Deshalb entließ ich auch seinen Stellvertreter nicht aus seiner Rolle, gab jedoch Konrad die Möglichkeit, sich den drei Stellvertreterinnen selbst zu nähern. Konrad wandte sogleich seine ganze Aufmerksamkeit Stellvertreterin Zwei zu. Erwartungsvoll blickte er zu ihr hinüber, während sein Stellvertreter an seinem momentanen Platz in der Nähe von Stellvertreterin Eins verweilte. Diese befand sich nun im Rücken von Konrad, und Konrad sah deshalb auch nicht, wie sein Stellvertreter genau in dem Moment in die Knie sackte, als Konrad einen beherzten Sprung nach vorn machte und dabei nach Stellvertreterin Zwei griff.

Die Frau war jedoch schneller und sprang zur Seite. Konrad versuchte erneut, sie zu greifen, und sie machte einen Schritt zurück. Daraufhin befahl Konrad ihr, endlich stehen zu bleiben, doch die Frau schüttelte rigoros den Kopf und sagte: »Komm mir bloß nicht zu nahe!« Puterrot drehte sich Konrad nun zu mir um und wollte, dass ich Stellvertreterin Zwei aufforderte, stehen zu bleiben. Doch auch ich schüttelte den Kopf und erinnerte Konrad daran, dass Aufstellungen so eben nicht funktionierten!

»Und was soll ich jetzt tun?«, heulte Konrad vor Wut und ließ dabei seinen Blick in die Runde schweifen. Dabei sah er auch, dass sein eigener Stellvertreter nun auf dem Boden lag.

»An dir habe ich auch keine Hilfe«, rief Konrad, und dann knurrte er, dass er sein Ziel aber trotzdem erreichen würde – auch wenn alle gegen ihn seien.

»Ich bin nicht gegen dich«, erwiderte sein Stellvertreter daraufhin. »Ich fühle mich von dir nur vernachlässigt, und ich würde dir auch gern helfen. Aber damit ich dir helfen kann, musst du zuerst mir helfen.«

Nachdem Konrad wieder selbst in die Aufstellung gekommen war, hatte sein Stellvertreter erneut eine Wandlung vollzogen: Der Anteil von Konrad, der den Macher-Konrad repräsentierte, war wieder von ihm gewichen, und übrig geblieben war wieder der kleine Konrad, von dem der Macher nichts wissen wollte.

Ich erinnerte mich an die Frage, die mir in den Sinn gekommen war und die ich Konrads Stellvertreter gestellt hatte, gerade in dem Moment, als Konrad selbst in Aktion trat: Was bräuchte es, damit er sich zumindest einer dieser Stellvertreterinnen wirklich nähern könne? Konrad fragte nun gerade ebenfalls seinen Stellvertreter, was er denn für ihn tun könne, wenn auch in einem sehr genervten Tonfall. Der Stellvertreter überhörte den Tonfall jedoch und antwortete, er wünsche sich, endlich einmal von Konrad zur Kenntnis genommen zu werden. Konrad machte daraufhin ein langgezogenes »O.K. – ich sehe dich«. Dabei stemmt er die Hände in die Hüften.

»Und was jetzt?«, fragte er dann, so als stünde er unter Zeitdruck und habe Wichtigeres zu tun. Ich mischte mich nicht ein und beobachtete.

Es dauerte noch ein Weilchen, bis Konrad schließlich zu seinem Stellvertreter hinüberging und ihm etwas lieblos auf die Beine half. Konrad wollte seinen Stellvertreter auch gleich wieder loslassen, woraufhin dieser aber sofort wieder einknickte. Beide Männer hielten sich deshalb an den Händen, und Konrads Stellvertreter erklärte, er bräuchte Konrads Unterstützung, um stehen bleiben zu können.

»Ich bin doch nicht von der Heilsarmee«, rief Konrad daraufhin und fragte mich, was er jetzt mit seinem Stellvertreter machen solle und ob ich diesen nicht übernehmen könne. Wie so oft schüttelte ich den Kopf, diesmal bedauernd. Daraufhin erklärte Konrad seinem Stellvertreter, dass er hier etwas regeln müsse, wozu er aber zwei freie Hände benötige! Einem inneren Impuls folgend erinnerte ich Konrad daran, für <u>wen</u> er diesen Stellvertreter benannt hatte, und bat ihn, sich abermals ins Gedächtnis zu rufen, <u>was</u> das Anliegen seiner Aufstellung war.

Während Konrad noch darüber nachdachte, sagte sein Stellvertreter plötzlich, dass sie ja gemeinsam versuchen könnten, zu Stellvertreterin Zwei hinüberzugehen, denn auch ihn zog es immer noch zu dieser hin. Gemeinsam und sich an den Händen festhaltend, machten sich die beiden auf den Weg. Dieses Mal wich Stellvertreterin Zwei nicht zur Seite, und auf meine Nachfrage hin beteuerte Konrads Stellvertreter, dass er diesmal auch nicht das Gefühl gehabt habe, als würden ihn seine Schritte an ihr vorbeilenken wollen. Vor Stellvertreterin Zwei stehend, wollte Konrad seinen eigenen Stellvertreter erneut wieder loslassen und stattdessen nun Stellvertreterin Zwei an den Händen fassen – doch augenblicklich sackte Konrads Stellvertreter in die Knie, und Stellvertreterin Zwei wich vor Konrad zurück.

Ich sah, wie die Röte erneut in Konrads Gesicht schoss. Mit einem Satz versuchte er nun wieder Stellvertreterin Zwei zu greifen, doch diese sprang beherzt zurück. Daraufhin rannte Konrad zu Stellvertreterin Eins, die immer noch mit dem Gesicht zur Wand stand und Konrad deshalb nicht gleich kommen sah. Konrad umfasste sie von hinten und lachte triumphierend. Die Stellvertreterin schrie und fing an, um sich zu schlagen, woraufhin Konrad sie erschrocken und beleidigt zugleich losließ. Die Frau flüchtete sich in eine Ecke des Raumes und kroch dort unter einen Tisch. Konrad sah sich um, und sein Blick blieb auf Stellvertreterin Drei haften. Er ging zu ihr hinüber, versuchte aber nicht, nach ihr zu greifen. Er baute sich vor ihr auf und meinte: »Na, willst du nicht auch lieber vor mir weglaufen!«

Stellvertreterin Drei zuckte die Schultern und antwortete, sie habe eher das Gefühl, als könnte sie nicht flüchten, auch wenn sie es vielleicht gern täte. Konrad nahm dies als Einladung und griff nun nach den Händen dieser Stellvertreterin. Sie ließ es geschehen, drehte aber ihren Kopf so zur Seite, dass sie Konrad nicht direkt ansehen musste. Er fühlte sich zu Recht von ihr zurückgewiesen und fragte mich, warum alle Möglichkeiten, die wir aufgestellt hätten, sich ihm gegenüber so ablehnend verhalten würden. Damit war zwar zumindest teilweise ausgesprochen, für was diese drei Stellvertreterinnen standen, aber dies spielte nun keine Rolle mehr, denn ich fand, wir hatten so oder so genug gesehen.

Ich bot Konrad an, seine Frage direkt an die betreffenden Stellvertreterinnen zu richten. Stellvertreterin Drei fühlte sich aufgefordert, etwas dazu zu sagen, und erklärte, dass sie Konrad gegenüber einfach ein Unbehagen spüren würde, merke jedoch aus der Rolle heraus, dass sie keine Chance habe, ihrem Schicksal zu entgehen. Sie überlegte einen Moment und fügte dann hinzu, dass sie es Konrad aber auch nicht leicht machen würde. Daraufhin wollte ich von ihr wissen, warum sie bei Konrads Stellvertreter so komplett anderes reagiert hatte und sogar die Arme nach ihm ausgestreckt hatte, wie um ihm zu helfen, zu ihr zu kommen.
»Ganz einfach«, erklärte die Frau spontan, »sein Stellvertreter war mir sympathisch, er wirkte offen und ehrlich. Bei Konrad selbst habe ich das Gefühl, als meine er es nicht ehrlich mit mir.«
Konrad wollte sofort dagegen protestieren, doch ich unterbrach ihn und machte ihm den Vorschlag, sich Stellvertreterin Drei erneut zu nähern, allerdings zusammen mit seinem Stellvertreter, der immer noch auf dem Boden hockte. Konrad begriff wieder nicht den Sinn und erklärte, dass er dann aber keine Hand frei habe, um die Stellvertreterin anzufassen, weil sein eigener Stellvertreter so viel Hilfe beim Stehenbleiben bräuchte.
»Warum ist es für dich so wichtig, die Stellvertreterin anzufassen«, fragte ich ihn. Doch Konrad zuckte mit den Schultern und meinte, dies sei eben so. Dann mischte sich sein Stellvertreter ein und erklärte, er habe allerdings auch das Bedürfnis danach, die Stellvertreterinnen anfassen zu müssen.

Schließlich versuchte es Konrad erneut zusammen mit seinem Stellvertreter. Gemeinsam näherten sie sich nun wieder Stellvertreterin Zwei, zu der sich beide am stärksten hingezogen fühlten, obwohl Konrads Stellvertreter erklärte, dass ihn auch Stellvertreterin Drei sehr interessiere. Konrad, der im Gegensatz zu seinem Stellvertreter natürlich genau wusste, wofür die einzelnen Stellvertreterinnen standen, meinte dazu, er verspüre lediglich einen Drang hin zu Stellvertreterin Zwei, und besonders Stellvertreterin Eins könnte ihm gestohlen bleiben. Konrad handelte wieder kopfgesteuert, sein Stellvertreter intuitiv. Als beide dann vor Stellvertreterin Zwei standen, befand sich Konrad in einem Dilemma: Einerseits wollte er die Stellvertreterin anfassen, andererseits konnte er seinen Stellvertreter nicht loslassen, ohne dass dieser auf den Boden fiel – wodurch die Stellvertreterin wieder vor ihm zurückwich. Sogleich kam wieder Konrads Wut zum Vorschein, und sein Stellvertreter äußerte, dass er jetzt Angst bekäme, und obwohl Konrad ihn festhielt, drohte er nun, auf den Boden zu sinken. Man konnte sehen, wie schwer es Konrad fiel, seine Wut in Zaum zu halten, aber er schaffte es. Dann versuchte er, seinem Stellvertreter zu erklären, dass er seine Hände nun aber bräuchte. »Wie soll ich denn mein Glück festhalten, wenn du mich nicht lässt«, rief er verzweifelt.

Daraufhin tat sein Stellvertreter das, worauf ich gehofft hatte. Er legte die linke Hand Konrads in die rechte Hand von Stellvertreterin Zwei und umfasste dann mit seiner eigenen rechten Hand die freie Hand der Stellvertreterin. Nun standen sie alle drei dort, bildeten einen Kreis und hielten sich an den Händen. Konrad, immer noch kopfgesteuert, begriff nicht und interpretierte die Konstellation so, dass sein eigener Stellvertreter ihm nun sein Glück streitig machen wolle. Sofort reagierte er sauer.

Irgendwie hatte ich mit so etwas gerechnet und mich deshalb der Gruppe schon langsam genähert. Bevor Konrad sich nun losreißen konnte, mischte ich mich wieder ein und bat Konrad, erst einmal so stehen zu bleiben, weil ich ihm gern etwas zeigen wollte. Dann befragte ich seinen Stellvertreter und auch Stellvertreterin Zwei, die ja für die Möglichkeit und die Zukunft Konrads als Heiler und/oder Lehrmeister stand, nach ihren Gefühlen. Beiden ging es gut, und die Konstellation fühlte sich für beide stimmig an. Gleichzeitig fing jedoch Stellvertreterin Drei an, leise zu weinen, und als ich sie dazu befragte, erklärte sie, sie fände es einfach schade, dass sie von dieser Konstellation ausgeschlossen sei. Noch bevor ich etwas darauf erwidern konnte, rief Konrad schon schadenfroh zu ihr hinüber, das hätte sie sich ja selbst zuzuschreiben – immerhin habe sie ihn eben ja auch nur widerwillig angenommen. Konrads Stellvertreter jedoch reagierte anders und blickte mitfühlend zu Stellvertreterin Drei hinüber. Dann äußerte er seinen Wunsch, sie ebenfalls mit in die Gruppe zu integrieren. Doch Konrad weigerte sich.

Ich fand, es war an der Zeit, die Karten auf den Tisch zu legen und Konrad zu erklären, was sich hier meiner Meinung nach zeigte. Zumal Konrad selbst nicht darauf zu kommen schien.

»Für wen hast du ihn aufgestellt?«, fragte ich Konrad und tippte dabei mit einem Finger an die Schulter von Konrads Stellvertreter.

»Für mich selbst natürlich«, erklärte Konrad. Ich nickte und fragte ihn, ob er eine Vermutung habe, warum er sich ohne seinen Stellvertreter auch nicht einer der Stellvertreterinnen nähern könne, ohne dass diese entweder vor ihm zurückwichen oder sich nur widerwillig von ihm berühren ließen. Konrad zuckte mit den Schultern und schüttelte dann den Kopf.

»Ich glaube, dass dein Stellvertreter nur einen Teil von dir repräsentiert«, sagte ich und erklärte Konrad, dass ich ihn für einen unterdrückten Teil seiner Persönlichkeit hielt. Zwar hatten wir den Stellvertreter als Konrad aufgestellt – ohne Einschränkungen. Aber mir kam es so vor, als wenn sein Stellvertreter jedes Mal, wenn Konrad selbst in die Aufstellung ging, zu dem unterdrückten und sensiblen Teil von Konrad wurde, zum kleinen Konrad.

»Er steht für den Teil von dir, der schwach, aber auch gefühlvoll ist und der von dir – vom großen Konrad – nach Möglichkeit ignoriert und einfach verleugnet oder unterdrückt wird«, fügte ich hinzu.

Konrad bestätigte meine Vermutung sofort, in dem er vehement seinen Kopf schüttelte und rief, Schwäche könne er sich nicht leisten und er sei auch nicht schwach! Deshalb brauche er auch den Stellvertreter nicht oder was immer dieser symbolisiere. Ohne darauf einzugehen, fuhr ich fort und sagte, Konrad habe die Wahl. Entweder könnte er so weitermachen wie bisher und seine schwache und gefühlvolle Seite weiterhin ignorieren, leugnen und unterdrücken. Damit würde er es sich selbst im Leben allerdings unnötig schwermachen. Oder er könnte endlich damit anfangen, auch seiner schwachen und gefühlvollen Seite ein Existenzrecht einzuräumen und dann gemeinsam mit diesem Anteil versuchen, seine Ziele zu erreichen.

Dieses Mal begriff Konrad sofort. »Du meinst, wenn ich den da – und mit einer Kopfbewegung wies er auf seinen Stellvertreter – mitschleppe, wird alles gut?« Ich nickte. »Aber der ist doch bloß lästig«, meinte Konrad. Ich nickte wieder.

»Ja, vielleicht zu Anfang, und so, wie es aussieht, wirst du auch erst einmal alle Hände voll mit ihm zu tun haben«, erläuterte ich mit einem Blick auf Konrads rechte Hand. »Und solange du ihn bloß als Last empfindest, funktioniert es vielleicht auch nicht«, sinnierte ich weiter. »Ich denke, es geht darum, dass du ihn tatsächlich anerkennst und sagen kannst, dass auch dieser Teil, der schwache Teil, ein Teil von dir ist!«

Konrads Stellvertreter nickte langsam aber bestätigend zu meinen Worten, und ich hatte zum ersten Mal das Gefühl, als sei auch Konrad nun nicht mehr kopfgesteuert. Ich gab ihm wieder Zeit, das, was er nun fühlte, zu sortieren.

Schließlich fragte Konrad mich, wie er es anstellen müsse, auch Stellvertreterin Drei in seine Gruppe zu integrieren. Ich antwortete, dass Konrad sein Leben schon selbst leben müsse, und bot ihm an, einfach einmal aus dem Bauch heraus etwas zu versuchen, um diese Stellvertreterin zu integrieren. Sofort setzte er sich in Bewegung und zog dabei seinen eigenen Stellvertreter und Stellvertreterin Zwei mit sich, ohne sie jedoch loszulassen. Keiner der beiden verspürte dabei das Bedürfnis, sich Konrads Wunsch zu widersetzen, obwohl Konrad ein wenig ruppig vorging. Gemeinsam erreichten sie Stellvertreterin Drei und integrierten sie so in ihre Gruppe, dass sie ihren Platz zwischen Konrads Stellvertreter und Stellvertreterin Zwei fand. Alle lachten sie sich nun an, und das Gefühl bei allen war gut und stimmig. Konrad wandte dann den Kopf Stellvertreterin Eins zu, die mittlerweile wieder unter dem Tisch hervorgekrochen war und sich nun auf diesen gesetzt hatte, um alles zu beobachten. Konrad meinte dann, dass er sie ebenfalls noch gern in den Kreis integrieren würde, doch die betreffende Stellvertreterin hob gleich abwehrend ihre Hände und erklärte, Konrad könnte anstellen, was er wolle, aber sie würde immer wieder vor ihm davonlaufen, und bei ihr hätte er keine Chance – egal wie viele »kleine« Konrads er mitbringen würde!

Dies waren klare Worte. Konrads Anliegen, herauszufinden, was er tun konnte oder musste, um seiner Karriere als Heiler und/oder Lehrmeister Aufwind zu geben, war jedoch geklärt, und dies sah Konrad genauso. Aber was auch immer sich Konrad im Leben vornehmen würde, erreichen würde er es nur als ganzer Konrad – mit all seinen Schwächen. Denn nur so wirkte er authentisch und würde auch in seinen Bestrebungen ernst genommen werden.

Beide, Konrad und Rebecca, sind nie wieder beim Familienstellen gewesen, dennoch hat Konrad noch einige Zeit lang mit mir Kontakt gehalten. Einige Wochen nach diesem Seminar rief er bei mir an und erklärte triumphierend, das Arbeitsamt hätte endlich eingesehen, dass er keinen Lkw mehr fahren könne, und jetzt bekäme er eine Umschulung zum Fahrlehrer.

Er erklärte, er sei einfach hingegangen und habe geheult, dass er komplett mit den Nerven am Ende sei und man ihn keinesfalls mehr als Lkw-Fahrer vermitteln könne. Seitdem er seine schwache und sensible Seite nicht mehr leugnete, nutzte er sie schamlos für seine Zwecke, aber so war Konrad eben. Aber Konrad schimpfte auch und fragte, was ich mit seiner Frau gemacht hätte. Seit ihrer Aufstellung sei sie ihm viel zu aufmüpfig. Früher sei immer er an erster Stelle gekommen und jetzt nicht mehr. Aber alles in allem klang Konrad wesentlich zufriedener. Und als er sagte, dass er auch keine Tabletten mehr nehme, glaubte ich ihm dies.

Natürlich gibt es auch Menschen, die zumindest scheinbar sehr erfolgreich und glücklich sind – oder jedenfalls auf Außenstehende so wirken, weil sie scheinbar alles haben: eine intakte Familie, Gesundheit, Geld und einen guten Posten. Aber achten Sie auch einmal darauf, wie viele von diesen Personen sich ihren Erfolg wirklich selbst erarbeitet haben und wie viele von ihnen durch ihre Herkunft oder andere *Fügungen des Schicksals* – ohne nennenswertes eigenes Dazutun – oder bloß durch Skrupellosigkeit auf einer solchen Position gelandet sind. Ausnahmen bestätigen für mich immer die Regel. Aber die Regel ist eher, dass diejenigen, die selbst wenig oder kaum Eigeninitiative brauchen, um erfolgreich zu werden, auch viel eher abstürzen. Die, die ehrlich sind und für ihren Erfolg auch erst selbst eine Leistung erbringen wollen, können viel besser mit Rückschlägen umgehen und sind im Allgemeinen zumindest auf lange Sicht gesehen viel erfolgreicher und vor allem auch glücklicher – weil sie wissen, wer sie sind, und dass das, was sie haben, echt ist und nicht bloß falscher Schein. Und auch wenn man bereit ist, selbst erst etwas zu leisten, um Glück und Erfolg zu bekommen, so kann man auch dies immer auf mindestens zweierlei Wegen angehen. Einmal über den steinigen Weg mit vielen Hindernissen und einmal über den leichteren Weg, mit weniger Steinen, die einem den Weg erschweren oder gar versperren. Ein Tipp: Nehmen Sie nach Möglichkeit auf Ihrem Weg hin zu Ihren ganz persönlichen Zielen von Glück und Erfolg immer so viele Ihrer Persönlichkeitsanteile mit wie möglich, am besten alle – auch die negativen und unliebsamen Seiten!

Wie aber können Sie nun herausfinden, wie es um Ihre eigenen Erfolgsaussichten bestellt ist? Sofern Sie dies überhaupt möchten, zeige ich Ihnen hier nun eine Möglichkeit, die zumindest als Anhaltspunkt dienen kann:

Übung 14 – Der Zustand Ihres Erfolges

Diese Übung ist schon etwas schwieriger in der Ausführung, weil Sie dazu definitiv eine zweite Person benötigen, die zudem auch noch die Existenz sogenannter morphogenetischer Felder zumindest nicht prinzipiell als Unsinn abtut. Denn Menschen, die nicht an die Existenz solcher Felder glauben, neigen oftmals dazu, ihre Wahrnehmungen aus einem solchen Feld auch eher zu ignorieren oder abzustreiten. Weil Sie diese Person allerdings still benennen werden, spielt es keine Rolle, ob Sie dafür eine Ihnen nahestehende Person wählen oder lieber jemanden, der eher zum entfernten Bekanntenkreis gehört.

Benennen Sie diese Person einfach still für Ihren persönlichen Erfolg, und dann warten Sie ab, wie diese Person sich daraufhin Ihnen gegenüber verhält. Und – achten Sie vor allem auch darauf, wie es Ihnen selbst nun geht und welche Reaktionen diese Situation in Ihnen hervorruft: Möchten Sie sich Ihrem Erfolg nähern, und können Sie dies überhaupt, ohne dabei einen Widerstand zu spüren? Und wie geht es Ihnen mit der Situation an sich? Sind Sie aufgeregt, fühlen Sie sich überfordert, oder bleiben Sie ruhig und gelassen? Schauen Sie auch, wie es dem Stellvertreter in seiner Rolle geht und was er nun tut. (Geben Sie der Person im Vorfeld die Erlaubnis, dass sie sich später aus der Rolle heraus ruhig bewegen kann – überallhin.)

Wie reagiert Ihr Erfolg auf Sie? Beobachtet er nur, will er weg von Ihnen oder zu Ihnen hin? Achten Sie dabei auch auf den Gesichtsausdruck des Stellvertreters. Lächelt er Sie an? Oder schaut er grimmig oder ängstlich? Was immer sein Gesichtsausdruck und sein Verhalten zeigen, sagt Ihnen eine Menge über den Zustand Ihres Erfolges. Und selbst wenn der betreffende Stellvertreter sich dabei auf den Boden fallen ließe, um so zum Ausdruck zu bringen, wie kraftlos er ist – nicht verzagen! Fragen Sie Ihren Erfolg, was es braucht, damit es ihm besser geht. Obwohl der Stellvertreter nicht weiß, für was oder wen er steht, werden Sie eine Antwort erhalten, die Sinn macht. Ob Sie diese jedoch wirklich hören wollen, steht auf einem anderen Blatt. Deshalb überlegen Sie auch genau, ob Sie diese Übung tatsächlich ausprobieren wollen!

Eine weitere Gefahr lauert natürlich in der Möglichkeit, dass Sie eine ganz spezielle Form von Erfolg benennen und nicht Ihren Erfolg als solchen. Und natürlich können Sie diese Übung auch genauso anwenden mit dem einzigen Unterschied, dass Sie den Stellvertreter nicht als Ihren Erfolg, sondern für Ihr Glück benennen!

Bei dieser Übung gibt es auch eine Ideallösung, die ich aber an dieser Stelle nicht verraten möchte. Sie finden sie jedoch wieder auf meiner Homepage, auf der Seite: »Als Buchautorin ...« und dort unter dem Vermerk: »Lösung der Übung 14 – Der Zustand Ihres Erfolges«.

Noch ein paar Tipps, wie Sie zu dieser Ideallösung kommen können:
• Als Erstes seien Sie bitte so ehrlich, und überprüfen Sie, ob es sich wirklich um Ihren eigenen Erfolg handelt oder ob mit dem Erfolg Ziele verbunden sind, die Sie nur anderen zuliebe erreichen wollen. Um wessen Erfolg geht es wirklich, und was haben Sie dabei eventuell im Hinterkopf? Sind Sie in der Lage, Ihren ganz persönlichen Erfolg zu benennen oder aufzustellen, oder haben Sie sich lediglich die Ziele und den damit möglichen Erfolg einer anderen Person zu eigen gemacht? Vielleicht weil Ihre Eltern immer wollten, dass Sie in diesem oder jenem Umfeld oder Beruf erfolgreich werden? Wenn Sie merken, dass Sie hier schon befangen sind, werden Sie sich erst aus dieser Situation lösen müssen. Möglich, dass Sie es trotzdem zu etwas bringen (oder gebracht haben), auch wenn Sie dabei bloß die Erwartungshaltung einer anderen Person erfüllen bzw. erfüllten – aber glücklich werden Sie so bestimmt nicht. Jedenfalls nicht, wenn Sie ehrlich sind. Aber keine Panik: Auch mit der Fassade, ein glücklicher und erfolgreicher Mensch zu sein, lässt sich sehr alt werden, je besser Sie sich jedoch lösen, je freier Sie werden, die eigenen Ziele zu erreichen – ohne das Gefühl, an einem Gummiband zu hängen, das Ihnen das Vorankommen unnötig erschwert und Sie zudem jedes Mal wieder zurückholt, wenn Sie sich zu weit entfernt haben.

- Finden Sie heraus, ob Ihr vermeintlicher Platz in der Reihenfolge Ihrer Geschwister auch wirklich der Richtige ist. Hierbei kann Ihnen die Übung *Mein Platz in der Geschwisterreihenfolge* auf meiner Homepage helfen.

- Überprüfen Sie, ob Sie nicht einer Falschidentifizierung erlegen sind und in Wirklichkeit an einem Platz in Ihrem Herkunftssystem stehen, der nicht Ihr eigener ist. Wenn Sie davon betroffen sind oder betroffen sein könnten, dann haben Sie dies bereits schon beim Lesen über dieses Thema gespürt. Wenn Sie sich nicht ganz sicher sind, machen Sie hierzu Übung 6. Falls Sie betroffen sind, können Sie diese Falschidentifizierung an besten mit einer klassisch-systemischen Aufstellung auflösen.

- Schauen Sie auch, ob es irgendwo Neider gibt, die Ihnen Ihren (momentanen) Erfolg oder Ihr momentanes Glück missgönnen oder missgönnen würden. Und ob diese Missgunst vielleicht sogar gerechtfertigt wäre oder ist, weil Sie Ihren Erfolg tatsächlich auf Kosten dieser Personen, wenn vielleicht auch nur teilweise, erreicht haben oder erreichen würden. Gerade die Mitglieder der eigenen Familie, wie Kinder oder Partner, müssen nämlich dafür manchmal Opfer bringen. Sind Geben und Nehmen ausgeglichen? Oder ist es eher so, dass Sie mehr nehmen als geben? Wenn ja, sorgen Sie für Ausgleich! Selbst kleine Aufmerksamkeiten wie ein Strauß Blumen können hier manchmal wahre Wunder bewirken – so denn sie wirklich von Herzen kommen und nicht nur dazu dienen, das eigene Gewissen zu beruhigen.
(Noch ein Tipp für Geschäfts- oder Firmeninhaber: Auch Unternehmen haben so etwas wie eine Seele, können sich missverstanden, ausgenutzt oder überfordert fühlen. Und auch hier gibt es oft Neider oder *harte Konkurrenten* oder einfach bloß Menschen, die Ihnen das, was Sie brauchen, einfach nicht gönnen. Gerade in der Geschäftswelt kommt es immer auch darauf an, ob man Ihnen etwas gönnt. Um die möglichen Schwachpunkte eines Geschäftes oder einer Firma zu eruieren, auch hinsichtlich Expansionen oder Neubildungen von Teams, lohnt sich immer eine Organisationsaufstellung. Aber achten Sie darauf, dass Sie vorher schon all Ihre persönlichen Themen, die Ihren Erfolg beeinträchtigen könnten,

bereinigt haben oder dass Sie zumindest schon herausgefunden haben, wo sich hier die »Baustellen« befinden und wie Sie diese in den Griff bekommen könnten. Haben Sie sich jedoch Ihr Unternehmen sozusagen auf Kosten anderer erschlichen, wird Ihnen auch eine Organisationsaufstellung nicht weiterhelfen. Haben Sie Personal, das Ihnen auf der Nase herumtanzt, dann wird es Zeit, dass Sie ein großes Foto von sich selbst in der Firma aufhängen, mit Ihrem Namen und Ihrer Bezeichnung als Firmengründer, Inhaber oder Leiter versehen – *und fangen Sie endlich an, mit sich selbst ins Reine zu kommen.* Angestellte tanzen nämlich nur Chefs auf der Nase herum, die sich kindisch benehmen. *Und* – auch ein Geschäft oder eine Firma freut sich über kleine Aufmerksamkeiten und ein Dankeschön in Form von Blumen oder kleinen Renovierungen.)

• Aber all dies wird Sie auch nicht einen Schritt weiterbringen, wenn Sie sich selbst etwas vormachen. Nur zusammen mit all Ihren Persönlichkeitsanteilen: positiven wie negativen, schwachen wie starken, traumatisierten wie gesunden – werden Sie es schaffen, sich Ihren Erfolg (oder Ihr Glück) auch tatsächlich *einfach* zu nehmen, ohne dass er sich gegen Sie wehrt!

Noch einmal zurück zu Konrad: Natürlich waren durch die Aufstellung nun nicht all seine Probleme auf einen Schlag aus der Welt. Konrad war immer noch ein Egoist und Wichtigtuer. Ich hätte auch sehr gern mit Konrad weitergearbeitet, dann allerdings im herkömmlichen, systemischen Sinne und vor allem mit einer begleitenden Gesprächstherapie. Nie hatten wir über seinen Vater gesprochen oder über das Verhältnis zu seiner Mutter und über seine Kindheit. Aber für den Augenblick hatte Konrad erst einmal genug von der Seelenklempnerei, wie er es nannte, und dies respektierte ich. Über Konrads Karriere als Heiler hatten wir bei diesem letzten Telefonat allerdings nicht mehr gesprochen, das fiel mir erst später wieder ein. Dennoch lag ein Körnchen Wahrheit in seinem Anliegen, das ja ursprünglich lautete, herauszufinden, was es noch brauche, um als Heiler und/oder Lehrmeister durchzustarten. Wir hatten nur den Zusatz (Lehrmeister) »für magische Künste« weggelassen. So gesehen ist Konrad heute ein Lehrmeister, wenn auch für Fahrschüler. Ob er es jedoch wirklich geschafft hat, wird die Zukunft zeigen ...

Glaube und Wissenschaft

... kein Kind kann eine Familie, die in einer destruktiven
Symbiose lebt, wieder gesund machen. Wer selbst gesund
werden will, muss sich aus dem seelisch krank machenden
Einfluss solcher schwer traumatisierten wie traumatisierenden
Familien lösen, um endlich ohne diese ablenkenden Verstri-
ckungen an den eigenen Traumata arbeiten zu können.
Franz Ruppert – Zitat aus »Symbiose und Autonomie«

Mir ist durchaus bewusst, dass ich mich durch Fallstudien, wie die der Frau, die von ihrem verstorbenen Vater besetzt gewesen war, auf Glatteis begebe – will ich in meinem Beruf als Therapeutin für Psychotherapie ernst genommen werden. Außerdem möchte ich mich nicht in eine esoterische Ecke drängen lassen, nur weil ich Wiedergeburt und Besetzungen für möglich halte und gewisse Dinge sehe, vor denen die Mehrheit der westlichen Welt immer noch lieber die Augen verschließt. Das Wort »Esoterik« ist und bleibt für mich negativ besetzt. Was ich versuche, fühlt sich manchmal tatsächlich wie ein Spagat an (zum Glück bin ich extrem gelenkig!), denn ich versuche, Elemente aus der anerkannten (Psycho)therapie mit spirituellen, teilweise auch mystischen oder übersinnlichen Elementen in Einklang zu bringen.

Später dann, ebenfalls im Herbst des Jahres 2009, hörte ich auf dem Kongress der Deutschen Systemaufsteller (DGfS) in Wuppertal einen Vortrag von Franz Ruppert, der all die losen Puzzleteilchen in meinem Kopf zu einem Bild zusammenfügte und der genau das in Worte fasste, was ich selbst zwar fühlte, aber bislang noch nicht auszudrücken vermochte. Reduziert auf einen einzigen Satz, ist es die These, dass eine Hinbewegung auf ein Trauma auch eine Retraumatisierung bedeuten kann. *Oder eine noch tiefere Verstrickung mit einem traumatisierten Menschen.* Dies war genau das Gefühl, das mich sehr oft beim Lesen von Hellingers Büchern beschlich und das ich auch auf dem Tagesseminar in Köln hin und wieder verspürt hatte, z.B. wenn ich mir bei einer der Mentalübungen hatte vorstellen sollen, mich auf meine Mutter zuzubewegen, sie anzulächeln und ihr zu sagen: »Mama, meine liebe Mama.«

Dennoch denke ich, dass Schema F nicht für alle Menschen gleichermaßen gut funktioniert. Was für mich und viele andere *Kinder* gesund und richtig war, die Abwendung von den Eltern, muss nicht für alle Menschen gelten. Auch kulturelle Unterschiede und wirtschaftliche Faktoren spielen hierbei eine große Rolle. Erst kürzlich wurde ich dazu bei einem meiner Vorträge von einer Thailänderin befragt, die in ihrem Heimatland in einem Mehr-Generationen-Haus wohnt: sie, ihr Mann und ihre Kinder, zusammen mit den Eltern und Großeltern ihres Mannes. Ihr Mann hatte als ältester Sohn das Familienunternehmen übernommen und sich dadurch seinem Herkunftssystem gegenüber zu lebenslangem Unterhalt verpflichtet. Allerdings mischten sich die Eltern und auch die Großeltern dieses Mannes noch regelmäßig in seine geschäftlichen und privaten Angelegenheiten ein. So waren der Vater und der Großvater strikt gegen eine Modernisierung des Unternehmens und forderten zudem, dass auch die Kinder des Mannes weiterhin traditionell erzogen wurden. Wie seine Frau mir berichtete, war dies ein ständiger Kampf zu Hause, und ihr Mann war mittlerweile schwer depressiv. Unterstützung oder Verständnis für seine Situation hatte er, außer von seiner Frau, nicht zu erwarten, und so hielt er seinen Gemütszustand vor dem Rest der Familie geheim. Seine Frau befürchtete aber, dass er als einzigen Ausweg irgendwann Suizid begehen könnte. Auch der ältere Onkel ihres Mannes hatte viele Jahre zuvor Selbstmord verübt, woraufhin dann auch erst der Vater ihres Ehemannes als Nächstgeborener mit der Firmenleitung beauftragt worden war. Und auch für ihren eigenen ältesten Sohn, wenngleich erst acht Jahre alt, wurde der Weg hin zum Universalerben schon geebnet. Etwas, was diese Frau und auch ihr Ehemann ebenfalls gern verhindert hätten. Die Abwendung von denen, die uns großzogen und bei denen wir aufwuchsen, egal ob diese absichtslos und liebevoll oder eigennützig und kaltherzig handelten, ist für die meisten Menschen enorm schwierig. Gerade der Satz »Du sollst Vater und Mutter lieben und ehren« wiegt dabei sehr schwer, und viele Kinder fühlen sich dazu verpflichtet, sich für ihre Eltern aufzuopfern. »Lieber ich als du. Für dich Mama (oder Papa) tue ich es gern. Für dich sterbe ich gerne.« – wobei dieses Sterben zumeist *nur* metaphorisch gemeint ist. Dennoch finden diese *Kinder* nie zu ihrer eigenen Kraft und vegetieren lediglich dahin.

Als Erwachsene merken viele Kinder zwar, dass sie ihre Eltern einfach nicht lieben können, entwickeln deshalb aber Schuldgefühle. Aus diesem Gefühl der Schuld heraus und um ihr schlechtes Gewissen zu erleichtern, tun sie dann alles für die Eltern. Oder die Kinder merken, dass die Eltern sie nicht lieben und tun deshalb alles für die Eltern, in der Hoffnung auf Liebe und Anerkennung. Auch als Erwachsene ändern sie ihr Verhalten nicht und *kämpfen* weiterhin um die Liebe und Anerkennung der Eltern. Fallstudie V ist hierfür ein sehr gutes Beispiel.

Nicht nur dass sich diese Menschen oft aufopfern hinsichtlich des Wohlergehens und der Bedürfnisse der Eltern, sondern auch hinsichtlich dessen, was diese Menschen dann *scheinbar* für sich selbst erreichen. So frage ich mich manchmal, wie viele Doktortitel oder hochdekorierte Auszeichnungen in Wahrheit nur deshalb verliehen werden, weil die betreffenden Personen ihre dafür erbrachten Leistungen lediglich deshalb vollbracht haben, weil die Eltern oder Großeltern dies von ihnen erwarteten: Weil ihnen selbst diese Möglichkeiten früher nie zur Wahl gestanden haben, sie selbst daran scheiterten oder weil sie darauf bestanden haben, dass die Kinder in die eigenen Fußstapfen treten. Der Weg von Liebe und Ehre hin zu Akzeptanz und Respekt und freier Entfaltung ist oft weit und schmerzvoll: *Ihr seid meine Eltern, so wie ihr seid. Dies akzeptiere und achte ich. Aber ich lebe mein Leben besser ohne euch.*

Leider ist diese Tatsache für einige Eltern ebenfalls nicht nachvollziehbar. Sie verstehen es nicht, warum die eigenen Kinder sich abgewendet haben, und sie akzeptieren somit auch nicht das Bedürfnis der Kinder, in Ruhe gelassen zu werden. Würden sich diese Kinder aber den Fragen ihrer Eltern stellen, würden sie sich dadurch auch erneut ihren Eltern ausliefern. Dass sie dies nicht tun, ist eher eine (Selbst)schutzmaßnahme, auch wenn die Eltern dann oft ratlos oder mit unzähligen Fragen zurückbleiben. Auch hier kann eine Aufstellung manchmal den betreffenden Eltern weiterhelfen und Antworten auf die Frage bringen: »Warum hat sich unser Kind von uns abgewandt?« *(Ich mache solche Aufstellungen jedoch nur, wenn ich davon ausgehen kann, dass die Eltern sich durch die Aufstellung nicht bloß erhoffen herauszufinden, wie sie wieder mit ihrem Kind in Kontakt treten können.)*

Aber ich glaube auch nicht, dass ein Kind sich ohne Vorzeichen von den Eltern abwendet. Nur dass diese oft nicht ernst genommen oder nicht wahrgenommen werden. Jedoch gelingt diese Abwendung auch nur wirklich, also äußerlich *und* innerlich, wenn ich meine Vergangenheit und alles, was dazu geführt hat, dass ich mich von meinen Eltern abgewandt habe, gut verarbeitet habe. Solange ich noch Wut oder Vorwürfe gegenüber den Eltern verspüre, habe ich mich auch noch nicht gelöst. Vielleicht äußerlich, weil es keinen persönlichen Kontakt mehr gibt, aber innerlich bin ich ihnen nach wie vor *ausgeliefert*, und dann wird mich dieser Umstand auf die eine oder andere negative Art irgendwann auch wieder einholen!

Aber nicht für alle Menschen ist die Abwendung von den Eltern eine gute und heilende Lösung. Ich habe eine Klientin, die genau weiß, dass die Nähe zu ihrer Mutter und deren besitzergreifendes Wesen Auslöser ihrer Depressionen sind und die vollstes Verständnis für ihre Schwester aufbringt, die es vorgezogen hat, auszuwandern, statt sich ebenfalls dem Einfluss der Mutter auszuliefern. Die Vorstellung aber, sich genau wie die Schwester von der Mutter abzuwenden, die dann ganz auf sich allein gestellt wäre, würde diese Klientin in noch viel tiefere Depressionen und Schuldgefühle stürzen. Also ist es bei der Therapie unser vorrangiges Ziel, eine

Möglichkeit zu finden, wie sich meine Klientin der Mutter nähern könnte, ohne das Gefühl zu haben, gleich von deren Bedürfnissen aufgefressen zu werden und beladen mit unzähligen (Problem)paketen und Anschuldigungen der Mutter wieder nach Hause zu fahren. Meine Klientin hat gelernt, zumindest bis zu einem gewissen Punkt achtsam mit sich selbst zu sein und dadurch auch einmal konsequent *Nein* zu sagen – ohne dadurch gleich ein schlechtes Gewissen zu haben. Wer achtsam mit sich ist, sorgt sich auch um sich. Natürlich gehört dazu auch, dass man sich selbst lieben kann. Man sorgt sich eben nicht um jemanden, den man nicht liebt, – vielleicht kümmert man sich um diese Person aus einem Pflichtgefühl heraus, aber man sorgt sich eben nicht um sie.

Eine andere Klientin gab zu Beginn ihrer Therapie mir gegenüber offen und ehrlich zu, dass sie den Tag herbeisehne, an dem ihre Mutter endlich sterben würde. Zwar schämte sie sich wegen dieses Gedankens, aber sie sagte, sie sei mit der Pflege ihrer Mutter vollkommen überfordert. Egal was sie täte, ihre Mutter habe nie ein gutes Wort für sie übrig, und sie könne in den Augen der Mutter auch nie etwas richtig machen. Sie hasste ihre Mutter dafür und gleichzeitig hatte sie deshalb Schuldgefühle. Schließlich erkannte die Frau, dass sie weder sich selbst noch ihrer Mutter half, indem sie weiter für sie sorgte. In einer Aufstellung sah die Frau, dass es der Mutter in einem Pflegeheim viel besser ginge. Die ständigen Spannungen und Reibereien machten nämlich beiden, Mutter und Tochter, zu schaffen. Heute lebt die Mutter in einem Altersheim. Ihre Tochter kann ihr immer noch nicht wirklich etwas recht machen, aber die Spannungen sind dennoch deutlich geringer geworden, und manchmal gibt es zwischen beiden Frauen nun sogar richtig gute Gespräche, wie mir die Klientin erzählte.

Und ich weiß auch, wie schwer es ist, wenn dieses Abwenden einfach nicht von den Personen akzeptiert wird, von denen man sich abgewendet hat. Eine sehr große geografische Distanz und eine geheime Telefonnummer sind dann oft der einzige Ausweg. Bleibt man in dem geografischen Umfeld seines destruktiven Herkunftssystems, also auf derselben geografischen

Ebene, wird man auch immer wieder mit Menschen konfrontiert, die eine vorgefertigte Meinung haben, die sie auch nicht mehr revidieren wollen oder können – dagegen kann man nicht und sollte man nicht ankämpfen! Das Feld räumen kostet wesentlich weniger Energie. Dennoch, auch hier gilt, dass ich mich aus meinem ursprünglichen, geografischen Umfeld, in dem ich aufgewachsen bin, nur dann wirklich lösen kann, wenn ich es ohne Groll verlassen kann.

Wut und Frust in Bezug auf die eigene Kindheit oder das, was manche Eltern ihren Kindern angetan haben, hinter sich zu lassen, ist jedoch enorm schwer – gerade für jüngere Seelen. Das schafft man dann auch nur mithilfe eines erfahrenen, flexiblen und einfühlsamen Psychotherapeuten. Viele der (psycho)therapeutisch arbeitenden Menschen sind sich darüber einig, dass sich bei einer (psycho)traumatischen Erfahrung der traumatisierte Anteil unserer Persönlichkeit abspaltet. Untersuchungen von Patienten die unter posttraumatischen Belastungsstörungen litten, mit der sogenannten Magnetresonanztomographie haben ergeben, dass nach einer sehr traumatischen Erfahrung ein gewisser, wenn auch nur kleiner Bereich im Gehirn nur noch eine eingeschränkte Aktivität aufzeigte. Nach einer erfolgreichen Psychotherapie stellte man fest, dass auch die Gehirnaktivität in diesem Bereich wieder zugenommen hatte. Wenn also mein Gehirn, als Teil meines menschlichen Körpers, ein Trauma tatsächlich isoliert, indem es die traumatisierten Anteile von der *menschlichen* Persönlichkeit abspaltet, z.B. indem sie die Erinnerung an das Trauma verliert, tut dies die Seele dann nicht ebenso und spaltet Teile ihrer eigenen *seelischen* Persönlichkeit ab? *Und*, wird nach einer erfolgreichen Psychotherapie, das abgespaltene, traumatisierte Seelenteilchen auch wieder *automatisch* in die Seele integriert? *Heilt man bei einer erfolgreichen Psychotherapie nun nur den Geist oder auch gleich die (unsterbliche) Seele?*

Ich beobachte immer wieder, dass Klienten während einer Rückführung von schrecklichen Dingen berichten. Doch obwohl sie dabei schwer traumatisiert wurden und sich im weiteren Verlauf der Rückführung durch dieses traumatische, frühere Leben nirgends ein Hinweis darauf ergab, dass diese traumatische Erfahrung damals auch irgendwie wieder aufgearbeitet wurde, ist ihre Seele heute intakt. Begleitet man diese Seele allerdings nach der Rückführung in ein solch traumatisches früheres Leben auch noch in die geistige Welt erlebt man sehr oft, dass diese Seele, gleich nachdem dieses traumatische Leben geendet hat, zuerst einen Ort der Erholung und der Regeneration aufsucht. Selbst die Klienten, die Michael Newtons Bücher nicht kennen und nicht wissen, dass er über solche Orte in der geistigen Welt schreibt, erzählen dann während ihrer Rückführung in die »Leben zwischen den Leben« von diesen Orten der Erholung und Regeneration. *(Mit »Leben zwischen den Leben« – Life Between Lives – ist eine Rückführung in die geistige Welt gemeint, also in die Periode, in der eine Seele nicht inkarniert ist – die Zeit zwischen ihren Inkarnationen auf der Erde, oder sonst wo.)*

Andererseits gibt es aber auch genügend Menschen mit einer schwer traumatisierten Seele, obwohl sie in diesem Leben nie etwas wirklich (Psycho) traumatisches erleben mussten. In meinem ersten Buch »Erzählende Seelen« berichte ich über einen solchen Fall. Eine Klientin, die unter schweren Zwängen und Angststörungen litt, ohne dass es dafür eine Erklärung aus ihrem heutigen Leben gegeben hätte und wo die Ursache in einem früheren Leben zu finden war. Die traumatische Erfahrung war in dem früheren Leben nie aufgearbeitet worden, und die damals abgespaltenen, traumatisierten Seelenanteile waren nie in ihre Seele zurückintegriert worden. Deshalb litt diese Frau auch in diesem Leben wieder unter der Angst, ihr und ihrer Familie könne etwas Schlimmes zustoßen. Die Zwänge dienten, wie so oft, lediglich dem Schutz. Erst durch einen schamanischen Ritus konnten wir die abgespaltenen und verloren gegangenen Seelenanteile dieser Frau wieder in ihre Seele integrieren, wodurch ihr Zwangsverhalten aufhörte, weil die Angststörung nun aufgelöst war. Warum aber werden bei einigen Seelen die abgespaltenen und traumatisierten Seelenanteile nach dem Tod des menschlichen Wirts anscheinend wieder *automatisch* zurückintegriert oder zumindest durch einen Besuch in einem Regenerationsbereich in der geistigen Welt wieder geheilt, und warum ist dies bei anderen Seelen nicht der Fall und die Seele inkarniert erneut – trotz ihrer Traumatisierung? Aber vielleicht gehört dies ja auch ganz einfach zu den Erfahrungen, die jede Seele einmal machen muss, mit bereits traumatisierten Anteilen erneut zu inkarnieren. Besser in den meisten Fällen wäre jedoch zu sagen, dass die Seele inkarniert, obwohl sie nicht vollständig ist, denn die traumatisierten Teile hat sie abgespalten. Diese Menschen leiden auch fast immer an Müdigkeit oder Kraftlosigkeit, Antriebsschwäche, Lustlosigkeit bis hin zu Erschöpfungsdepressionen, weil ihnen nicht ihre komplette Seelenenergie zur Verfügung steht. Ähnlich verhält es sich mit Seelen, die aus anderen Gründen mit zu wenig Seelenenergie inkarniert sind, vielleicht weil sie eine Doppelinkarnation führen. Aber darüber habe ich auch schon ausführlich in meinem ersten Buch geschrieben.

Dies ist nun auch eine schöne Überleitung von systemischen Ursachen hin zu karmischen Ursachen für Störungen oder Symptome aller Art. Allerdings lasse ich dabei auch nie die Genetik außer Acht, denn vieles kann man tatsächlich lösen – wenn einem die Genetik keinen Strich durch die Rechnung macht, weil einiges unwiderruflich angeboren ist. Was jedoch die karmischen und systemischen Ursachen anbelangt, so bestehen auch hier mehrere Verbindungen, aber lesen Sie selbst …

Stolpersteine

... Gelassenheit ist die anmutigste Form von
Selbstbewusstsein.

Im Dezember des Jahres 2009 besuchte ich dann mein erstes Trainingscamp bei Bert und Sophie Hellinger in Pichl in Österreich. Ich hatte
das ganze Seminar, also sieben Tage, gebucht. Das Seminar fand in einem
Hotel in den Bergen nahe Salzburg statt, und für das Seminar selbst hatte
man eigens die an das Hotel angrenzende, riesige, multifunktionale Sport-
halle in einen weihnachtlichen Tagungsraum verwandelt. Die Anzahl der
Teilnehmer schwankte, weil auch nicht alle Teilnehmer das komplette Seminar gebucht hatten, aber ich schätze, es waren im Durchschnitt jeden
Tag zwischen 400 bis 450 Personen anwesend. Leider gelang es mir nur ein
einziges Mal und auch nur durch die *richtigen Kontakte*, einen Platz in der
ersten Reihe zu ergattern. Die erste Reihe glich jeden Tag dem Poolbereich
eines Mittelklassehotels auf Mallorca: Jeder Platz war mit irgendeinem persönlichen Gegenstand belegt – egal wie früh ich auch kam.

Genau an dem Tag, an dem ich ebenfalls einmal in der ersten Reihe saß,
leitete Bert Hellinger dann die Aufstellung eines Mannes, der sich seiner
Staatsangehörigkeit schämte, weil er aus einem Land stammte, dass vor
ca. 20 Jahren in einen Bürgerkrieg verwickelt gewesen war. Hierzu wählte
Hellinger insgesamt 20 Stellvertreter aus. Um Ihnen nun besser zu ver-
anschaulichen, wie Hellinger diese Personen genau aufstellte, möchte ich,
dass Sie sich zuerst das Zifferblatt einer Uhr vorstellen. Hellinger positionierte nun fünf dieser Personen, die für eine der beiden sich bekriegenden
Völkergruppen standen, auf 12 Uhr und zwar so, dass sie alle nebeneinan-

derstehend in Richtung 6 Uhr schauten. Dort positionierte er wiederum fünf Personen, ebenfalls nebeneinander, die die andere Völkergruppe repräsentierten und die ihrerseits in Richtung 12 Uhr schauten. Fünf andere Personen positionierte Hellinger dann, immer nebeneinander, auf 3 Uhr. Sie standen für eine der beiden Kirchen oder Glaubensgemeinschaften, die ebenfalls in diesen Krieg involviert gewesen waren und ließ sie dabei in Richtung 9 Uhr schauen, wo er die restlichen fünf Personen aufstellte, die für die andere Glaubensgemeinschaft standen. Diese schauten auf die Personen, die auf 3 Uhr standen. Dann überließ Hellinger die Stellvertreter sich selbst. Mich erinnerte die Szenerie stark an die Aufstellung von sich bekriegenden Kompanien auf einem Schlachtfeld, auch wenn daran natürlich wesentlich mehr Menschen beteiligt sind, aber ich glaube, es war genau das, was Hellinger hiermit bezwecken oder zum Ausdruck bringen wollte.

Zuvor hatten einige Seminarteilnehmer den riesigen Adventskranz aus der Mitte des Aufstellungsbereiches getragen und nur den roten Teppich, auf dem der Kranz gestanden hatte, zurückgelassen. Das Gebaren der Stellvertreter im Verlaufe der Aufstellung war schrecklich. Vor allem das wirre Verhalten einer Stellvertreterin ist mir besonders in Erinnerung geblieben. Trotzdem hatte ich zuerst das Gefühl, als würde hier etwas zutage gefördert, was gesehen werden musste, bevor es Frieden finden konnte, und alles war gut, solange niemand der Stellvertreter auf dem roten Teppich herumtrampele! Für mich symbolisierte der kleine Teppich den Bereich dieses Krieges, wo schon Aufarbeitung und Heilung geschehen war und wo Tote sowie Überlebende des Krieges schon ihren Frieden mit den Geschehnissen gemacht hatten – ohne etwas vertuscht oder »unter den Teppich« gekehrt zu haben. Immerhin lag dieser Krieg auch schon einige Jahre zurück, und der rote Teppich war auch nicht sehr groß – im Verhältnis zum gesamten Aufstellungsbereich. Als sich die Aufstellung jedoch auch auf diesen Teppich ausbreitete, wäre ich deshalb am liebsten von meinem Stuhl aufgesprungen und hätte die Stellvertreter von diesem Teppich ferngehalten, ohne ihn selbst dabei zu betreten. Jedoch würde ich mich niemals wagen, mich unaufgefordert in eine Aufstellung von Bert Hellinger zu begeben. Bert Hellinger neigt dazu, launisch zu sein, und dadurch wird er unberechenbar. Also saß ich auf meinem Stuhl in der ersten Reihe und versuchte, gelassen zu bleiben. *(Ich habe auch keine Ahnung, ob durch diese Aufstellung Hellingers die Scham des Aufstellers verschwand. Mir kam es eher so vor, als habe Hellinger zwar eine Aufstellung gemacht, die eventuell den in diesem Krieg involvierten Völkern sowie Kirchen half (oder auch nicht) – meines Erachtens aber zu wenig auf das Anliegen des Klienten selbst einging.)*

Einige Monate später war ich als teilnehmende Beobachterin bei einem anderen Aufstellungsseminar dabei, wo es ebenfalls um den Konflikt zweier Religionen ging. Auch hier hatte ich auf einmal wieder eine Wahrnehmung, die mich umso unruhiger werden ließ, je mehr in dieser Aufstellung die Differenzen und die gegenseitigen Vorwürfe zweier Familien unterschiedlichen Glaubens zum Vorschein kamen. Ich war nicht aufgestellt worden, und so versuchte ich meiner Unruhe oder der Rolle, die ich da aufgeschnappt hatte, auf den Grund zu gehen und herauszufinden, was oder welche Energie von mir Besitz ergriffen hatte: Ich war die Erde, nicht als der Planet Erde, sondern als »Mutter Erde«. Als solche war ich gütig und verständnisvoll, erwartete aber auch Respekt vor den Toten, die in Teilen meiner »Erde« lagen und ihren Frieden gefunden hatten. *(Das klingt zwar paradox, hinsichtlich einer möglichen Reinkarnation von Seelen. Aber andererseits haben Friedhöfe oder Massengräber ja auch eine ganz besondere Energie.)* Es gab Bereiche *auf oder in* mir, die noch voller Leid und Schmerz waren, aber es gab auch Bereiche, in denen schon Heilung stattgefunden hatte und wo Ruhe und Frieden herrschte. Durch all die Differenzen, die nun in dieser Aufstellung ausgesprochen wurden, spürte ich jedoch, wie auch in den Bereichen, wo Ruhe und Frieden herrschte, wieder Unruhe entstand, und es war tatsächlich so, als wenn all die Seelen, die jemals in diesen Konflikt verwickelt gewesen waren, ihren Hass und die Wut aber überwunden hatten, mich nun zu ihrer Sprecherin ernannten. *(Was mich selbst am meisten wunderte, denn ich bin keine Pazifistin.)* Die Aufstellungsleiterin merkte jedoch, dass ich etwas aufgeschnappt hatte, und befragte mich danach. Mir kam dann ein wenn auch etwas schroffer Ausspruch in den Sinn: »Wenn über eine Sache erst mal Gras gewachsen ist, kommt immer ein Therapeut und frisst es wieder ab!« Tatsächlich hatte ich das Gefühl, als trampelten die Stellvertreter mit ihren gegenseitigen Vorwürfen und ihrer Verständnislosigkeit auf mir herum und störten damit auch die Ruhe der *friedlichen* Toten. Aber die Aufstellungsleiterin begriff, dass ich mit diesem Spruch nicht sie persönlich angreifen wollte. Sie blieb gelassen und nahm mich stattdessen in die Aufstellung. Irgendwie bewirkte meine Rolle dann, dass die anderen Stellvertreter plötzlich ruhiger oder nachdenklicher wurden und daraufhin anfingen, respektvoller miteinander umzugehen und mehr Verständnis für den jeweils anderen zu entwickeln. Später erklärte ich der Aufstellungsleiterin auch mein Erlebnis bei Bert Hellinger.

Seitdem bin ich sehr achtsam bei solchen Aufstellungen, um die (morphogenetischen) Felder solch großer Konflikte wie Kriege und die Bereiche, in denen schon Heilung stattgefunden hat, zu respektieren und nicht achtlos *darüberzutrampeln!* Aber auch bei kleineren systemischen Konflikten innerhalb des Herkunftssystems eines Aufstellers gibt es oft Bereiche, in denen schon Heilung und Ruhe eingekehrt sind. Die Türen zu diesen Bereichen sollte man, wenn überhaupt, nur mit äußerster Achtsamkeit und Respekt öffnen. Als ich dann hörte, dass der Künstler Gunter Demnig in Berlin und vielen anderen Städten sogenannte Stolpersteine verlegt hat, die an die Schrecken des Zweiten Weltkrieges und die Opfer aus der NS-Zeit erinnern sollen, grauste es mir.

Was mir bei der Teilnahme an meinem ersten Hellinger-Trainingscamp sehr gut gefallen hat, waren die kleineren Gruppenübungen zu verschiedenen Themen, bei denen jeder Teilnehmer einmal die Gelegenheit hatte, kleinere Anliegen aufzustellen. »Mini-Aufstellungen«, wenn Sie so wollen. Während den Aufstellungen von Bert oder Sophie Hellinger, die ich von den hinteren Reihen aus nur über die Leinwand verfolgen konnte, klinkte ich mich auch einige Male bewusst aus und beobachtete stattdessen lieber andere Seminarteilnehmer. Mir fiel auch auf, wie viele Menschen dort akribisch jedes einzelne Wort der Hellingers mitschrieben und das Gehörte anscheinend, ohne weiter darüber nachzudenken oder zu hinterfragen, dann sogleich als eigene Meinung annahmen.

Jedenfalls fühle ich mich nicht weniger geerdet, nur weil ich immer noch *ladylike* gern meine Beine gerade bei längerem Sitzen übereinanderschlage. Ich werde auch weiterhin zur Krebsvorsorge gehen, obwohl bei genauer Betrachtung das Wort »Krebsvorsorge« tatsächlich zweideutig ist – übrigens genau wie die Begriffe »Krankenhaus« oder »Krankenversicherung«. Und bei gleißendem Sonnenschein werde ich auch weiterhin nicht auf eine Sonnenbrille verzichten, obwohl ich schon auch der Meinung bin, dass es unhöflich ist, wenn man sich mit jemandem unterhält und die Sonnenbrille dabei nicht abnimmt. In diesem Fall würde auch ich dem Betreffenden ggf. unterstellen, dass er es vielleicht absichtlich tut und sich dahinter ein Nicht-ehrlich-Sein verbirgt. Aber vielleicht ist er ja auch bloß schüchtern oder unhöflich oder denkt ganz einfach nicht so weit, dass sein Gegenüber seine Sonnenbrille als unhöflich oder unehrlich interpretieren könnte? Seit der Teilnahme an diesem *Trainingscamp* begreife ich aber, warum es für Sekten so einfach ist, gewisse Menschen zu ihren willenlosen Marionetten zu machen. Bert Hellinger ist sicherlich kein Sektenführer – aber nur, weil er die große Macht nicht ausnutzt, die er dort bei seinen Seminaren in den Händen hält ...

Es war einmal

*... geheim gehaltenes Wissen ist etwa ebenso nützlich
wie das Geld unter der Matratze des Geizigen.
Serge Kahili King – Zitat aus »Der Stadt-Schamane«*

Mein Bestreben ist es jedoch, Ihnen nicht nur nützliche Dinge mitzuteilen, die Ihre Intuition ansprechen, sodass Sie merken, was Sie (noch) alles tun können, um wirklich glücklich und zufrieden zu werden. Neben der Tatsache, dass ich mich in der Rolle als mögliche Glücksmuse ausgesprochen wohlfühle, bin ich aber auch eine Geschichtenerzählerin:

2009 hatte ich bei einem ausländischen Institut eine Ausbildung in einer ganz speziellen Rückführungstechnik gemacht. Bei dieser Vorgehensweise reist man mit seinem Klienten nicht nur in eines seiner früheren Leben, sondern man reist mit ihm auch in die geistige Welt – also an den Ort, wohin sich die Seele begibt, nachdem ihr Wirt, beispielsweise ein menschlicher Körper, verstorben ist. Nach dieser Ausbildung hatten alle Teilnehmer neun Monate Zeit, um fünf Fallstudien vorzubereiten, wenn sie von diesem Institut auch als offizielles Mitglied anerkannt werden wollten. Mit Fallstudien war in diesem Fall gemeint, dass man fünf Klienten oder Probanden nach dieser speziellen Technik rückführen und die Rückführungen dabei mitschreiben musste. Zusätzlich mussten mindestens zwei dieser Rückführungen, die als Fallstudien dienen sollten, auch akustisch aufgezeichnet werden. Die schriftlichen Ausarbeitungen der Fallstudien und die akustischen Aufnahmen waren dann an den Leiter des Auswahlkomitees für neue Mitglieder einzusenden.

Bei jeder Rückführung hatte man zudem gewisse Punkte zu berücksichtigen, wie beispielsweise mit dem jeweiligen Probanden auch gewisse vorgeschriebene Orte in der geistigen Welt zu besuchen. Außerdem war es erforderlich, dass der Proband durch die Rückführung gewisse vorgeschriebene Informationen über seine Seele in Erfahrung brachte, wie beispielsweise den Namen seiner unsterblichen Seele und den des spirituellen Führers, die Vorlieben und Neigungen seiner Seele, den Entwicklungsstandpunkt der eigenen Seele und den seiner Seelenfamilie. Weil die Rückführungsbegleiter des Auswahlkomitees, die die Fallstudien der neuen Anwärter prüfen mussten, allerdings ausnahmslos aus dem englischsprachigen Raum stammten, mussten auch die Fallstudien selbst auf Englisch eingereicht werden. Auch die Ausbildung hatte auf Englisch stattgefunden. Fallstudien zur schriftlichen Bewerbung hatte ich genug, weil es dazu reichte, wenn ich meine handschriftlichen Aufzeichnungen der Rückführungen selbst vom Deutschen ins Englische übersetzte. Aber es war für mich extrem schwierig, Probanden für die Fallstudien der akustischen Bewerbungen zu finden. Denn dazu benötigte ich Personen, deren Englisch *so* gut war, dass sie ihre Rückführung nicht in ihrer Muttersprache Deutsch, sondern in der Fremdsprache Englisch machen konnten, oder ich hätte zwei sogenannte native speakers, also Personen, deren Muttersprache Englisch ist, finden müssen! Wir leben hier allerdings sehr ländlich, und wahrscheinlich ist es in einer Großstadt einfacher, Menschen zu finden, die sich erstens für das Thema Rückführung interessieren und zweitens so gut Englisch sprechen, dass sie auch mühelos auf Englisch *denken* können.

Muttersprachler konnte ich leider gar nicht finden, und meine ersten beiden deutschen Probanden für die akustischen Bewerbungen wechselten während der Rückführung, als sie schon in Hypnose waren, vom Englischen zurück ins Deutsche, wodurch die Tonaufzeichnungen für mich unbrauchbar wurden – jedenfalls, um sie als Bewerbung bei dem Institut verwenden zu können. Ich hatte während der Ausbildung meine eigenen Rückführungen ebenfalls auf Englisch machen müssen und weiß, dass es einen großen Unterschied macht, ob man eine Sprache nur gut schreiben, lesen, sprechen und verstehen kann oder ob man in ihr auch über einen längeren Zeitraum hinweg *denken* kann.

Was nun aber meine Fallstudien für diese Mitgliedschaft anbelangte, wollte ich gern auf Nummer sicher gehen und deshalb auch drei, statt der geforderten zwei Fallstudien als Tonaufzeichnung einreichen. Nur leider hatte ich so meine liebe Mühe damit, geeignete Probanden zu finden. Mehrere diesbezügliche Zeitungsannoncen blieben ergebnislos, obwohl ich die Rückführung in dem Falle kostenlos anbot, und schließlich wandte ich mich sogar an zwei britische Militärstützpunkte hier in der Nähe. Ich dachte, wenn ich schon keine Probanden finden konnte, die Englisch als Fremdsprache gut genug beherrschten, um auch eine Rückführung auf Englisch zu machen, dann würde ich so vielleicht Probanden finden, deren Muttersprache Englisch war. Scheinbar sind Militärangestellte aber prinzipiell allem Spirituellen gegenüber extrem misstrauisch eingestellt, und ich bin diesen Menschen dort mit meiner Anfrage wohl sehr suspekt vorgekommen. Schließlich jedoch fand ich drei geeignete Probanden für die akustischen Fallstudien, wenn auch eher zufällig anmutend und wirklich in allerletzter Minute, bevor die neun Monate für die Beantragung der Mitgliedschaft bei diesem Institut verstrichen waren!

Einer der »akustischen« Probanden war ein paar Monate vorher schon einmal für eine herkömmliche Rückführung bei mir gewesen – hatte diese aber ganz abrupt abgebrochen, als er während der Rückführung so eine Art Erscheinung gehabt hatte. Damals wusste ich allerdings nichts von seiner *Berufung*, zumal auch seine Bekleidung nicht darauf schließen ließ. Er hatte mir gesagt, er sei Pädagoge, habe aber viele, viele Jahre als Entwicklungshelfer in den verschiedensten Entwicklungsländern gearbeitet und dort unter anderem geholfen, Schulen zu errichten. Zurzeit nähme er sich allerdings eine Auszeit und wolle erst sein Leben überdenken, bevor er eine Entscheidung träfe, ob er seine Tätigkeit noch weiter ausüben könne. Er hatte auch erzählt, dass er seine Arbeit immer im Auftrag der römisch-katholischen Kirche gemacht habe und dass er sehr gottgläubig sei. Trotzdem lautet eine der Fragen, die ihn nun beschäftigen, ob er jemals wieder im Auftrag der Kirche arbeiten könne. Mit seiner sanften Stimme und der zaghaften Mimik wirkte der Mann auf den ersten Blick dabei sehr ruhig und ausgeglichen, wenn auch ein wenig müde und leicht verletzbar. Mir fiel auch auf, dass er gelernt hatte, andere Menschen ausreden zu lassen, und immer erst überlegte, bevor er selbst sprach. Doch bei genauerer Betrachtung, bemerkte ich, dass seine Haltung extrem gerade war und er sich kaum mit dem Rücken an das Sofa lehnte. Auch das unterdrückte Eigenleben seiner Finger, die er immer wieder ganz bewusst spreizte, so als wolle er sie ausstrecken, bevor er seine geöffneten Hände erneut auf seinen Oberschenkeln platzierte, passte nicht so ganz zu dem Bild, das er vermitteln wollte. Nach einer Weile versuchten seine Hände immer wieder, sich zu Fäusten zusammenzuballen, und ich bekam immer mehr das Gefühl, als wenn mein Klient sich selbst zur Ruhe zwang, obwohl in seinem Inneren ein Kampf tobte.

Ich habe keine Praxis und empfange meine Klienten im Wohnzimmer. Der Raum ist sehr groß und gemütlich, hat einen wunderschönen Ausblick in die Natur, und je nach Jahreszeit brennt auch meist ein Feuer im Kamin. Die anheimelnde und wohlige Atmosphäre trägt in der Regel sehr dazu bei, dass meine Klienten entspannen können, was mir – zugegebenermaßen – die Arbeit ein gutes Stück erleichtert. Doch dieser Klient schien auch die Annehmlichkeiten des Raumes nicht wirklich wahrzunehmen. Zu sehr war er mit seiner Selbstkontrolle beschäftigt, und obwohl er relativ viel über sich und seine Arbeit erzählte, erfuhr ich letztlich kaum etwas über seine Person selbst. Wer er war und wie er dachte. Während der ganzen Zeit, als er so redete, hatte ich das Gefühl, als wolle er damit bloß von dem ablenken, was wirklich für ihn zählte. So, als überlege er noch, ob seine Entscheidung, zu mir gekommen zu sein, auch wirklich richtig gewesen war. Ich kenne das, und deshalb nehme ich mir für das Vorgespräch mit meinen Rückführungsklienten auch immer besonders viel Zeit.

Mein Klient erzählte, er hätte in all den Jahren als Entwicklungshelfer sehr viel gesehen und erlebt und dadurch irgendwann angefangen, seinen Glauben in Gott – so wie er ihn als guter Katholik leben und lehren sollte – immer mehr infrage zu stellen. Einerseits liebte er seine Tätigkeit, andererseits glaubte er aber, diese nicht mehr guten Gewissens und im Namen der Kirche ausüben zu können. Durch eine Rückführung wollte er sich Klarheit verschaffen.

Mich beschlich derweil das Gefühl, etwas zu übersehen, und vielleicht hätte ich bei seiner Wortwahl »im Namen der Kirche« stutzig werden sollen, doch so bat ich diesen Mann lediglich, er möge mir sein Anliegen für die Rückführung ein wenig genauer erklären: *Klarheit worin genau?*

Also erzählte er mir eine Geschichte: Als Entwicklungshelfer war er auch sehr oft mit dem Tod in Berührung gekommen und hatte angefangen, sich seine eigenen Gedanken darüber zu machen. Angefangen hatte alles einige Jahre vorher mit dem Tod eines kleinen Mädchens auf Haiti, das an AIDS gestorben war. Mein Klient war ihr Lehrer gewesen, und während einer Unterrichtsstunde hatten die Kinder seiner Klasse einmal erzählt, was sie später werden wollten. Das Mädchen war damals schon sehr krank gewesen und hatte gesagt, es wüsste zwar, dass es bald sterben müsse, aber es wäre gern Stewardess geworden, denn dann hätte es fliegen können. Mein Klient erzählte, der Tod des Mädchens sei ihm sehr nahegegangen. Es habe immer gelacht, obwohl sie wusste, dass sie bald sterben musste. Am Tag ihres Todes hatte ihre Familie meinen Klienten dann gerufen, und er war dabei gewesen, als das Mädchen schließlich starb. Danach hatte die Familie ihn gebeten zu bleiben, und er hatte beobachtet, wie alle Familienmitglieder nochmals Abschied von dem toten Körper nahmen. Nachdem auch der letzte Verwandte Abschied genommen hatte, war plötzlich ein Geist aus dem Körper des Mädchens aufgestiegen, war auf die weinende Mutter zugeschwebt und hatte sie sanft an der Wange berührt. Anschließend war die Erscheinung in die Richtung meines Klienten geschwebt und hatte direkt vor ihm Halt gemacht. Mein Klient sagte, er habe in dieser Erscheinung die Umrisse des kleinen Mädchens erkennen können und auch gesehen, dass sie ihn angelächelt habe. Dabei vernahm er ihre Stimme in seinem Kopf, die flüsterte, er solle nicht traurig sein, denn dort, wo sie jetzt hingehe, könne sie fliegen – genau wie eine Stewardess.

Später glaubte mein Klient jedoch, sich alles nur eingebildet zu haben, weil es ihm so leidtat, dass sich der Traum des Mädchens nun nie erfüllen würde. So verging eine Weile, und mein Klient erzählte, er habe wirklich sehr um das Mädchen getrauert. Dann war die Oma des Mädchens zu ihm gekommen und hatte erklärt, sie habe eine Botschaft von ihrer Enkelin für ihn: Er solle endlich aufhören, um sie zu trauern. Auch wenn sie in diesem Leben keine Stewardess geworden sei, so könne sie nun dennoch fliegen, und er solle doch endlich glauben und sehen!

Die Oma des Mädchens war in ihrem Dorf so etwas wie eine Heilerin und Geisterbeschwörerin, und sie sagte meinem Klienten auch, dass sie genau wüsste, dass er die Erscheinung ihrer Enkelin am Tag ihres Todes ebenfalls gesehen habe – genau wie sie selbst. Zur Bestätigung fügte sie hinzu, dass der Geist des Mädchens zuerst zur Mutter geschwebt sei und sie im Gesicht berührte, bevor er schließlich zu ihm gekommen sei. Nach dieser Begebenheit hatte mein Klient angefangen, sich mehr mit dem zu beschäftigen, was die katholische Kirche als Aberglaube und Blasphemie bezeichnet. Er fragte mich, ob ich wüsste, wie viele verschiedene Kulturen überall auf der Welt an die Wiedergeburt der Seele glaubten, auch wenn ihre Religionen an sich unterschiedlich seien, und ich nickte.

Nachdem mein Klient Haiti einige Zeit später verlassen hatte, hielt er sich einige Wochen in Indien auf und erzählte, dass er dort Kinder besucht habe, die von sich behaupteten, genau zu wissen, wer sie in ihrer letzten Inkarnation gewesen waren. Sie wussten zu berichten, wo und wann sie gelebt hatten, wer ihre damaligen Familien gewesen waren, und sie wussten auch, wie oder woran sie damals gestorben waren. Weil sie auch detaillierte Angaben zu ihrem früheren Namen oder den Namen ihrer früheren Familien und zu Wohnorten machen konnten, ließen sich ihre Geschichten meist sogar einwandfrei recherchieren. Auffällig war lediglich, dass all diese Kinder in ihrer letzten Inkarnation ebenfalls in Indien gelebt hatten und nicht selten, wenn auch eher als entfernte Verwandte zur selben Herkunftsfamilie gehört hatten. So erinnerte sich ein kleiner Junge beispielsweise daran, wie er sich früher als älterer Bruder seines heutigen Großvaters mit diesem immer von der Chiliernte davongeschlichen hatte. Er beschrieb ihre gemeinsamen, heimlichen Angelausflüge bis ins kleinste Detail, und so wurden diese von dem Großvater auch bestätigt. Später war dieser Bruder an Malaria gestorben, und die ganze Familie war überzeugt, dass der Junge die Wiedergeburt seines eigenen Großonkels war.

Anscheinend hatte mein Klient tatsächlich schon sehr viel erlebt und gesehen und sich auch ausgiebig mit dem Thema Wiedergeburt beschäftigt. Doch während der ganzen Zeit, in der dieser Mann mir so interessante Begebenheiten aus seinem Leben erzählte und dabei krampfhaft entspannt auf meinem Sofa saß, hatte ich das Gefühl, als wolle er Zeit schinden, um die eigentliche »Behandlung« zumindest hinauszuzögern. Schließlich sprach ich meine Vermutung an, und der Mann gab zu, doch einige Bedenken vor dem zu haben, was er bei einer Rückführung erfahren könnte. Zuerst dachte ich, er befürchte, dabei zu erfahren, dass er in einem früheren Leben einmal etwas Schlimmes getan habe. Doch dann fand ich heraus, dass es ihm um das Thema Wiedergeburt an sich ging. Er war streng katholisch erzogen worden und hatte sehr lange nach diesen Glaubenssätzen gelebt, ohne sie jemals infrage zu stellen. Durch die Erlebnisse der letzten Zeit hatte er allerdings angefangen, seine Religion kritisch zu betrachten, und nun befürchtete er – zu Recht – das zu verlieren, was ihm all die Jahre Halt und Zuversicht im Leben gegeben hatte! Was, wenn er durch die Rückführung zu der Überzeugung gelangen würde, dass Reinkarnation tatsächlich möglich war? Wie sollte er dies mit seinem Glauben vereinbaren? Ich musste dabei an Jan Erik Sigdell denken, der das eine für möglich hält, ohne das andere auszuschließen, und der es sich zu einer Art Lebensaufgabe gemacht hat, beide Elemente unter einem Hut zu vereinen. (Dies entnimmt man auch schon dem Namen seiner Homepage: *www.christian-reincarnation.com*) So gab ich meinem Klienten dann auch den Rat, sich einmal Jan Eriks Webseite anzusehen oder sich ggf. eines seiner Bücher zu bestellen. Die Entscheidung aber, sich nun auf eine Rückführung einzulassen – oder auch nicht, die konnte ich meinem Klienten nicht abnehmen, und letztlich befand er, dass die Ungewissheit schlimmer sei als das zu erwartende Ergebnis, und wir begannen mit der eigentlichen Arbeit.

Diese Fallstudie mutet an wie eine Erzählung aus »1001 Nacht« – deshalb auch die entsprechende Kapitelüberschrift. Und genau wie die Erzählungen aus »1001 Nacht« ist auch diese Geschichte wunderschön, und deshalb habe ich sie auch besonders detailliert ausgearbeitet. Natürlich ist sie dadurch sehr lang geworden – eher im Sinne einer Kurzgeschichte. Ich hoffe, sie gefällt Ihnen genauso gut wie mir.

Mein Klient kam in ein früheres Leben, das er vor vielen tausend Jahren und lange vor unserer Zeitrechnung in einer Stadt verbrachte, die man in einen Berg hineingehauen hatte. Doch mein Klient erklärte sogleich, dass er diese Stadt kenne und vor einigen Jahren auch schon einmal besucht habe. Die Stadt heiße Petra und liege im heutigen Jordanien. Solche Kommentare, die während einer Rückführung schon einmal aus dem Langzeitgedächtnis und der linken Gehirnhälfte meiner Klienten kommen und meist von Logik und Skepsis geprägt sind, ignoriere ich nie. Aber ich lasse mich dabei auch nie in eine Diskussion mit der Logik verstricken, und deshalb ließ ich mich auch in diesem Fall nur insoweit auf diese Bemerkung ein, als dass ich meinen Klienten fragte, ob die Stadt nun genauso aussähe, wie damals vor ein paar Jahren, als er sie besucht hatte. Etwas verwundert antwortete er: »Nein, die Stadt sieht nun viel schärfer aus. Irgendwie nicht so von Wind abgetragen, und außerdem ist sie nun bewohnt und voller Leben und Geräusche.«

Als er sich dann auf seinen eigenen Körper dort konzentrierte, stellte er fest, dass er ein Junge von vielleicht acht oder neun Jahren war. Er lebte in der Stadt, konnte sich aber nicht daran erinnern, jemals Eltern gehabt zu haben, und meinte, er lebe in einer der natürlichen Höhlen im Sandstein, zusammen mit anderen Kindern, die wie er keine Eltern hätten. Trotz seiner eher misslich anmutenden Situation ging es ihm scheinbar jedoch sehr gut. Petra war eine wohlhabende Stadt, in der viel Handel betrieben wurde, und täglich trafen Karawanen mit Waren ein, die sich auf der Durchreise zum Mittelmeer oder nach Ägypten befanden. Mein Klient erzählte, er verdiene sich seinen Lebensunterhalt mit Botengängen für die Händler oder Kameltreiber, die ihre Waren niemals aus den Augen ließen, obwohl auf Diebstahl die Todesstrafe stand. Er berichtete auch von der Vielzahl unterschiedlicher Völker, die nach Petra kamen, und beschrieb alle Arten von Rassen. Am liebsten mochte er die hochgewachsenen Angehörigen einer stolzen Gruppe von Beduinen, die neben den schönsten und kräftigsten Kamelen auch edle Pferde mit sich führten und nie ohne ihre zur Jagd abgerichteten Falken auf Reisen gingen. In Acht nehmen musste sich mein Klient hingegen vor den Ägyptern, die auch nicht davor zurückschreckten, Kinder zu entführen und als billige Arbeitskräfte in ihre Heimat zu verschleppen. Von Zeit zu Zeit kamen auch Wanderprediger vom Mittelmeer, afrikanische Schamanen oder asketisch anmutende, heilige Männer aus dem fernen Asien in die Stadt. Die einen boten ihre Dienste als Heiler oder Gesundmacher an, und die anderen erzählten einfach nur ihre Geschichten, in der Hoffnung auf eine Mahlzeit. Bei so vielen verschiedenen Rassen und Völkern wunderte ich mich, wie es denn möglich war, dass alle sich untereinander verständigen konnten, und mein Klient antwortete, dass jeder Einwohner von Petra mehrere Sprachen spräche und noch mehr verschiedene Dialekte beherrsche. Petra war anscheinend eine sehr lebhafte und »gesprächige« Stadt. Leute kamen und gingen, und mein Klient sagte auch, dass viele der Reisenden ebenfalls mehrere Sprachen sprechen würden.

Ich hatte schon das Gefühl, dass mein Klient endlich ein wenig entspannte, als er plötzlich sagte, dass dort ein alter Mann sei, den er aus seinen Träumen kenne, und ich spürte sogleich sein Unbehagen dabei. Also versuchte ich, ihn wieder zu beruhigen, und erklärte, dass es ganz normal sei, dass Klienten bei ihrer Rückführung Personen oder auch Gegenden wahrnehmen würden, die sie schon aus ihren Träumen kannten, und dass unsere Träume uns manchmal eben schon Bilder aus früheren Leben senden, wie um uns mitzuteilen, dass es nun an der Zeit sei, sich damit auseinanderzusetzen. Doch mein Klient schüttelte den Kopf, und ich sah, wie er seine Hände, die auf der Decke lagen, für einen Moment zu Fäusten ballte, bevor er sie wieder wie unter einer großen körperlichen Anstrengung öffnete und scheinbar ganz bewusst die Finger spreizte, um seine Hände danach wieder ganz betont mit weit geöffneten Fingern auf die Decke zurückzulegen. Ich wertete dies als gutes Zeichen, jedenfalls war mein Klient bemüht zu entspannen – was natürlich schon ein Paradoxon an sich ist. Wer sich um Entspannung bemühen muss, verkrampft automatisch! Gleich darauf sagte mein Klient dann auch, es ginge nicht, nahm den Schal von seinen Augen, und damit war seine erste Sitzung auch beendet.

Was meinen Klienten an diesem alten Mann, der ihm in seinem früheren Leben begegnet war und den er scheinbar auch schon aus seinen Träumen kannte, so erschreckt hatte, wollte oder konnte er mir nicht sagen, und er wollte auch nicht mit mir über das soeben Erlebte sprechen. Er meinte, er bräuchte nun erst einmal Zeit zum Nachdenken und würde sich dann wieder melden.

Nie im Leben hätte ich damit gerechnet, dass er dies auch tatsächlich tun würde. Doch einige Monate später rief er mich erneut an, und weil ich noch sehr oft an seinen überstürzten Abbruch der Rückführung hatte denken müssen, wusste ich auch sofort, wer er war. Er sagte, er hätte seitdem einiges geändert und er fühle sich nun freier. Er wollte gern wissen, wie sein Leben in Petra damals endete und wenn dazu gehöre, sich auch mit diesem Mann (oder dieser Erscheinung, wie er es formulierte) auseinanderzusetzen, dann wäre er nun bereit dazu – ohne deshalb ein schlechtes Gewissen haben zu müssen. Irgendwie sprach er für mich in Rätseln, aber ein Telefonat bietet auch nicht die adäquate Voraussetzung, solche Dinge zu erklären oder zu klären. Allerdings hatte ich damals schon eine Wartezeit für Rückführungstermine von ca. drei Monaten, und ich halte nichts davon, für irgendjemanden Ausnahmen zu machen. Aber der Mann erklärte, er wüsste, dass er auf seinen Termin warten müsse, und es sei O.K. Er könne dem Ganzen nun viel gelassener entgegensehen. Während wir sprachen, hatte ich jedoch die ganze Zeit über das Gefühl, als entginge mir etwas – eine Chance, und plötzlich wusste ich, was es war und zählte eins und eins zusammen: Vielleicht konnten wir uns ja gegenseitig helfen! Also fragte ich den Mann, ob er, bedingt durch seine jahrelange Tätigkeit im Ausland, nicht auch sehr gut Englisch sprechen müsste, und er bejahte. Dann erzählte ich ihm von meiner Ausbildung bei dem Institut, wo ich diese ganz spezielle Rückführungstechnik gelernt hatte, bei der man mit dem Klienten nicht nur in eines seiner früheren Leben reist, sondern auch in die geistige Welt. Ich erklärte ihm, dass ich mich gern um eine Mitgliedschaft bei diesem Institut bewerben wollte, mir aber die geeigneten Probanden dazu fehlten, weil alle Bewerbungsunterlagen auf Englisch einzureichen wären, wozu unter anderem auch die akustischen Aufzeichnungen von Rückführungen nach dieser speziellen Technik gehörten. »Kein Problem«, erwiderte der Mann und freute sich, dass wir uns so gegenseitig helfen konnten. Er bekam recht kurzfristig einen Termin bei mir, und ich hatte einen englischsprachigen Probanden für meine Bewerbung. Als ich ihm dann die Vorgehensweise dieser Rückführungstechnik genauer erklärte, sagte er, dass sei genau das, was er brauche, um sich mit der Erscheinung aus seiner ersten Rückführung auseinanderzusetzen, und er habe das Gefühl, als ob dies alles kein Zufall sei. Mir ging es ähnlich.

Damals lag mir noch sehr viel an der Mitgliedschaft in diesem Institut. Die Ausbildung war wirklich sehr gut gewesen, und ich profitiere bei meiner Arbeit als Reinkarnationstherapeutin immer noch davon. Und so dachte ich, es sei ein gutes Aushängeschild bezüglich meiner Qualifikationen und meiner Seriosität, wenn ich dort Mitglied würde. Und obwohl ich damals ziemlich unter Zeitdruck stand und jede freie Minute nutzte, den ersten Teil von »Erzählende Seelen« zu Ende zu schreiben, stellte ich die Arbeit am Manuskript zurück, um Zeit für die »akustischen« Probanden zu haben. Dazu muss ich erklären, dass die Rückführungen nach dieser speziellen Vorgehensweise immer über zwei Tage gehen: Bei der ersten Sitzung kehrt man mit dem Klienten in eines seiner früheren Leben zurück. Nach Möglichkeit immer in die letzte Inkarnation vor der jetzigen. Man besieht sich das frühere Leben dann bis zum Zeitpunkt kurz vor dem Tod, wo die erste Sitzung endet. In der zweiten Sitzung kehrt man dann direkt zum Zeitpunkt des Todes zurück und begleitet die Seele des Klienten nach dem Tod seines damaligen menschlichen Wirts auf ihrer Reise zurück in die geistige Welt – dem eigentlichen Ziel bei dieser Rückführungsweise. Und genau wie bei einer herkömmlichen Rückführung auch dauert so eine Sitzung eben auch so lange, wie sie dauert: in der Regel 4–5 Stunden. Im Anschluss an die praktische Arbeit musste ich meine handschriftlichen Aufzeichnungen der Fallstudien natürlich auch noch schriftlich ausarbeiten und neben der akustischen Tonaufzeichnung auf CD auch meine eigenen Gedanken und Erfahrungen dazu in Worte fassen und niederschreiben.

Einige Tage später kam nun dieser Mann erneut, und ich war überrascht, wie authentisch seine Ausgeglichenheit dieses Mal wirkte, und auch seinen Händen gewährte er jetzt mehr Freiheit. Sie ruhten nun meist wie zum Gebet gefaltet auf seinem Schoß. Und diesmal erzählte mir auch die ganze Wahrheit: Zwar hatte er tatsächlich viele Jahrzehnte in den Entwicklungsländern dieser Erde verbracht und dort auch das Erbauen von Schulen beaufsichtigt oder selbst unterrichtet, jedoch genau genommen nicht als Entwicklungshelfer, sondern als Missionar und katholischer Priester. Mittlerweile war er jedoch von seinem Priesteramt zurückgetreten und fühlte sich gut mit seiner Entscheidung. Er sagte, er glaube immer noch an Gott und auch an Jesus Christus, aber er glaube auch an seine unsterbliche Seele im Sinne von Wiedergeburt, und das sei mit dem Glauben, wie ihn die katholische Kirche praktiziere und auch von ihren Priestern erwarte, dass sie den Glauben verbreiteten, nicht zu vereinbaren. Dafür habe er Verständnis, auch wenn sein Bischof das anders sehen würde. Er habe sich seine Entscheidung, sein Priesteramt niederzulegen, lange überlegt und letztlich viel zu lange hinausgezögert, worüber er depressiv geworden wäre. Dass es ihm nun geistig wieder gut ginge, wäre ein Zeichen für ihn, die richtige Entscheidung getroffen zu haben. Trotzdem hatte er auch immer noch Bedenken, dem alten Mann aus seinen Träumen und aus seiner ersten Rückführung wieder zu begegnen, und ich wollte wissen, was ihn an der Vorstellung so beunruhigte. Mein Klient meinte, er habe das Gefühl, als sei dieser alte Mann ein Engel, sein Engel oder Schutzengel, und diese Vorstellung sei in den Augen der katholischen Kirche Blasphemie. Denn auch wenn er nun kein katholischer Priester mehr war, so hatte er doch sein ganzes Leben nach den Vorstellungen dieser Religion gelebt, und viele dieser Glaubenssätze waren auch immer noch richtig für ihn. *Das, woran man über viele Jahrzehnte geglaubt und was man für gut und richtig gehalten hat, kann man nicht einfach so abstreifen wie eine alte Jacke, die zu klein geworden ist.*

Ich bin nicht ganz so bewandert, was die Grundregeln und Glaubenssätze der katholischen Kirche anbelangt und erklärte meine Unwissenheit. Aber dennoch wusste ich, dass es beispielsweise eine Nonne gab, die angeblich gleich mehrere Marienerscheinungen gehabt hatte und die später sogar heiliggesprochen wurde. Mein Klient nickte und sagte, ich meine wohl die heilige Bernadette Soubirous, durch die Lourdes so berühmt geworden sei. »Wie auch immer«, erwiderte ich. »Jedenfalls ist diese Frau auch nicht der Blasphemie bezichtigt worden.« Doch mein Klient meinte, heute seien die Zeiten andere, und ein Priester, der von einer Marien- oder wie in seinem Fall Engelerscheinung berichte, würde eher aus der Kirche ausgeschlossen, als dass man ihm Glauben schenke. Zumal er seinen Engel ja auch nur in seinen Träumen oder Visionen sähe. Mir lag auf der Zunge, dass man ja in Bezug auf die Marienerscheinung auch nicht wusste, ob sie der jungen Frau nun leibhaftig oder bloß im Geiste erschienen war, aber ich sagte nichts. Mein Klient fuhr fort, dass er nun diejenigen verstehe, die sagen, sie fühlen sich zu etwas berufen und die ihr Leben nach einer tief greifenden Erfahrung komplett umgekrempelt hätten. Der Tod des Mädchens auf Haiti und ihre Geisterscheinung waren für meinen Klienten eine solch tief greifende Erfahrung gewesen.

Bei dieser speziellen Rückführungsweise soll man nach Möglichkeit immer versuchen, mit dem Klienten in seine letzte Inkarnation zurückzukehren, um von dort aus der Seele auch genau in die Zeitspanne in der geistigen Welt zu folgen, die sie dort *vor* ihrer jetzige Inkarnation verbracht hat.

> Ich habe aber festgestellt, dass sich erstens immer genau das frühere Leben zeigt, das noch den größten Bezug zum heutigen Leben eines Klienten hat – unabhängig davon, ob es sich dabei um die letzte Inkarnation handelt oder um eine, die vielleicht schon Tausende von Jahren zurückliegt. Und zweitens scheint lineare Zeit außerhalb dieses Planeten sowieso nicht zu existieren. Selbst wenn ein Klient bei seiner Rückführung in ein früheres Leben zurückkehrt, das schon sehr lange zurückliegt, und er seitdem schon viele, viele Male erneut inkarnierte, so kann ich im Anschluss an dieses frühere Leben doch mit ihm in die geistige Welt reisen und erfahren, was sich dort genau vor seiner heutigen Inkarnation zugetragen hat.

So verhielt es sich beispielsweise auch mit diesem Klienten. Aber bevor es so weit war, kehrten wir erst noch einmal zurück in die Stadt Petra, und mein Klient erlebte sich dort wieder im Körper des kleinen Jungen.

Man kann sich dies tatsächlich so vorstellen, als ob man sich geistig in einen virtuellen Avatar begibt. Mein Klient war von seinen Wahrnehmungen her nun nicht mehr der disziplinierte, asketische Mann von Ende 50, sondern ein kleiner, aufgeweckter und quirliger Junge, der irgendwann einmal vor vielleicht 3000 Jahren oder länger auf dem asiatischen Kontinent zwischen dem Golf von Akaba und dem Toten Meer und unweit des Mittelmeeres gelebt hatte ...

FALLSTUDIE X – ZWEITER TEIL

Der alte Mann, von dem mein Klient in seiner ersten Rückführung gesprochen hatte und der ihm auch schon in seinen Träumen erschienen war, war ein Wanderprediger. Er erzählte Geschichten, in der Hoffnung auf einen Schlafplatz und eine Mahlzeit. Viele dieser Wanderprediger kamen mehr oder weniger regelmäßig nach Petra, und die Bürger der Stadt nutzen die Gelegenheit, so etwas über die Ereignisse außerhalb ihrer Stadtmauern zu erfahren. Nicht selten erfuhren sie so auch von Überfällen, Kriegen, Seuchen oder Naturkatastrophen und auch von bizarr anmutenden Bauwerken, die in anderen Teilen fernab ihrer eigenen Welt entstanden.

Für gewöhnlich erzählten diese Wanderprediger ihre Erlebnisse frei aus dem Gedächtnis heraus, doch meinem Klienten, der nun wieder der kleine Junge war, fiel auf, dass der alte Mann beim Erzählen nicht immer die anwesenden Zuhörer ansah, sondern dass sein Blick immer wieder auf eine Tafel fiel. Von diesen Tafeln besaß der Mann gleich mehrere, wovon wiederum einige auch irgendwie mit Schnüren verbunden waren. Diese Tafeln nun weckten das Interesse meines Klienten. Nachdem der alte Mann schließlich mit seinen Erzählungen und Berichterstattungen geendet hatte, erklärte sich mein Klient bereit, für den Mann bei den Umstehenden den Lohn einzusammeln, meist etwas Essbares oder ein Stück Salz. Hierzu bekam er von dem alten Mann eine kleine Schale aus Ton mit einem Henkel, und aus seinem logischen Verstand heraus sagte mein Klient dazu, diese sähe aus wie eine große Tasse, nur wesentlich gröber und dicker. Als der Junge, den mein Klient dort nun jedoch wieder verkörperte, wunderte er sich sehr über dieses kleine Gefäß aus Ton und erklärte, er selbst besäße lediglich eine Schale aus Holz.

Nachdem er den Lohn des alten Mannes eingesammelt hatte, konnte mein Klient schließlich auch einen Blick auf diese merkwürdigen Tafeln erhaschen und sah, dass in sie viele Striche und Linien eingeritzt waren. Wieder meldete sich die logische, linke Gehirnhälfte meines Klienten zu Wort und meinte, dass es sich dabei wohl um eine Form von Keilschrift handele. Die Tafeln selbst bestanden wie auch das Gefäß des Alten aus Ton. Neugierig fragte mein Klient den alten Mann, was es mit diesen Tafeln auf sich habe, und der Mann antwortete, er sei schon alt und sein Gedächtnis nicht mehr das Beste. Damit er aber nicht alles, was er während seinen Reisen so erlebte, wieder vergaß, würde er das, was wichtig war, auf diesen Tafeln vermerken. Mein Klient begriff zuerst nicht, was der alte Mann ihm da sagte. Doch dann zeigte der alte Mann auf einen Ägypter, der ein spezielles Amulett trug, und fragte meinen Klienten, was ihm das Amulett über diesen Ägypter sagen würde, und mein Klient begriff: Anhand der verschiedenen Symbole auf den Amuletten der Ägypter konnte man ihren Rang und beispielsweise auch ihre Herkunft erkennen. Ähnlich verhielt es sich mit den Symbolen auf den Tafeln: Verschiedene Symbole bedeuteten verschiedene Ereignisse.

Mein Klient betrachtete nun die Symbole auf den Tafeln genauer und erkannte, dass es unzählig viele dieser Symbole gab, die alle aus unterschiedlichen Strichen bestanden. Er fragte den alten Mann, wie er sich all diese Symbole merken könne und ob es nicht doch einfacher sei, einfach die Ereignisse selbst zu behalten, anstatt sich erst all diese verschiedenen Bedeutungen der einzelnen Symbole einzuprägen! Der alte Mann lachte und antwortete, dass er genau dieselbe Frage vor vielen Jahren einmal seinem Lehrer gestellt habe, der ihn das Schreiben lehrte. Gedankenversunken fügte der alte Mann hinzu, diese Zeit habe er im Paradies verbracht und er könne sich noch an jeden einzelnen Tag, den er dort in seiner Jugend verbracht habe, erinnern – wohingegen es ihm zunehmend schwerer fiele, sich daran zu erinnern, was er am Tag zuvor getan habe!

Einer scheinbaren Intuition folgend, bot der alte Mann dem Jungen an, ihm einige der Schriftzeichen beizubringen, wenn er als Gegenleistung auch weiterhin seinen Lohn einsammeln würde. Der alte Mann meinte dazu, dass in letzter Zeit nicht nur sein Gedächtnis merklich nachließe, sondern auch seine Beweglichkeit, und mein Klient war einverstanden.

Petra war eine sandige Stadt, und so malte der Mann die meisten Schriftzeichen für meinen Klienten in den Sand. Schnell begriff dieser, dass hinter den Kombinationen einzelner Striche so etwas wie ein tieferer symbolischer Sinn für ein

Ereignis oder die Bedeutung für etwas stand. Und wenn man erst einmal die Funktion der einzelnen Striche kannte, die sowohl für Sprachlaute als auch für Gegenstände oder feste Begriffe stehen konnten, war es auch relativ einfach, die damit verbundenen Bedeutungen nachzuvollziehen. Ein viel größeres Problem stellte die Beschaffung der Schreibtafeln dar. Die meisten der beschrifteten Tafeln bestanden aus Ton, einige jedoch aus Kalkstein. Die Stadt Petra selbst bestand aus einem ähnlichen weichen Stein wie die Kalksteintafeln des alten Mannes. Eine weitere Aufgabe meines Klienten wurde es, aus dem weichen Stein der Berge von Petra neue Schreibtafeln herauszuhauen und zu bearbeiten. Hierfür bekam er von dem alten Mann Hammer und Meißel. Doch der Stein von Petra war nicht so gut geeignet, und beim Eindrücken der verschiedenen Keilschriftstriche mit einem Keil zerbröselte der Stein oder die Striche ließen sich zu einfach wieder abschaben. Am besten geeignet waren die Tafel aus Ton, die der alte Mann mitgebracht hatte, und er erzählte, diese stammten aus einem fremden Land, das »das Zweistromland« genannt wurde.

Auch ich wusste, dass damit das frühere Mesopotamien (heute vorrangig Irak), das zwischen den Flüssen Euphrat und Tigris liegt, gemeint war – im Laufe der Zeit wird aus einem guten Rückführungsbegleiter eben auch immer ein guter Historiker und Geschichtskundler. Dort hatte der alte Mann auch, als er selbst nicht viel älter war als mein Klient damals, das Schreiben der Keilschrift erlernt und trug seitdem sein Wissen hinaus in die Welt. Er sagte, dies sei sein Dank. Gleichzeitig suchte er aber auch nach Materialen, die sich besser zum Beschriften eigneten als die schweren und bruchempfindlichen Schreibtafeln aus Kalkstein oder Ton. Zwar gab es gebleichte Baumwolle und Farbe, aber diese Dinge waren viel zu teuer und kostbar, als dass man sie zum Schreiben hätte verwenden können.

Die Tage vergingen, und es wurde Zeit für den alten Mann weiterzuziehen. Mein Klient wusste nicht, was er tun sollte: Einerseits wollte er gern lesen und schreiben lernen, andererseits hatte er auch Bedenken, sein gewohntes Umfeld zu verlassen. Noch nie in seinem Leben hatte er sich aus der Stadt Petra und den Felsen, in die man die Stadt hineingehauen hatte, entfernt. »Die Entscheidung liegt bei dir«, sagte der alte Mann am Abend, bevor er aufbrechen wollte. Mein Klient berichtete daraufhin, dass er die ganze Nacht kein Auge zu getan habe, doch früh am nächsten Morgen habe seine Entscheidung, den alten Mann zu begleiten, festgestanden. In Windeseile war er noch vor Sonnenaufgang zu dem

Platz gelaufen, an dem der Mann sein Lager aufgeschlagen hatte, doch als er dort ankam, sah er, dass der alte Mann über Nacht gestorben war. Scheinbar hatte er ihm jedoch eine Nachricht hinterlassen, denn auf seiner leblosen Brust ruhte eine der Schreibtafeln aus Kalkstein. Darauf erblickte mein Klient nun die Zeichen für »männliches Kind«, »Bewegung«, »Reichtum« und »Vergangenheit«, die zusammen ein Symbol bildeten.

Mein Klient erklärte mir, dass der alten Mann ihn gelehrt habe, dass viele Zeichen gleich mehrere, meist verwandte Bedeutungen hatten. So bedeutete das Zeichen für »Bewegung« unter anderem auch »Reisen«, »Reichtum« war gleichbedeutend mit »Wissen«, und »Vergangenheit« konnte auch »zurück« oder »Rückkehr« bedeuten. Mit »männliches Kind« war wohl mein Klient selbst gemeint und so schlussfolgerte er, dass die Botschaft lautete: »Reise mit dem Wissen zurück.« Darunter befand sich jedoch noch ein Symbol, doch die Anordnung der einzelnen Striche darin ergab für meinen Klienten keinen Sinn. Als der kleine Junge, der mein Klient damals gewesen war und dessen Energien mein Klient nun deutlich wieder spürte, war er verzweifelt. Der ganze Reichtum des Alten waren seine Tontafeln gewesen und das darauf niedergeschriebene Wissen. Aber wohin sollte er mit dem Wissen zurückreisen? Wie sollte er dieser Aufgabe gerecht werden, zumal er auch die Keilschrift noch lange nicht vollständig beherrschte?

Während der Junge noch nachdachte, ging am Horizont die Sonne auf. Mein Klient berichtete nun, wie er sich von dem alten Mann verabschiedete und meinte, er habe einen Entschluss gefasst. Er nahm einen der Keile zum Gravieren der Schreibtafeln und so viele der aneinander gebundenen Tontafeln, wie er tragen konnte, inklusive der Kalksteintafel mit der letzten Botschaft des alten Mannes an sich und schloss sich noch am selben Tage einer Karawane mit Beduinen an, die in Richtung Osten zog. Zwar hatte der Alte auch einen Maulesel besessen, aber mein Klient erzählte, er habe Angst, des Diebstahls bezichtigt zu werden. Auf Diebstahl stand auch für Kinder der Tod, und deshalb hatte er nur das an sich genommen, wovon er überzeugt war, dass niemand es vermissen würde. Ich fragte meinen Klienten, wohin genau er denn reisen wolle. Er antwortete, er sei auf der Suche nach jemandem, der ihm das letzte Symbol erklären könne oder wisse, wie der Ort hieße, an dem der alte Mann vor so langer Zeit selbst das Lesen und Schreiben erlernt hatte. Mein Klient war sich sicher, dass dies auch der Ort war, wohin er den Reichtum und das Wissen des alten Mannes zurückbringen sollte. Außerdem hoffte er darauf, dass man ihn dort vielleicht weiterunterrichten würde.

Die Reise war lange und beschwerlich. Immer wenn die Karawane in eine Stadt oder Oase kam, zeigte mein Klient die Kalksteintafel herum, in der Hoffnung, jemanden zu finden, der die Keilschrift ebenfalls beherrschte und ihm sagen konnte, was das letzte Symbol bedeutete. Tatsächlich war es so, dass je weiter er gen Osten zog, er auch auf immer mehr Menschen stieß, die tatsächlich lesen und schreiben konnten. Dennoch waren es nicht viele, aber immerhin einige – nur dass leider niemand von ihnen dieses eine spezielle Symbol interpretieren konnte. Anscheinend ergab es einfach keinen Sinn. Auch stellte mein Klient etwas resigniert fest, dass es wohl unterschiedliche Formen der Keilschrift gab und die Anordnung der einzelnen Striche, so wie er sie gelernt hatte, in anderen Gegenden auch durchaus zumindest teilweise andere Bedeutungen haben konnten. Er reiste immer noch mit den Beduinen, denn bei ihnen fühlte er sich sicher. Doch er wusste auch, dass diese Beduinen immer vorgeschriebenen Handelsrouten folgten, und irgendwann würde sie ihr Weg wieder zurück nach Petra bringen – jedoch lag sein Ziel, der Ort, an dem der alte Mann einst die Keilschrift erlernt hatte, anscheinend nicht auf der Route dieser Karawane.

Eines Abends, die Karawane war gerade in einer großen Oase mit sehr vielen Menschen angekommen und mein Klient half bei der Versorgung der Kamele, kam der Karawanenführer zu ihm und forderte ihn auf, ihm die Kalksteintafel mit der Botschaft darauf zu zeigen. Mein Klient befürchtete, der Mann könnte sie ihm wegnehmen, doch er tat, wie geheißen. Der Karawanenführer besah sich die Tafel einen Moment, ohne sie jedoch selbst in die Hände zu nehmen, so als erahne er die Angst des Jungen, und dann sagte er Folgendes: »Ich verstehe zwar nicht, was diese Striche bedeuten, aber die letzten Striche hier unten sind das Symbol einer nicht allzu weit entfernten Stadt namens Kisch. Diese liegt im Zweistromland und wird auch als ›das Paradies‹ bezeichnet.«

Mein Klient erinnerte sich nun daran, dass auch der alte Mann dieses Land einmal erwähnt hatte, und wollte wissen, wie er dort hinkäme. Der Karawanenführer antwortete, er sei mit der Arbeit des Jungen immer sehr zufrieden gewesen. Er sei ehrlich und fleißig und deshalb wolle er ihm helfen. Am nächsten Tag brachte der Karawanenführer den Jungen dann zu einem anderen Beduinen und sagte, dies sei sein Großneffe. Der Junge könne ihm vertrauen, und wenn er ihm dieselben Dienste erweise, wie er sie ihm erwiesen habe, dann würde sein Großneffe ihn bis an die Palastmauern von Kisch führen.

So gelangte mein Klient in die Stadt Kisch und berichtete von riesigen freistehenden Bauwerken, Tempeln und Palästen, wie er sie noch nie zuvor gesehen hatte. Jeder Mann dort schien reich zu sein, und mein Klient berichtete voll des Erstaunens, dass hier selbst die Kinder aus den Tongefäßen mit einem Henkel daran tranken. Ich fragte, was genau ihn daran so verwundere, und er antwortete, dass Tongefäße in seiner Heimat etwas sehr Kostbares waren, und wenn eine Familie überhaupt so ein Gefäß besaß, dann höchstens eins. Hier besaßen alle Familien gleich eine ganze Sammlung dieser Tongefäße, und er berichtete von Ständen, wo man alle Arten und Formen dieser Gefäße kaufen konnte. Ganz besonders faszinierten ihn dabei solche, die auch einen oder gleich zwei Henkel hatten! Außerdem erzählte mein Klient freudig, dass auf vielen dieser Gefäße auch die Schriftsymbole eingraviert seien, so, wie der alte Mann sie ihn gelehrt habe, und somit wuchs seine Hoffnung, an diesem Ort richtig zu sein.

Obwohl er der Sprache dieses Landes nicht mächtig war, konnte er sich doch über die Keilschrift verständigen, und es dauerte nicht lange und er hatte herausgefunden, dass es nur ein kurzer Fußmarsch von Sonnenaufgang bis Sonnenhöchststand zu dem Ort war, an dem die heiligen Männer lebten, welche die Keilschrift lehrten. Auch die heiligen Männer lebten in einem palastartigen Gemäuer, das allerdings von einer hohen Mauer umgeben war. Nur die Dächer dieses Palastes überragten an einigen Stellen die Mauer, und aus dem, was mein Klient erblicken konnte, schloss er, dass der Palast, der sich hinter diesen Mauern verbarg, einfach riesig groß sein musste. Mein Klient – oder der kleine Junge – erstarrte in Ehrfurcht. Aufgeregt berichtete er, dass auf dem Tor in der Mauer das letzte Symbol prangte, das der alte Mann auch auf die Tafel mit der Botschaft eingraviert hatte, und er wusste, dass er nun endlich am Ziel war. Doch als er an das Tor klopfte, ließen die heiligen Männer ihn nicht hinein und wollten ihn noch nicht einmal anhören. Als er daraufhin immer wieder anklopfte und um Einlass bat, schüttete man schließlich sogar Urin und Abfälle von der Mauer auf ihn hinab.

Aber der Junge ließ sich nicht abwimmeln und verharrte mehrere Wochen vor den Toren des Palastes. Er ernährte sich unter anderem von den Abfällen, die achtlos an einem hinteren Bereich der Palastmauer einfach hinübergeworfen wurden, und außer ihm bedienten sich dort auch regelmäßig Wildschweine, wie mein Klient mir berichtete. Schnell hatte er den Palastalltag durchschaut und herausgefunden, dass es dort anscheinend so etwas wie einen Ruhetag gab, an dem nicht gearbeitet, dafür aber viel gesungen wurde. Etwas, was für den Jungen ebenfalls neu war. Es gab einen Ablauf von sechs Tagen, an denen jeden Morgen lange vor Sonnenaufgang junge Männer in erdfarbenen, einfachen Gewändern und kahlgeschorenen Köpfen den Palast verließen. Sie führten mehrere Maulesel mit sich und kehrten, kurz bevor die Sonne den Zenit erreichte und die Hitze schier unerträglich wurde, zum Palast zurück. Dabei waren ihre Maulesel jedes Mal schwer beladen, doch was sich in den Flechtkörben, die die Tiere trugen, befand, konnte mein Klient nicht erkennen. Er überlegte auch, ob er den Männern mit ihren Maultieren morgens beim Verlassen des Palastes nicht einmal heimlich folgen sollte, überlegte es sich dann aber wieder anders. Er war gekommen, um Einlass in diese Mauern zu erhalten und würde so lange vor dem Tor ausharren, bis man sich schließlich seiner erbarmte!

Ab und zu kamen auch Händler im Schatten der untergehenden Sonne und boten ihre Waren vor den Toren des Palastes feil. Dann kamen dieselben jungen Männer aus dem Palast herbei, kauften ein und bezahlten mit Silberstücken. Manchmal kamen auch Sänften, die von Sklaven getragen wurden. Diese Sänften und ihre Träger waren, soweit mein Klient dies beurteilen konnte, die Einzigen, die je Zugang ins Innere der Palastmauern bekommen hatten. Mein Klient berichtete auch, dass er selbst mehrmals versucht hatte, Gehör zu finden, wenn einer der Palastbewohner hinauskam, doch er wurde schlichtweg ignoriert. Außerdem wurde das Tor auch immer bewacht, wenn die Sänften kamen, und somit war es ihm nicht möglich, sich einfach hineinzustehlen. Auf meine Frage hin, ob mein Klient denn wisse, wer in den Sänften säße, schüttelte er jedoch nur den Kopf. Ihn plagten zurzeit ganz andere Sorgen. Hatte er bei seiner Ankunft noch voll Enthusiasmus darauf vertraut, dass er nur lange genug vor den Toren des Palastes ausharren musste, bis man ihn endlich hineinließe, so gelangte er nun zunehmend zu der Überzeugung, dass dem nicht so sein würde. Er lebte nun schon so lange hier draußen, dass der Mond in der Zwischenzeit zwei Mal zu voller Größe angewachsen war, und bald näherte sich der Zeitpunkt, wo der Mond sich ein drittes Mal rundete. Mein Klient sagte, er habe beschlossen, sich

auf den Heimweg zu machen, sobald der Mond sich ein weiteres Mal ganz ge-
füllt habe. Außerdem hatte er angefangen, sich vor den Händlern zu verstecken,
weil einige versucht hatten, ihn mit süßem Honig zu locken. Womöglich um ihn
einzufangen und ihn dann als Sklaven zu verkaufen. Auch in Petra hatte er sich
aus denselben Gründen immer wieder vor den Ägyptern in Acht nehmen müssen, und deshalb hatte sein Instinkt ihn auch in dieser Situation noch rechtzeitig
gewarnt.

Dann kam der Abend, an dem der Mond sich zum dritten Mal füllte, und mein
Klient meinte, dass er am nächsten Morgen die Heimreise antreten würde. Er
überlegte, was er mit den Tontafeln machen sollte, die er so weit getragen hatte,
und beschloss, sie gleich früh am nächsten Morgen am Haupttor des Palastes
niederzulegen. Er hatte das Wissen so weit getragen, wie es ihm möglich war,
und weiter ging eben nicht.

Als er jedoch früh am nächsten Morgen zum Tor hinüberging, öffnete sich dieses
– gerade in dem Moment, als er die Tontafeln dort ablegen wollte – und ein alter
Mann erschien. Im ersten Augenblick dachte mein Klient, es handele sich dabei
um seinen alten Mann, doch dann erkannte er die äußerlichen Unterschiede.
Der Mann lächelte ihn an und fragte den Jungen, ob er den weiten Weg aus der
Stadt in den Sandsteinbergen bis hierher gemacht habe, um nun unverrichteter
Dinge wieder dorthin zurückzukehren. Dabei sprach der Mann die Sprache des
Jungen, und der Junge wurde ein wenig ärgerlich. Wenn die Einwohner des Pa-
lastes ihn die ganze Zeit über verstanden hatten, als er so vehement angeklopft
und um Einlass gebeten hatte – warum hatten sie ihn dann nicht erhört?
»Wusstest du nicht, dass jeder, der Einlass begehrt, drei Monde lang anklopfen
muss?«, fragte ihn der Mann, und der Junge schüttelte seinen Kopf. »So wollen
wir sichergehen, dass es denen, die Einlass begehren, auch ernst ist. Bei uns bist
du sicher, und wir werden dich lehren, weshalb zu lernen du gekommen bist.
Aber du wirst auch andere schwere Arbeiten verrichten müssen.«
Mein Klient konnte sich denken, worum es sich dabei handelte, und dachte an
die jungen Männer, die sechs Tage hintereinander lange vor Morgengrauen den
Palast verließen, – aber er dachte auch an die Gesänge und das Gelächter am
siebten Tag, und so war er einverstanden. Endlich trat er durch das Tor ins Innere
des riesigen Anwesens. Er erblickte blühende Gärten, die durch ein Bewässe-
rungssystem aus Bambus mit Wasser aus einem Brunnen gespeist wurden. Uner-
müdlich liefen Maulesel im Kreis um den Brunnen und pumpten so das Wasser

herauf. Der Palast selbst war riesig, und in seinem Inneren war es so früh am Morgen fast unangenehm kalt. Aber mein Klient konnte sich vorstellen, dass es sich selbst in der schrecklichsten Mittagshitze hier noch sehr gut aushalten ließ. Innerhalb dieser Mauern und im Palast lebten nur Männer. Die einzigen Geräusche, die die Stille dort durchdrangen, waren das Summen der Honigbienen und das Gezwitscher der zahlreichen Kanarienvögel. Der Junge wurde gebadet, sein Kopf wurde geschoren und von den Läusen befreit, die mittlerweile schier unerträglich geworden waren, wie mein Klient zugab. Er erhielt frische, duftende Kleider, seine erste richtige, warme Mahlzeit seit Langem und ein erfrischendes Getränk aus Kräutern, das mit Honig gesüßt wurde. So war es auch nicht verwunderlich, dass mein Klient erklärte, er hätte hier in der Tat das Paradies gefunden.

Alle Bewohner hatten ihre festen Aufgaben, und der Tagesablauf unterlag ebenfalls festen Regeln. Schon ganz früh am Morgen ertönte ein leiser Gong und rief die Bewohner aus ihren Betten. Die jüngeren Bewohner, unter ihnen war nun auch mein Klient als Jüngster von allen, hüllten sich in die erdbraunen Gewänder, und mein Klient erkannte nun, dass die Farbe von den Tonresten herrührte, die im Gewebe ihre Spuren hinterlassen hatten. Dann verließen sie mit den Mauleseln die Palastmauern und begaben sich auf den Weg zu einer Abbaustelle für Ton. Hier wurde in den kalten Morgenstunden Ton gestochen, und nun wusste mein Klient auch, was sich bei der Rückkehr der jungen Männer immer in den Körben der Maulesel befunden hatte. Im Palast wurden die Tonblöcke sogleich an besonders kühle Orte weit im Inneren des Palastes gebracht, und mein Klient lernte, wie man aus den Tonblöcken die Tafeln formte, die dann später als Schreibtafeln dienten. Nach einem Bad und einer Mahlzeit verschliefen die Männer zumeist die heiße Mittagszeit und erst am späten Nachmittag, wenn die Hitze wieder nachließ, begann der eigentliche Unterricht: das Erlernen der Keilschrift. Hierzu wurden ebenfalls Tontafeln benutzt, allerdings handelte es sich dabei um gebrannte Tafeln, die abwaschbar waren und mit Kreide beschrieben wurden. Aber mein Klient wurde dort nicht nur in Keilschrift unterrichtet, sondern lernte auch verschiedene Sprachen, Pflanzen- und Heilkunde, Mathematik und vieles mehr. Es gab Räume im Palast, die vollgestellt waren mit Tontafeln, die größtenteils mittels Tau oder Metallscharnieren zu richtigen Büchern zusammengebunden worden waren. Bei all den Büchern handelte es sich um Aufzeichnungen früherer Bewohner des Palastes, die in die Welt hinausgezogen waren, ihr Wissen zu verbreiten, neues Wissen zu erlernen und aufzuschreiben und in geschriebener Form wieder zum Palast zurückzubringen.

Auch die Tontafeln des alten Mannes befanden sich nun hier, und einer der älteren Männer hatte sogleich damit begonnen, diese Tafeln zu vervielfältigen. Aber erst wenn man in der Keilschrift sehr geübt war, alle bekannten Sprachen fließend beherrschte und auch die verschiedenen Bedeutungen der einzelnen Schriftsymbole richtig zu interpretieren wusste, durfte man selbst mit der Vervielfältigung der Schrifttafeln beginnen. Hierzu wurden die frisch gefertigten Tontafeln genommen. Einmal beschriftet, wurden sie anschließend in der Sonne so lange getrocknet, bis sie ausgehärtet waren. Doch das Beschriften dieser Tafeln war vorrangig die Aufgabe der älteren Bewohner, die wegen ihres umfangreichen Wissens auch als heilige Männer bezeichnet wurden. Von meinem Klienten und den anderen jungen Männern wurde unterdessen erwartet, dass sie, sobald sie alles gelernt hatten, was die heiligen Männer sie lehren konnten, hinauszogen in die Welt, um ihr Wissen zu verbreiten und neues Wissen, als geschriebenes Wort auf Tontafeln festgehalten, zurückzubringen. Ich wollte wissen, warum das zurückgebrachte Wissen auf den Tontafeln vervielfältigt wurde, und mein Klient erzählte, dass dieses Wissen auch verkauft wurde. Einmal im Monat kam der Stadthalter von Kisch in seiner Sänfte und kaufte viele der Tontafeln, um sie anderenorts weiterzuverkaufen.

So vergingen die Jahre, und der Junge, der mein Klient einst gewesen war, wuchs zu einem sehr gebildeten, jungen Mann heran. Eines Tages wurde es Zeit, dass er die Palastmauern wieder verließ und in die Welt hinauszog. Über die Jahre hinweg besuchte er alle Orte der bewohnten Welt und verbreitete sein Wissen, immer auf der Suche nach neuem Wissen, das er auf seinen Schrifttafeln festhielt. Wie schon der alte Mann, machte er es sich ebenfalls zu seiner Aufgabe, nach alternativen Materialien, die sich zum Beschriften eigneten, zu suchen, und erzählte von einem natürlichen Material, das die Ägypter verwendeten und das sie Papyrus nannten. Allerdings hielten die Ägypter die Herstellung dieses Papyrus streng geheim, was mein Klient nicht verstehen konnte, weil er selbst gelernt hatte, dass Wissen dazu diene, verbreitet zu werden. Immer wieder während der Jahre seiner Wanderschaften kehrte er nach Hause ins Paradies zurück, wie der Palast auch tatsächlich hieß: das Paradies. Neben seinen schriftlichen Aufzeichnungen brachte er manchmal auch neue Pflanzen und Tiere mit, so wie einst einer seiner Palastbrüder einmal die Kanarienvögel aus einem fernen Land mitgebracht hatte, die sich nun stetig vermehrten.

Das Leben meines Klienten dort war sehr erfüllt, auch wenn er nie eine Familie gründete. Als er zu alt wurde, um noch auf Wanderschaft zu gehen, bekam er einen Platz im Palast und dankte den Göttern dafür, dass seine Augen noch so gut waren, dass er immer noch an der Vervielfältigung der Tontafeln mitarbeiten konnte. Auch unterrichtete er nun die neuen jungen Schüler, und diese Arbeit erfüllte ihn bis ins hohe Alter.

Hier endete diese Rückführung, und ich war von den detaillierten Schilderungen meines Klienten genauso ergriffen wie er. Er konnte nicht nur sehr gut visualisieren und sich dabei gleichzeitig auf seine Gefühle konzentrieren, sondern besaß auch ein ausgesprochenes Talent dafür, alles, was er wahrnahm, explizit zu beschreiben. Wodurch diese Rückführung natürlich auch besonders lange gedauert hatte. Ich wusste, dass er schon viel von der Welt gesehen hatte und dass ihm auch im heutigen Leben die Stadt Petra nicht fremd war. Im Gegensatz zu seinen Schilderungen aus dem früheren Leben war die Stadt heute allerdings unbewohnt und eine Touristenattraktion. Und auch wenn einige der in den Fels gehauenen Bauwerke in Petra immer noch sehr gut erhalten zu sein schienen, so erklärte mein Klient doch, dass in seiner Wahrnehmung aus diesem früheren Leben die Stadt doch irgendwie »neu« ausgesehen habe. Im Gegensatz zu der Stadt Petra hatte mein Klient den Irak im heutigen Leben jedoch nie besucht, und er hatte sich auch nie mit der Keilschrift oder der Herstellung von Tontafeln beschäftigt. Was er vor seiner Rückführung darüber gewusst hatte, war nicht mehr gewesen als das, was jeder Mensch mit einer guten Allgemeinbildung darüber hätte wissen können.

Die Rückführung war so spannend und aufschlussreich gewesen, dass ich vergessen hatte, meinen Klient während der Rückführung nach seinem damaligen Namen zu fragen. Ich versprach, dies auf jeden Fall bei der zweiten Sitzung nachzuholen. Doch mein Klient erwiderte, er habe so das Gefühl, als sei er damals namenlos aufgewachsen, vielleicht weil er auch nie Eltern gehabt habe – jedenfalls keine, an die er sich hatte erinnern können. Dieser Aspekt schien auch keine Wichtigkeit zu haben, ebenso wenig wie die

Namensfindung. Etwas anderes, das ich nach der Rückführung noch ansprach, war sein damaliger Glaube. So hatte mein Klient gesagt, er danke den Göttern, dass er auch im Alter noch so gut hatte sehen können, und ich fragte ihn, welche Götter er damit genau gemeint habe. Mein Klient musste daraufhin herzhaft lachen, und es war eigentlich das erste Mal, dass er dies tat. Dann antwortete er, dass er das Gefühl gehabt habe, als habe er dort nie einer speziellen Glaubensrichtung angehört – weder als kleiner Junge in Petra noch später. Er sagte, es sei eher so gewesen, dass man damals für alle möglichen Dinge einen Gott gehabt habe, zu dem man hätte sprechen können. Ich wusste nicht, ob er dies nun aus seiner Wahrnehmung aus der Rückführung heraus schlussfolgerte oder ob dies eine Aussage war, die er aus den Geschichtsbüchern her kannte. Aber ich beließ es dabei, weil auch mein Klient es dabei beließ. Nach dieser Rückführung wirkte mein Klient jedenfalls sehr gelöst und – irgendwie auch ein Stück weit befreit.

FALLSTUDIE X – Dritter Teil

Einen Tag später kehrten wir in einer weiteren Rückführung wieder in »das Paradies« zurück: Mein Klient starb während der Beschriftung einer Tontafel, ähnlich wie der alte Mann in Petra damals gestorben war. Sein Herz hatte einfach zu schlagen aufgehört. Einer der jungen Männer, nicht viel älter als er selbst damals gewesen war, als er ins Paradies kam, fand ihn und verständigte einen der älteren heiligen Männer. Nach dem körperlichen Tod blieb die Seele meines Klienten jedoch im Palast und wohnte auch dem eigenen Begräbnis bei. In ein weißes Leinentuch gewickelt wurde sein Leichnam einen Tag nach seinem Tod innerhalb der Palastmauern der Erde übergeben. Bis dahin hatte man ihn weit im Inneren des riesigen Palastes aufgebahrt. Ganz in der Nähe wurden auch die frischen Tontafeln gelagert, und dort war es immer angenehm kühl. Der Leichnam meines Klienten wurde gewaschen und mit einem duftenden Öl eingerieben. Dann wurde er aufgebahrt, und alle Palastbewohner kamen, sich von ihm zu verabschieden. Nachts hielt einer der älteren Männer Wache und las ihm seine Lieblingsgeschichten vor, während die Seele meines Klienten in Form eines Geistes vor dem Erzähler auf dem Boden hockte und lauschte. Mein Klient berichtete, er habe sich dabei wieder wie der kleine Junge gefühlt, der er einst vor vielen Jahren gewesen war, als er hierhergekommen war. Auch damals hatte er abends immer gern zu den Füßen der älteren Männer gesessen und deren Erzählungen gelauscht. Erzählungen, die andere Männer zuvor von ihren Reisen mitgebracht hatten.

Mein Klient sagte, er wolle nicht ins Licht. Er könne es sehen, aber er fühle sich schon im Paradies – warum es also verlassen? So blieb er auch nach seiner Beerdigung als Geistwesen in den Palastmauern, verbrachte die Morgenstunden in den Gärten und wartete darauf, dass am späten Nachmittag der Unterricht für die Schüler begann. Dann gesellte er sich zu ihnen und verfolgte den Unterricht. Immer noch trafen neue Berichte aus immer weiter entfernten Regionen der Erde ein, und mein Klient berichtete, wie eines Tages einer der heiligen Männer von einer Reise zurückgekommen sei und einen Geparden mitgebracht habe. Einige der Bewohner, so auch scheinbar der Gepard, spürten die »geistige« Präsenz meines Klienten, doch niemand schien etwas dagegen zu haben, dass seine Seele immer noch in den Palastmauern verweilte.

So verging die Zeit. Neue Schüler kamen und gingen. Mein Klient erzählte, dass einer der jungen Schüler an einer seltsamen Krankheit litt. Er sei ganz blass und anämisch, doch keiner der heiligen Männer wusste sich einen Rat. Bei all ihrem Wissen, auch hinsichtlich der Heil- und Kräuterkunde – gegen diese Art Krankheit war scheinbar noch kein Kraut gewachsen! Und so geschah es, dass dieser Junge eines Tages starb. Die Seele meines Klienten war dabei und beobachtete, wie die Seele des Jungen den toten Körper verließ. Daraufhin war die Seele des Jungen zur Seele meines Klienten herübergeschwebt und hatte gesagt, dass es Zeit würde, endlich nach Hause zurückzukehren. Mein Klient begriff zuerst nicht und erwiderte, er sei bereits zu Hause. Daraufhin hatte die Seele dieses Jungen erklärt, dass sie beide zusammen nun ins Licht gehen müssten und dass er auch nur deshalb geboren worden wäre. Seine Aufgabe hier auf der Erde hätte lediglich darin bestanden, hierher zu kommen und zu sterben, um dann gemeinsam mit der Seele meines Klienten in die geistige Welt zurückzukehren.

Erst da begriff mein Klient, wie viel Zeit mittlerweile seit seinem eigenen Tod vergangen war und wie viele Jahrzehnte er wohl schon als Geist innerhalb dieses Palastes verbracht haben musste! Mein Klient erschrak ein wenig, hatte er doch jegliches Zeitgefühl verloren.

Bei der Reise in die geistige Welt kann ich, nachdem ein Klient von seinem physischen Tod aus einem früheren Leben berichtet, nicht hingehen und ihm unterstellen, dass seine Seele sofort nach dem Tod in die geistige Welt zurückkehrt. Anscheinend ist dem nämlich nicht immer so, und dies zu unterstellen, wäre dann genauso oberflächlich und unprofessionell, als wenn ich einem Klienten bei der Rückkehr in ein früheres Leben unterstellen würde, dass er dort Schuhe trägt, indem ich ihn anweise, einmal auf seine »Schuhe«, statt auf seine »Füße« zu blicken.

Zusammen mit der Seele dieses Jungen machte sich die Seele meines Klienten schließlich auf den Weg durchs Licht in die geistige Welt, wo ihn die Seele des Jungen wieder verließ. Sie hatte ihre Aufgabe erfüllt. Stattdessen wartete dort nun die Seele des alten Mannes aus Petra, mit dessen Begegnung für den kleinen Jungen, der mein Klient einst gewesen war, alles seinen Anfang genommen hatte. Mein Klient weinte ein wenig und sagte, der alte Mann sähe nun aus wie ein Engel, trotzdem könne er in den Gesichtszügen immer noch das Antlitz des alten Mannes aus Petra erkennen. Ich sagte ihm, dass der alte Mann wohl gekommen sei, ihn in der geistigen Welt zu begrüßen, und mein Klient sollte schauen, ob der alte Mann ihm etwas sagen wolle. In der Tat. Und so stellte sich heraus, dass der alte Mann auch der spirituelle Führer und Schutzengel meines Klienten war. Ich bin bei solchen Aussagen immer ein wenig vorsichtig, um nichts zu unterstellen, aber ich hake bei solchen Situationen immer noch einmal nach, weil es anscheinend wirklich nur sehr selten vorkommt, dass ein spiritueller Führer zusammen mit seinem Schutzbefohlenen inkarniert. Aber der spirituelle Führer meines Klienten berichtete, dass der alte Mann eigentlich schon gestorben war, als er sich noch auf dem Weg nach Petra befunden habe. Er sei sehr alt und weise gewesen, und seine Seele hatte beschlossen, es sei an der Zeit heimzukehren. Das Herz seines Körpers sei schon sehr schwach gewesen und habe regelmäßig Aussetzer gehabt. Während einer dieser Aussetzer war die Seele des alten Mannes aus dem Körper entwichen und in die geistige Welt zurückgekehrt. Der spirituelle Führer meines Klienten hatte den Körper des alten Mannes im selben Moment übernommen, war mit der letzten Lebensenergie dieses alten Körpers nach Petra gereist und hatte dort Kontakt zu seinem Schützling – meinem Klienten – aufgenommen, um ihn so auf den richtigen Pfad zu lenken. Danach hatte er den Körper des alten Mannes wieder verlassen, und das Herz konnte endlich aufhören zu schlagen. (Man nennt so etwas auch einen »Walk-in«.)

Zugegeben, ich bin bei solchen Erzählungen immer ein wenig skeptisch. Aber so wie es mein Klient schilderte, hatte ich keinen Grund, seine Aussagen infrage zu stellen, und auch vom Gefühl her fühlten sich seine Aussagen wahr an. Mein Klient konnte hervorragend visualisieren und beschrieb die geistige Welt genauso ausführlich, wie er schon zuvor sein früheres Leben geschildert hatte. Er sprach von einer Strömung, die aussah wie Dampf (auf Englisch benutze er die Wörter »stream« und »vapor«, die irgendwie besser passen) und die ihn sanft mitriss und so von einem Ort zum nächsten transportierte. Er erfuhr sehr viel über den Charakter, die ganz speziellen Eigenschaften seiner Seele und über das, was seine Seele begehrte, welche Ziele sie hatte und was sie sich für ihre momentane Inkarnation vorgenommen hatte – und inwieweit die Wünsche und Ziele der Seele mit den Wünschen und Zielen seines menschlichen Verstandes übereinstimmten! (Ich finde, dies ist immer ein ganz besonders wichtiger Aspekt bei jeder Rückführung. Sind Körper und Seele nämlich nicht im Einklang, weil jeder etwas anderes will, so äußert sich dies immer in psychischen oder psychosomatischen Symptomen.)

In der geistigen Welt verrichtete die Seele meines Klienten beispielsweise auch Arbeiten in einer Bibliothek. Mein Klient berichtete, dass alles Leben und alles Erlebte in dieser Bibliothek aufbewahrt und katalogisiert wurde – und zwar sowohl in geistiger wie auch in feinstofflicher Art. Ich hatte schon oft von dieser Bibliothek in der geistigen Welt gehört, und dies war auch nicht der erste Klient, der von ihr berichtete. Trotzdem hakte ich an dieser Stelle nach und bat meinen Klienten, mir die Unterschiede besser zu erläutern. Mein Klient sagte dann, es gäbe Bereiche in dieser Bibliothek, durch die man hindurchschweben könne. Jeder dieser Bereiche oder Plätze verfüge über eine Erinnerung an etwas, was gerade geschah oder einmal geschehen war. Ich mutmaßte, dass diese Bereiche dann aber gewaltigen Ausmaßes sein mussten, doch mein Klient erwiderte daraufhin, dass Zeit sowie Raum relativ seien. Um dies allerdings wirklich begreifen und erleben zu können, müsste die Seele den dreidimensionalen Raum verlassen, da dieser ihre mentalen Fähigkeiten einschränken würde. Was wiederum so viel bedeutete wie, dass sich die Seele im nichtinkarnierten Zustand oder zumindest außerhalb ihres körperlichen Wirtes befinden müsste, da der Wirt die Seele an die Dreidimensionalität bände.

Ich bin gewohnt, dass meine Klienten manchmal Dinge aus der geistigen Welt berichten, die wirklich nur sehr, sehr schwer nachzuvollziehen sind. Aber da ich selbst schon während meiner eigenen Rückführungen nach dieser Technik in die geistige Welt gereist bin, kann ich vieles von dem, was meine Klienten darüber berichten, trotzdem irgendwie nachempfinden. Deshalb fragte ich meinen Klienten auch, ob ich mir diese einzelnen Bereiche, in denen diese Erinnerungen aufbewahrt wurden, wie morphogenetische Felder vorstellen könnte, und da schnippte er mit den Fingern und sagte: »Exakt!«

Dann befragte ich ihn noch zu den Erinnerungen, die in feinstofflicher Art aufbewahrt wurden, und er lachte.

»Viele Seelen hier oben sind sehr an die Planeten oder Welten, auf denen sie regelmäßig inkarnieren, gebunden«, sagte er dann, und ich nickte, obwohl mein Klient das gar nicht sehen konnte. Erstens hatte er die Augen geschlossen, und zweites lag ein Tuch über ihnen. Aber ich wusste, was mein Klient damit meinte: Ich selbst bin nämlich eine sehr erdgebundene Seele und inkarniere anscheinend sehr gern und noch lieber auf der Erde. Jedenfalls sagte mein Klient, dass jeder Bereich oder Ort in der geistigen Welt unendliche viele Male existieren würde – je nachdem, wie die Seelen, die diese Bereiche oder Orte besuchten, diese erleben wollten. Seelen, die gern inkarnierten und einen bestimmten Planten bevorzugten, mochten es, wenn die Orte in der geistigen Welt sie an Orte auf ihrem Lieblingsplaneten erinnerten – also empfanden sie diese Orte in ihrer Vorstellung den Orten nach, die sie auf ihrem Lieblingsplaneten bevorzugten. Dabei vermissten sie in der Regel auch die feste Materie und versuchten, auch diese in ihren Vorstellungen nachzuahmen – was in der geistigen Welt aber nur bedingt möglich ist. Heraus kam eine feinstoffliche Variante von fester Materie, vergleichbar mit einem sehr kompakten Nebel. Ich begriff, was mein Klient mir sagen wollte, und nickte wieder.

In der Zeit, in der die Seele meines Klienten nicht inkarnierte, verbrachte sie sehr viel Zeit in einer feinstofflichen Variante der Bibliothek und studierte die »Historienberichte« zu allem, was je auf der Erde an wichtigen Ereignissen geschehen war. Dabei sah seine Version dieser Bibliothek aus wie die Bibliothek des Vatikans in Rom, und er erzählte, dass es in der Bibliothek der geistigen Welt auch Kopien der Schrifttafeln aus dem Paradies gäbe. Ich wusste, er meinte damit den Palast der heiligen Männer. Er sagte, dass viele der Aufzeichnungen in der Bibliothek auf solche Tafeln geschrieben worden seien. Andere wiederum auf

271

Papyrus oder Leder, aber die meisten Berichte seien tatsächlich in ganz normalen Büchern niedergeschrieben worden. Aber mein Klient betonte auch noch einmal, dass dies seine Vorstellung der Bibliothek in der geistigen Welt sei, und fügte an, dass sein heutiger Bruder, der einige Jahre jünger als er gewesen und bei einem Motorradunfall gestorben war, diese Bibliothek als einen einzigen Raum wahrnähme, in dem sich lediglich ein riesiger PC befände. Weil der Bruder ebenfalls zur Seelenfamilie meines Klienten gehörte, konnte er dazu eine Aussage machen, weil er und die Seele seines Bruders sich zu einem Gespräch in ebendieser Bibliothek trafen.

Das vorrangige Ziel der Seele meines Klienten war es, Wissen aufzunehmen und weiterzugeben – nicht nur auf der Erde als Mensch, sondern auch in der geistigen Welt, wo er ebenfalls mit der Betreuung von noch ganz jungen Seelen beauftragt war und diese unterrichtete. Diese Aufgabe teilte er sich zusammen mit seiner Seelenfamilie, die sich allerdings in einer Art Neu- oder Umstrukturierung befand, was meinen Klienten ein wenig traurig stimmte. Für seine aktuelle Inkarnation hatte es sich die Seele meines Klienten jedenfalls wieder zur Aufgabe gemacht, ihr immenses Wissen weiterzugeben und dafür zu sorgen, dass die Menschen in der Dritten Welt wissend wurden, wozu auch gehörte, dass sie eine Möglichkeit erhielten, lesen und schreiben zu lernen.

Nach dieser Rückführung war mein Klient lange Zeit sehr still. Ohne viele Worte verließ er dann mein Haus, versprach aber, sich zu melden. Ich kenne das, und es ist fast normal, dass meine Klienten nach so einer Rückführung erst einmal ihre Gedanken sortieren wollen und dafür lieber allein sind. Außerdem ist so eine Rückführung auch sehr anstrengend. Trotzdem muss ich immer noch allen Klienten das Versprechen abnehmen, sich nochmals zu melden. Ich brauche das für meinen eigenen Seelenfrieden. Auch dieser Klient meldete sich noch einmal – einen Tag, bevor er im Auftrag einer Hilfsorganisation nach Afrika flog. Er hatte erkannt, dass seine Zeit als Priester nur Mittel zum Zweck gewesen war. Sein eigentliches Ziel war nie gewesen, den katholischen Glauben zu verbreiten oder gar Priester zu werden, sondern allgemeines Wissen zu vermitteln – ohne dabei den Menschen vorzuschreiben, wie sie zu denken haben oder was sie glauben sollen! Irgendwie hatte er dies auch immer gespürt, ohne es jedoch jemals richtig begriffen zu haben. Bis jetzt. Nun wusste er, dass es die richtige Entscheidung für ihn gewesen war, sein Priesteramt niederzulegen, und er wusste auch warum. Die letzten Jahre hatte er diese Entscheidung immer wieder hinausgezögert, und dadurch war es ihm seelisch immer schlechter gegangen, weil das, was er tat, nicht der Begierde seiner Seele entsprach. (Ich verwende hier bewusst das Wort »Begierde«, weil mein Klient in diesem Zusammenhang immer wieder die Wörter »desire« und »covetousness« gebrauchte – welche auch für eine gewisse Art von Lust stehen.) Was seine Seele begehrte, war nicht, Ungläubige (im Sinne der Kirche) zu bekehren oder eine Religion zu predigen und zu verbreiten, sondern allgemeines Wissen zu lehren und zu verbreiten, das so vielfältig war, dass es durch die eingeschränkte Sichtweise der Kirche aber immer wieder untergraben wurde.

Harte Worte aus dem Munde eines ehemaligen Priesters, wie ich fand, – aber ich muss zugeben, dass ich ähnlich dachte. Mein Klient war froh, nun eine Anstellung gefunden zu haben, die ganz seinen Wünschen und Vorstellungen entsprach, und konnte gar nicht mehr begreifen, dass er immer solche Bedenken gehabt hatte, auf dem freien Markt eine Anstellung als

Lehrer und Entwicklungshelfer zu finden. Mein Klient wusste natürlich auch, dass ich den Inhalt seiner Rückführungen nicht nur als Fallstudie für meine Aufnahme als Mitglied bei dem Institut einreichen würde, sondern diese ggf. auch selbst in schriftlicher Form veröffentlichen wollte, und er wünschte mir viel Glück für meine Zukunft und für die Bewerbung bei dem Institut.

Wie sagt man so schön? Oft kommt es anders und meistens als man denkt ...

Wege des Schicksals

... oder was man selbst daraus macht!

Damals lag mir wirklich noch sehr viel an einer Mitgliedschaft bei dem Institut, und ich war heilfroh, als ich endlich auch meine akustischen Fallstudien für die Bewerbung zusammenhatte. Per UPS schickte ich diese dann in die USA zu der angegebenen Adresse in meinen Bewerbungsunterlagen. Und dann ging alles schief, was nur eben schiefgehen konnte. Von den USA wurden meine Unterlagen weiterverschickt nach Australien, zu einem dortigen Komiteemitglied, das darüber zu entscheiden hatte, ob ich als Mitglied geeignet war oder nicht. Diese Frau konnte aber meine MP3-Dateien der akustischen Aufzeichnungen erst nicht öffnen und dann angeblich nicht abspielen oder hören. Also schickte ich CDs mit neuen Dateien, die jedoch von diesem Komiteemitglied niemals abgeholt wurden, wie ich anhand der Trackingnummer verfolgen konnte. (Nachdem man drei Mal versucht hatte, das Paket zuzustellen, hatte man ihr eine Nachricht hinterlassen, wo sie das Paket abholen könne.) Sechs Wochen lang versuchte ich dann vergebens, dieses Komiteemitglied zu erreichen, und ging schließlich davon aus, dass sie schwer erkrankt sein müsse, bis ich herausfand, dass sie im instituteigenen Chatroom sehr aktiv war. Doch auch dort antwortet sie nicht auf meine Bitte, doch endlich das Paket mit den neuen Dateien abzuholen. Immerhin handelte es sich dabei um Tonaufzeichnungen von Klienten, und ich wollte keinesfalls, dass diese in falsche Hände gelangten. Schließlich versuchte ich sogar, UPS dazu zu veranlassen das Paket wieder an mich zurückzuschicken, immer hin hatte ich es ja auch verschickt. Aber Australien scheint, was das angeht, ein komisches Land zu sein. Jedenfalls wurde mir mitgeteilt, dass dies nicht möglich sei und dass nicht abgeholte Pakete nach einem gewissen Zeitraum versteigert würden.

Ich habe nie herausgefunden, was sich im Kopf dieses Komiteemitgliedes abspielte und was die Beweggründe dieser Frau für ihr inakzeptables und verantwortungsloses Verhalten waren. Heute denke ich aber, dass es mit meiner Weigerung zusammenhing, in meinen schriftlichen Bewerbungs-unterlagen die Vermerke über die Existenz von Tierseelen in der geistigen Welt zu streichen. Dies war bei der Frau sofort auf großes Missfallen gesto-ßen, und sie hatte mir dazu auch gleich nach Erhalt meiner Bewerbungsun-terlagen per E-Mail mitgeteilt, ich müsste mich da verhört haben, als mei-ne Klienten in Trance davon berichteten. Oder aber meine Klienten seien fehlgeleitet gewesen und dann hätte ich sie zur Ordnung rufen müssen, weil es allseits bekannt sei, dass die Seelen von Tieren nicht in die geistige Welt eingingen und die Seelen von Menschen im Allgemeinen auch nicht als Tiere inkarnieren oder umgekehrt. Dass ich es dann auch noch einer Klientin hatte durchgehen lassen, als sie äußerte, dass eines ihrer verstorbe-nen Haustiere zu ihrer Seelenfamilie gehöre, grenzte in den Augen dieses Komiteemitgliedes schon an Blasphemie. Sie schrieb mir dazu, dass ich diese Behauptungen damals sofort hätte unterbinden müssen, weil diese Klientin ganz augenscheinlich labil gewesen sei und unter extremen Wahr-nehmungsstörungen gelitten habe.

Schließlich nahm ich Kontakt zu dem Vorsitzenden des Auswahlkomitees in den USA auf, an den ich auch meine ursprünglichen Bewerbungsunter-lagen hatte schicken müssen. Ich schilderte ihm, was geschehen war, und er versprach, der Sache umgehend auf den Grund zu gehen. Innerhalb weniger Tage antwortete er, dass er mit meiner *Mentorin*, wie er diese Frau bezeichnete, gesprochen habe. Warum sie sich nicht bei mir gemeldet hat-te, wisse er zwar nicht, aber er hätte ihr gesagt, dass dies kein adäquates Verhalten mir gegenüber gewesen sei. Auch wusste er nicht, warum die Frau das Paket, um dessen Inhalt sie ja selbst gebeten hatte, nun nicht abholen wollte – oder er wollte es mir zumindest nicht mitteilen. Stattdessen beteuerte er, dass diese Frau sein absolutes Vertrauen genieße und ein äußerst kompetentes und wertvolles Mitglied des Auswahlkomitees sei. Er lobte ihre Qualifikationen und Verdienste im Namen des Instituts über alle Maßen, und ich fragte mich, ob er diese Frau überhaupt jemals persönlich kennengelernt hatte.

Des Weiteren schrieb der Leiter des Auswahlkomitees aber, dass er sich meine Bewerbungsunterlagen selbst angesehen habe und erst daraufhin befunden hätte, dass die Frau, der ich daraufhin zugeteilt wurde, genau die richtige *Mentorin* für mich sei. Eine Aussage, die ich selbst überhaupt nicht nachvollziehen konnte. Er schrieb auch, dass er sich die CDs mit den akustischen Aufnahmen meiner Probanden angehört habe – anscheinend hatten sie also bei ihm ganz gut funktioniert. Aber auch er kritisierte ganz deutlich die Tatsache, dass gleich *drei* meiner Probanden anscheinend davon berichteten, sie hätten in der geistigen Welt auch Kontakt zu verstorbenen Haustieren aufgenommen. Dies sei etwas, und das habe der Gründer dieses Instituts auch ganz klar festgestellt, was absolut unmöglich sei. In der geistigen Welt gäbe es keine Tierseelen, schon allein die Unterstellung, dass prinzipiell alle Tiere auch eine Seele hätten, wäre eine Anmaßung, und dass diese sogar zur Seelenfamilie von Menschen gehören könnten, grenze an Blasphemie. Irgendwie kamen mir diese Worte bekannt vor. Er schrieb mir weiter, dass ich in Zukunft in diesem Punkt meinen Klienten während ihrer Rückführung klipp und klar sagen müsste, dass sie genauer hinschauen sollten, weil es ganz und gar unmöglich sei, in der geistigen Welt einem Tier zu begegnen. Ich müsste sie dann auffordern, besser mitzuarbeiten, und ihnen sagen, dass sie sich zusammenzureißen sollten! Wie ich sicherlich wüsste, gäbe es eine genaue Beschreibung der geistigen Welt. Alle Berichte von Klienten, die diesen Beschreibungen widersprächen, hätte ich als gutes und gewissenhaftes Mitglied des Instituts sofort zu unterbinden! Seiner Meinung nach, und damit sprach er im Namen des Instituts, handele es sich bei solchen Wahrnehmungen immer bloß um Wunschvorstellungen oder Halluzinationen. *(Komischerweise leugnet dieses Institut nicht die Existenz von Leben auf anderen Planten und Welten und* gesteht diesen Lebewesen dort auch durchaus eine eigene Seele zu, die ebenfalls als Mensch inkarnieren kann – was für mich an sich schon sehr paradox und unlogisch klingt. Warum werden Lebewesen, die wir als Tiere bezeichnen, ausgeschlossen und Wesen von sogenannten anderen Sternen nicht? Was wenn es dort Lebensformen gibt, die ganz stark einem Dackel ähneln?!)

Doch der Leiter des Auswahlkomitees sah dies wohl ganz anders und teilte mir dazu mit, das Institut stünde nicht für die Mitglieder, die eine ganz spezielle Rückführungstechnik beherrschten, sondern sei vielmehr eine Glaubensgemeinschaft von Gleichgesinnten. Als Mitglied des Instituts müsste ich mich diesem Glauben fügen und ihn selbst ebenfalls leben und auch verbreiten.

Ich habe diese E-Mail dann mehrmals und sehr aufmerksam gelesen, bevor ich sie beantwortete und damit meine Bewerbung als Mitglied zurückzog. Ich bat den Vorsitzenden dieses Auswahlkomitees darum, mir meine Unterlagen allesamt auf meine Kosten zurückzuschicken, doch dieser Bitte kam er nicht nach. Er antwortete mir darauf, dass meine Unterlagen nun Eigentum des Instituts wären, auch wenn ich selbst auf eine Mitgliedschaft verzichten würde. Also schrieb ich ihm erneut, dass dies gegen meinen ausdrücklichen Willen geschähe, ich dagegen aber wohl nicht viel machen könnte – die USA sind eben nicht nur geografisch gesehen sehr weit weg! Aber ich teilte ihm auch sehr deutlich mit, dass weder er noch das Institut meine Erlaubnis hätten, meine Aufzeichnungen in welcher Form auch immer zu veröffentlichen oder sonst irgendwie zu verwenden! Was mit den CDs aus dem Paket, das ich selbst nach Australien geschickt hatte, geschehen ist, weiß ich bis heute nicht. Ich habe danach noch einmal mit der zuständigen Abholstation vor Ort telefoniert, in der Hoffnung, es ließe sich vielleicht doch noch arrangieren, dass man das Paket an mich zurückschicken würde, und erfuhr, dass ein besagter Jimmy das Paket zwei Tage zuvor abgeholt habe. Ich habe keine Ahnung, wer Jimmy ist!

Natürlich war der Aspekt, dass laut diesem Institut Tiere nicht in die geistige Welt kommen, auch bei der Ausbildung angesprochen worden. Genauso, wie man uns bei der Ausbildung damals auch darauf hingewiesen hatte, dass es laut der Auffassung des Instituts keine Besetzungen oder negative Wesenheiten gäbe. Sollte sich etwas Derartiges während einer Rückführung andeuten, hätte sich der Rückführungsbegleiter genauso zu verhalten, wie wenn der Klient berichte, er hätte Kontakt zu verstorbenen Tieren: *zum Zusammenreißen und Genauer-Hinsehen auffordern!* Auch meine damalige Übungspartnerin bei der Ausbildung hatte während ihrer Rückführung in die geistige Welt Kontakt zu einem verstorbenen Haustier aufgenommen und dies auch bei der anschließenden Besprechung erwähnt – ohne jedoch, dass der Leiter der damaligen Ausbildung etwas dazu gesagt hätte.

Nichtsdestotrotz bin ich sehr froh, dass ich damals die Ausbildung gemacht habe, – unabhängig von den Ansichten dieses Instituts war die Ausbildung nämlich sehr gut und professionell organisiert, und ich habe sehr davon profitiert. Auch hätte ich ohne die Bücher des Begründers dieses Instituts die Arbeit als Rückführungsbegleiterin oder später als Reinkarnationstherapeutin niemals machen können. Denn seine Bücher haben mir für viele spirituelle Dinge die logischen und nachzuvollziehenden Erklärungen gegeben, die mein Verstand damals unbedingt benötigte. *Aber*, es ist wie mit allem, was ich tue: Ich bin nun einmal in erster Linie ein freies Individuum mit einer eigenen Meinung, und ich beleuchte auch prinzipiell alles Neue von allen Seiten. Das, was ich aufgrund meiner eigenen Einstellung, Weltanschauung oder (Lebens)erfahrung als gut, richtig oder logisch empfinde, integriere ich in meine eigene Denkweise, Lebensart oder Arbeit. Das, was ich jedoch als schlecht, falsch oder unlogisch empfinde, lehne ich für mich selbst ab. Denn ich bin ich. Was aber nicht heißen muss, dass ich von anderen Menschen erwarte, dass sie das, was ich ablehne, ebenfalls ablehnen müssen, – oder dass sie das, was ich als gut und richtig empfinde, ebenfalls als gut und richtig empfinden müssen. Ohne unterschiedliche Ansichten und Einstellungen würde die Menschheit wohl auf der Stelle treten und es gäbe keine sachlichen Diskussionen. Jedoch zu versuchen, jemandem seine eigene Meinung aufzuzwingen (oder die einer gewissen Institution oder Gesellschaft oder auch Religion, die man repräsentiert oder der man angeschlossen ist), ist – meiner Meinung nach – geistige Freiheitsberaubung!

Nach den Rückführungen mit dem ehemaligen Priester habe ich lange Zeit darüber nachgedacht, wie es *mir* mit seinen Rückführungen gegangen war, – was ich selbst dabei gefühlt hatte und welche Gedanken mir zu dem kamen, was mir dieser Klient während seiner Rückführungen alles erzählt hatte. *(Auch das war unter anderem eine Frage, die man als Anwärter auf die Mitgliedschaft bei diesem Institut zu beantworten hatte.)* Nach den Ereignissen, die daraufhin seitens des Auswahlkomitees erfolgt waren, war ganz klar, was ich bei der Arbeit mit dem Priester selbst gelernt hatte:

> Es gibt kleine und große Glaubensgemeinschaften, und so unterschiedlich ihre Weltanschauungen oder ihre Glaubensrichtungen auch sein mögen – sie alle stellen die gleichen Forderungen an ihre Mitglieder: bedingungslosen Idealismus. Selbst diejenigen, die Autonomie und Authentizität predigen, fordern von ihren Anhängern, dass sie den Regeln ihrer Grundsätze bedingungslos und möglichst ohne kritische Fragen Folge leisten – wodurch jedoch bloß wieder geistige Abhängigkeit entsteht und die eigene Authentizität und Autonomie unterdrückt wird! Dies gilt für Institutionen genauso wie für Lehrer oder für Therapeuten, die beispielsweise eine bestimmte Methode oder Technik lehren: Freiheit und Authentizität ja, aber nur, solange sie die eigene Ideologie stützt und in das eigene Weltbild der Institution, des Lehrers oder des Therapeuten passt.

Ich selbst merke immer mehr, dass ich in keine dieser »Schubladendenkmaschinerien« hineinpasse und lieber selbst bestimme, »was« ich denke und »wie« ich arbeite oder lebe, und dasselbe Recht gestehe ich auch meinen Klienten zu.

Ich möchte, dass meine Klienten selbst denken und *nachdenken* und *dann* entscheiden, was für sie stimmig ist und was nicht. Wenn eine meiner Theorien oder eine meiner Ansichten oder Lösungsvorschläge für einen meiner Klienten ebenfalls stimmig ist, und er übernimmt meine Ansicht oder befolgt meinen Rat, ist es O.K. für mich. Wenn er jedoch anderer Meinung ist, ist es genauso O.K. für mich, und wenn er will, suchen wir gemeinsam nach einem anderen Weg. Ich achte immer mit Argusaugen auf die Klienten, die regelmäßig an meinen Seminaren teilnehmen, und ermahne sie sogar, alles, was ich sage oder tue, auch kritisch zu betrachten und aufzupassen, dass sie es nicht unbewusst übernehmen, nur weil sie finden, dass ich gute Arbeit mache und ihnen hier und da einmal habe helfen können.

Und wenn einer meiner Klienten in der geistigen Welt Kontakt zu einem früheren Haustier aufnimmt oder es gar als Mitglied seiner Seelenfamilie identifiziert und unter Freudentränen berichtet, dass es diesem dort gut geht, werde ich den Teufel tun, diesem Klienten zu sagen, dass er halluziniert oder dass er sich gefälligst zusammenreißen soll. Wenn ein Klient mir sagt, er habe keine Bindung zu Tieren und er glaube auch nicht daran, dass diese eine Seele hätten, ist es für mich aber auch O.K.. Ich respektiere dies, auch wenn ich selbst anders darüber denke. Ich würde jedoch niemals versuchen, diesen Klienten von meiner Meinung zu überzeugen oder ihn *zu bekehren!* Natürlich ist es für mich, abhängig von den Umständen, immer auch ganz spannend zu erfahren, warum jemand so oder so denkt und welche Gründe er für sein Denken, Handeln oder auch Arbeiten aufführen kann. Für sachliche Diskussionen bin ich immer zu haben - wie soll ich mich sonst auch weiterentwickeln?!

Schließlich möchte ich hierzu noch Folgendes anmerken: Was, wenn es wirklich unendlich viele Dimensionen gibt, wo jede nur erdenkliche Möglichkeit irgendwo möglich wird oder gar Realität ist? Und was, wenn diese Dimensionen allumfassend sind und sich nicht nur auf unser Sonnensystem oder unser Universum beziehen, sondern viel, viel weitreichender sind? Also auch die geistige Welt - oder die geistigen Welten - einschließen?

Was, wenn es Dimensionen sind, in denen Lebewesen existieren, die nicht an die Existenz einer Seele glauben oder zumindest nicht an die Wiedergeburt einer solchen? Die Lebewesen dieser Dimensionen dafür aber vielleicht an ein Paradies, einen Heiland oder etwas anderes glauben, was für diese Lebewesen alleine durch ihren kollektiven Glauben dann auch Realität ist oder zumindest nach ihrem Tod für diese wird? Und was, wenn es wiederum andere Dimensionen sind, wo Lebewesen existieren, die an die Wiedergeburt der Seele glauben oder daran, dass nur ihre eigene Spezies überhaupt über Seelen verfügt und deshalb in ihrer Realität einer geistigen Welt auch nur Seelen ihrer eigenen Spezies vorkommen? Müssten dann nicht auch Dimensionen entstanden sein, die von den Denkprozessen solcher Lebewesen erzeugt wurden, die glauben, dass *alle* Lebewesen über eine Seele verfügen und dass man allen diesen Seelen auch in der geistigen Welt wiederbegegnen kann?

Was, wenn sich diese einzelnen und unterschiedlichen Dimensionen nun immer wieder überlappen (oder aufeinanderprallen) und sich die unterschiedlichen Lebewesen darin begegnen und bloß nicht realisieren, dass sie in unterschiedlichen Dimensionen leben, auch wenn sich ihre Welten äußerlich absolut gleichen? Was sagte schon mein Klient, der Priester, während seiner Rückführung über die geistige Welt? *Jeder Bereich oder Ort in der geistigen Welt existiert unendlich viele Male – je nachdem, wie die Seelen, die diese Bereiche oder Orte besuchen, diese erleben wollen ...*

Heute bin ich heilfroh darüber, nicht Mitglied dieses Instituts geworden zu sein. Erstens kann ich mich einfach nicht mit dessen Ansichten identifizieren und wäre mir demnach scheinheilig vorgekommen. Zweitens habe ich auch so genug zu tun. Dennoch denke ich, dass eine solche Mitgliedschaft gerade denen hilft, die sich als Rückführungsbegleiter dadurch mehr Kunden erhoffen. Ich habe immer wieder einmal Anfragen von Menschen gehabt, die wissen wollten, ob ich nicht auch selbst Interessierte zu Rückführungsbegleitern ausbilden möchte. Sehr lange Zeit habe ich mich mit dem Thema nicht auseinandergesetzt, zumal Jan Erik Sigdell auf diesem Gebiet ebenfalls eine sehr gute Ausbildung anbietet. Doch dann hat sich plötzlich, auf einer Autofahrt nach München, ein Konzept zu einem solchen (Intensiv)ausbildungsseminar in meinem Kopf zusammengesetzt, was nun auch auf meiner Homepage zu finden ist. Zukünftig werde ich nun selbst einmal pro Jahr ein achttägiges Ausbildungsseminar zum Reinkarnationstherapeuten anbieten. *Reinkarnationstherapeut* deshalb, weil ich dafür nur Personen annehme, die schon über eine andere psychotherapeutische oder pädagogische Ausbildung verfügen. Denn dies ist kein Seminar zur Selbstfindung, auch wenn die Teilnehmer bei den praktischen Übungen natürlich eine Menge über sich selbst erfahren werden. Aber hier steht ganz deutlich die Ausbildung im Vordergrund.

Rückblickend stelle ich fest, dass alles so hat sein müssen. Natürlich hätte ich in meinen schriftlichen Bewerbungsunterlagen auch die Stellen mit den Tierseelen streichen können oder mich zumindest davon distanzieren können. Ich bin sicher, dann hätte es auch mit den CDs kein Problem gegeben, und man hätte über die besagten *blasphemischen* Stellen wohlwollend hinweggehört. Dann wäre ich auch bestimmt in das Institut aufgenommen worden, denn so eine Mitgliedschaft ist natürlich auch nicht kostenlos. So gesehen ist dies auch wieder ein gutes Beispiel dafür, dass man sein Schicksal selbst bestimmen kann. Nur manchmal stellt sich die Frage, zu welchem Preis ...

Karmisches Herkunftssystem?

... wenn wir von allem Guten, all unseren positiven Eigenschaften oder unserem eigenen Können nur halb so überzeugt sein könnten wie von allem Unheil, all unseren schlechten Eigenschaften oder unserem Versagen würde uns viel Glückliches in unserem Leben tatsächlich in den Schoß fallen!

Dieses Kapitel war ursprünglich über 50 Seiten lang – und hätte damit die Grenzen für dieses Buch gesprengt. Ich habe es also herausgenommen und blicke neidvoll auf all die Autoren, die so berühmt sind, dass sie es sich leisten können, Bücher zu schreiben, die 1000 Seiten dick sind! Aber ich bin ja ein kreativer Mensch, und deshalb stehen Ihnen die hier fehlenden Seiten natürlich trotzdem zur Verfügung, wenn auch bloß auf meiner Homepage auf der Seite: »Als *Buchautorin* ...« und dort unter dem Vermerk: »*Karmisches Herkunftssystem*«.

Hier nun lediglich die Kurzfassung. Ich habe bereits ein paar Mal angedeutet, dass ich es nicht für ausgeschlossen halte, dass wir hin und wieder in ein Herkunfts- oder Familiensystem hineininkarnieren, dem wir in einer vorangegangenen Inkarnation schon einmal angehört haben. Dies würde für mich auch eine logische Erklärung eines Phänomens liefern, dem ich ab und zu, wenn auch nicht oft, bei systemischen Familienaufstellungen begegne: Ein Stellvertreter einer noch lebenden Person fühlt sich aus scheinbar nicht nachvollziehbaren Motiven extrem zum Stellvertreter einer längst verstorbenen Person hingezogen – auch noch nachdem man eine mögliche Verstrickung zu diesem Ahnen aus therapeutischer Sicht gut gelöst hat. Eine mögliche Erklärung hierfür wäre, dass es sich bei der lebenden Person um die Wiedergeburt dieses Ahnen handelt. Auch im Umgang mit Klienten, die zur Gesprächstherapie kommen, beobachte ich hin und wieder Ähnliches: Ein Klient hat eine bestimmte Affinität zu einem Ahnen entwickelt, für die es scheinbar keine logische Erklärung gibt, weil dieser Ahne schon lange vor der Geburt des Klienten verstorben ist und der Klient dessen Geschichte nur von Erzählungen kennt. Im Allgemeinen wird diese Theorie aber gerade von den rein systemisch arbeitenden Therapeuten strikt abgelehnt, denn diese Theorie fördert ihrer Meinung nach bloß eine Retraumatisierung oder Falschidentifizierung und trägt dazu bei, dass Klienten sich nicht von krank machenden Vorstellungen oder aus schädlichen Verstrickungen lösen können. Und ich stimme diesen Therapeuten auch zu – denn in den meisten Fällen haben sie recht mit ihrer Annahme. Aber ich denke auch, dass es Ausnahmen gibt, wo es sich nicht um eine klassische Falschidentifizierung handelt. So würde ich einer Mutter niemals versuchen auszureden, ihr jüngstes Kind sei die Wiedergeburt des Kindes, das zuvor verstarb, wenn sie selbst davon überzeugt ist. Ich würde allerdings immer darauf achten, dass dieses neue Kind nicht den Platz im System einnimmt, der dem toten Geschwisterchen gebührt – auch wenn es sich dabei um ein und dieselbe Seele handeln sollte! Denn damit provoziere oder fördere ich tatsächlich eine Falschidentifizierung. Trotzdem hätte ich genau zu diesem Thema und dieser speziellen *Variante* von möglichen Falschidentifizierung sehr gern einmal Bert Hellinger befragt: *Wenn es möglich ist, erneut in mein Herkunftssystem aus einem früheren Leben hineinzuinkarnieren, was bedeutet dies dann in Bezug auf die Ordnungen?*

Wie Sie im nächsten Kapitel lesen können, habe ich auch versucht, mich mit Bert Hellinger darüber zu unterhalten. Dieses Kapitel hier handelte jedoch ursprünglich von der Geschichte einer Klientin, die zu einer Rückführung zu mir kam und sich dabei als eine Frau erlebte, deren Leben sich anschließend noch ganz gut recherchieren ließ. Anhand der Identifikation des besonderen Gebäudes, in dem sie damals lebte, recherchierte sie nach der Rückführung die Geschichte dieser Frau, die sie selbst in ihrem letzten Leben gewesen war, und fand auch ihr Grab, auf dem der vollständige Name geschrieben stand. Bei einer Rückführung erfragt man meist nur seinen damaligen Vornamen. Doch diese Klientin kannte nun auch ihren Nachnamen aus ihrer letzten Inkarnation. Zu ihrer eigenen Überraschung lautete dieser genauso wie ihr heutiger Mädchenname, und bei der weiteren Recherche fand sie heraus, dass es sich beim Grab der besagten Frau um ihre eigene Urahnin handelte: die Mutter ihres heutigen Großvaters. Sie hatte sich also während ihrer Rückführung als ihre eigene Urgroßmutter erlebt. Einige Zeit nach dieser Entdeckung kam diese Klientin abermals zu mir. Dieses Mal jedoch stellte sie bei mir auf und obwohl niemand der Seminarteilnehmer etwas über die Ergebnisse ihrer Rückführung noch über das Herkunftssystem dieser Klientin wusste, zeigte sich bei der Aufstellung genau dasselbe wie in der Rückführung. In der Rückführung hatte diese Klientin nämlich erfahren, dass sie damals einen Bruder hatte, der das ganze Familienvermögen verspielt hatte. Ihre anschließende Recherche ergab, dass ihre Urgroßmutter tatsächlich das ganze Hab und Gut verlor, weil ihr Bruder alles bei einem Würfelspiel verloren hatte. Und auch wenn man das, was sich in Aufstellungen zeigt, immer nur bis zu einem gewissen Punkt wirklich richtig interpretieren kann, so zeigte sich doch in diesem Fall, dass es in ihrem Herkunftssystem einen Mann gegeben hatte, der sehr rücksichtslos und eigennützig handelte. Der Stellvertreter dieses Mannes, der systemisch auch tatsächlich auf dem Platz des Bruders dieser Urgroßmutter väterlicherseits stand, machte zudem während der Aufstellung immer eine bestimmte Handbewegung, die typisch für Würfelspieler ist. Zwar war diese Geste für das Anliegen der Klientin nicht wirklich relevant, dennoch fanden wir die Begebenheit beide äußerst bemerkenswert. Das Anliegen für die Aufstellung dieser Klientin bezog sich eher auf ihre (Un)selbstständigkeit und ihre Abhängigkeit von anderen – etwas, was sie durchaus mit ihrer Urgroßmutter gemeinsam hatte. Dennoch gibt es keine Zufälle, und nur die Erkenntnis, in der letzten Inkarnation die eigene Urgroßmutter gewesen zu sein, führte letztlich dazu, dass das Anliegen der Klientin für ihre Aufstellung vollständig geklärt werden konnte, alles einen Sinn ergab und sich etwas löste ...

Leben und leben lassen

... über das, worüber ich mir nicht sicher bin, mache ich mir
keine Gedanken und damit bleibt mein Geist rein.
Bert Hellinger

Das Trainingscamp mit Bert und Sophie Hellinger im Juni/Juli des
Jahres 2010 war dann auch wieder sehr aufschlussreich, obwohl ich
dieses Mal die »Mini-Aufstellungen« in den kleineren Gruppen vermisste.
Dafür gab es sehr viele Meditationen, und ich muss gestehen, dass ich sie
nicht alle mitgemacht habe. Lieber betrachtete ich stattdessen das Gesicht
Bert Hellingers auf der großen Leinwand, das während der Meditationen
oft für längere Zeit als Nahaufnahme eingeblendet wurde. Im Vergleich
zum Trainingscamp im Dezember 2009 fand ich, dass er sehr *gealtert* war.
Vielleicht ist gealtert aber auch nicht der richtige Ausdruck – immerhin
ist der Mann auch schon sehr alt. Damals war er 84 Jahre. Aber es ist
trotzdem die Beschreibung, die meine Wahrnehmung am ehesten trifft.
Während ich ihn jedenfalls so über die große Leinwand beobachtete, hatte
ich das Gefühl von einem Rennfahrer, der noch eine Extrarunde drehen
muss und der weiß, dass noch einmal ein langer Weg bis zum Ziel vor ihm
liegt, und der nun krampfhaft versucht, nicht einzuschlafen oder den Fuß
vom Gaspedal zu nehmen, obwohl er total übermüdet ist. Aber, wie gesagt,
dies war meine Wahrnehmung, und andere Seminarteilnehmer mögen ihn
als total vital und voller Lebensenergie empfunden haben.

Mittlerweile lagen meine Arbeiten mit der Klientin, die in ihrem letzten Inkarnation ihre eigene Urgroßmutter gewesen war, einige Wochen zurück, aber die Frage beschäftigte mich noch immer: *War es tatsächlich möglich, in sein eigenes Herkunftssystem zurückzuinkarnieren? Und warum? Und was bedeutete dies in Bezug auf die systemischen Ordnungen? Auf den Platz, der jedem Einzelnen darin zuteilwird? Es geht immer darum, anzuerkennen, was war oder was ist. Musste ich demnach nicht auch anerkennen, wenn ich in mein eigenes System erneut hineininkarnierte? Diese spezielle Art der Verbindung würdigen, ohne mich selbst auf den Platz meines früheren Ichs drängen zu lassen und damit einer Falschidentifizierung zu erliegen? Viele Aufstellungsleiter weigerten sich aber, überhaupt diese Möglichkeit in Betracht zu ziehen – wie dachte Hellinger selbst darüber?* Mich interessierte, was Bert Hellinger selbst dazu sagen könnte, und so ging ich jeden Abend brav nach dem Abendessen zur Fragestunde, in der Hoffnung, selbst aufgerufen zu werden und meine Frage Bert Hellinger direkt stellen zu können. Und siehe da, eines Abends, ein oder zwei Tage vor Ende des Seminars, rief er mich auf. Als ich dann an die Reihe kam, hatte ich das Gefühl, mich zuerst kurz vorstellen zu müssen, zumindest was meine Arbeit anging, um so die Zusammenhänge zu erklären, die mich überhaupt erst auf meine Frage hatten kommen lassen. Also sagte ich Folgendes: »Ich bin Heilpraktikerin für Psychotherapie, arbeite aber hauptsächlich als Reinkarnationstherapeutin und Familienaufstellerin. Jetzt ist mir aufgefallen – oder ich habe den Verdacht, dass einige Leute *(damit meinte ich meine Klienten)* in ihr eigenes Familiensystem zurückinkarnieren. Das bedeutet, dass sie in einem früheren Leben vielleicht ihre eigene Großtante oder Urgroßmutter gewesen sind. Und jetzt wüsste ich dazu gern deine Gedanken oder ob du das auch schon mal irgendwie beobachtet hast oder ...«

Bert Hellinger antwortete ohne Umschweife: »Über das, worüber ich mir nicht sicher bin, mache ich mir keine Gedanken und damit bleibt mein Geist rein.«

Natürlich gab ich mich mit dieser Antwort nicht zufrieden, aber meine Zeit war um.[4]

Später jedoch, nach dieser Fragestunde, kamen unglaublich viele andere Seminarteilnehmer auf mich zu und erzählten mir ihre Erfahrungen und davon, dass auch sie den Verdacht hätten, dass ein erneutes Inkarnieren hinein ins eigene Herkunftssystem aus dem vorherigen Leben öfter passiere und ein Aspekt sei, der in der modernen Psychotherapie unbedingt mehr Berücksichtigung finden müsste. Leider oder komischerweise handelte es sich bei diesen Leuten ausschließlich um Russen und Italiener. Zu einigen hätte ich auch zwecks weiteren Austauschs gern Kontakt gehalten und gab ihnen dazu meine Visitenkarte, jedoch verliefen all diese Kontakte im Sande.

Das Beste an diesem Hellinger-Seminar waren die allabendlich stattfindenden Treffen einiger Seminarteilnehmer nach der Fragestunde in einem separaten Raum. Hier trafen sich Russen, Italiener, Franzosen, Deutsche, Österreicher und Schweizer zum gemeinsamen Üben und Aufstellen. Jeder, der ein Anliegen hatte und gern aufstellen wollte, konnte sich melden und wählte dann unter den Anwesenden jemanden aus, der Lust hatte, diese Aufstellung zu leiten. Es war toll zu sehen, wie die einzelnen Aufstellungsleiter arbeiteten, und auch wenn ich nicht jede Vorgehensweise nachvollziehen konnte, so war es doch sehr lehrreich und spannend zu beobachten, was aus den verschiedenen Taktiken oder Techniken der einzelnen Leiter innerhalb der Aufstellungen resultierte. Und obwohl so viele Personen unterschiedlicher Herkunft und Sprache anwesend waren, gab es nicht ein einziges Mal Verständigungsschwierigkeiten. Entweder es fand

---

4 Um auch wirklich exakt den Wortlaut unseres Gesprächs wiedergeben zu können, habe ich mir nach dieser Fragestunde die DVD mit dem Livemitschnitt gekauft. Deshalb denke ich auch, dass es voll und ganz O.K. ist, dass ich Bert Hellinger hier zitiere – immerhin kann jeder meiner Leser sich ebenfalls die DVD kaufen. Bert Hellinger lässt alle seine Seminare und Arbeiten auf DVD aufzeichnen, und eigentlich finde ich das auch sehr gut. Ich hatte bei meiner Frage zwar den Ausdruck »Familiensystem« statt »Herkunftssystem« verwendet, aber ich denke, dass Bert Hellinger mich ohnehin genau und auch richtig verstanden hatte.

sich jemand, der übersetzen konnte, oder man verstand sich einfach ohne Worte!

Nach diesem Seminar beschloss ich, dennoch erst einmal eine Pause einzulegen und vorläufig keine weiteren Hellinger-Seminare mehr zu besuchen. Mir fehlte dabei doch zu sehr die Möglichkeit zum direkten Austausch. Einerseits verstehe ich natürlich, dass dies bei mehreren Hundert Personen einfach nicht möglich ist, dennoch störte es mich. Trotzdem sind diese Seminare natürlich auch eine sehr persönliche Erfahrung, abgesehen davon, dass man auch immer sehr interessante Menschen dabei kennenlernt, und deshalb werde ich bestimmt irgendwann wieder eines dieser Trainingscamps besuchen.

Im Sommer 2010 geschah aber noch etwas anderes. Während eines anderen Seminars wurde es auf dem Flur des Gästehauses eines Nachts besonders laut, und so gegen 1 Uhr morgens stand ich schließlich auf, um nachzusehen. Am Ende des Flures befand sich ein öffentlicher Balkon, auf dem sich mehrere Seminarteilnehmer drängten und eine Party feierten. Ich bat sie, etwas leiser zu sein, womit ich allerdings eher auf Unverständnis stieß. Als ich dann wieder auf mein Zimmer zurückkehrte, kam jedoch etwas mit hinein. Ich ärgerte mich darüber, dass Menschen, die an einem Seminar teilnahmen, wo dauernd von Rücksichtnahme und Verständnis gesprochen wurde, kein Verständnis dafür hatten, dass ich um 1 Uhr morgens endlich schlafen wollte. Jedenfalls schlich sich etwas unbemerkt hinter mir in mein Zimmer, was vom Aussehen her am ehesten einem Werwolf geähnelt hätte. Nur dass ich keine Angst vor Erscheinungen aus Horrorfilmen habe und vor Werwölfen schon mal gar nicht. Denn selbst wenn sie real wären, wären sie in erster Linie Wölfe, und Wölfe sind Tiere, und vor denen braucht man keine Angst zu haben, wenn gleich man ihnen mit Respekt begegnen sollte. *(Allerdings bin ich wohl hier auch kein gutes Vorbild, denn ich finde beispielsweise Poltergeister total niedlich. Jedenfalls ist mir bislang noch kein Poltergeist begegnet, der nicht niedlich gewesen wäre und den man mit ein bisschen Zucker nicht überglücklich hätte machen können.)* Was nun aber die Werwölfe anbelangt, so glaube ich nicht an deren Existenz, aber ich denke, dass es möglich ist, dass negative Gedanken auch negative Wesenheiten kreieren oder anlocken können und dass diese durchaus in der Lage sind, Formen von Wesen anzunehmen, die uns aus Horrorfilmen bekannt sind. Genauso wie gute Energien oder positive Wesen die Form von Einhörnern oder Feen annehmen können. Dieses Wesen jedenfalls, oder diese *Erscheinung*, denn sie war feinstofflich, stand zuerst mit hoch erhobenen Armen vor meinem Bett und fletschte die Zähne. Als das jedoch keinen Eindruck auf mich machte, wurde die Erscheinung noch wütender und versuchte, mit einer ihrer Klauen meine Bettdecke anzufassen. Es war absolut faszinierend zu beobachten, wie die Bettdecke an der Stelle, wo die Klaue sie berührte, tatsächlich ein wenig eingedrückt wurde. Zu mehr war die Erscheinung allerdings nicht in der Lage, und ich war müde. Also stellte ich mir vor, wie ich von einer magischen Kugel umhüllt wurde, die mich schützen würde und die zusätzlich schalldicht wäre, drehte mich auf die Seite, weg von der Erscheinung, und schlief endlich ein!

Am nächsten Morgen war der Spuk verschwunden und kam auch nicht wieder. Trotzdem beschäftigte mich die Sache, und ich wollte ihr auf den Grund gehen – was ich nach dem Seminar dann auch tat.

Zurück zu Hause stellte ich dann innerhalb einer meiner Workshops den *Werwolf* auf. Es handelte sich dabei allerdings um einen Sonderworkshop, an dem nur Personen teilnahmen, die zumindest schon einmal einen meiner regulären spirituellen Workshops besucht hatten und auch regelmäßig oder jedenfalls des Öfteren zu meinen Seminaren in Familienstellen kamen *und* die auch ansonsten schon viel Selbstfindung betrieben hatten. Mit diesen Personen mache ich nun des Öfteren experimentelle Aufstellungen zu aktuellen oder besonderen Themen, immer mit sehr überraschenden Ergebnissen, die dann aber immer auch der Wahrheit sehr nahe kommen. *(So machten wir z.B. im Frühling 2011 einmal eine Aufstellung zu den damaligen EHEC-Infektionen, mit dem Ziel, die Ursache oder die Quelle dafür zu finden. Leider stoßen die Ergebnisse solcher Aufstellungen bei den zuständigen Behörden eher auf taube Ohren, wie ich in einem anderen Fall feststellen musste.)*

Innerhalb dieses Sonderworkshops jedoch hatten wir schon mit so einigen hochinteressanten Dingen experimentiert, und deshalb traute ich den Teilnehmern auch zu, diese Arbeit für mich zu machen. Und vor allem auch, dass jemand die Stellvertreterrolle dieses Wesens, oder was immer es gewesen war, verkörpern könnte, ohne selbst dadurch traumatisiert zu werden. Dabei arbeitete ich vollkommen verdeckt, und somit wusste niemand, was ich da aufstellen wollte. Ich ging sogar noch einen Schritt weiter, um die Möglichkeit, dieses Wesen nur halluziniert oder geträumt zu haben, weitestgehend auszuschließen. Aus diesem Grund wählte ich auch keinen Stellvertreter für das Wesen aus, sondern dachte nur ganz intensiv daran. Die Teilnehmer des Workshops wussten, was ich nun von ihnen erwartete: Während ich an dieses Wesen dachte, gingen sie selbst in sich, um zu spüren, ob sie die Energien meiner Gedanken auffangen konnten. Manchmal geschieht es dabei nämlich auch, dass niemand etwas auffängt, was für mich bedeutet, dass es sich um jemanden handelt, der nicht repräsentiert werden möchte, oder um etwas, was vielleicht doch nicht real genug ist, um so viel Energie zu erzeugen, dass jemand diese wahrnehmen und stellvertretend wiedergeben könnte – wenn er nicht ausdrücklich dafür als Stellvertreter benannt wird.

Doch in diesem Falle stand nach einer Weile eine Frau auf und sagte, sie glaube, die Energien meiner Gedanken aufgefangen zu haben, und stellte sich in die Mitte des Raumes. Da es Sommer war, hatten wir die Terrassentür geöffnet. Die Frau stand im Raum, und wir beobachteten sie zuerst nur, während wir darauf warteten, dass sie sich aus ihrer Rolle heraus äußern würde. Das Erste, was sie dann jedoch tat, sie zuckte zusammen, sagte: »Huch« und bückte sich gleich darauf, um über eines ihrer Schienbeine zu streichen. Da es warm war, trug sie eine ¾-Hose, und ein Lufthauch, der durch die geöffnete Terrassentür hereingeweht war, hatte ihre nackten Beine berührt. Dann sagte sie, dass sie sich extra noch heute Mittag die Beine rasiert habe, doch jetzt hätte sie plötzlich das Gefühl, als wüchsen lange Haare auf ihren Beinen. Sie fragte sich, ob sie sich tatsächlich rasiert hatte. Ihre Beine waren glatt, doch das Gefühl, als würden lange Haar darauf sprießen, blieb. Die Frau ging wieder einen Moment in sich, und als Nächstes hob sie ihren rechten Arm vor ihr Gesicht und sagte, sie habe nun das Gefühl, als wüchsen überall auf ihrem Körper lange Haare, auch auf den Armen und vor allem auch in ihrem Gesicht. Weil dieses Gefühl scheinbar sehr stark war, befühlte die Frau auch gleich darauf ihr Gesicht. Dann schüttelte sie sich.

Wir anderen hatten stillschweigend zugehört. Weil die Frau bislang aber nur ihre Körperwahrnehmung beschrieben hatte, fragte ich sie nun, wie sie sich außerdem fühle, und sie zuckte mit den Schultern. Das Gefühl, dass plötzlich überall auf ihrem Körper Haare wuchsen, war ihr ein bisschen unangenehm, aber ansonsten fühlte sie sich gut. Natürlich wollte sie auch wissen, für was ich sie denn da aufgestellt hatte, und mutmaßte, ich hätte sie für Øsel oder irgendein anderes Tier aufgestellt. Ich sagte nichts dazu. Als sie dann aber auch noch das Gefühl bekam, dass ihre Fingernägel zu Krallen wurden und sie einen ihrer Eckzähne befühlte, weil sie glaubte, diese würden ebenfalls wachsen, war sie sich ganz sicher, irgendein Tier zu sein. Ich äußerte mich immer noch nicht dazu. An dieser Stelle möchte ich auch nochmals betonen, dass dies kein gewöhnlicher spiritueller Workshop war, sondern ein Sonderworkshop, in dem wir viele dieser eher außergewöhnlichen Sachen gemacht haben. Dies war möglich, weil alle Teilnehmer auch über sehr starke Nerven und ein starkes und gesundes Gemüt verfügen.

Mittlerweile war die Stellvertreterin davon überzeugt, dass ihr ganzer Körper mit einem dichten Fell überzogen sei, und sie wunderte sich darüber, warum sie kein Bedürfnis verspürte auf alle viere zu sinken. Auch die anderen Workshopteilnehmer waren nun neugierig zu erfahren, was ich mir denn da wieder ausgedacht hätte, um sie zu überraschen. Doch ich wollte das Geheimnis um die Rolle dieser Frau noch nicht lüften. Zuerst wollte ich herausfinden, warum dieses Wesen mir erschienen war. Ob ich es selbst durch meinen Ärger über die Rücksichtslosigkeit und Scheinheiligkeit der Partyleute in jener Nacht erzeugt hatte – oder, falls nicht, zu wem dieses Wesen dann eventuell gehörte oder was oder wer es kreiert oder ursprünglich angelockt hatte. Bislang hatte ich ruhig auf meinem Platz gesessen und beobachtet. Nun wollte ich der Stellvertreterin dieses Wesens jedoch ein paar Fragen stellen und stand auf. Doch noch bevor ich mich hätte in Bewegung setzen oder etwas hätte fragen können, machte die Stellvertreterin des Wesens blitzschnell einen Schritt auf mich zu, hob dabei ihre Arme über den Kopf und krümmte ihre Finger wie Krallen. Dann knurrte sie mich zähnefletschend an. Etwas perplex und überrascht hielt ich inne – genauso hatte das Wesen auch vor meinem Bett gestanden. Die Stellvertreterin war von ihrer Reaktion auf mich allerdings genauso überrascht wie ich und flüsterte dann, ich solle ihr lieber nicht zu nahe kommen. Ich respektierte das und setzte mich stattdessen wieder. Dann fragte ich sie, ob sie wisse, was ihre heftige Reaktion hervorgerufen habe, – ob diese gezielt gegen mich gerichtet gewesen wäre oder ob sie auch auf die anderen Personen im Raum so reagieren würde, falls diese sich von ihren Plätzen erheben würden. Mittlerweile hatte die Frau ihre Arme wieder gesenkt. Sie überlegte einen Augenblick und warf dabei auch einen Blick auf die anderen Anwesenden. Dann schüttelte sie den Kopf und sagte, sie könnte nicht mit Gewissheit sagen, wie sie reagieren würde – nur dass es besser sei, wenn niemand ihr zu nahe käme.

»Hast du das Gefühl, dass du zu mir gehörst oder ein Teil von mir bist?«, fragte ich sie nun gerade heraus. Sie schüttelte erneut den Kopf.

»Ich bin ich«, sagte sie dann.

»Bist du real?«, fragte ich.

Die Frau nickte. Ich wollte wissen, ob sie die Rolle noch eine Weile ertragen könnte, und die Frau nickte erneut. Dann erklärte sie, dass sie jeden hier im Raum als Bedrohung wahrnehmen würde, und wiederholte, dass es deshalb auch auf jeden Fall besser sei, sich ihr nicht zu nähern. Irgendwie hatte ich dabei nicht mehr das Gefühl, als spräche die Frau aus ihrer Rolle heraus, sondern als spräche etwas durch sie und sie fungierte dabei lediglich als Medium. Ich hatte selbst schon solche Rollen gehabt und wusste, dass dies möglich ist. In besonders ruhigem Tonfall sagte ich ihr deshalb, dass sie von niemandem hier etwas zu befürchten hätte und ich sie lediglich gerufen hätte, weil sie mir vor Kurzem erschienen sei und ich nicht wüsste, wie ich dies interpretieren sollte.

»Du bist mir einfach zu nahe gekommen«, knurrte die Stellvertreterin daraufhin mit dunkler Stimme. Ich erklärte ihr, dass mir dies leidtäte und ich dies auch nicht absichtlich getan hätte. Dennoch wollte ich herausfinden, wie ich ihr überhaupt zu nahe hatte treten können, um diesem Umstand in Zukunft auch vorbeugen zu können.

Die Stellvertreterin nickte wieder und trat dabei unruhig von einem Fuß auf den anderen. Ganz ruhig sagte ich ihr dann, dass ich gern herausfinden wollte, woher sie käme oder wohin bzw. zu wem sie gehöre, und dass ich deshalb nun aufstehen wollte, um drei weitere Stellvertreter für ebendiese Möglichkeiten zu benennen. Ich schlug ihr vor, zu diesem Zweck einige Schritte zurückzugehen, sodass sie sich durch mein Tun nicht bedroht fühlen würde. Erneutes Nicken, dann wich die Frau einige Meter zurück, bis in eine Ecke des Raumes, wo sie, wenn auch gereizt wirkend, stehen blieb. Ganz ruhig stand ich daraufhin auf, und mit bedacht langsamen Gesten wählte ich die drei Stellvertreter. Diese standen jeweils für etwas, was die Existenz oder die Zugehörigkeit dieses Wesens hätte erklären können. Die betreffenden Personen, die ich für diese Rollen auswählte, blickten mich mit großen Augen an, und eine Frau flüsterte mir zu, dass sie aber nicht gefressen werden wollte. Dann zwinkerte sie mir zu, und ich schüttelte kaum merklich den Kopf. In sicherem Abstand zu der Stellvertreterin des Wesens stellte ich diese drei Stellvertreter nun auf und setzte mich erneut auf meinen Platz.

Zuerst einmal geschah nun gar nichts, und ich dachte schon, dass ich hier drei Möglichkeiten aufgestellt hatte, die überhaupt nicht in Bezug zu diesem Wesen standen. Ohne aufzustehen, befragte ich daraufhin die drei Stellvertreter bezüglich ihrer Wahrnehmungen, während die Stellvertreterin des Wesens immer noch lauernd und unruhig in ihrer Ecke von einem Fuß auf den anderen trat. Ein Stellvertreter, ein Mann, hatte sich jedoch ganz zaghaft und kaum merklich einige Zentimeter zurückgezogen, weg von dem Wesen und den beiden anderen Stellvertretern. Ihn befragte ich zuerst, und er schüttelte ein wenig abweisend den Kopf. Dann sagte er, er habe mit alledem nichts am Hut und wolle davon auch nichts wissen, – er würde sich aus alledem raushalten. Daraufhin fing einer der anderen beiden Stellvertreter, eine Frau, an zu lachen und bezeichnete den Mann als Waschlappen. Als ich dazu etwas sagen wollte, fuhr mir die Frau sogleich über den Mund und kam auf mich zu. Dann baute sie sich vor mir auf und rief, was ich mich überhaupt einmischen würde und ich solle meine Nase gefälligst nicht in Dinge stecken, die mich nichts angehen würden, – oder ich würde es bereuen. Dies waren deutliche Worte, und das sagte ich auch so dieser Frau, während ich mich vorsichtig wieder von meinem Stuhl erhob, um mit ihr auf Augenhöhe zu sein. Ich sagte ihr, dass es nicht meine Absicht gewesen sei, mich überhaupt in etwas einzumischen, ich aber schon habe wissen wollen, was es mit dem Wesen auf sich hatte und warum es sich ausgerechnet mir gezeigt hat. Weil ich jedoch wusste, für was oder wen ich diese Frau aufgestellt und benannt hatte, hatte ich meine Antwort darauf nun bekommen und auch ihre Botschaft begriffen, die für mich durchaus Sinn machte. Also sagte ich ihr, dass ich jetzt genug wüsste und die Angelegenheit damit auch für mich abgeschlossen sei. Doch diese Stellvertreterin wollte sich damit nicht zufriedengeben und kam noch ein Stück näher, bis dass sie ganz dicht vor mir stand.

»Ich warne dich«, zischte sie feindselig. Ich ließ mich nicht einschüchtern und erwiderte ihren Blick. Es war faszinierend zu beobachten, wie tief auch diese Frau in ihre Rolle ging und wie ein dunkler Schatten ihr Gesicht verfinsterte, sodass sie kaum wiederzuerkennen war. Ich hatte jedoch erfahren, was ich wissen wollte, und setzte an, diese »Mini-Aufstellung« zu beenden, ohne dieser Stellvertreterin oder dem, was sie repräsentierte, mehr Raum zuzugestehen zu wollen.

Plötzlich drehte sich die Frau allerdings um und wandte sich an den dritten Stellvertreter, einen Mann, der immer noch an seinem ursprünglichen Platz stand und bislang auch noch kein Wort gesagt hatte. Die Frau keifte ihn an, das Gleiche gelte übrigens auch für ihn. Sie drohte ihm, sich bloß nicht einzumischen. Dann drehte sie sich erneut um, ging zu der Stellvertreterin des Wesens hinüber und stellte sich hinter sie. Diese breitete daraufhin ihre Arme aus, wie um die Frau in ihrem Rücken zusätzlich zu schützen, während sie wieder wie ein gehetztes Tier im Käfig von einem Fuß auf den anderen trat. Mittlerweile empfand ich Mitleid für sie oder besser gesagt, für das Wesen, das sie verkörperte, und ich wollte die Sache nun wirklich beenden. Aber irgendwie hatte dieses Experiment eine Eigendynamik entwickelt, denn nun fing der dritte Stellvertreter an, wie irre zu lachen. Sein Lachen schlug um in Wut, und er rief zu der Frau hinüber, dass er sich von ihr nicht einschüchtern ließe. Sofort schoss die Frau daraufhin hinter dem Rücken des Wesens hervor und ging mit forschen Schritten auf den Mann zu. Das Ganze sah nach Eskalation aus, und ich stellte mich dazwischen. In einem Ton, der keinen Widerspruch duldet, erklärte ich beiden, dass ich ihre Energien nicht aufgerufen hätte, um ihnen hier den Raum zu geben, ihre Differenzen auszutragen. Ich hätte lediglich herausfinden wollen, ob ihre Querelen in irgendeiner Form etwas mit mir zu tun hätten. Dem sei nicht so, und ich hätte genug gesehen, um in Zukunft meine Schlüsse daraus zu ziehen und mich dementsprechend zu verhalten!

Demonstrativ entfernte ich mich von den beiden Streithähnen. Doch die Frau setzte erneut an, denn sie wollte unbedingt das letzte Wort haben – aber die Stellvertreterin des Wesens kam ihr zuvor. Sie schoss aus ihrer Ecke, baute sich vor der Frau auf, hob erneut die Arme über den Kopf und knurrte sie so gefährlich an wie möglich. Nun erschrak die Frau doch noch und wurde ganz kleinlaut. Daraufhin packte die Stellvertreterin des Wesens sie grob bei den Schultern und zerrte sie zurück in die Ecke. Dort bugsierte sie sie wieder hinter ihren Rücken und knurrte dann noch einmal gefährlich in Richtung des Mannes, dem daraufhin sein Grinsen ebenfalls verging. Ich hatte definitiv genug gesehen und beendete die Arbeit nun. Dabei entließ ich alle Stellvertreter einzeln und mit Nachdruck aus ihren Rollen.

Ich wusste nun, dass dieses Wesen nicht der dunklen Seite meiner eigenen Persönlichkeit entsprungen war, weil ich mich schon sehr über die nächtliche Ruhestörung und das damit verbundene Unverständnis *und vor allen Dingen über die Scheinheiligkeit* geärgert hatte. Allerdings war ich jemandem dadurch, dass ich mein Recht auf Nachtruhe überhaupt eingefordert hatte, auf die Zehen getreten. Jemand, der nach außen hin und vor allem in nüchternem Zustand immer sehr rücksichtsvoll und verständnisvoll auftrat. Man sagt ja, Geld oder Einfluss verändern den Charakter. Ich denke, es bringt lediglich den wahren Charakter deutlicher zum Vorschein ...

Die Glücksmuse

Ich könnte, ehrlich gesagt, auch noch 300 Seiten so weiter schreiben und werde dies in der einen oder anderen Form auch sicherlich tun. Mein Ziel mit diesem Buch war es, Sie, meine lieben Leser, zu inspirieren, Ihr Bauchgefühl zu aktivieren, Ihnen Anregungen zu geben, wie Sie mit dem Schicksal umgehen können, um Ihr Glück *an* die Hand zu nehmen. Ich wollte Ihnen mit diesem Buch verschiedenste Möglichkeiten anbieten, frei zu werden, um das eigene Leben dadurch selbst zu bestimmen oder um herauszufinden, woran es vielleicht liegen könnte, dass Ihnen dies bislang noch nicht oder nur teilweise gelungen ist.

Dabei muss nicht jede meiner hier niedergeschriebenen Anregung für jeden Leser passend sein. Es gibt kein Allheilmittel, weder in der Medizin noch in der Lebensführung. Was dem einen hilft, muss bei dem anderen, auch wenn die Symptome oder Anliegen sich stark ähneln, noch lange keine (positive) Wirkung zeigen. Aber in einem bin ich mir ganz sicher: Für jedes Anliegen oder *Problem* gibt es eine Lösung, und ich glaube auch, dass für jeden von Ihnen etwas dabei war, was ihn weiterbringt. Für den einen mehr und für den anderen weniger. Und vielleicht merken einige von Ihnen ja auch erst in einiger Zeit, dass etwas Passendes dabei war. Es gibt keine Zufälle. Wenn Sie dieses Buch bis zum Ende gelesen haben, so hatte dies einen Grund, auch wenn sich dieser vielleicht erst viel später erkennen lässt.

Und wie schon beim meinem ersten Buch möchte ich Sie wieder dazu ermuntern, mir eine E-Mail mit Ihrer Meinung zu schreiben oder zu den Kettenreaktionen, die sich für Sie durch die Lektüre ergeben haben. Zu »Erzählende Seelen« habe ich mittlerweile sehr viele Reaktionen bekommen und alle persönlich beantwortet – was beweist, Zeit *muss* dehnbar sein! Allerdings habe ich diesmal eine Bitte: *Wenn Sie dieses Buch im Internet bestellt haben, hinterlassen Sie mir bitte dieselbe Resonanz, die Sie mir als E-Mail schicken doch auch in Form einer Rezension bei der Internet-Buchhandlung.*

Abschließend habe ich nun noch einmal nachgelesen, was ich selbst im Prolog über dieses Buch geschrieben habe – ich hoffe, ich werde dem gerecht und wünsche allen Lesern, viel Freude, Glück und Inspiration ...

Kristine Weitzels
Rees, 05.05.2012

Register

Literaturhinweise

Bartens, Werner: Körperglück. München 2010

Bartlett, Richard: Matrix Energetics. Kirchzarten 2010

Hellinger, Bert: Die Quelle braucht nicht nach dem Weg zu fragen. Heidelberg 2007

Hellinger, Bert: Ordnungen der Liebe. Heidelberg 2001

Jacobsen, Olaf: Ich stehe nicht mehr zur Verfügung. Obersdorf 2009

King, Serge Kahili: Der Stadt-Schamane. Bielefeld 2001

Newton, Michael: Die Abenteuer der Seelen. Wettswil 2006

Ruppert, Franz: Traume, Bindung und Familienstellen. Stuttgart 2010

Ruppert, Franz: Symbiose und Autonomie. Stuttgart 2010

Sheldrake, Rupert: Das schöpferische Universum. München 2008

Sigdell, Jan Erik: Rückführung in frühere Leben. München 2006

Sigdell, Jan Erik: Unsichtbare Einflüsse. Hanau 2012

Kristine Weitzels, Heilpraktikerin für Psychotherapie und Autorin,

widmet sich seit 2007 der Erforschung des (Bewusst)Seins und der Seele. Ausgebildet in den verschiedensten Techniken der Reinkarnations-, Trauma- und Gesprächstherapie, Aufstellungsarbeit, Quantenheilung und des Managementtrainings lässt sie all diese Erkenntnisse und Erfahrungen in ihrer heutigen Tätigkeit zusammenfließen. Ziel ihrer Seminare & Workshops ist es, den Teilnehmern, ganz individuell, die unterschiedlichen Möglichkeiten oder Wege aufzuzeigen, hin zu mehr Glück, Erfolg oder Wohlbefinden.

Um eine individuelle Betreuung gewährleisten zu können, sind alle diese Veranstaltungen auf eine maximale Teilnehmerzahl von 12 Personen begrenzt. (Bei Aufstellungsseminaren auf 6 Aufsteller und maximal 19 teilnehmende Beobachter, wegen der benötigten Anzahl an Stellvertretern.) Der Teilnahme an einen Seminar geht immer ein ausführliches Telefonat voraus und eine event. Nachsorge per Telefon oder E-Mail ist ebenfalls inbegriffen.

Detaillierte Inhaltskonzepte zu allen Workshops und Seminaren sowie Termine und Preise finden Sie unter: www.xine.de

Seminare & Workshops im Überblick:

Spirituelle Workshops

Kennenlernen der eigenen Seele, Intuitionstraining und Bewusstseinserweiterung, Gruppenrückführungen u.a. in die geistige Welt nach Michael Newton, Meditation zur Kontaktaufnahme mit spirituellen Führern, lösen von karmischen Verstrickungen und Karmaaufstellungen.
Termine: mehrmals jährlich von Freitag bis Sonntag oder als Abendworkshop für Menschen aus NRW

Energieseminare

Quantenmeditationen und Quantenreisen zur subatomaren Ebene des eigenen Körpers und in andere Dimensionen, energetische Loslass-Übungen zur Wunscherfüllung, Intuitionstraining und Bewusstseinserweiterung, Erlernen der Anwendung von einfachen Quanten-Energie-Heilpraktiken.
Termine: mehrmals jährlich von Freitag bis Sonntag oder als Abendworkshop für Menschen aus NRW

Erfolgsseminare

Lernen Sie Ihren ganz persönlichen Erfolg kennen. Ziehen Sie beide an einem Strang, steht Ihnen ihr eigenes Erfolgspotential im Weg oder können Sie dieses nicht voll nutzen? Erfahren Sie, wie Sie Ihren Erfolg in den Griff bekommen!
Termine: mehrmals jährlich als Tagesseminar

Aufstellungsseminare/Familienstellen

Aufstellungen zu allen möglichen Anliegen, betreffend Familie, Beruf, Krankheiten und vieles mehr. Dabei arbeitet Frau Weitzels mit verschiedenen Aufstellungstechniken, z.B.: Traumaaufstellung, systemisches (Familien)stellen, stilles Stellen, Seelen- oder Karmaaufstellungen, Organisationsaufstellungen, u.a.
Termine: einmal monatlich von Samstag bis Sonntag

Aufstellungen für Tiere

Erfahren Sie was Ihr Tier denkt oder was es bedrückt und finden Sie so heraus, wie Sie ihm helfen können.
Termine: mehrmals jährlich als Tagesseminar

Ausbildungsseminar und Intensivtraining zum Rückführungsbegleiter

Nur für Personen, die schon über eine psychotherapeutische oder pädagogische Grundausbildung verfügen oder für Heilpraktiker. Die Teilnehmerzahl ist auf 8 Personen begrenzt.
Termine: einmal jährlich, 8 Tage von Samstag bis Samstag

Ebenfalls von der Autorin erschienen im

Kristine Weitzels
Erzählende Seelen
Die therapeutische Rückführung
Fallgeschichten – mit einem Vorwort von Jan Erik Sigdell

304 Seiten
ISBN 978-3-8434-1005-2

Sind auch Sie auf der Suche nach dem Sinn Ihres Lebens oder nach dem Grund Ihrer Existenz?
Eine Rückführung bewog Kristine Weitzels dazu, einen anderen Lebensweg einzuschlagen. Daher begleitet sie heute als Heilpraktikerin für Psychotherapie andere Menschen dabei, Antworten auf die existenziellen Fragen ihres Lebens zu finden.

Dieses spannende Buch klärt auf packende und mitreißende Weise über die Hintergründe und Grundlagen von Reinkarnationstherapie und Rückführung auf. Aus ihrem Werdegang von der erfolgreichen Geschäftsfrau und Managerin zur angesehenen Heilpraktikerin schildert Kristine Weitzels zahlreiche Fallstudien, die einen aufschlussreichen und interessanten Einblick in ihre Tätigkeit als Reinkarnationstherapeutin geben.

»Handwerkszeug« aus der Praxis, z.B. die Interpretationen oder Anwendungsmöglichkeiten von verschiedenen Techniken der Tranceinduktion, runden dieses Buch ab und lassen es zu einer Bereicherung für jeden angehenden Rückführungsbegleiter oder Reinkarnationstherapeuten werden.

Begleiten auch Sie die Autorin auf ihrer Suche nach Antworten auf existenzielle Fragen.